D1747150

PONS

Perfektes Deutsch

von
Ines Balcik
Jürgen Folz
Klaus Röhe

PONS GmbH
Stuttgart

PONS

Perfektes Deutsch

von
Ines Balcik
Jürgen Folz
Klaus Röhe

Dieser Titel basiert in Teilen auf ISBN 978-3-12-561396-6,
978-3-12-561397-3, 978-3-12-561398-0 und 978-312-561404-8.

Auflage A1 5 4 3 2 1 / 2012 2011 2010 2009

© PONS GmbH, Rotebühlstraße 77, 70178 Stuttgart, 2009
Produktinfos und Online-Shop: www.pons.de
E-Mail: info@pons.de
Online-Wörterbuch und Online-Bildwörterbuch: www.pons.eu
Alle Rechte vorbehalten.

Redaktion: Corinna Löckle-Götz, Joachim Neubold, Arkadiusz Wróbel
Logoentwurf: Erwin Poell, Heidelberg
Logoüberarbeitung: Sabine Redlin, Ludwigsburg
Einbandgestaltung: VIER FÜR TEXAS, Frankfurt/Main
Layout: one pm, Petra Michel, Stuttgart
Satz: Digraf.pl - dtp services
Druck und Bindung: CPI, Birkstraße 10, 25917 Leck

Printed in Germany.
ISBN: 978-3-12-561562-5

Zu diesem Buch

PONS Perfektes Deutsch nimmt sich all der kleinen und größeren Problemfälle an, auf die jeder beim Schreiben, Sprechen oder Lesen immer mal wieder trifft.

Die griffig formulierten **Regeln** beantworten nicht nur Ihre konkreten Fragen, sondern lassen sich auch leicht auf andere Fälle übertragen. So lernen Sie jedes Mal, wenn Sie etwas wissen möchten, gleich ein wenig mehr dazu.

Zahlreiche Querverweise, erkennbar am grauen Pfeil →, machen Zusammenhänge deutlich.

Tipps mit der Glühbirne 💡 versorgen Sie mit wissenswerten weiterführenden Informationen.

Das Ausrufezeichen ❗ warnt Sie vor ganz besonderen Stolperfallen.

So finden Sie schnell, was Sie suchen: Die entsprechende Regel zu Ihrer konkreten Frage können Sie nachschlagen über
- das ausführliche Inhaltsverzeichnis mit Beispielen ab Seite 6
- oder das Sach- und Stichwortverzeichnis ab Seite 580.

Grammatische Fachbegriffe, die Ihnen Schwierigkeiten bereiten, können Sie ab Seite 556 nachschlagen.

Machen Sie den Test! Jedes Kapitel beginnt mit einem unterhaltsamen Test, in dem Sie eigene Schwachstellen und Unsicherheiten aufspüren können. Die Nummern führen Sie dann direkt zur entsprechenden Regel.

Auf dass Sie bald 100-prozentig (oder 100%ig? → R 59) sicher sind!

RECHTSCHREIBUNG UND ZEICHENSETZUNG

- **Wann schreibe ich groß, wann klein?** 26
- **Wann schreibe ich getrennt, wann zusammen?** 44
- **Die Schreibung der Vokale und Konsonanten** 76
- **Was muss ich bei der Schreibung von Fremdwörtern beachten?** 90
- **Wie schreibe ich die Tageszeiten, Uhrzeiten, das Datum und die Zahlen?** 98
- **Welche Regeln gelten für Abkürzungen und Kurzwörter?** 108
- **Wo steht ein Bindestrich, wo ein Apostroph?** 116
- **Wo setze ich Kommas, wo nicht?** 128
- **Wie gehe ich mit Doppelpunkt und Anführungszeichen um?** 152

GRAMMATIK

- **Nomen und ihre Deklination** 160
- **Fremdwörter** 186
- **Adjektive** 198
- **Pronomen und unbestimmte Zahlwörter** 212
- **Verben und Konjugation** 226
- **Adverbien und Präpositionen** 256
- **Prädikate und Satzbau** 272
- **Kongruenz** 288

THEMENÜBERSICHT

STIL

- Satzaufbau und Satzarten — 304
- Textgliederung — 320
- Das Verb im Satz — 332
- Adjektive, Adverbien, Pronomen, Artikel und Konjunktionen richtig verwenden — 350
- Bezug und Rückbezug – Auf die richtigen Anschlüsse achten — 364
- Textüberprüfung — 372
- Das Wichtigste zur äußeren Form von Briefen, E-Mails und Protokollen — 408

WORTBILDUNG UND WORTBEDEUTUNG

- Deutscher Wortbaukasten – die Wortbausteine im Überblick — 424
- Die Wortbausteine am Wortanfang: Präfixe — 430
- Die Wortbausteine am Wortende: Suffixe — 454
- Wie werden Wörter zusammengesetzt? – Die Komposition — 474
- Was sind Anglizismen und wie geht man mit ihnen um? — 492
- Wörter, die das Gegenteil ausdrücken: Antonyme — 504
- Die häufigsten Stolperfallen bei der Wortwahl — 514
- Selten gewordene Wörter – und was sie bedeuten — 536
- Bedeutungswandel — 544

THEMA	BEISPIEL	SEITE

RECHTSCHREIBUNG UND ZEICHENSETZUNG   26

Wann schreibe ich groß, wann klein?

	Testen Sie Ihr Wissen!		26
1	Begleiter machen ein Wort zum Nomen	der Hund, etwas Neues	28
2	Kein Begleiter da? Manchmal lässt er sich ergänzen	mit (viel) Ach und Weh	29
3	Versteckte Begleiter in der Deklinationsendung	Gutes tun, Böses denken	29
4	Präposition + Artikel als Begleiter	durchs Lesen, übers Sprechen	30
5	Ein Adjektiv oder Partizip muss nicht immer nah beim Nomen stehen	die ältesten meiner Freunde	32
6	Infinitive groß- oder kleinschreiben?	Lesen / lesen lernen	32
7	Indefinitpronomen und unbestimmte Zahlwörter	die beiden, manches, jemand	34
8	Vorsicht bei feststehenden Ausdrücken!	des Weiteren, in bar	35
9	Personen- und Straßennamen	Karl-von-Mayer-Platz	36
10	*ein Paar* oder *ein paar*?	ein paar Äpfel, ein Paar Socken	37
11	*Sie* als höfliche Anrede, *du* und *ihr*	Kommen Sie bitte mit.	38
12	Nomen / Präposition – groß oder klein?	Vielen Dank. / dank deiner Fürsorge	39
13	Nomen / Adjektiv – groß oder klein?	Angst haben / angst und bange werden	40
14	*Recht* und *Unrecht* – groß oder klein?	Wir sind im Recht. / Das ist mir recht.	41

INHALT

Wann schreibe ich getrennt, wann zusammen?

	Testen Sie Ihr Wissen!		44
15	Nomen + Adjektiv, Verbstamm + Adjektiv	eiskalt, glasklar, fahrbereit	46
16	Andere zusammengesetzte Adjektive	letztmalig, gebrauchsfertig, brechend voll	46
17	Adverb + Verb: Die Betonung entscheidet!	dableiben / da bleiben	48
18	Adjektiv + Verb: Die Wortbedeutung entscheidet	frei denken, aber: jdn. freisprechen	50
19	Adjektiv + Verb: In diesen Fällen haben Sie die Wahl	leerräumen / leer räumen	51
20	Adjektiv + Verb mit Präfix	früh aufstehen, dünn auftragen	52
21	*Sein* steht immer allein!	dabei sein, bereit sein	52
22	Nomen + Verb	Auto fahren, Rat suchen	53
23	Nomen + Verb: untrennbare Verbindungen	bergsteigen, notlanden, schlussfolgern	53
24	Nomen + Verb: trennbare Verbindungen	leidtun, preisgeben, stattfinden	54
25	Nomen + Verb – wahlweise getrennt oder zusammen	Acht geben / achtgeben, Halt machen / haltmachen	55
26	Verb + Verb: Getrenntschreibung	spazieren gehen, bleiben müssen	56
27	Verb + Verb: Bei *lassen* und *bleiben* entscheidet die Bedeutung	den Mantel hängen lassen, den Freund hängenlassen	56
28	Der Infinitiv mit *zu* bei Verben mit Präfix	zu maßregeln, vorzuwerfen	57
29	Zusammengesetzte Partizipien	eislaufend, ernst genommen	63
30	Ausdrücke aus Präposition + Nomen	anhand, zufolge, zurzeit, anstelle / an Stelle	65
31	Die Negationspartikel *nicht*	nichtamtlich / nicht amtlich	67
32	*So* in adverbialen Fügungen und Konjunktionen	sofern / so fern	68

#			
33	so dass oder sodass?	Es regnete, so dass / sodass ich nass wurde.	70
34	Zusammensetzungen aus Pronomen + Präposition	meinetwegen, um unseretwillen	70
35	Pronomen und Adverbien, die mit der-, des-, dem- beginnen	dementsprechend, deretwegen	71
36	Häufig falsch geschriebene Adverbien, Konjunktionen und Pronomen	allzu, ebenda, seinerzeit, irgend so ein	73

Die Schreibung der Vokale und Konsonanten

	Testen Sie Ihr Wissen!		76
37	Verben mit und ohne Dehnungs-h	speit, spie, befahl, befohlen	78
38	Keine Vokalverdopplung bei ä, ö, ü	Säle, Bötchen, Pärchen	78
39	Substantiv und Verb nur mit einem e	ich knie, du kniest, er kniet	79
40	Wieder und wider nicht verwechseln!	wiederaufladbar, Widerrede	79
41	Der Wortstamm entscheidet	Band → Bändel, Nummer → nummerieren	80
42	Der s-Laut als Stolperfalle	dass und das; lesen, du liest	81
43	Der verflixte f-Laut	Ferien, Verkehr, Graphiker	83
44	Die Konsonanten d und t am Silbenende	tod-, tot-; end-, ent-; seid, seit	84
45	Endungen auf -tiell/-ziell, -tial/-zial	essenziell / essentiell	86
46	Vergessen Sie keine Buchstaben!	Schlammmasse, ranggleich	86
47	Vorsicht bei der Schreibung des ks-Lautes!	Xenon, Dachs, Knacks	88

INHALT

Was muss ich bei der Schreibung von Fremdwörtern beachten?

Testen Sie Ihr Wissen! 90

48	Fremdsprachliche Nomen im Deutschen immer großschreiben!	die E-Mail, der Swimmingpool, der Torero	92
49	Wie schreibe ich die Genitivform fremdsprachlicher Nomen?	des Dessous, des Make-ups, der Pizza	92
50	Wie schreibe ich den Plural fremdsprachlicher Nomen?	die Babys, die Toreros, die Pizzas / Pizzen	93
51	Eingedeutschte Schreibung fremdsprachlicher Nomen	Joghurt / Jogurt, Buffet / Büffet	93
52	Englische Verben	breaken, downloaden, jumpen	95
53	Englische Kurzwörter – wie werden sie geschrieben?	VIP, DVD, FAQ	96

Wie schreibe ich die Tageszeiten, Uhrzeiten, das Datum und die Zahlen?

Testen Sie Ihr Wissen! 98

54	Wie schreibt man die Tageszeiten?	am Abend, abends, in der Früh	100
55	Uhrzeiten in Wort und Zahl und das Datum	Stuttgart, den 5.8.2007	101
56	Wie schreibt man die Kardinalzahlen?	dreitausendachthundertachtzig, 3 888	102
57	Wie schreibt man die Ordinalzahlen?	am dritten Tag, das Zweite	104
58	Wie schreibt man die Bruchzahlen?	ein Achtelliter, drei Viertel des Kuchens	105
59	Zusammensetzungen aus Zahl + Wort	ein zehnjähriger / 10-jähriger Junge, 4-fach / 4fach, ein 6tel	105

Welche Regeln gelten für Abkürzungen und Kurzwörter?

Testen Sie Ihr Wissen! 108

60	Abkürzungen und Kurzwörter mit Groß- oder Kleinbuchstaben schreiben?	betr., zzgl., ARD, FAZ, Pkw / PKW	110
61	Welche Abkürzungen schreibt man mit Punkt?	d. h., Dr., Prof., Str., vgl.	111
62	Welche Kürzungen schreibt man ohne Punkt?	BGB, StGB, TÜV, USB	113
63	Wie dekliniert man Kurzwörter?	die GmbHs, des Akkus	114

Wo steht ein Bindestrich, wo ein Apostroph?

	Testen Sie Ihr Wissen!		116
64	Hier *muss* ein Bindestrich stehen	der 4-Zylinder, x-förmig	118
65	Hier *kann* ein Bindestrich stehen	Sauerstoff-Flasche	120
66	Hier *darf* kein Bindestrich stehen	Autofahrt, geruchsneutral	122
67	Hier *muss* ein Apostroph stehen	Marx' Theorien, Zeus' Strafe	122
68	Hier *kann* ein Apostroph stehen	Beate's Nagelstudio	123
69	Hier *darf* kein Apostroph stehen	im finstren Wald, rauf	125

Wo setze ich Kommas, wo nicht?

	Testen Sie Ihr Wissen!	128
70	Kommas bei Aufzählung von Satzteilen	130
71	Kommas bei Aufzählung von gleichrangigen Teilsätzen	131
72	Kommas bei zeilenweise abgesetzten Aufzählungen	133
73	Mehrere Adjektive durch Komma trennen?	134

INHALT

74	Zwischen Haupt- und Nebensatz steht ein Komma	135
75	Das Komma bei Satzellipsen (Auslassungssätzen)	138
76	Er kam, *um zu siegen* – Das Komma bei Infinitiven	140
77	*Tina, meine Freundin* – Das Komma bei Appositionen	144
78	Das Komma bei Partizip-, Adjektiv- und anderen Wortgruppen	144
79	*Du, Peter, …* – Das Komma bei Anreden	145
80	*Ach, das wusste ich nicht* – das Komma bei Ausrufen (Interjektionen)	146
81	Das Komma bei Parenthesen (Einschüben)	146
82	Das Komma bei Datums- und Ortsangaben	147
83	Kein Komma bei Adverbialen am Satzanfang!	147
84	Halb Punkt, halb Komma – das Semikolon	149

Wie gehe ich mit Doppelpunkt und Anführungszeichen um?

	Testen Sie Ihr Wissen!	152
85	Schreibe ich nach dem Doppelpunkt groß oder klein?	154
86	Welche Zeichen benötige ich bei der wörtlichen Rede?	155
87	Wie zitiert man richtig?	156
88	Wie kennzeichne ich ein Zitat innerhalb einer wörtlichen Rede?	159

GRAMMATIK

Nomen und ihre Deklination

	Testen Sie Ihr Wissen!		160
89	Merkmale für starke, schwache und gemischte Deklination	die Mäuse, des Fensters, die Jungen	162
90	**Dativ Singular** mit oder ohne -e?	im Jahre, im Grunde	164
91	Nomen mit Endung -en im Akkusativ und Dativ Singular	den Affen, dem Knaben	164
92	Nomen auf -or: Genitiv Singular mit -s oder -en?	des Autors, des Sponsors	166
93	Genitiv Singular nur mit -s oder mit -es?	des Hauses, des Fisch(e)s	167
94	Parallele Beugung mehrteiliger Eigennamen	am Hofe Ludwigs des Frommen	168
95	Das Genitiv-s bei Personennamen und geografischen Namen	Hamburgs Innensenator will zurücktreten.	169
96	Wann darf man statt des Genitivs von + Dativ benutzen?	die Stunde der Wahrheit, der schiefe Turm von Pisa	171
97	Wann muss ich nicht deklinieren?	die Rolle des Winnetou	173
98	Gemessenes ohne Behälterbezeichnung im Singular	Herr Ober, **zwei Kaffee** bitte!	175
99	Maß- und Mengenbezeichnungen im Singular	zwei **Kilo** Mehl, drei **Dutzend** Eier	176
100	Weglassen der Flexionsendungen bei Hinweiswörtern auf Textstellen	Vergleiche hierzu **Absatz** 5 - 7 dieser Darstellung.	177
101	Nomen, die im Nominativ Singular auf -e und -en enden	der Friede / der Frieden	178
102	Nomen mit schwierigen Pluralformen	die Band – die Bänke / die Banken	179
103	Nomen mit unterschiedlichem Genus und unterschiedlichen Pluralformen	der Band – die Bände, das Band – die Bänder	182

INHALT

Fremdwörter

	Testen Sie Ihr Wissen!		186
104	Das Genus von Fremdwörtern	das/der Virus, die E-Mail	188
105	Wie bildet man den Plural bei Fremdwörtern?	die Praxen, die Spaghetti	192
106	Der Genitiv bei Fremdwörtern	des Indexes, des Marketings	195

Adjektive

	Testen Sie Ihr Wissen!		198
107	Adjektive, einmal stark und einmal schwach	schöner Mai, dieser schöne Mai, einer schönen Sache	200
108	Parallele Deklination	ein Kleid aus teurem geblümtem Stoff	203
109	Nicht deklinierbare Adjektive	prima, top, beige, original	203
110	Vergleichsformen	nass, nasser / nässer	205
111	Steigerung zusammengesetzter Adjektive und Partizipien	bestmögliche, schwerwiegendste Fehler	206
112	Nominalisierte Adjektive nach Personalpronomen	wir Deutsche / Deutschen, ich Dumme, dir schöner Frau	207
113	Adjektivische Verwendung von Partizipien	der **lachende** Dritte	208
114	Wie dekliniert man ein Adjektiv nach dem Partizip *folgend*?	folgender neue Anlass, folgende neue Umstände	210

Pronomen und unbestimmte Zahlwörter

	Testen Sie Ihr Wissen!		212
115	Artikelwörter und Pronomen als Begleiter	der, die, das; einige, andere	214
116	Verflixte Fälle mit Demonstrativ- und Relativpronomen	Anna, ihre Freundin und **deren** Hund	215

13

117	Korrekter relativischer Anschluss mit *das* oder *was*	das Geld, **das** sie angelegt hat, das Beste, **was** er tun kann	217
118	Starke Deklination von *dieser* und *jener*	der Hut dieses Mannes	218
119	Deklination von *jeder*	Schuhe jedes (jeden) Typs	219
120	Wie muss man nach *anderer, beide, jeder, mancher, solcher* deklinieren?	dank beider neuen Mitarbeiter	219
121	Deklination von *jemand* und *niemand*	niemandes Schuld, jemand Neues	221
122	Deklination nach *alle*	mit allem sperrigen Gepäck	222
123	Die Deklination nach unbestimmten Zahlwörtern	sämtliche neuen Aufgaben	223
124	Das Fragepronomen *welcher* als Begleiter	Welches sind deine Schuhe?	225

Verben und Konjugation

	Testen Sie Ihr Wissen!		226
125	Merkmale starker und schwacher Verben	spielen, spiel**te**, ge**spielt**	228
126	Besonderheiten der Präsensbildung bei den Verben auf *-eln* und *-ern*	Ich schaff**te** es noch. Er **schuf** etwas Neues.	229
127	Die Bedeutung bestimmt die Konjugationsart	Wer hat den Tisch bewe**gt**?, Was **bewog** ihn dazu?	230
128	Verben mit starker und schwacher Konjugation	Er melk**te** / **molk** die Kuh.	234
129	Imperative	Mach! Finde! Gib!	237
130	Intransitive Verben mit *sein* oder *haben*?	Er **hat** / **ist** gehinkt.	240
131	Verben mit Dativ oder Akkusativ?	Er besteht auf sein**em** Recht.	243
132	Verben mit Genitiv	Es bedarf eines weiteren Versuchs.	245
133	Wann benutzt man *würde*?	Ich **würde** ihn fragen.	246

INHALT

134	Verben mit schwierigen Konjunktiv-II-Formen	heben → höbe, hübe	251
135	Konjugation englischer Verben	sie relaxten, er mailte	253

Adverbien und Präpositionen

	Testen Sie Ihr Wissen!		256
136	Adverbien	gerne, lieber; teilweise	258
137	Pronominaladverbien	Worüber wollen wir reden?	260
138	Präpositionen	laut, anstatt, gemäß, trotz	262

Prädikate und Satzbau

	Testen Sie Ihr Wissen!		272
139	Indirekte Rede	Sie sagt, sie gehe bald.	274
140	Konditionalsätze	Ich käme ja mit, wenn sie es mir anböten.	279
141	Modalverben bei den zusammengesetzten Zeiten	Ich hätte es ohnehin nie tun können.	280
142	Das Verb *brauchen* + Infinitiv in zusammengesetzten Zeiten	Du brauchst heute nicht mehr zu kochen.	281
143	Mehrteilige Prädikate mit Modalverben im Nebensatz	Ich schwieg, obwohl ich die Wahrheit hätte sagen müssen.	282
144	Stolperfallen mit Konjunktionalsätzen	Ich weinte, obwohl ich hatte keinen Grund dazu hatte.	285

15

Kongruenz

		Testen Sie Ihr Wissen!	288
(145)	Kongruenz im Genus	Rotkäppchen kam zurück, weil **sie** etwas vergessen hat.	290
(146)	Kongruenz im Numerus	Der Kleine und der Große Hund ~~steht~~ **stehen** jetzt am Sternenhimmel.	292
(147)	Kongruenz in der Person	Du und er **könnt** gerne noch länger bleiben.	294
(148)	Kongruenz bei Mengenangaben	Da **war** eine Menge von Leuten.	296
(149)	Kongruenz nach der Zählbarkeit	Wie viel Zucker? Wie vie**le** Gäste?	297
(150)	Kongruenz im Fall (Kasus)	Ich sehe mich als **dein** Freund.	298
(151)	Kongruenz im Relativsatz	Er war der netteste aller Teilnehmer, **die** im Kurs waren.	299
(152)	Aussparung einzelner Wörter	Wir gehen heute **ins** Kino oder Theater.	301

STIL   304

Satzaufbau und Satzarten

		Testen Sie Ihr Wissen!	304
(153)	Mit geänderter Wortstellung Akzente im Text setzen	**Ich** sehe diesen Fehler zum ersten Mal. **Diesen Fehler** sehe ich zum ersten Mal.	305
(154)	Kurze Sätze statt langer Sätze	Mehr als **neun Wörter** sollte ein Satz nicht haben – meint auch die Deutsche Presse-Agentur (dpa)	308
(155)	Zu weite Satzklammern auflösen	Die Tochter hilft **mit** im Lokal, das die Eltern gepachtet haben, ~~mit~~.	310

INHALT

156	Hauptsachen gehören in Hauptsätze	~~Sicher ist es richtig, wenn man feststellt, dass guter Stil keine Glücksache ist.~~ Guter Stil ist keine Glücksache. Diese Feststellung ist richtig.	313
157	Mehr Spannung im Text – durch Doppelpunkt und Hauptsatz statt Nebensatz	Es gab nur ein Problem: Sie liebte ihn.	315
158	Fragesätze statt Aufforderungssätze – Wie man sich fragend höflicher ausdrücken kann	~~Komm mal her!~~ Kommst du bitte mal?	316
159	Machen Sie einen Punkt – Ausrufezeichen sparsam verwenden	Schreiben Sie es bitte auf.	317
160	Kombination aus Frage- und Ausrufezeichen	Wie, du rauchst noch immer?!	319

Textgliederung

Testen Sie Ihr Wissen! — 320

161	Idee → Konzept → Text	322
162	Struktur der Gedanken – Überschriften und Gliederung	323
163	Textformatierung	326
164	Der rote Faden – inhaltlicher Aufbau	329

Das Verb im Satz

Testen Sie Ihr Wissen! — 332

165	Wer *brauchen* ohne *zu* gebraucht … – … gebraucht *brauchen* standardsprachlich nicht korrekt	Wir **brauchen** heute nicht **zu** arbeiten.	334
166	Häufiger im Aktiv schreiben	Man sollte das Passiv zurückhaltend verwenden.	335

167	Verben sind oft besser als Nomen	Wenn man die Vorschriften nicht beachtet, wird folgende Regel angewendet.	337
168	Die erlaubte *würde*-Umschreibung des Konjunktivs II	Ich hülfe würde dir gerne helfen.	341
169	Aufforderungen höflich ausdrücken	Ich will ein Eis. Ich möchte ein Eis.	342
170	*Erschrecken* Sie *sich* nicht – *Erschrecken* Sie einfach	Er erschreckte sich erschrak, als ich ihn von hinten ansprach.	343
171	Verneinen Sie *niemals nicht* doppelt, sonst bejahen Sie!	Er bestreitet, nicht zu schnell gefahren zu sein.	345
172	Vorsicht beim Gebrauch des Doppelperfekts	Ich muss Bußgeld zahlen, weil ich zu schnell gefahren gewesen bin.	348

Adjektive, Adverbien, Pronomen, Artikel und Konjunktionen richtig verwenden

Testen Sie Ihr Wissen!   350

173	*Pinkes* Top mit *lilaner* Hüfthose? – Vergessen Sie die Deklination!	Sie trägt eine lilane lila / lilafarbene Bluse.	352
174	Adjektive auf *-mäßig* und *-technisch* möglichst vermeiden	Ein Verb ist stilmäßig stilistisch besser als eine Nominalisierung.	353
175	Mit Sicherheit nicht die *optimalste* Lösung – Verwenden Sie hier bitte keinen Superlativ	in keinster Weise, die ultimativste Lösung	355
176	Adverbien nicht wie Adjektive verwenden	der kiloweise Preis je Kilo	356
177	*selbst* oder *selber*?	Das weißt du selber / selbst am besten.	359
178	Eigennamen bitte ohne Artikel!	Ich bin die Frau Gerber aus der Buchhaltung.	360
179	Die Präposition *außer* auf dem Weg zur Konjunktion	alle außer mir; Ich komme, außer wenn es regnet.	361

Bezug und Rückbezug – Auf die richtigen Anschlüsse achten

Testen Sie Ihr Wissen!   364

INHALT

180	der / welcher, die / welche – Welches Relativpronomen soll verwendet werden?	Die Blumen, ~~die~~ welche die Nachbarin mir gestern gebracht hatte.	366
181	Kongruenz im Relativsatz	Er war der netteste aller Teilnehmer, ~~der~~ die im Kurs ~~war~~ waren.	366
182	Wann darf man „wo" benutzen, wann nicht?	Das Geld, ~~wo~~ das ich verdiene ...; Dort, wo sie wohnt ...	367
183	*ihrer* oder *deren*, *seiner* oder *dessen*? – Klare Bezüge herstellen	Viele Grüße von Mia, ihrer Freundin und ihrem ~~deren~~ Mann.	369
184	Stolperfallen beim **Rückbezug**	Sie zeigten einander ~~gegenseitig~~ ihre Urlaubsfotos.	370

....

Textüberprüfung

	Testen Sie Ihr Wissen!		372
185	Überflüssiges streichen!	~~Was die Beanstandung betrifft,~~ ~~...~~; Sie beanstanden ...	374
186	Soll man Zahlen in Ziffern oder Buchstaben schreiben?	Rund ~~22 000 000~~ zweiundzwanzig Millionen Fernsehzuschauer sahen das EM-Finale.	376
187	Hüten Sie sich vor (stilistisch unschönen) Dopplungen!	Sie ist bereits ~~schon~~ in die ~~neu~~ renovierte Wohnung eingezogen.	378
188	Pleonasmus	~~weiter~~ fortfahren, ~~ebenso~~ auch	379
189	Tautologie	nach und nach, mit Mann und Maus	382
190	Ungewollte Komik bei der Ersparung von Redeteilen vermeiden	Die Kanzlerin hielt ihre Rede und die Minister in Schach.	384
191	Schärfe im Ausdruck – Treffendere Wörter verwenden	Er ~~sagte~~ antwortete / entgegnete / behauptete ...	387
192	Sprachliche Bilder können Farbe in den Text bringen	~~Nur wenige Zuhörer waren gekommen.~~ Der Referent sprach vor leeren Stühlen.	390
193	Farben in Texte bringen – die Metapher	das Gold ihrer Haare, Flügel verleihen	392
194	Farben in Texte bringen – die Metonymie	Er hat drei Picassos und einen Dali im Salon hängen.	393
195	Farben in Texte bringen – weitere Stilmittel	Wir haben nicht wenig gelacht.; Die Sonne lacht.	395

(196)	Wörter und Wendungen, die Sie vermeiden sollten	Das kann ich nachvollziehen, kein Thema!	397
(197)	Überflüssige Anglizismen und unnötige Fremdwörter	das macht Sinn; einmal mehr; Event; stylish	400
(198)	Fremdwörter müssen keine Glückssache sein	Der Text war ~~formell~~ formal richtig, aber inhaltlich zu ~~formal~~ formell.	403

Das Wichtigste zur äußeren Form von Briefen, E-Mails und Protokollen

	Testen Sie Ihr Wissen!		408
(199)	So schreibt man heute Briefe	Das Leitwort *Betreff* wird nicht mehr geschrieben.	410
(200)	E-Mails und ihre formale und inhaltliche Gestaltung	Beachten Sie die *Netiquette*.	416
(201)	Protokolle richtig schreiben	Beachten Sie die formale Gestaltung eines Protokolls.	420

WORTBILDUNG UND WORTBEDEUTUNG 424

Deutscher Wortbaukasten – die Wortbausteine im Überblick

	Testen Sie Ihr Wissen!		424
(202)	Phoneme, Morpheme und Lexeme	leben – geben, **Vor**wort, geh**en**	426
(203)	Präfixe, Suffixe, Infixe, Zirkumfixe, Konfixe	**Un**wort, Wart**ung**, komm**t**, **un**glaub**lich**, **Bio**gemüse	426
(204)	Zusammengesetzte Wörter: Komposita	Dachfenster, himmelblau, Arbeitszimmer	428

Die Wortbausteine am Wortanfang: Präfixe

	Testen Sie Ihr Wissen!		430
(205)	Was sind denn eigentlich Präfixe?	**Vor**wort, **zer**splittern, **miss**trauisch	432

INHALT

206	Was können Präfixe bewirken?	Schluss → **Ab**schluss, **Be**schluss, **Ver**schluss	432
207	Präfixe bei Verben	ich **zer**gehe, ich gehe **mit**	434
208	Welche echten Präfixe gibt es bei Verben?	Es gibt sieben echte Präfixe: *be-, ent-, er-, ge-, miss-, ver-, zer-*	435
209	Was sind unechte Präfixe bei Verben?	**vor**gehen → das geht **vor**	438
210	Manche Präfixe können echt und unecht sein!	Er **durch**forstet die Unterlagen. Aber: Das Flugzeug startete **durch**.	439
211	Verflixte Verben mit mehr als einem Präfix	Er **über**erfüllt seine Aufgabe. (nicht: ~~Er erfüllt seine Aufgabe über.~~)	440
212	Wie bildet man das Partizip Perfekt bei Verben mit Präfix?	be**auf**sichtigt, **vor**gespielt, ge**schluss**folgert, ge**kidnappt**	441
213	Präfixe bei Nomen und Adjektiven	**Ur**zeit, **ur**alt, **Erz**feind, **erz**faul	444
214	Lateinische Präfixe und ihre Bedeutung	**in**human, **ab**sorbieren, **extra**hieren	447
215	Griechische Präfixe und ihre Bedeutung	**Auto**mobil, **Hyper**tonie, **anti**faschistisch, **Geo**metrie	450
216	Griechische Präfixe bei Maßangaben	**Mega**tonne, **Mikro**sekunde, **Kilo**meter, **Atto**meter	452

....

Die Wortbausteine am Wortende: Suffixe

	Testen Sie Ihr Wissen!		454
217	Was sind denn eigentlich Suffixe?	Mann**schaft**, Schön**heit**, Wachs**tum**	456
218	Was können Suffixe?	Sanktion → sanktion**ieren**; Hand → hand**lich**	457
219	Welche Suffixe gibt es zur Bildung von Verben?	-(er)n: Ärger → ärge**rn**, -(el)n: Wandel → wande**ln**	458
220	Welche Suffixe gibt es zur Bildung von Nomen?	Bäcke**rei**, Knapp**heit**, Künst**ler**, Künst**lerin**	459
221	Mit welchen Suffixen werden Adjektive gebildet?	heil**sam**, frag**lich**, kund**ig**, hä**misch**, verstä**ndig**	463

222	Suffixe lateinischen Ursprungs	akzeptabel, Auktionator, verifizieren, Kontrahent	468
223	Suffixe griechischen Ursprungs	Monarchie, Hektik, Gastritis, frankophil	471

Wie werden Wörter zusammengesetzt? – Die Komposition

	Testen Sie Ihr Wissen!		474
224	Was bedeutet eigentlich Komposition?	kinder-freund-lich, an-spiel-en	476
225	Deklination der rechten Einheit	aus Langerweile, Land(s)mann	478
226	Links- und rechtsverzweigte Komposita	Brombeer-strauch, Tisch-fußball	479
227	Nomen verbinden sich mit Adjektiven	Blaupause, Kleinmut, Hochstapler, Altkanzler	482
228	Verben hängen sich vor Nomen	Wanderstiefel, Siedepunkt	483
229	Nomen auf -mut mal männlich, mal weiblich	die Schwermut, der Wagemut, wankelmütig, unmutig	484
230	Zusammengesetzte Adjektive und Verben	zuckersüß, überreif, eislaufen, gernhaben	485
231	Komponierte Adverbien	darüber, herunter, bergauf, dagegen, dabei	486
232	Zusammengesetzte Farbadjektive	ein schwarzbraunes Pferd, ein schwarz-weißer Dalmatiner	486
233	Reduplikation	im Zickzack, Mau-Mau spielen, dummes Blabla	487
234	Welche Fugenelemente gibt es und was bedeuten sie?	Werbeplakat, Arbeitszimmer, sonnenwarm	488
235	Einzeln vorkommende Worteinheiten	Bräutigam, Brombeere, Sintflut	490

Was sind Anglizismen und wie geht man mit ihnen um?

	Testen Sie Ihr Wissen!		492
236	Was sind denn eigentlich Anglizismen?	chatten, Manager, Wolkenkratzer	494

INHALT

237	Welche Abweichungen muss man beim Gebrauch englischer Wörter beachten?	der Killer – die Killer, die CD – die CDs, des Space, checken	495
238	Welche Wörter sind gar kein echtes Englisch?	Talkmaster, Beamer, Body, Hometrainer	498
239	Aus dem Englischen übersetzt	Ich erinnere den Morgen; das macht wenig Sinn.	499
240	Missverständliche englische Wörter	chef, gift, controller, warehouse	501

Wörter, die das Gegenteil ausdrücken: Antonyme

	Testen Sie Ihr Wissen!		504
241	Was sind eigentlich Antonyme?	Viele Begriffe gewinnen erst durch ihr Gegenteil ihre Bedeutung.	506
242	Einfache Gegensatzpaare	laut – leise, alt – jung, Freund - Feind	506
243	Antonyme von Bedeutungsvarianten	alt – jung, alt – neu, alt – frisch, alt - modern	506
244	Verschiedene Arten von Antonymen	graduelle Antonymie, Unvereinbarkeit, konverse und reverse Antonymie	509
245	Präfixe schaffen Antonyme	schön – **un**schön, konsequent - **in**konsequent	510
246	Schwierige Antonympaare	optional – obligatorisch, partiell - total	511

Die häufigsten Stolperfallen bei der Wortwahl

	Testen Sie Ihr Wissen!		514
247	Wörter mit ähnlichem Aussehen, aber unterschiedlicher Bedeutung	ethnisch – ethisch, rational - rationell	516
248	Wörter, die Ähnliches, aber nicht dasselbe bedeuten	ironisch – sarkastisch – zynisch	519
249	Bedenkliche Adjektivbildungen mit *-fähig*	zitierfähig - zitierbar, abzugsfähig - absetzbar	521

(250)	Problemfall *was für ein / welcher*	Was für eine Lehrerin ist das? / Welche Lehrerin ist das?	523
(251)	Adjektive mit und ohne e-Auslaut	blöd – blöde, mild – milde	525
(252)	Wann gebraucht man *erscheinen*, wann *scheinen*?	Dieser Weg schien erschien ihr der richtige zu sein.	527
(253)	Wann gebraucht man *sich getrauen*, wann *sich trauen*?	Ich **getraue / traue mich** nicht zu fragen.	528
(254)	*gewöhnt* oder *gewohnt* – Gewöhnen Sie sich an den richtigen Gebrauch	Du bist noch nicht an seine Art **gewöhnt**. Er ist es nicht **gewohnt**, so respektlos angeredet zu werden.	529
(255)	Hat sie *anscheinend* oder *scheinbar* recht? – Achten Sie auf den Unterschied	Sie hat **anscheinend** Fieber. Die Sonne dreht sich **scheinbar** um die Erde.	530
(256)	Stolperfalle Wortkreuzungen (Kontaminationen)	meines Erachtens nach, insbesonders	532
(257)	Das *gleiche* Auto ist noch lange nicht *dasselbe* – Achten Sie auf den feinen Unterschied	Ich habe den **gleichen** Computer wie mein Freund. Die beiden Schreibkräfte arbeiten am **selben** Computer.	533
(258)	Schwierige Einwohnerbezeichnungen	Jever**aner**, Hallen**ser**, Monegasse	534

Selten gewordene Wörter – und was sie bedeuten

Testen Sie Ihr Wissen! 536

(259)	Warum verändert sich der Wortschatz?	Veränderung in Gesellschaft, Technik, Politik	538
(260)	ABC selten gewordener Wörter	inbrünstig, wohlfeil, sich weiden, Zögling	538
(261)	Selten gewordene Adverbien, Konjunktionen und Präpositionen	alldieweil, nachgerade, weiland	542

Bedeutungswandel

Testen Sie Ihr Wissen! 544

INHALT

(262)	Was bedeutet eigentlich Bedeutungswandel?	Veränderung der Wortbedeutung	546
(263)	Der Bedeutungswandel eines Adjektivs	geil (lüstern / großartig)	547
(264)	Wie erweitert sich eine Wortbedeutung?	gehen: zum Arzt gehen, es geht um ..., Der Minister muss gehen.	548
(265)	Wie verengt sich eine Wortbedeutung?	Mut (Gemütszustand / Tapferkeit)	549
(266)	Wie verschiebt sich die Bedeutung eines Wortes?	Rechner (Person, die rechnet / Computer)	550
(267)	Wie eine Bedeutung beschönigt werden kann	sterben → entschlafen, Altersheim → Seniorenresidenz	551

ANHANG 555

Erklärung der grammatischen Fachbegriffe 556

Sach- und Stichwortverzeichnis 580

RECHTSCHREIBUNG UND ZEICHENSETZUNG

° Wann schreibe ich groß, wann klein?

TESTEN SIE IHR WISSEN

1 Prinzipien muss man haben
Schreibt man die markierten Wörter groß oder klein? Unterstreichen Sie die richtigen Formen.

Wir schätzen **Edles / edles**, vermeiden **gefährliches / Gefährliches**, achten **anständiges / Anständiges** und vermeiden **Übertriebenes / übertriebenes** und stehen **unnatürlichem / Unnatürlichem** ablehnend gegenüber.

2 Verboten!
Was ist richtig?

a) In diesem Bereich ist Rauchen verboten.
b) In diesem Bereich ist rauchen verboten.

3 Man lernt nie aus
Welche der markierten Wörter sind richtig? Unterstreichen Sie sie.

Man kann und muss nicht **alles / Alles** wissen, aber man sollte **manches / Manches** dazulernen. Viele, die **nichts / Nichts** gelernt haben, standen am Ende vor dem **nichts / Nichts**.

4 Wer sonst, wenn nicht du?
Tragen Sie die richtigen Anfangsbuchstaben in korrekter Groß- oder Kleinschreibung ein.

Da ist eigentlich __iemand im Team, der gern mit ihm zusammenarbeitet, denn er ist ein __iemand. Aber da ist __emand, den alle sehr schätzen, und dieser __emand bist du, ein __eder ist von dir begeistert.

RECHTSCHREIBUNG UND ZEICHENSETZUNG
Wann schreibe ich groß, wann klein?

5 Echte Freundschaft

Fügen Sie die fehlenden Buchstaben in Groß- und Kleinschreibung ein.

Ein echter Kumpel sollte mit mir durch __ick und __ünn gehen, des __eiteren sollte er nicht so schnell auf __tur schalten. Aber so einen Menschen habe ich schon seit __angem nicht mehr getroffen.

6 Duzschwestern

Schreibt man hier groß oder klein? Unterstreichen Sie.

Anne und ich sind schon lange per **du / Du**, mit Judith habe ich gestern **auf du und du / auf Du und Du** getrunken, aber Jenny habe ich das **du / Du** noch nicht angeboten.

7 Leidenszeit

Unterstreichen Sie die richtigen Schreibweisen.

Er hat mir immer wieder **Leid / leid** angetan. Dann war ich ihn endgültig **leid / Leid**. Und es tut mir gar nicht **Leid / leid**, dass er gegangen ist. Aber ihm wird es bald **Leid tun / leidtun**, denn das Alleinsein wird ihm bald **leid / Leid** werden.

8 Unschuldig

Welche Schreibweise ist korrekt?

Er hat keine **Schuld / schuld** an der Lage. Er ist ganz und gar nicht **Schuld / schuld** daran.

LÖSUNGEN

1 Großschreibung bei allen Formen (substantivierte Adjektive) • **2** Beides korrekt: **a)** nominalisierter Infinitiv ohne bestimmten Artikel, **b)** verkürzter Satzes mit einem Infinitiv mit zu • **3** alles, manches, nichts, Nichts • **4** niemand, Niemand, jemand, Jemand, jeder • **5** durch dick und dünn, des Weiteren, auf stur schalten, seit Langem / langem • **6** per du/Du, auf Du und Du, das Du • **7** Leid, leid, leid, leidtun, leid • **8** Schuld, schuld

RECHTSCHREIBUNG UND ZEICHENSETZUNG
Wann schreibe ich groß, wann klein?

1) *der, dein, welcher* – Begleiter machen ein Wort zum Nomen

Fast alle Wörter können zu Nomen werden, wenn ihnen ein Begleiter vorangestellt wird und wenn sie sich nicht bereits auf ein Nomen beziehen, das zuvor oder danach genannt wird. Dann werden sie selbst zum Nomen und man schreibt sie groß.

Begleiter des Nomens können sein:

die Artikel **der, die, das** und **ein, eine**
der verneinende Artikel **kein, keine**
die Possessivpronomen **mein, dein, sein** ...
die Demonstrativpronomen **dieser, jener, solcher** ...
bestimmte und unbestimmte Zahlwörter, z. B. **zwei, hundert, viele, alle(s), manche, einige, wenige, etwas, nichts, viel, mancherlei** ...
die Fragepronomen **welcher, welche, welches**

Beispiele:

	Begleiter		Begleiter
Adjektiv:	Gibt's **etwas N**eues zu berichten? – Ja, es gibt **mancherlei N**eues.		

                Begleiter
Partizip: **Viele V**ertriebene integrierten sich nur schwer in ihrer neuen Umgebung.

                    Begleiter
Mehrere **hundert R**eisende steckten im Tunnel fest.

               Begleiter   Begleiter   Begleiter
Adverb: **Das H**ier und **(das) J**etzt zählt. Aber mich stört **das D**rum und **D**ran.

               Begleiter
Präposition: Das ewige **Auf** und **Ab** macht mich noch wahnsinnig!

               Begleiter
Verb: **Das S**pielen auf dem Klavier fiel ihm schwerer als
               Begleiter
           das Trübsalblasen.

RECHTSCHREIBUNG UND ZEICHENSETZUNG
Wann schreibe ich groß, wann klein?

→ siehe auch R 20 und 22 (Getrennt- und Zusammenschreibung)

> (!) **Aber:** Die Wendungen *ein/e jeder/e/es* und *die beiden* werden immer kleingeschrieben, obwohl ein Begleiter vorangestellt ist!
> → siehe R 7

Kein Begleiter da? – Manchmal lässt er sich ergänzen (2)

Manchmal steht aus stilistischen Gründen kein Begleiter vor einem Nomen oder nominalisierten Wort, aber er lässt sich leicht ergänzen:

Vor Dienstschluss sind alle Geräte auszuschalten. → Vor **dem** Dienstschluss ...
mit Ach und Weh → mit **einem** Ach und Weh

> (💡) Machen Sie die Probe. Lässt sich ein Begleiter davorstellen und klingt der Satz dann immer noch grammatikalisch richtig, schreiben Sie groß.

Neues wie *Altes* – versteckte Begleiter in der Deklinationsendung (3)

Manchmal versteckt sich bei nominalisierten Adjektiven und Partizipien der Begleiter in der Deklinationsendung. Er ließe sich aber leicht ergänzen.

Man darf Bös**es** denken, aber sollte Gut**es** tun. (etwas Böses, viel Gutes ...)
Bitte werfen Sie Verschimmelt**es** schnellstmöglich weg. (das Verschimmelte)

RECHTSCHREIBUNG UND ZEICHENSETZUNG
Wann schreibe ich groß, wann klein?

In den Nachrichten wird Gut**em** weniger Aufmerksamkeit geschenkt als Schlecht**em**. (etwas Gutem, dem Schlechten)

Auch in solchen Fällen steht kein Nomen dabei, auf das sich die Adjektive und Partizipien beziehen könnten. Sie sind also selbst zum Nomen geworden.

💡 Nach *alles, derlei, etwas, mancherlei, nichts, viel, (ein) wenig* schreibt man Adjektive und Partizipien nur dann groß, wenn sie dekliniert sind:

Wir haben **etwas** ganz Lecker**es** gegessen. Als Nächst**es** gibt's Eis.
Die Adjektive *Leckeres* und *Nächstes* haben eine Deklinationsendung
→ Großschreibung.

Aber die Suppe war etwas / ein wenig **s**charf und **v**ersalzen.
Die Adjektive *scharf* und *versalzen* haben keine Deklinationsendung
→ Kleinschreibung.

4) *aufs, unters, übers* – Präposition + Artikel als Begleiter

Manchmal verschmilzt der bestimmte Artikel mit einer Präposition. Dennoch gilt: Der Artikel ist ein Begleiter und das Wort, auf das er sich bezieht, muss großgeschrieben werden – es wird ein Nomen.

Im (= in dem) **A**llgemeinen war das Wetter gut. (nominalisiertes Adjektiv)

Vorm (= vor dem) **E**ssen bitte Hände waschen! (Nomen / nominalisiertes Verb)

Zum (zu dem) **A**bspülen sind wir noch nicht gekommen. (nominalisiertes Verb)

Beim (= bei dem) allabendlichen **L**esen finde ich Ruhe. (nominalisiertes Verb)

Und vielen Dank **fürs** (= für das) **A**ufräumen! (nominalisiertes Verb)

Alle Verschmelzungen von Präposition + Artikel im Überblick

am	ans	aufm / auf'm*	aufn / auf'n*	aufs
fürs	durchs	hinterm	hintern	hinters
ins	im	überm	übern	übers
unterm	ums	untern	unters	vom
vorm	vorn	vors	zum	zur

Aufgepasst: Verschmelzungen von Präposition + Artikel schreibt man bis auf die beiden Ausnahmen (*) immer ohne Apostroph!

Einige **häufig benutzte Wendungen** mit Verschmelzung aus Präposition und Artikel:

im **A**llgemeinen	fürs **E**rste genug haben	zum **H**eulen sein
alles beim **A**lten lassen	zum **E**rsten, zum **Z**weiten, …	ans **L**etzte denken
im **A**rgen liegen	aufs **G**anze gehen	im **M**indesten
im **B**esonderen	im **G**eheimen	am **N**ötigsten sparen
etwas zum **B**esten geben	im **G**roßen und **G**anzen	im **S**tillen bedenken
im **D**unkeln tappen	sich zum **G**uten wenden	im **T**rüben fischen
nicht im **E**ntferntesten	im **H**ier und **J**etzt	ums nackte **Ü**berleben gehen

(!) Nicht verwechseln: Das Wort *am* vor einem Superlativ ist keine Verschmelzung aus Präposition und Artikel → Kleinschreibung:

Du bist **am größten** und **am schönsten**.
(Adjektivischer Gebrauch auf die Frage *„wie?"*.)

RECHTSCHREIBUNG UND ZEICHENSETZUNG
Wann schreibe ich groß, wann klein?

5. Ein Adjektiv oder Partizip muss nicht immer nah beim Nomen stehen

Ein Adjektiv oder Partizip, das sich auf ein Nomen bezieht, muss nicht immer ganz in seiner Nähe stehen. Dennoch schreibt man es klein. Man könnte das Nomen auch nochmals nennen, aber es würde nicht gut klingen.

Es gibt viele **Rechtschreibregeln**. Hier finden Sie die **schwierigsten** (Rechtschreibregeln).

Die **ältesten** (Freunde) meiner **Freunde** sind neulich weggezogen.

Mit zögerndem **Schritt** kommt man langsamer voran als mit **energischem** (Schritt).

6. Infinitive groß- oder kleinschreiben? – Hier haben Sie die Wahl

Infinitive können wie Nomen (Substantive) verwendet werden. Diese **nominalisierten (substantivierten) Infinitive** werden **großgeschrieben**. Sie sind **Neutra**:

das Schwimmen, **ein** laut**es** Stöhnen, zum Spielen (zu **dem** Spielen), früh**es** Aufstehen (Begleiter versteckt in *frühes*) …

In Fällen wie

In diesem Bereich ist **R**auchen / **r**auchen verboten!

können Sie zwischen der Groß- und Kleinschreibung wählen, je nachdem, wie Sie solche Konstruktionen grammatikalisch betrachten:

Sie sehen den Infinitiv als nominalisiertes Verb, bei dem der bestimmte Artikel weggelassen wurde. Er ließe sich leicht ergänzen. → Großschreibung:

RECHTSCHREIBUNG UND ZEICHENSETZUNG
Wann schreibe ich groß, wann klein?

In diesem Bereich ist (**das**) **R**auchen verboten!

Sie halten diese Konstruktion für eine verkürzte Version eines Satzes mit einem Infinitiv mit *zu* → Kleinschreibung:

In diesem Bereich ist es verboten zu **r**auchen.

Zwei weitere Beispiele:

Sie lernt gerade **L**esen/**l**esen und **S**chreiben/**s**chreiben.
Bekanntlich geht **P**robieren/**p**robieren über **S**tudieren/**s**tudieren.

💡 Verben wie *gehen, hören, lassen, lernen, sehen* können wie die Modalverben mit einem anderen Infinitiv einen **Verbalkomplex** bilden (Sie geht schwimmen. Die Kleine will schon rechnen lernen.). Wird dieser Verbalkomplex nominalisiert, wird er zusammen- und großgeschrieben:

Zum **Schwimmengehen** hat sie heute keine Zeit.
Für das **Rechnenlernen** ist sie noch ein bisschen zu klein.

Bilden Substantive, Adjektive und Adverbien Zusammensetzungen mit nominalisierten Infinitiven, schreibt man sie zusammen:

zum Kuchenbacken, beim Kartenspielen, das Schlankwerden, zum Zufriedensein, das Zustandekommen ...

→ siehe auch R 21 und 22 (Getrennt- und Zusammenschreibung)

Auch die nominalisierten Infinitive reflexiver Verben werden zusammengeschrieben:

das Sichverlieben, zum Sichausweinen ...

RECHTSCHREIBUNG UND ZEICHENSETZUNG
Wann schreibe ich groß, wann klein?

7 *die beiden* und *noch jemand* – Indefinitpronomen und unbestimmte Zahlwörter

Indefinitpronomen und unbestimmte Zahlwörter (Numeralia) werden in der Regel kleingeschrieben, auch wenn ein Artikel davorsteht. Aber es gibt Ausnahmen. Prägen Sie sich deshalb am besten die folgende Übersicht gut ein:

Immer kleingeschrieben, auch wenn bei manchen ein Artikel davorgesetzt werden kann:

beide, die beiden: Ich kenne die **b**eiden schon lange.
irgendein, irgendeine, irgendeiner: Er war nicht nur **i**rgendeiner.
(ein) jeder, (eine) jede, (ein) jedes: Ein **j**eder muss für sich sorgen.
mancher, manche, manches: Ich habe **m**anches dazugelernt.

Normalerweise Kleinschreibung, aber Großschreibung, wenn ein Begleiter dabeisteht:

alles   Ich habe **a**lles erledigt. / Du bist mein **A**lles.
etwas   Ich habe **e**twas gefunden. / Ich sah ein kleines **E**twas.
jemand Hier ist **j**emand für dich. / Du bist ein **J**emand.
nichts Hier ist **n**ichts. / Ich stand vor dem **N**ichts.
niemand Ich kenne hier **n**iemanden. / Du bist ein **N**iemand.

Normalerweise Kleinschreibung (auch bei vorangehendem Begleiter), **aber Großschreibung erlaubt** zur Betonung des nominalisierten Gebrauchs:

(der, die, das) andere: Keine **a**ndere lügt so wie sie. Wir tun das **a**ndere / **A**ndere, das Neue. Das ist etwas ganz **a**nderes / **A**nderes. – Das sind nicht die Guten, das sind die **a**nderen / **A**nderen.
das meiste, die meisten: Das **m**eiste / **M**eiste ist uninteressant. Die **m**eisten / **M**eisten wissen es nicht.
wenig: Wir wissen nur **w**enig. Aber das **w**enige / **W**enige reicht uns.
(der, die, das) eine: Das kann **e**inem leidtun. Wir trauen nur dem **e**inen / **E**inen da. Ich sage dir nur das **e**ine / **E**ine: Sei ruhig!
viel: Er redet **v**iel. Er hat in **v**ielem / **V**ielem Recht.

RECHTSCHREIBUNG UND ZEICHENSETZUNG
Wann schreibe ich groß, wann klein?

Weitere Beispiele für Kleinschreibung (keine besondere Betonung):
Der **e**ine arbeitet, der **a**ndere nicht.
Berufen sind **v**iele, aber nur **w**enige sind auserwählt.
Bei uns bekommen Sie Pizza, Döner und vieles **a**ndere mehr.
Das Wetter war alles **a**ndere als schön.

Weitere Beispiele für Großschreibung bei betont nominalisierter Verwendung:
Das **V**iele, was auf mich einströmt, macht mich noch kaputt.
Er verwaltet das **W**enige, das noch da ist, hervorragend.
Er ist der **E**ine, der **E**inzige (→ Adjektiv, R 1), der uns helfen kann.
Er strebt nach dem **A**nderen, dem **B**esonderen (→ Adjektiv, R 1).

Vorsicht bei feststehenden Ausdrücken! (8)

Bei feststehenden Ausdrücken ist die Regelung leider ein wenig unübersichtlich; hier hilft eine Tabelle am besten weiter:

Großschreibung	Immer ohne vorausgehenden Artikel	
	Kleinschreibung bei Ausdrücken aus Präposition + <u>undekliniertem</u> Adjektiv	**Groß- oder Kleinschreibung** bei Ausdrücken aus Präposition + <u>dekliniertem</u> Adjektiv
Schwarz mit **W**eiß mischen	**s**chwarz auf **w**eiß	bei **W**eitem / **w**eitem
aus **S**chwarz **W**eiß machen	von **k**lein auf	von **W**eitem / **w**eitem
sich in **S**chwarz kleiden	auf **s**tur schalten	ohne **W**eiteres / **w**eiteres
des **W**eiteren		bis auf **W**eiteres / **w**eiteres
auf **G**rün schalten	sich zu **e**igen machen	
	grau in **g**rau	

35

RECHTSCHREIBUNG UND ZEICHENSETZUNG
Wann schreibe ich groß, wann klein?

Jung(e) und Alt(e)	weh und ach schreien	von Neuem / neuem
Arm(e) und Reich(e)	von nah und fern	von Nahem / nahem
Groß(e) und Klein(e)	gegen bar, in bar	binnen Kurzem / kurzem
jenseits von Gut und Böse	über kurz oder lang	vor Kurzem / kurzem
in Blau, Rot malen	auf Nummer sicher gehen	seit Kurzem / kurzem
	durch dick und dünn	seit Langem / langem
	an privat, von privat	seit Längerem / längerem

9 · *J. W. von Goethe am Kölner Platz* – Personen- und Straßennamen

Artikel und **Präpositionen** im Namen schreibt man klein – auch wenn man den Namen nicht vollständig nennt:

Walther **v**on **d**er Vogelweide, Andreas **v**om Hofe, Henry **t**er Laak ...
Es gab einen Bischof namens **v**an **d**er Velden.

Für **Straßennamen** gilt:

Besteht der Name aus zwei Teilen, von denen der erste keine Endung trägt, so schreibt man zusammen:

Hauptstraße, Bonngasse, Hochweg ...

Trägt der erste Teil des Namens eine **Endung** wie *-er* oder *-sche(r)* oder eine andere **Beugungsendung**, so muss man getrennt schreiben, es sei denn, dass die Endung zum Namen gehört:

Kölner Landstraße, Klevischer Ring, Hohe Straße ...
aber: Neandertalerstraße

RECHTSCHREIBUNG UND ZEICHENSETZUNG
Wann schreibe ich groß, wann klein?

Sind mehrteilige Personennamen an Straßenbezeichnungen beteiligt, stehen Bindestriche zwischen allen Teilen:

Konrad-Adenauer-Ufer, Karl-von-Mayer-Platz, Dr.-Johannes-Halbsguth-Straße ...

Straßennamen beginnen immer mit einem großen Anfangsbuchstaben; im Namensinneren schreibt man Adjektive groß, Präpositionen und Artikel klein:

An d**e**r **L**angen Mauer, **H**inter **d**em **A**lten Driesch ...

💡 Straßennamen wie *Hohe Straße* oder *Klevischer Ring* werden **dekliniert**:.

Ich wohne in der Hohe**n** Straße / am Klevische**n** Ring.

→ R 225 (Deklination von Zusammensetzungen)

Anders ist es allerdings bei Zitaten.

→ R 87

Zur Groß- oder Kleinschreibung von Adjektiven, die von Eigennamen abgeleitet sind (mendelsche/Mendel'sche Gesetze) → R 9

ein Paar oder *ein paar*? (10)

Das Wort *(ein) paar* bezeichnet eine unbestimmte, aber eher kleine Anzahl zählbarer Dinge:

ein **p**aar Äpfel, ein **p**aar Brötchen, ein **p**aar Münzen ...

Mit einem ***Paar*** (Verkleinerungsform: *Pärchen*) sind immer zwei, eben paarweise vorkommende Dinge gemeint:

RECHTSCHREIBUNG UND ZEICHENSETZUNG
Wann schreibe ich groß, wann klein?

ein **P**aar Socken, ein **P**aar Augen, ein **P**aar Schuhe ...
Sie sind ein **P**aar.

> 💡 Lässt sich *ein paar* durch *einige* oder *wenige* **ersetzen** und ändert sich der Sinn des Satzes dadurch nicht, schreiben Sie klein.

11 *Sie* als höfliche Anrede, *du* und *ihr*

Das Personalpronomen *Sie* mit seinen Deklinationsformen wird als höfliche Anrede verwendet und immer großgeschrieben. Das gilt auch für das entsprechende Possessivpronomen *Ihr*:

Könnten **S**ie mir bitte helfen?
Ich danke **I**hnen sehr.
Geht **I**hre Uhr richtig?

Das großgeschriebene Pronomen meint immer die angesprochene Person; ist jemand anders gemeint, muss man kleinschreiben.

Haben **S**ie **I**hre Uhr wiedergefunden?	Die angesprochene Person und ihre Uhr sind gemeint.
Haben **s**ie **I**hre Uhr wiedergefunden?	Eine Gruppe anderer hat die Uhr der angesprochenen Person gesucht.
Haben **S**ie **i**hre Uhr wiedergefunden?	Die angesprochene Person hat nach der Uhr einer dritten (weiblichen) Person gesucht.
Haben **s**ie **i**hre Uhr wiedergefunden?	Man spricht über andere (nicht Anwesende), die eine Uhr suchten.

Man sieht, dass sich je nach Schreibung der Pronomen der Sinn des Satzes ändert.

RECHTSCHREIBUNG UND ZEICHENSETZUNG
Wann schreibe ich groß, wann klein?

> 💡 In **Briefen** darf man die **vertraute Anrede mit *du / dein*** und entsprechend in der Mehrzahl mit ***ihr / euer*** wahlweise groß- oder kleinschreiben:
>
> Liebe Sarah,
> danke, dass **d**u / **D**u **d**ich / **D**ich bereit erklärt hast, uns **e**ure / **E**ure Ferienwohnung zur Verfügung zu stellen, denn **i**hr / **I**hr könnt **e**uch / **E**uch gar nicht vorstellen, ...
>
> Achten Sie aber auf die Groß- und Kleinschreibung in folgenden Fällen:
>
> Ich habe ihm **das D**u angeboten.
> Du kannst ihn **mit D**u anreden.
> Du kannst ruhig **d**u / **D**u zu mir sagen.
> Wir sind schon lange per **d**u / per **D**u.

Dank, Kraft, Laut, Trotz, Zeit – groß oder klein? (12)

Diese Wörter sind ursprünglich Nomen und werden deshalb großgeschrieben:

Vielen Dank.
Volle Kraft voraus!
Kein Laut war zu hören.
Sie weint aus Trotz.
Nimm dir Zeit.

→ siehe auch R 2

Verwendet man diese Wörter aber als **Präpositionen**, muss man kleinschreiben:

Es geht mir wieder gut **d**ank deiner Fürsorge.	(dank + Genitiv)
Er befördert den Beamten **k**raft seines Amtes.	(kraft + Genitiv)
Er ist **l**aut ärztlicher Diagnose völlig gesund.	(laut + Dativ)

RECHTSCHREIBUNG UND ZEICHENSETZUNG
Wann schreibe ich groß, wann klein?

Wir gehen spazieren **t**rotz des schlechten Wetters. (trotz + Genitiv)
Sie arbeiteten **z**eit ihres Lebens. (zeit + Genitiv)

> **(!)** Merken Sie sich die **unterschiedliche Schreibung** bei folgenden Fällen:
>
> Wir sind **zurzeit** (Adverb!) sehr beschäftigt.
> **Aber: Zur Zeit** des Zweiten Weltkriegs ...
>
> Wenn sich **zurzeit** durch **im Moment / gerade** ersetzen lässt, schreibt man klein.
>
> Ich wohne hier **zeit** meines Lebens.
> **Aber:** Er schnarchte **zeitlebens** (Adverb!).

13 · *Angst, Bange, Gram, Leid, Pleite, Schuld, Freund, Feind* – groß oder klein?

Diese Nomen können zu Adjektiven werden, wenn sie mit *sein, werden* oder *bleiben* verbunden sind. Dann werden sie kleingeschrieben. Beispiele bietet die Übersicht:

Nomen → Großschreibung	Adjektiv → Kleinschreibung
Wir haben **A**ngst. Ihr macht uns **A**ngst.	Da wird uns aber **a**ngst ...
Hab nur keine **B**ange.	... und **b**ange!
Sie wurde krank vor **G**ram.	Du darfst mir nicht **g**ram bleiben, bitte!

RECHTSCHREIBUNG UND ZEICHENSETZUNG
Wann schreibe ich groß, wann klein?

Geteiltes **L**eid ist halbes **L**eid.	Ich bin es endgültig **l**eid. Und es tut mir nicht **l**eid. Aber ihm wird es bald **l**eidtun.
Erlkönig hat mir ein **L**eid angetan. (Goethe)	
Der Event war eine große **P**leite. Wir machen damit **P**leite.	Damit ist unser Laden **p**leite.
Er hat keine **S**chuld an der Lage.	Er ist nicht **s**chuld daran.
Hilf mir, wenn du mein **F**reund bist. Wir sind doch gut **F**reund, oder?	Die beiden sind sich nicht **f**reund.
Sie sind erbitterte **F**einde.	Wir werden uns wohl ewig **f**eind sein.

(!) Das Verb **pleitegehen** wird im Infinitiv und als Partizip zusammengeschrieben.

Wir werden wohl bald **pleitegehen**.
Der Verein **ging pleite** / ist **pleitegangen**.

→ R 18 (Getrennt- und Zusammenschreibung)

Recht und *Unrecht* – groß oder klein?

Es gibt eine Menge Verwendungen dieser Wörter, darunter etliche Redewendungen, die eine Unterscheidung zwischen Groß- und Kleinschreibung nicht leicht machen. Also gut einprägen! Die Regeln 1 bis 4 dieses Kapitels lassen sich aber auch hier anwenden.

RECHTSCHREIBUNG UND ZEICHENSETZUNG
Wann schreibe ich groß, wann klein?

Großschreibung	Kleinschreibung
Es ist geltendes **R**echt.	Die Wände stehen im **r**echten Winkel.
Wir sind im **R**echt / **U**nrecht.	Das ist (mir) **r**echt / **u**nrecht.
Sie tun nichts **U**nrechtes.	Es geschieht dir **r**echt.
Sie entscheidet nach **R**echt und Gewissen.	Gehe ich **r**echt in der Annahme … ?
Ich sollte dich von **R**echts wegen entlassen.	Es ist nur **r**echt und billig …
Sie wurde zu **R**echt / **U**nrecht bestraft.	Dir kann man nichts **r**echt machen.
Wir werden vor Gericht (unser) **R**echt suchen / finden.	So ist's **r**echt.

(!) Unterscheiden Sie hiervon **Zusammensetzungen mit *zurecht-*** , z. B.:

Ich finde mich mit den Neuerungen nicht **zurecht**.
Wir müssen mit ihm **zurechtkommen**.
Du musst dir deine Argumente aber vorher gut **zurechtlegen**.

In Verbindung mit den Verben *behalten, bekommen, geben, haben* **und** *daran tun* **haben Sie jedoch die Wahl zwischen Groß- und Kleinschreibung, also zum Beispiel:**

Du hast ja **Recht / recht**.
Du hast **Recht / recht** daran getan, es ihm zu sagen.
Aber du weißt, dass ich immer **Recht / recht** behalten will.
Und meistens bekomme ich **Recht / recht**!

Wann schreibe ich getrennt, wann zusammen?

TESTEN SIE IHR WISSEN

1 Schwärmerei

Ein Freund schwärmt Ihnen von seiner neuen Traumfrau vor. Aber schwärmt er auch orthografisch richtig? Prüfen Sie, ob die fett markierten Wörter getrennt oder zusammengeschrieben werden.

Sie hat **knall rote** Lippen und wunderschöne **tief blaue** Augen. Außerdem ist sie **super schlau**. Immer wenn ich sie sehe, wird mir **höllisch heiß**.

2 Glaube versetzt Berge

Was ist richtig?

Du musst einfach **daranglauben / daran glauben** und alles **daransetzen / daran setzen**, dass du das Ziel erreichst.

3 Abwarten und …

Welche der markierten Schreibweisen sind richtig? Unterstreichen Sie sie.

Teetrinken / Tee trinken wir gerne. Deshalb habe ich zum **Teetrinken / Tee trinken** eingeladen.

4 Heimlich, still und leise

Unterstreichen Sie traumwandlerisch sicher die richtigen Schreibweisen.

Drei Stücke Torte habe ich gestern Abend in den Kühlschrank gestellt, heute Morgen war nur noch eines da. Ich **schlussfolgere / Schluss folgere** daraus, dass du **genachtwandelt / nachtgewandelt / Nacht gewandelt** bist, in der Küche **genotlandet / Not gelandet / notgelandet** bist und einen Mitternachtsimbiss eingenommen hast.

RECHTSCHREIBUNG UND ZEICHENSETZUNG
Wann schreibe ich getrennt, wann zusammen?

5 Mangelnde Einsicht ∴ 24
Haben Sie eingesehen, dass hier nur eine Schreibweise richtig sein kann? Unterstreichen Sie sie.

Und wenn du **kopfstehst / Kopf stehst**, du gehst heute nicht **Eis laufen / eislaufen**. Ich kann deinem Wunsch nicht **stattgeben / Statt geben**, und es nimmt mich **Wunder / wunder**, dass du selbst nicht einsiehst, wie sehr es **nottut / Not tut**, dass du für die Matheabeit lernst.

6 Bitte hier keinen Hänger haben! ∴ 27
Was ist richtig?

a) Die Lehrerin hat die schönsten Bilder der Klasse in die Aula **hängenlassen / hängen lassen**.
b) Mein bester Freund wollte mir nicht helfen! Der hat mich einfach **hängenlassen / hängen lassen**.

7 Hier wird es amtlich ∴ 31
Getrennt- oder Zusammenschreibung? Das ist hier die Frage!

a) Das ist eine **nicht amtliche / nichtamtliche** Regelung.
b) Diese Regelung ist **nicht amtlich / nichtamtlich**.

8 Misstrauen ∴ 36
Unterstreichen Sie die richtigen Schreibweisen.

Heute Morgen hat **irgend eine / irgendeine** Frau angerufen und wollte dich unbedingt sprechen. Wer war das? – Ach, das wird wieder **irgendsoeine / irgend so eine** Interviewerin von einem Umfrageinstitut gewesen sein.

LÖSUNGEN
1 knallrote, tiefblaue, superschlau, höllisch heiß • **2** daran glauben, daransetzen • **3** Tee trinken, zum Teetrinken • **4** schlussfolgere, genachtwandelt, notgelandet • **5** kopfstehst, Eis laufen, stattgeben, wunder, nottut • **6 a)** hängen lassen (konkret), **b)** hängenlassen (übertragen, aber auch Getrenntschreibung korrekt) • **7** Beides korrekt: nicht amtliche/nichtamtliche, ist nicht amtlich/nichtamtlich
• **8** irgendeine, irgend so eine

RECHTSCHREIBUNG UND ZEICHENSETZUNG
Wann schreibe ich getrennt, wann zusammen?

15. *fingerbreit* und *lernbegierig* – Nomen + Adjektiv, Verbstamm + Adjektiv

Nomen und Verbstämme, die mit einem Adjektiv als hinterem Bestandteil zu einem neuen Adjektiv zusammengesetzt werden, schreibt man zusammen.

eiskalt, fahruntüchtig, glasklar, handwarm, kochfest, knochentrocken, kreisrund, mühevoll, schulmüde, sprungbereit, stinklangweilig ...

> Solche Zusammensetzungen sind in der Regel **Verkürzungen** eines längeren Ausdrucks:
>
> baumlang = lang wie ein Baum, denkfaul = zu faul zum Denken

16. *nasskalt, siedend heiß* und *winzig klein* – andere zusammengesetzte Adjektive

> Achten Sie auf die Betonung! Wenn **der erste Teil eines Wortes stärker betont** wird als der zweite, schreibt man **zusammen**. Liegt die **Hauptbetonung auf dem zweiten Teil** oder ist die Betonung auf beide Teile fast gleich verteilt, schreiben Sie **getrennt**.

Das Kind ist **frühreif**.
Aber: In diesem Jahr sind die Kirschen **früh reif**.

Das sind **leichtverständliche** Regeln.
Aber: Es ist **leicht verständlich**, dass ...

Da waren lauter **halbtote** Insekten.
Aber: Ich bin schon **halb krank** vor Wut.

RECHTSCHREIBUNG UND ZEICHENSETZUNG
Wann schreibe ich getrennt, wann zusammen?

Wenn Sie sich die folgenden Regeln einprägen, können Sie die Schreibung der meisten zusammengesetzten Adjektive selbst ableiten.

Zusammenschreibung, ...	Beispiele
wenn einer der beiden Bestandteile – oder auch beide – nicht als selbstständiges Wort vorkommen	letztmalig (letzt und malig kommen nicht alleine vor), blutrünstig, schwerstbehindert, dickhäutig, blauäugig, hintergründig, lesefaul
wenn das Wort ein Fugenelement enthält	gebrauch**s**fertig, hoffnung**s**froh, sonn**en**warm, werb**e**wirksam
wenn der erste Bestandteil bedeutungsverstärkender oder –vermindernder Art ist	altbekannt, bitterböse, brandneu, extradick, grundfalsch, halbbitter, knallrot, leichtgläubig, stahlhart, superschlau, tiefblau, vollschlank
wenn es sich um zwei gleichrangige Adjektive handelt	blaugrau (zugleich blau und grau), bittersüß, dummdreist, nasskalt → siehe auch R 232 (Farbadjektive)

(!) **Verbindungen aus Partizip + Adjektiv** schreibt man getrennt. Beide Wörter sind etwa gleich stark betont:

siedend heiß, verschwindend gering, wechselnd wolkig, brüllend heiß, gerammelt voll, verdammt eng ...

Dasselbe gilt für **Verbindungen aus Adjektiv + Adjektiv**, wenn das erste Adjektiv auf **-ig**, **-lich** oder **-isch** endet:

winzig klein, herrlich warm, höllisch heiß ...

RECHTSCHREIBUNG UND ZEICHENSETZUNG
Wann schreibe ich getrennt, wann zusammen?

17 · *wiedersehen* und *vorbeifahren* – Adverb + Verb: Die Betonung entscheidet!

Wenn Verben mit einem Adverb als trennbarem Präfix ein neues Wort bilden und wenn auf dem Adverb die Hauptbetonung liegt (→ vgl. Tipp in R 16), muss man im Infinitiv und in den Partizipien zusammenschreiben:

daransetzen, hinterherlaufen, etwas hinzufügen, vorbeifahren, das Wetter vorhersagen, etwas vorwärtsbringen, jemanden wiedersehen, sich zurückziehen ...

Wenn der Verbzusatz allerdings als **eigenständiges Adverb** auftritt, sind beide Teile gleich betont und man schreibt getrennt:

Ich werde dir **vorher sagen**, wann es losgeht.
Du musst einfach **daran glauben**!
Der Blinde möchte **wieder sehen** können.

Diese Regel gilt für eine große Menge von Adverbien, u. a. auch für alle Adverbien, die auf **-einander** und **-wärts** enden. Hier muss man immer auf die Betonung achten. Beispiele für weitere Adverbien:

da, dabei, dafür, dagegen, daher, dahin, daneben, daran, darauf, darüber, darum, darunter, davon, davor, dazu, dazwischen, hier, hinterher, nebenher, vorher, vorweg, weiter, wieder zusammen, zuvor

Beispiele:

Zusammenschreibung	Getrenntschreibung
Du musst die Teile ane**ina**nderfügen.	Wir wollen immer **a**neinander **d**enken.
Er soll bitte **da**bleiben.	Du musst **da** bl**ei**ben, wo du bist.
Sie müssen den Pass dab**ei**haben.	Man muss d**a**bei st**e**hen (bei dieser Tätigkeit).

RECHTSCHREIBUNG UND ZEICHENSETZUNG
Wann schreibe ich getrennt, wann zusammen?

Sie wird bald dahinscheiden.	Wir müssen ihn dahin bringen, dass …
Du musst alles daransetzen, dass …	Ich habe noch gar nicht daran gedacht.
Er ist noch einmal davongekommen.	Es kann davon kommen, dass …
Können Sie mal bitte den Stuhl davorstellen?	Es ist davor passiert.
Du musst die Flaschen dazustellen.	Ich bin noch nicht dazu gekommen.
Wir können den Hund hierbehalten.	Ich möchte hier bleiben.
Ihr könnt uns hinterherfahren.	Ich habe es erst hinterher erfahren.
Bitte den Schalter rückwärtsdrehen.	Bitte nur rückwärts einparken.
Wer kann schon das Wetter vorhersagen?	Das hättest du vorher sagen sollen.
Du hast mir die Frage vorweggenommen.	Das kannst du vorweg erledigen.
Wie wollen wir jetzt weiterkommen?	Wir müssen es weiter beobachten.
Er hat das Bewusstsein wiedererlangt.	Ich möchte bald wieder kommen.
Soll ich die Fotos zusammentragen?	Wir müssen die Kisten zusammen tragen.
Er ist mir zuvorgekommen.	Ich habe es bereits zuvor erledigt.

Bei manchen Zusammensetzungen von Adverb + Verb ist die ursprüngliche Bedeutung des Adverbs verlorengegangen. Man schreibt sie zusammen:

abhandenkommen	anheimstellen	darlegen
einhergehen	fehlgehen	feilbieten
fürliebnehmen	heimsuchen	hintanstellen
innehalten	irreführen	kundtun
überhandnehmen	nicht umhinkönnen	mit etwas vorliebnehmen
zurechtkommen	zuteilwerden	

RECHTSCHREIBUNG UND ZEICHENSETZUNG
Wann schreibe ich getrennt, wann zusammen?

Der Unternehmenserfolg soll ihnen in Form einer Prämie zuteilwerden.
Sie haben nicht umhingekonnt, ihm die Wahrheit zu sagen.

Zur **Getrennt- oder Zusammenschreibung** bei

Der Blinde hatte die Hoffnung nicht aufgegeben, eines Tages **wieder zu sehen.** / Ich freue mich, dich **wiederzusehen.**

→ siehe R 28

18 *ernst nehmen* und *dichtmachen* – Adjektiv + Verb: Die Wortbedeutung entscheidet

Stellt man einem Verb ein Adjektiv in adverbialer Verwendung voran, schreibt man getrennt. Das Adjektiv antwortet dann auf die Frage „wie?":
Du musst hier langsam fahren. (Wie muss ich fahren?)
Ich glaubte, sie würden gleich denken. (Wie würden sie denken?)

Weitere Beispiele:

freundlich winken, sich dumm stellen, ernst nehmen, falsch schreiben, kalt lächeln

Entsteht allerdings durch die Verbindung von Adjektiv und Verb eine neue **Bedeutung in einem übertragenen Sinn**, muss man zusammenschreiben:

blaumachen (schwänzen)
falschspielen (betrügen)
mit jdm. gleichziehen (auf den gleichen Stand kommen)
jemanden kaltstellen (handlungsunfähig machen)
jemanden krankschreiben (attestieren, dass jemand krank ist) …

In einigen Fällen sind beide Schreibweisen möglich; dann aber handelt es sich auch um zwei verschiedene Bedeutungen. Auch hier hilft die Betonungsregel (→ siehe R 17). Beispiele:

RECHTSCHREIBUNG UND ZEICHENSETZUNG
Wann schreibe ich getrennt, wann zusammen?

Getrenntschreibung	Zusammenschreibung
jemand anderem ähnlich sehen	ähnlichsehen (typisch sein für jdn.)
falsch spielen (auf dem Klavier)	falschspielen (betrügen)
(ein Referat) frei sprechen	(von Schuld) freisprechen
groß schreiben (in großer Schrift)	großschreiben (mit großem Anfangsbuchstaben)
(ein Diktat) gut schreiben	(dem Konto) gutschreiben
schlecht machen (in schlechter Qualität)	schlechtmachen (herabsetzen)

Einige Verben mit Adjektiv bilden untrennbare Verbindungen:

tiefkühlen, tiefgefrieren, tiefstapeln, liebäugeln ...

Alle Formen bleiben ungetrennt:

tiefkühlen → ich tiefkühle, tiefkühlend, tiefgekühlt

→ zum Infinitiv mit *zu* siehe R 28

kleinschneiden, warm machen – Adjektiv + Verb: In diesen Fällen haben Sie die Wahl

Drückt das Adjektiv das **Ergebnis der Verbhandlung** aus, darf man die Schreibweise wählen:

blankputzen / blank putzen (das Silber putzen, bis es blank ist)
kleinschneiden / klein schneiden
leerräumen / leer räumen
warmmachen / warm machen ...

RECHTSCHREIBUNG UND ZEICHENSETZUNG
Wann schreibe ich getrennt, wann zusammen?

> 💡 Auch Verben mit dem Adjektiv *fertig* darf man wahlweise getrennt oder zusammenschreiben:
>
> etwas fertigbekommen / fertig bekommen, etwas fertigbringen / fertig bringen, etwas fertigmachen / fertig machen, Unterlagen fertigstellen / fertig stellen, fertigwerden / fertig werden ...
>
> **Aber nur:** jemanden fertigmachen (übertragene Bedeutung → R 18)

20 *klein anfangen* und *falsch eintragen* – Adjektiv + Verb mit Präfix

Wenn das Verb bereits ein Präfix (Vorsilbe) hat, wird das Adjektiv getrennt vom Verb geschrieben:

früh **auf**stehen, dick **auf**tragen, blau **ein**färben, eng **ver**binden, blau **an**streichen, weit **ver**breiten ...

Die häufigsten Präfixe:

an-	ab-	auf-	aus-	be-	bei-	ein-
er-	hin-	nach-	nieder-	über-	um-	unter-
ver-	vor-	weg-	zer-	zu-		

21 *sein* steht immer allein!

Verbindungen mit dem Verb **sein** schreibt man immer getrennt:

dabei sein, schwer sein, bereit sein ...
Das kann doch nicht so schwer sein!

Aber: das Schönsein, das Alleinsein

RECHTSCHREIBUNG UND ZEICHENSETZUNG
Wann schreibe ich getrennt, wann zusammen?

→ siehe R 22 sowie 167 (Nominalisierung)

Schach spielen und *Tee trinken* – Nomen + Verb (22)

Normalerweise schreibt man **Verbindungen aus Nomen + Verb getrennt:**

Auto fahren, Karten spielen, Maß nehmen, Rat suchen, Radio hören, Rollschuh laufen, Sonne tanken, Tee trinken, Trübsal blasen …

> 💡 Ein zusammengesetztes Verb bildet eine Ausnahme:
>
> **staubsaugen / Staub saugen:**
>
> ich staubsauge / sauge Staub; ich habe gestaubsaugt / Staub gesaugt; staubsaugende / Staub saugende Männer
>
> → vgl. jedoch mit R 23, 24, 29 und 31

> ❗ Werden **Verbindungen aus Nomen + Verb** zum Nomen, erfolgt Zusammenschreibung:
>
> beim Autofahren, zum Teetrinken, das Trübsalblasen …
>
> → siehe R 1 (Groß- und Kleinschreibung)

maßregeln und *schlafwandeln* – Nomen + Verb: untrennbare Verbindungen (23)

Wenige Zusammensetzungen aus Nomen und Verb bilden untrennbare Verbindungen. Sie werden also immer zusammengeschrieben:

RECHTSCHREIBUNG UND ZEICHENSETZUNG
Wann schreibe ich getrennt, wann zusammen?

bergsteigen	ich bergsteige	ich bin berggestiegen
brandmarken	ich brandmarke	ich habe gebrandmarkt
handhaben	ich handhabe	ich habe gehandhabt
lobpreisen	ich lobpreise	ich habe lobgepriesen (auch: gelobpreist)
maßregeln	ich maßregle	ich habe gemaßregelt
nachtwandeln	ich nachtwandle	ich habe / bin genachtwandelt
notlanden	ich notlande	ich bin notgelandet
schlafwandeln	ich schlafwandle	ich habe / bin geschlafwandelt
schlussfolgern	ich schlussfolgere	ich habe geschlussfolgert
wallfahren	ich wallfahre	ich bin gewallfahrt

24 *eislaufen* und *kopfstehen* – Nomen + Verb: trennbare Verbindungen

Bei ein paar trennbaren Verbindungen aus Nomen + Verb werden Infinitive und Partizipien zusammengeschrieben. Der erste Teil – ursprünglich ein Nomen – ist zu einer trennbaren Vorsilbe geworden.

eislaufen	ich laufe eis	ich bin eisgelaufen
kopfstehen	ich stehe kopf	ich bin kopfgestanden
leidtun	es tut mir leid	es hat mir leidgetan
nottun	es tut not	es hat notgetan
preisgeben	ich gebe preis	ich habe preisgegeben
stattfinden	es findet statt	es hat stattgefunden
stattgeben	ich gebe statt	ich habe stattgegeben
statthaben	ich habe statt	ich habe stattgehabt
teilnehmen	ich nehme teil	ich habe teilgenommen
teilhaben	ich habe teil	ich habe teilgehabt
wundernehmen	es nimmt mich wunder	es hat mich wundergenommen

RECHTSCHREIBUNG UND ZEICHENSETZUNG
Wann schreibe ich getrennt, wann zusammen?

Acht geben und *brustschwimmen* – Nomen + Verb: wahlweise getrennt oder zusammen

Beide Schreibungen darf man bei einigen Verben anwenden:

Acht geben / haben	**achtgeben / -haben**
ich gebe / habe **A**cht	ich gebe / habe **a**cht
Dank sagen	**danksagen**
ich sage **D**ank	ich **d**anksage, du **d**anksagtest
Brust schwimmen	**brustschwimmen** (nur im Inifinitiv)
ich schwimme **B**rust	–
Gewähr leisten für	**etwas gewährleisten**
ich leiste **G**ewähr für	ich **g**ewährleiste etwas
Halt machen	**haltmachen**
ich mache **H**alt	ich mache **h**alt
Marathon laufen	**marathonlaufen** (nur im Infinitiv)
ich laufe **M**arathon	–
Maß halten	**maßhalten**
ich halte **M**aß	ich halte **m**aß

Bei **Erweiterungen** dieser Verben muss man Folgendes beachten:
Wird nur das Nomen oder das Verb näher bestimmt, schreibt man das Nomen groß und getrennt:

Ich möchte dir großen **D**ank sagen.
Wir gaben allergrößte **A**cht.
Wir machten rasch **H**alt.

Bezieht sich die Ergänzung aber auf den gesamten Ausdruck, muss man klein- und zusammenschreiben:

Ich möchte nur **d**anksagen und dann gehen.
Sie mussten sehr **a**chtgeben.

RECHTSCHREIBUNG UND ZEICHENSETZUNG
Wann schreibe ich getrennt, wann zusammen?

26 — *laufen lernen* und *baden gehen* – Verb + Verb: Getrenntschreibung

Wenn zwei Verben ein neues Verb bilden, werden sie dennoch getrennt geschrieben, weil sie als Wortgruppe gelten. Dazu gehören z. B.:

schreiben lernen, lesen können, spazieren gehen, sprechen dürfen ...

Hast du Lust, mit mir **spazieren zu gehen**? → R 28
Wann hast du **schreiben / Schreiben** gelernt? → R 6

27 — *bleiben lassen* und *liegenbleiben* – Verb + Verb: Bei *lassen* und *bleiben* entscheidet die Bedeutung

Zwei aufeinanderfolgende Verben mit *lassen* oder *bleiben* als zweitem Verb darf man auch zusammenschreiben, wenn die Verbindung eine übertragene Bedeutung hat:

Wörtliche Bedeutung	Übertragene Bedeutung
sitzen bleiben (im Zug)	sitzenbleiben (nicht versetzt werden)
stecken bleiben (im Sumpf)	steckenbleiben (beim Vortrag)
hängen lassen (den Mantel)	hängenlassen (nicht helfen)
liegen lassen (vergessen)	(links) liegenlassen (nicht beachten)
Auch das Verb **kennen lernen** dürfen Sie jederzeit zusammenschreiben.	

💡 Wenn Sie **Verbindungen aus Verb + Verb** immer getrennt schreiben, machen Sie nichts falsch.

RECHTSCHREIBUNG UND ZEICHENSETZUNG
Wann schreibe ich getrennt, wann zusammen?

Nicht einfach zu handhaben – Der Infinitiv mit *zu* bei Verben mit Präfix

28

Die **Infinitivbildung mit *zu*** richtet sich weitgehend danach, ob es sich um Verben mit trennbarem oder nicht trennbarem Präfix handelt. In der Regel passieren einem hier keine Fehler. Aber in einigen Fällen ist die Bildung des Infinitivs mit *zu* doch nicht so einfach.

Einige Zusammensetzungen aus **Nomen als Präfix + Verb** sind untrennbar (→ R 22). Deshalb geht hier ***zu*** voran:

Das ist leicht **zu** handhaben (**nicht:** ~~handzuhaben~~)

Weitere Beispiele:

zu brandmarken, **zu** maßregeln, **zu** schlafwandeln, **zu** schlussfolgern, **zu** wetteifern

Das gilt auch für entsprechende **eingedeutschte englische Verben**:

zu kidnappen, **zu** brainstormen, **zu** windsurfen, **zu** snowboarden …

→ Übersicht in R 52 (englische Verben)

Bei **eingedeutschten englischen Verben mit Präfix** steht *zu* hinter dem Präfix:

Ich habe vergessen, die Datei down**zu**loaden.

Weitere Beispiele:

up**zu**graden, ein**zu**lasern, ein**zu**scannen

→ siehe auch R 28 sowie Übersicht in R 52 (englische Verben)

Bei **Verben, die mit Präfixen** (in diesem Fall mit betonten Präpositionen, Adverbien) zusammengesetzt sind, steht ***zu*** zwischen dem ersten Bestandteil und dem Basisverb. Alle Teile werden zusammengeschrieben.

RECHTSCHREIBUNG UND ZEICHENSETZUNG
Wann schreibe ich getrennt, wann zusammen?

Du hast mir nichts vor**zu**werfen.
Er vergaß, eine Jacke über**zu**ziehen.
Es wird ihm nicht gelingen, uns irre**zu**führen.
Sie versuchte mir zuvor**zu**kommen.

Weitere Beispiele:

ab**zu**nehmen, an**zu**kommen, durch**zu**starten, mit**zu**tragen, um**zu**gehen, zu**zu**lassen, abhanden**zu**kommen, inne**zu**halten, vorlieb**zu**nehmen

Das *zu* wird auch eingeschoben bei **Verben mit einem Adjektiv als Präfix**:

fern**zu**sehen, frei**zu**sprechen, klein**zu**schreiben, schlecht**zu**machen, schön-**zu**reden, tief**zu**kühlen ...

→ zur möglichen Getrenntschreibung siehe R 18 - 21

Bei **Verben, denen Nomen als Präfix vorangehen**, steht *zu* ebenfalls nach dem Präfix:

Wir beschlossen, noch eis**zu**laufen / berg**zu**steigen.

Weitere Beispiele:

kopf**zu**stehen, preis**zu**geben, not**zu**landen, staub**zu**saugen (aber auch: Staub zu saugen → vgl. R 22)

Ausnahme: Bei einigen Verben, vor allem solchen, die aus zusammengesetzten Nomen abgeleitet sind, steht *zu* vor dem Verb:

zu wetteifern, **zu** nachtwandeln

→ vgl. R 23 (Verbindungen aus Nomen + Verb)

Bei **Verben mit zwei oder gar drei Präfixen** (= doppelt präfigierte Verben, vgl. → R 211) spielt es keine Rolle, ob sie trennbar sind oder nicht; das *zu* steht immer hinter dem ersten Präfix:

Sportler neigen dazu, sich im Training über**zu**beanspruchen.

Weitere Beispiele:

unter**zu**versorgen, vor**zu**verurteilen, nach**zu**versteuern, vorher**zu**bestimmen

RECHTSCHREIBUNG UND ZEICHENSETZUNG
Wann schreibe ich getrennt, wann zusammen?

Ausnahme: Bei Verben, die mit dem echten **Präfix ver-** beginnen, steht *zu* immer vor dem Infinitiv:

zu verabreichen, **zu** verunglimpfen, **zu** vereinnahmen …

→ vgl. R 211 (Verben mit mehreren Präfixen)

Verben mit trennbarem und untrennbarem Präfix			
aberkennen	ich erkenne ab / aberkenne	habe aberkannt	abzuerkennen
anerkennen	ich erkenne an / anerkenne	habe anerkannt	anzuerkennen
anvertrauen	ich vertraue an / anvertraue	habe anvertraut	anzuvertrauen
anverwandeln, sich (sich zu eigen machen)	ich verwand(e)le mir an / anverwand(e)le mir	habe mir anverwandelt	anzuverwandeln
ausbedingen, sich (zur Bedingung machen)	ich bedinge mir aus	habe mir ausbedungen	auszubedingen
bauchpinseln	ich bauchpins(e)le	habe gebauchpinselt	zu bauchpinseln
bergsteigen	ich bergsteige	bin berggestiegen	bergzusteigen
brainstormen	ich brainstorme	habe gebrainstormt	zu brainstormen
brandmarken	ich brandmarke	habe gebrandmarkt	zu brandmarken
Dank sagen	ich sage Dank	habe Dank gesagt	Dank zu sagen

RECHTSCHREIBUNG UND ZEICHENSETZUNG

Wann schreibe ich getrennt, wann zusammen?

danksagen	ich danksage	habe dankgesagt	dankzusagen
downloaden (herunterladen)	ich downloade	habe downgeloadet	downzuloaden
Gewähr leisten (für)	ich leiste Gewähr	habe Gewähr geleistet	Gewähr zu leisten
(etwas) gewährleisten	ich gewährleiste	habe gewährleistet	zu gewährleisten
handhaben	ich handhabe	habe gehandhabt	zu handhaben
kidnappen (entführen)	ich kidnappe	habe gekidnappt	zu kidnappen
kopfstehen	ich stehe kopf	habe kopfgestanden	kopfzustehen
liebäugeln	ich liebäug(e)le	habe geliebäugelt	zu liebäugeln
liebedienern	ich liebedienere	habe geliebedienert	zu liebedienern
liebkosen	ich liebkose	habe liebkost / geliebkost	zu liebkosen
lobpreisen	ich lobpreise	habe lobgepriesen / gelobpreist	lobzupreisen
lobsingen	ich lobsinge	habe lobgesungen	lobzusingen
Maß halten	ich halte Maß	habe Maß gehalten	Maß zu halten
Maß nehmen	ich nehme Maß	habe Maß genommen	Maß zu nehmen
maßhalten	ich halte maß	habe maßgehalten	maßzuhalten

RECHTSCHREIBUNG UND ZEICHENSETZUNG
Wann schreibe ich getrennt, wann zusammen?

maßregeln	ich maßreg(e)le	habe gemaßregelt	zu maßregeln
nachtwandeln	ich nachtwand(e)le	habe / bin nachtgewandelt	zu nachtwandeln
nachversteuern	ich versteuere nach	habe nachversteuert	nachzuversteuern
notlanden	ich notlande	bin notgelandet	notzulanden
preisgeben	ich gebe preis	habe preisgegeben	preiszugeben
recyclen / recyceln (wiederverwerten / der Wiederverwertung zuführen)	ich recycle / recycele	habe recyclet / recycelt	zu recyclen / recyceln
schauspielern	ich schauspieler	habe geschauspielert	zu schauspielern
schlafwandeln	ich schlafwand(e)le	habe / bin geschlafwandelt	zu schlafwandeln
schlussfolgern	ich schlussfolgere	habe geschlussfolgert	zu schlussfolgern
snowboarden (Schneebrett fahren)	ich snowboarde	habe gesnowboardet	zu snowboarden
Staub saugen	ich sauge Staub	habe Staub gesaugt	Staub zu saugen
staubsaugen	ich staubsauge	habe gestaubsaugt	zu staubsaugen
traumwandeln	ich traumwand(e)le	habe / bin traumgewandelt	zu traumwandeln

RECHTSCHREIBUNG UND ZEICHENSETZUNG

Wann schreibe ich getrennt, wann zusammen?

überbeanspruchen	ich überbeanspruche	habe überbeansprucht	überzubeanspruchen
überbelasten	über überbelaste	habe überbelastet	überzubelasten
überbetonen	ich überbetone	habe überbetont	überzubetonen
überbewerten	ich überbewerte	habe überbewertet	überzubewerten
übererfüllen	ich übererfülle	habe übererfüllt	überzuerfüllen
unterbewerten	ich unterbewerte	habe unterbewertet	unterzubewerten
unterbezahlen	ich unterbezahle	habe unterbezahlt	unterzubezahlen
unterversichern	ich unterversichere	habe unterversichert	unterzuversichern
unterversorgen	ich unterversorge	habe unterversorgt	unterzuversorgen
updaten (aktualisieren)	ich update	habe upgedatet	upzudaten
upgraden (höherstufen)	ich upgrade	habe upgegradet	upzugraden
vorbehalten, sich	ich behalte mir vor	habe mir vorbehalten	vorzubehalten
vorenthalten	ich enthalte vor	habe vorenthalten	vorzuenthalten
vorherbestimmen	ich bestimme vorher	habe vorherbestimmt	vorherzubestimmen
vorhersagen	ich sage vorher	habe vorhergesagt	vorherzusagen
vorhersehen	ich sehe vorher	habe vorhergesehen	vorherzusehen
vorliebnehmen	ich nehme vorlieb	habe vorliebgenommen	vorliebzunehmen

RECHTSCHREIBUNG UND ZEICHENSETZUNG
Wann schreibe ich getrennt, wann zusammen?

vorverurteilen	ich vorverurteile	habe vorverurteilt	vorzuverurteilen
wallfahren	ich wallfahre	bin gewallfahrt	zu wallfahren
wertschätzen	ich schätze wert / wertschätze	habe wertgeschätzt	wertzuschätzen
wetterleuchten	es wetterleuchtet	hat gewetterleuchtet	zu wetterleuchten
wetteifern	ich wetteifere	habe gewetteifert	zu wetteifern
windsurfen	ich windsurfe	habe windgesurft	zu windsurfen

ernst genommen und *krankgeschrieben* – zusammengesetzte Partizipien (29)

Grundregel: Die Schreibung von Verbindungen mit Partizipien richtet sich nach den zugrunde liegenden Infinitiven. Getrenntschreibung erfolgt also, wenn im Infinitiv getrennt geschrieben wird, Zusammenschreibung erfolgt, wenn im Infinitiv zusammengeschrieben wird.

aneinander denken → aneinander denkend, aneinander gedacht;
eislaufen → eislaufend, eisgelaufen;
ernst nehmen → ernst nehmend, ernst genommen;
feilbieten → feilbietend, feilgeboten;
krankschreiben → krankschreibend, krankgeschrieben;
Recht sprechen → Recht sprechend, Recht gesprochen;
vorwärtsfahren → vorwärtsfahrend, vorwärtsgefahren ...

Es ist jedoch erlaubt, die Verbindungen mit Partizip zusammenzuschreiben, auch wenn im Infinitiv getrennt geschrieben wird:

RECHTSCHREIBUNG UND ZEICHENSETZUNG
Wann schreibe ich getrennt, wann zusammen?

Rat suchende / ratsuchende Menschen,
Vertrauen erweckender / vertrauenerweckender Eindruck,
grob gewürfelte / grobgewürfelte Zwiebeln,
allein erziehende / alleinerziehende Väter,
schnell tickende / schnelltickende Zeitbombe,
weit reichende / weitreichende Veränderung,
ein rot kariertes / rotkariertes Hemd …

Werden solche Verbindungen wie ein Adjektiv als Attribut vor einem Nomen benutzt, empfiehlt sich die **Zusammenschreibung**:

Hier arbeiten drei festangestellte Mitarbeiter.
Sie trug ein rotgestreiftes Kleid.

Bei der Verwendung als Prädikatsadjektiv am Ende eines Satzes empfiehlt sich die **Getrenntschreibung**:

Die drei Mitarbeiter sind fest angestellt.
Ihr Kleid war rot gestreift.

(!) Viele dieser Zusammensetzungen lassen sich steigern oder auf andere Weise erweitern. Dann gilt: Wird nur der erste Teil der Verbindung gesteigert oder erweitert, muss getrennt geschrieben werden. Wird der zweite Teil oder die gesamte Verbindung gesteigert, erfolgt Zusammenschreibung.

Getrenntschreibung:

weiter reichende Maßnahmen
sehr weit reichende Maßnahmen
ein knalleng anliegender Pulli
ein grellrot kariertes Hemd
sehr grob gewürfelte Zwiebeln
eine großes Vertrauen erweckende Person …

RECHTSCHREIBUNG UND ZEICHENSETZUNG
Wann schreibe ich getrennt, wann zusammen?

Zusammenschreibung:

weitreichendere Maßnahmen
schwerwiegendere Tatbestände
ein besonders vertrauenerweckender Eindruck ...

Auch bei Verbindungen mit einem Partizip hilft häufig die Betonungsregel (→ Tipp in R 16) bei der Entscheidung über die richtige Schreibung.

Bleib mir *zuliebe zu Hause* – Ausdrücke aus Präposition + Nomen (30)

Ein paar Verbindungen aus Präposition + Nomen sind so stabil, dass sie zusammengeschrieben werden. Prägen Sie sich diese Wörter am besten gut ein.

anhand	inmitten	zurzeit
anstatt	zufolge	zuzeiten
infolge	zuliebe	

Sie schläft **infolge** des Medikaments.
Tu es mir **zuliebe**.
Er hat **zurzeit** Urlaub.
Aber: Er lebte **zur Zeit** Caesars.

Die folgenden Verbindungen aus Präposition + Nomen sind noch nicht so stabil. Sie dürfen deshalb wahlweise getrennt oder zusammengeschrieben werden.

anstelle / an Stelle (+ Genitiv)	zugunsten / zu Gunsten (+ Genitiv)
aufgrund / auf Grund (+ Genitiv)	zulasten / zu Lasten (+ Genitiv)
aufseiten / auf Seiten (+ Genitiv)	zuungunsten / zu Ungunsten (+ Genitiv)
mithilfe / mit Hilfe (+ Genitiv)	

RECHTSCHREIBUNG UND ZEICHENSETZUNG
Wann schreibe ich getrennt, wann zusammen?

Auch die folgenden Ausdrücke mit einem Nomen als hinterem Teil sind schon zu einem Wort verschmolzen, dürfen aber auch noch getrennt geschrieben werden. Das ihnen nachfolgende Verb wird allerdings immer getrennt geschrieben!

außerstande / außer Stande sein	zurande / zu Rande kommen
infrage / in Frage stellen	zurate / zu Rate ziehen
imstand / im Stand / imstande / im Stande sein	zuschanden / zu Schanden machen
instand / in Stand setzen	sich etwas zuschulden / zu Schulden kommen lassen
nachhause / nach Hause gehen	zustande / zu Stande bringen
zugrunde / zu Grunde gehen	zutage / zu Tage fördern
zuhause / zu Hause bleiben	zuwege / zu Wege bringen

Wir haben unseren Anwalt **zurate / zu Rate** gezogen.
Bringst du denn gar nichts **zuwege / zu Wege**?
Die Brücke wurde kürzlich wieder **instand / in Stand** gesetzt.

Bei den folgenden Ausdrücken wird das Nomen noch als solches empfunden und man schreibt immer getrennt:

unter der Hand	zu Ende	zu Lande / zu Wasser
von Hand	zu Fuß	zu Schaden kommen
zu Anfang	zu Hilfe	

💡 Zusammenschreibung gilt für Adverbien, die auf **-(er)weise** enden:

dankbar**erweise**, möglich**erweise**, stück**weise** ...

RECHTSCHREIBUNG UND ZEICHENSETZUNG
Wann schreibe ich getrennt, wann zusammen?

nichtamtliche Nichtleitende – die Negationspartikel *nicht*   (31)

Der Tipp aus Regel 29 gilt auch hier: Man kann Verbindungen aus der Negationspartikel **nicht** + **Adjektiv** meist sowohl getrennt als auch zusammenschreiben. Richten Sie die Schreibung aber am besten nach der Betonung (→ siehe R 17):

Das ist eine nichtamtliche Regelung. Diese Regelung ist nicht amtlich.
Es sind nichtselbständige Arbeitsverhältnisse. Sie arbeitet nicht selbständig.
Es handelt sich um nichtleitende Metalle. Keramik ist nicht leitend.

Man schreibt aber immer getrennt, wenn *nicht* sich auf **ganze Wortgruppen oder Sätze** bezieht:

nicht ganz ernst gemeinte Äußerungen,
eine Besprechung, die nicht öffentlich stattfinden konnte

Nomen und Nominalisierungen mit *nicht* schreibt man zusammen:

das Nichtwissen, alles Nichtgewollte, das Nichtmitglied, der Nichtleiter (Isolator) …

Aber beide Möglichkeiten:

eine nicht Berufstätige / Nichtberufstätige, ein nicht Leitender / Nichtleitender, ein nicht Sesshafter / Nichtsesshafter …

→ siehe auch R 1 (Groß- und Kleinschreibung)

> 💡 Als Nomen gebrauchte längere Infinitive mit *nicht* schreibt man zur besseren Lesbarkeit **mit Bindestrichen**:
>
> das Nicht-einsehen-Wollen
> das Nicht-mehr-fertig-Werden
> das Nicht-zu-Stande-Kommen …
>
> → siehe auch R 64 (Bindestrich)

RECHTSCHREIBUNG UND ZEICHENSETZUNG
Wann schreibe ich getrennt, wann zusammen?

> (!) Die Wendung **gar nicht** schreibt man gar nicht zusammen! Das gilt übrigens ebenso für **gar nichts** und **gar kein**.

32 Er arbeitet immer noch *so viel, soviel* ich weiß – *so* in adverbialen Fügungen und Konjunktionen

Das Adverb *so* kann mit Adjektiven und Adverbien **adverbiale Fügungen** bilden, die **immer getrennt** geschrieben werden:

Ich muss dringend weg, bitte vertritt mich, **so lange** du kannst.
Sie hat den Roman schon **so oft** gelesen, dass sie den Text fast auswendig kann.

Diese adverbialen Fügungen werden oft mit den mit **so-** zusammengesetzten **Konjunktionen** verwechselt. Sie klingen zwar ähnlich, müssen aber **stets zusammengeschrieben** werden:

Bitte vertritt mich, **solange** ich nicht im Büro bin.
Ich kann den Roman lesen, **sooft** ich will, ich verstehe ihn nicht.

Weitere Beispiele:

Getrenntschreibung als adverbiale Fügung	Zusammenschreibung als Konjunktion
Den sehen wir **so bald** nicht wieder.	Ruf mich an, **sobald** du angekommen bist.
Das Thema liegt mir **so fern**, dass ich nichts dazu sagen kann.	**Sofern** du etwas von der Sache weißt, musst du es uns sagen.
So lange musste ich wieder auf den Anschlusszug warten.	**Solange** es warm ist, werde ich mit dem Rad zur Arbeit fahren.

RECHTSCHREIBUNG UND ZEICHENSETZUNG
Wann schreibe ich getrennt, wann zusammen?

Er hat mich schon **so oft** belogen, dass ich ihm nichts mehr glaube.

Der Verband musste mehrmals gewechselt werden, weil die Wunde **so sehr** blutete.

Du kannst dir **so viel** Schokolade nehmen, wie du möchtest.

Es ist **so weit** zum Strand, wir sollten die Räder nehmen.

Du isst in letzter Zeit **so wenig**, willst du abnehmen?

Alles kam **so**, **wie** ich es befürchtet hatte.

Sie war nie zu erreichen, **sooft** ich sie auch anrief.

Sosehr ich deinen Rat schätze, aber diese Sache geht nur mich und meine Frau etwas an.

Soviel ich weiß, gibt's heute Linsen mit Spätzle in der Kantine.

Soweit ich das erkenne, ist das Vaters Handschrift.

Sowenig ich einsehe, dass wir jetzt renovieren müssen, besorge ich doch die Farbe.

Sowie ich das Buch gelesen habe, kannst du es haben.

(!) Die mit so gebildeten Adverbien *ebenso, genauso* und *geradeso* werden stets getrennt von einem nachfolgenden Adjektiv oder Adverb geschrieben, z. B.:

Da hätte ich **ebenso gut / genauso gut / geradeso gut** zu Hause bleiben können.
Mit dem Auto brauchst du **ebenso lange / genauso lange** wie mit dem Zug.
Du hast den Film **ebenso oft / genauso oft** gesehen wie ich.
Deine Leistung ist schlecht, und dein Bruder hat mich **ebenso sehr** enttäuscht.
Sie hat **ebenso viele / genauso viele / geradeso viele** Fehler im Diktat wie du.
In Englisch bist du nicht gut, in Mathe bringst du **ebenso wenig** zustande.

RECHTSCHREIBUNG UND ZEICHENSETZUNG
Wann schreibe ich getrennt, wann zusammen?

Auch die Konjunktion **umso** (immer zusammengeschrieben!) wird von nachfolgenden Komparativformen **getrennt geschrieben**:

Ich kenne sie kaum, er kennt sie **umso besser**.
Wir hatten lange nichts voneinander gehört, **umso größer** war die Wiedersehensfreude.
Du musst deine Kinder mehr loben, **umso lieber / umso mehr** strengen sie sich an.

Zusammen- oder Getrenntschreibung ist hingegen korrekt bei *sogenannt*:

Er gehörte zur **sogenannten / so genannten** besseren Gesellschaft.

33 *so dass* oder *sodass*?

Die Konjunktion *sodass* darf auch getrennt, also *so dass* geschrieben werden.
Er stolperte, **sodass / so dass** er hinfiel.

> (!) Unterscheiden Sie davon: Wenn *so* auf etwas verweist, das im Nebensatz folgt, trennt ein Komma *so* und *dass*:
>
> Er stolperte **so, dass** er hinfiel.
> Sie freute sich **so, dass** sie uns spontan eine Runde spendierte.

→ siehe auch R 42 (s-Laut)

34 *meinetwegen, um euretwillen* – Zusammensetzungen aus Pronomen + Präposition

Man schreibt Verbindungen aus Pronomen + Präposition **immer zusammen**:

RECHTSCHREIBUNG UND ZEICHENSETZUNG
Wann schreibe ich getrennt, wann zusammen?

---

meinetwegen
....

| meinetwegen | seinetwegen | unseretwegen |
| deinetwegen | ihretwegen | euretwegen |

relativisch / demonstrativ: deretwegen, derentwegen, dessentwegen

---

um meinetwillen
....

| um meinetwillen | um seinetwillen | um uns(e)retwillen |
| um deinetwillen | um ihretwillen | um eu(e)retwillen |

relativisch / demonstrativ: um deretwillen, um derentwillen, um dessentwillen

---

Ich bin nur **deinetwegen** so weit gegangen.
Die Chefin, **deretwegen** es immer Unruhe gab, wurde endlich für ihr Verhalten gerügt.
Sie kamen nur **um unseretwillen**.
Die Meiers, **um derentwillen** wir das Fest verschoben hatten, haben nun ganz abgesagt.

> (!) Die Wendung **wegen mir, wegen dir ...** ist zwar sehr gebräuchlich, gehört aber der **Umgangssprache** an und sollte deshalb in der Schriftsprache nicht verwendet werden.

---

derart, derselbe, demzufolge – Pronomen und Adverbien, die mit *der-, des-, dem-* beginnen (35)

Verbindungen mit *der-, des-, dem-* schreibt man **zusammen**:

dementsprechend, demgegenüber, demgemäß, demnach, demzufolge,

RECHTSCHREIBUNG UND ZEICHENSETZUNG
Wann schreibe ich getrennt, wann zusammen?

derart, derenthalben, derentwillen (→ R 34), deretwegen, derentwegen, dessentwegen (→ R 34), deretwillen, dergestalt, dergleichen, derjenige / diejenige / dasjenige, derlei, dermaßen, derselbe / dieselbe / dasselbe, derzeit, desgleichen, desselben, dessentwillen (→ R 34), deswegen …

Beispiele:

Dementsprechend schlecht war seine Laune.
Demnach kommt sie heute wohl nicht.
Die Kundin, **deretwegen** es Ärger gab …
Die Kundin, um **deretwillen** wir den Preis senkten …
Dergestalt verhält es sich auch mit ihr.

(!) Die einzigen **Ausnahmen** sind:

des ungeachtet / dessen ungeachtet und *des Weiteren*.

Des Weiteren muss ich anmerken, dass die Umstände derzeit widrig sind.
Des ungeachtet / dessen ungeachtet machen wir weiter wie geplant.

Und doch muss man vorsichtig sein. Sind *der, des, dem* als Artikel zu verstehen, schreibt man **getrennt**:

Die Creme ist von **der Art**, die ich besonders mag.
Er glich **der Gestalt**, die ich kannte.
Das ist ein Hund von **der gleichen** Rasse.
Sie kam vor **der Zeit** nach Hause.
Ich habe ein Auto **des gleichen** Typs.
Sie saß genau **dem** (Menschen) gegenüber, den sie am wenigsten mochte.

RECHTSCHREIBUNG UND ZEICHENSETZUNG
Wann schreibe ich getrennt, wann zusammen?

Getrennt oder zusammen? – häufig falsch geschriebene Adverbien, Konjunktionen und Pronomen

36

allzu	Diese Aufgabe fiel ihr **allzu** schwer.
anno dazumal	Das haben wir schon **anno dazumal** abgehakt.
ebenda	**Ebenda** kann man lesen, dass …
ebendaher	**Ebendaher** war sie so wütend.
ebendahin	**Ebendahin** fuhren sie im folgenden Jahr.
ebendann	**Ebendann** brach das Unwetter los.
ebendarum	**Ebendarum** packte er gestern die Koffer.
ebendaselbst	Der Minister **ebendaselbst** brach die Sitzung ab.
ebender, -die, -das	**Ebender** hat auch die Mütze gestohlen.
ebenderselbe, -dieselbe, -dasselbe	**Ebenderselbe** nahm auch das Geld mit.
ebendeshalb, ebendeswegen	**Ebendeshalb** verweigerte sie die Zustimmung.
ebendieser, -diese, -dieses	**Ebendieses** habe ich gemeint.
ebendort	**Ebendort** fand man die Waffe wieder.
ebenso gut / oft / sehr / viel …	**Ebenso** gut könntest du spazieren gehen.
ebensolch	**Ebensolch** einen Fall kenne ich auch.
ebensovielmal / ebenso viel Mal	Sie heiratete **ebensovielmal** wie er.
füreinander	Sie sind **füreinander** wie geschaffen.
genauso gut, genauso viel …	Du kannst **genauso gut** lügen wie ich.
genausovielmal / genauso viel Mal	Ich werde es genausovielmal tun wie nötig.
gleich viel	Wir haben **gleich viel**.
gleichviel (Konjunktion)	**Gleichviel**(,) ob ich's glaube, sage ich nein.

RECHTSCHREIBUNG UND ZEICHENSETZUNG
Wann schreibe ich getrennt, wann zusammen?

gleichwie (Konjunktion)	**Gleichwie** ich's anpacke, schaffe ich es nicht.
gleichwohl	**Gleichwohl** packte er am Ende die Koffer.
hierzulande / hier zu Lande	**Hierzulande** ist es unüblich, Kaffee zu trinken.
infolgedessen	**Infolgedessen** brach der Tumult aus.
irgend so ein, irgend so (et)was	**Irgend so ein** Typ rief an und wollte was von dir.
irgendein, irgendeiner	**Irgendeiner** spielt hier falsch!
irgendetwas, irgendwas	Hast du noch **irgendetwas** hinzuzufügen?
irgendjemand, irgendwer	Ist hier **irgendwer**, der nicht zustimmt?
ohneeinander	Sie mussten lange **ohneeinander** auskommen.
seinerzeit	**Seinerzeit** war er noch Unteroffizier.
seinerzeitig	Die **seinerzeitige** Auffassung ist heute überholt.
so etwas	**So etwas** habe ich noch nie erlebt!
so lange, bis	Du wartest **so lange, bis** ich dich rufe.
so viel wie möglich; so viel, dass	Nimm dir **so viel** Zeit **wie** möglich.
so was	**So was** Blödes!
so weit, dass	Es ging **so weit, dass** sie sich nur noch anschrien.
so wenig wie möglich; so wenig, dass	Nimm **so wenig** Salz **wie** möglich.
solange (Konjunktion)	**Solange** es noch Tag ist, wandern wir weiter.
soviel (Konjunktion)	**Soviel** ich weiß, war er schon gestern nicht hier.
soweit (Konjunktion)	**Soweit** ich es aus meinen Unterlagen ersehe, …

RECHTSCHREIBUNG UND ZEICHENSETZUNG
Wann schreibe ich getrennt, wann zusammen?

sowenig (Konjunktion)	**Sowenig** ich dieser Lösung zustimme, will ich ...
sowieso	Klar, das mache ich **sowieso**.
statt dessen	Er war krank. **Statt dessen / seiner** kam Frau Olp.
stattdessen (Adverb)	**Stattdessen** gab es nur Kaffee und Kuchen.
zuallererst, zuallerletzt	Das erledigen wir **zuallererst**.
zu viel, zu viele	Du redest **zu viel** und machst **zu viele** Pausen.
zu wenig, zu wenige	Du isst **zu wenig**, vor allem **zu wenige** Vitamine.

Die Schreibung der Vokale und Konsonanten

TESTEN SIE IHR WISSEN

1 Schwärmerei :· 38
Bilden Sie die korrekt geschriebenen Verkleinerungsformen.

a) Ein kleiner Aal ist ein ＿lchen.
b) Ein kleiner Saal ist ein S＿lchen.
c) Ein kleines Boot ist ein B＿tchen.

2 Mal wieder wider Willen :· 40
ie oder *i*? Setzen Sie richtig ein.

W＿deraufbau, w＿derlegen, w＿derfinden, w＿derum, w＿derborstig, W＿derschein, w＿derspiegeln, w＿deraufladbar, w＿dersprechen

3 Der Knabe und das Röslein :· 41
Welche Buchstaben fehlen?

Überschw＿nglich schnitt der To＿patsch ein Qu＿ntchen eines St＿ngels ab, bis eine alte Frau ihm beh＿nde die Schere entriss, über seine Ro＿eit schimpfte, ihm drohte, ihn zu verbl＿en und dann in ihr Taschentuch schn＿uzte.

4 Allein in der großen Stadt :· 42
Wo müssen Sie „das", wo „dass" einsetzen?

Da＿ Kind, da＿ hier steht, vermisst seine Mutter. Ich denke, da＿ du da＿ schon gemerkt hast. Da＿ sie ihren verlorenen Sohn bald wieder findet, da＿ wollen wir doch hoffen.

RECHTSCHREIBUNG UND ZEICHENSETZUNG
Die Schreibung der Vokale und Konsonanten

5 Wenn einer eine Reise tut
Sie als Weltfrau oder Weltmann wissen natürlich, wo hier *v* oder *f* einzusetzen ist.

Ich habe mich aus __ersehen im dichten __erkehr __erirrt und bin jetzt __ern von zu Hause und völlig __ertig.

6 Hier geht es an die Substanz
Welche Schreibweise ist richtig?

Tendenziell / tendentiell haben wir **existenzielle / existentielle** Probleme. Aber wir haben auch das **Potential / Potenzial**, diese **essenziellen / essentiellen** Fragen anzugehen.

7 Vorsicht bei der Schiffsschraube!
Welche Buchstaben wurden hier vergessen?

Nur ach____zig Euro sind bei der Buchung____stelle für Werkstof____orschung eingezahlt worden. Am enttäuschen____sten war aber die Falsch____reibung auf der Quittung.

8 Tierisches Vergnügen
Setzen Sie die richtige Schreibweise für den *ks*-Laut ein.

Der Bär fing fi__ noch einen La__, doch der konnte ihm ausbü__en. Der Polarfu__ am Ufer fei__te, und der Lu__ glu__te vor Lachen.

LÖSUNGEN

1 Älchen, Sälchen, Bötchen • **2** Wiederaufbau, widerlegen, wiederfinden, wiederum, widerborstig, Widerschein, widerspiegeln, wiederaufladbar, widersprechen • **3** überschwänglich, Tollpatsch, Quäntchen, Stängels, behände, Rohheit, verbläuen, schnäuzte • **4** Das, das, dass, das, Dass, das • **5** Versehen, Verkehr, verirrt, fern, fertig • **6** Alle Schreibweisen sind korrekt. • **7** achtzig, Buchungsstelle, Werkstoffforschung, enttäuschendsten, Falschschreibung • **8** fix, Lachs, ausbüxen, Polarfuchs, feixte, Luchs, gluckste

RECHTSCHREIBUNG UND ZEICHENSETZUNG
Die Schreibung der Vokale und Konsonanten

37) sie *zieht*, er *wiegt* – Verben mit und ohne Dehnungs-*h*

Wenn ein Verb **im Infinitiv kein *h*** enthält, kommt auch in den konjugierten Formen niemals ein *h* vor. Also:

säen → sät, säte, gesät
schreien → schrie, geschrien
speien → spie, gespien

→ siehe auch Tipp "Stammprinzip" in R 41

Ebenso gilt: Kommt **im Infinitiv ein *h*** vor, behalten auch alle konjugierten Formen das *h*:

befehlen → du befiehlst, befahlst, hast befohlen

Ausnahme: Nur bei den Verben *ziehen* und *gehen* entfällt das *h* bei manchen konjugierten Formen, obwohl der Vokal lang bleibt:

ziehen, zieht, **aber:** ich zog, gezogen;
gehen, gehe, geht, **aber:** ich ging (*gegangen* hat nur kurze Vokale)

38) *kleine Säle für Pärchen* – keine Vokalverdopplung bei *ä, ö, ü*

Umlaute werden nie verdoppelt, auch nicht in einem Wort, das die Verkleinerungsform eines anderen Wortes mit Doppelvokal ist.

Saal → Säle, Sälchen
Haar → Härchen
Paar → Pärchen
Boot → Bötchen ...

RECHTSCHREIBUNG UND ZEICHENSETZUNG
Die Schreibung der Vokale und Konsonanten

auf die *Knie* – Substantiv und Verb nur mit einem *e* (39)

Der Plural von **das Knie** darf **nur mit einem *e*** geschrieben werden: **die Knie**. Hier darf man sich beim Schreiben nicht davon verwirren lassen, dass die Pluralform zweisilbig ausgesprochen wird (daneben gibt es auch die einsilbige Aussprache).

Auch das Verb **knien** wird **nur mit einem *e*** geschrieben, obwohl es eine Ableitung zum Substantiv *Knie* ist. Das rührt daher, dass heute ein *e* weggelassen wird, wenn die Beugungsendung *-en* auf ein *ie* folgt *(knie-en → knien)*. Daher werden auch die anderen gebeugten Formen des Verbs nur mit einem *e* geschrieben:

ich knie, du kniest, er kniet, wie knien, ihr kniet, sie knien; kniend, gekniet

Das **Partizip II** des Verbs *schreien* wird dementsprechend heute ebenfalls **nur mit einem *e*** geschrieben: **geschrien**.

mal *wieder wider* Willen – *wieder* und *wider* nicht verwechseln! (40)

Das Wort **wieder** bedeutet, dass man etwas noch einmal tut, eben wiederholt.

Das Wort **wider** bedeutet so viel wie *gegen*: wider den tierischen Ernst. Es gibt eine Menge Zusammensetzungen mit diesen beiden Wörtern.

Beispiele:

RECHTSCHREIBUNG UND ZEICHENSETZUNG
Die Schreibung der Vokale und Konsonanten

wieder	wider
Wiederaufbau, wiederaufbereiten, wiederaufladbar, Wiederaufnahme, wiederbeschaffen, wiedererkennen, wiederfinden, wiedergutmachen, wieder tun, wiederum …	widerborstig, widereinander, widerfahren, Widerhaken, Widerlager, widerlegen, widerlich, widerrechtlich, Widerrede, widerrufen, Widerschein, widerspenstig, widerspiegeln, widersprechen …

Ich **widersprach** ihm nicht, ich gab nur **wieder**, was er gesagt hatte.

41 · *Der Tollpatsch schnäuzt sich* – Der Wortstamm entscheidet

Das **Stammprinzip** ist eine ganz wichtige Grundregel für die Rechtschreibung. Wenn Sie sich merken, wie sich ein **Wortstamm** schreibt, können Sie davon die Schreibung vieler anderer Wörter ableiten.

Bei einigen Wörtern wurde inzwischen die Schreibung der Vokale und Konsonanten nach dem Stammprinzip einander angepasst. Frühere, hiervon abweichende Schreibweisen sind heute meistens nicht mehr korrekt.

abgeleitetes Wort	Wortstamm bzw. verwandtes Wort
aufwändig oder aufwendig	Aufwand oder aufwenden
Bändel (Schuhbändel)	Band
behände	Hand
belämmert	Lamm
Gämse	Gams
gräulich, Gräuel	grau
Karamell	Karamelle

80

RECHTSCHREIBUNG UND ZEICHENSETZUNG
Die Schreibung der Vokale und Konsonanten

nu**mm**erieren	Nu**mm**er
pla**tz**ieren	Pla**tz**
Quän**tch**en	Quantum
Ro**hh**eit	ro**h**
Sch**ä**nke oder Schenke	Aussch**a**nk oder ausschenken
sich schn**äu**zen	Schn**au**ze
St**ä**ngel	St**a**nge
Sto**pp** (der)	sto**pp**en
Stu**ck**ateur	Stu**ck**
Ti**pp**	ti**pp**en
To**ll**patsch	to**ll**
überschw**ä**nglich	Überschw**a**ng
verbl**äu**en	bl**au**
Z**äh**heit	z**äh**
Zie**rr**at	Zie**r** + **R**at

Merken Sie sich auch noch die korrekte Schreibung der folgenden Wörter:

Känguru
rau → Rauheit, raubeinig

das oder *dass*? – der *s*-Laut als Stolperfalle (42)

Für *das* gibt es **drei verschiedene Verwendungsmöglichkeiten**:

als Artikel: das Auto (→ jenes Auto)
als Demonstrativpronomen: Das ist falsch. (→ Dieses ist falsch.)
als Relativpronomen: Das Kind, **das** hier wartet, vermisst seine Mutter.
(→ welches hier wartet)

Das Wort *das* kann also immer durch ***jenes, dieses*** oder ***welches*** ersetzt werden.

Das Wort ***dass*** dagegen ist eine **Konjunktion**, die einen Nebensatz einleitet:

RECHTSCHREIBUNG UND ZEICHENSETZUNG
Die Schreibung der Vokale und Konsonanten

Ich weiß, **dass** es schon spät ist.

Dieses *dass* ist durch kein anderes Wort zu ersetzen – der Satz ergäbe keinen Sinn mehr. Weitere Beispiele:

Dass du kommst, ist doch wohl selbstverständlich.
Mir scheint klar, **dass** das so nicht geht.
Ich wette, **dass** du das schon gemerkt hast.

→ siehe auch *so dass / sodass*, R 33

> 💡 **Regeln für die Schreibung der *s*-Laute**
>
> **Weich, stimmhaft gesprochenes *s*** schreibt man immer als einfaches *s*:
>
> Su**s**anne, **s**o, le**s**en ...
>
> **Scharf gesprochenes *s*** kann man auf drei verschiedene Arten schreiben:
>
> **als einfaches *s*** am Wortende (bi**s**, Gra**s**, Atla**s**), nach einem Konsonanten (Erb**s**e, Rät**s**el, Hal**s**), vor *p* und *t* (Kno**s**pe, ra**s**peln, A**s**t, Mi**s**t)
>
> **als *ss*** nach kurzem Vokal: Wa**ss**er, bla**ss**, mu**ss**te ...
>
> **als ß** nach langem Vokal oder Diphthong: blo**ß**, Ma**ß**, au**ß**en, wei**ß** ...
>
> Bei den konjugierten Formen von **Verben mit *s*-Laut** hilft immer der Infinitiv weiter:
>
> **einfaches *s* bleibt immer einfaches *s***: niesen → du nie**s**t, hast genie**s**t; blasen → du blä**s**t, hast gebla**s**en ...
>
> ***ss* nach kurzem Vokal** im Infinitiv wird zu ß nach langem Vokal oder Diphthong und umgekehrt: beißen → gebi**ss**en, genießen → geno**ss**en, la**ss**en → ließ ...

RECHTSCHREIBUNG UND ZEICHENSETZUNG
Die Schreibung der Vokale und Konsonanten

In der Schweiz wird für *ß* im Allgemeinen **ss** geschrieben:
Straße, schweizerisch: Strasse
Fuß, schweizerisch: Fuss
Buße tun, schweizerisch: Busse tun

Schreibt man *f, ph* oder *v*? – der verflixte *f*-Laut

fer- und *ver-:*

Es gibt im Deutschen **nur fünf Wörter, die mit *fer-* beginnen**. Die Übersicht zeigt sie und einige ihrer Zusammensetzungen:

Ferien	Ferienbeginn, ferienreif, Osterferien …
Ferkel	Ferkelei, ferkelig, ferkeln, Spanferkel …
fern	fernöstlich, (das) Fernsehen, fernsteuern …
Ferse	Fersengeld (geben), Fersensporn …
fertig	fertigen, Fertighaus, Fertigung …

In allen anderen Fällen schreibt man ***ver-***:

verirren, **Ver**kehr, **ver**nebeln, (ein) **Ver**sehen, **ver**teilen, **ver**tilgen …

f oder *ph:*

Bei den Wörtern, die die **Silben *phon, phot* und *graph*** enthalten, haben Sie die Wahl, ob Sie mit *f* oder mit *ph* schreiben wollen, zum Beispiel:

Fotogra**f** / **Ph**otogra**ph**, Gra**f**iker / Gra**ph**iker, Grammo**f**on / Grammo**ph**on …

Die **Schreibung mit *f*** ist allgemein die modernere Variante.

RECHTSCHREIBUNG UND ZEICHENSETZUNG
Die Schreibung der Vokale und Konsonanten

(!) Das Wort **Telefon** sollten Sie aber **immer mit f** schreiben.

Viele **aus dem Griechischen stammende Wörter**, die nicht eine der oben genannten Silben enthalten, dürfen jedoch **nur mit ph** geschrieben werden:

Al**ph**abet, As**ph**alt, **Ph**iloso**ph**, **Ph**os**ph**or, Sa**ph**ir, Stro**ph**e ...
Aber: Phantasie / **F**antasie

44 · *Ihr seid todschick* – die Konsonanten *d* und *t* am Silbenende

tod- und *tot-:*

Mit *tod-* zusammengesetzte Wörter gehen auf das Nomen *der Tod* zurück und übertragen diese Bedeutung in das neue Wort: todkrank bedeutet also so krank, dass der Tod droht. Weitere Beispiele:

tödlich, **tod**sicher, **tod**schick, **tod**bleich, **tod**ernst, **tod**geweiht, **Tod**feind, Herz**tod**, Unfall**tod**

Wird die Silbe *es* einbezogen, ist das *d* deutlich hörbar:

todesmutig, **Todes**angst ...

Zusammensetzungen mit dem Adjektiv *tot* haben eine entsprechend andere Bedeutung: *sich totlachen* bedeutet lachen, bis man tot ist. Weitere Beispiele:

totfahren, **tot**laufen, **tot**gesagt, **Tot**schlag, **Tot**geburt, mause**tot**, mund**tot**, schein**tot**

Wenn *en* eingefügt wird, kann man das *t* deutlich hören:

totenbleich, **toten**still ...

RECHTSCHREIBUNG UND ZEICHENSETZUNG
Die Schreibung der Vokale und Konsonanten

> **(!)** Manchmal kann es zu **Verwechslungen** kommen. Vergleichen Sie die folgenden Sätze:
>
> Der Arzt stellte den **Hirntod** fest. – Der Patient war **hirntot**.
> Er starb den **Unfalltod**. – Der **Unfalltote** war noch sehr jung.
> Sie war nur **scheintot**. – Der **Scheintod** wurde rasch aufgeklärt.

end- **und** *ent-:*

Der Wortteil **end-** ist von *Ende* abgeleitet und muss deswegen mit *d* geschrieben werden: endlos bedeutet also *ohne Ende*. Der Wortteil *end-* ist beim Sprechen immer betont. Weitere Beispiele:

endlich, **end**gültig, be**end**igen, **End**erfolg, **End**bahnhof, **End**lagerung, **End**lauf

Das Präfix *ent-* bleibt beim Sprechen dagegen immer unbetont.

entfernen, **ent**flammbar, **ent**gegen, **Ent**gelt, **Ent**lassung, **ent**laufen, un**ent**geltlich ...

seid **und** *seit:*

Handelt es sich um die **Verbform** *(ihr) seid* von *sein*, muss man das Wort mit *d* schreiben:

Seid alle fröhlich!
Ihr **seid** herzlich willkommen.

Die **Präposition** *seit* schreibt man dagegen mit *t*:

Seit wann sind wir abgemeldet?
Ich habe dich **seit** Weihnachten nicht mehr gesehen.

ward **und** *wart:*

Die **Verbform** *ich / er / sie / es ward* ist die veraltete Form für *ich / er / sie / es wurde*.

Es **ward** Nacht.

RECHTSCHREIBUNG UND ZEICHENSETZUNG
Die Schreibung der Vokale und Konsonanten

Die Verbform *ihr wart* ist dagegen eine Präteritumsform des Verbs *sein*.

Ihr **wart** heute sehr fleißig!

Fugen-*t*:

Bei Wortbildungen mit dem **Suffix** (Nachsilbe) *-lich* muss oft ein *t* eingeschoben werden:

eigentlich, geflissentlich, hoffentlich, namentlich, versehentlich, wissentlich ...

Einzige Ausnahmen: abendlich, morgendlich

45 Viel *Potential*: Endungen auf *-tiell/-ziell, -tial/-zial*

Aus fremdsprachlichen **Nomen, die auf *-anz* oder *-enz* enden**, sind oft weitere Wörter abgeleitet, die ebenfalls mit *z* geschrieben werden. Die frühere Schreibweise mit *t* ist aber immer noch richtig. Beispiele:

Differenz	differenziell / differentiell	Differenzial / Differential
Essenz	essenziell / essentiell	
Existenz	existenziell / existentiell	existenzial / existential
Potenz	potenziell / potentiell	Potenzial / Potential
Präferenz	präferenziell / präferentiell	
Substanz	substanziell / substantiell	
Tendenz	tendenziell / tendentiell	

46 Vorsicht bei der *Schiffsschraube* – Vergessen Sie keine Buchstaben!

Durch Zusammensetzungen und Beugungsendungen kann es zu **Konsonantenhäufungen** kommen, die man beim Sprechen nicht richtig hört. Leider darf man keinen Buchstaben weglassen.

RECHTSCHREIBUNG UND ZEICHENSETZUNG
Die Schreibung der Vokale und Konsonanten

Vier Dinge helfen Ihnen, die richtige Schreibung in den Griff zu bekommen:
1) Überlegen Sie, ob die Wörter mit anderen Wörtern verwandt sind.
2) Sprechen Sie die Wörter langsam und überdeutlich aus.
3) Bei Wortzusammensetzungen (Komposita) lösen Sie die Wörter in ihre Bestandteile auf.
4) Überlegen Sie, wenn es sich um Verbformen handelt, wie der jeweilige Verbstamm geschrieben wird, und hängen Sie dann die Beugungsendung an.

Auf diese Weise geht Ihnen kein Buchstabe verloren. Beispiele:

achtzig (*acht* + *zig*), **aber:** sechzig
Buchungsstelle (*Buchung* + Fugen-s + *Stelle*)
dementsprechend (*dem* + *ent* + *sprechend*)
am enttäuschendsten (*ent-* + *täuschen* + Partizipendung *-nd* + Superlativendung *-sten*)
Falschschreibung (*falsch* + *Schreibung*)
linksrheinisch (*links* + *Rhein* + Adjektivendung *-isch*)
ranggleich (*Rang* + *gleich*)
Rechtspflege (*Recht* + Fugen-s + *Pflege*)
Schlammmasse* (*Schlamm* + *Masse*), **aber:** der Schlamassel
Verschlussschraube* (*Verschluss* + *Schraube*)
Werkstoffforschung* (*Werkstoff* + *Forschung*)

*→ siehe auch Schreibung mit Bindestrich, R 65

Schwierige Verbformen	
Infinitiv	**Konjugierte Verbform**
(er)halten (Stamm: halt und hielt)	du (er)hältst, du (er)hieltst
flechten (Stamm: flecht/flicht und flocht)	du flichtst, du flochtest
laden (Stamm: lad/läd und lud)	du lädst, er lädt, du ludst

RECHTSCHREIBUNG UND ZEICHENSETZUNG
Die Schreibung der Vokale und Konsonanten

stehlen (Stamm: stehl/stiehl, stahl und stohl)	du stie**hlst**, du sta**hlst**
waschen (Stamm: wasch und wusch)	du wä**schst**, du wu**schst**
beherrschen (Stamm: beherrsch)	du beherr**schst**

(!) Wenn der **Verbstamm auf -s, ss, -ß, -tz** oder **-z** endet, fällt das *-s* bei der 2. Person Singular im Präsens weg:

reisen	Stamm: rei**s**	→ du rei**st**
fassen	Stamm: fa**ss**	→ du fa**sst**
beißen	Stamm: bei**ß**	→ du bei**ßt**
kratzen	Stamm: kra**tz**	→ du kra**tzt**
sitzen	Stamm: si**tz**	→ du si**tzt**
würzen	Stamm: wür**z**	→ du wür**zt**

47) Lassen Sie sich kein *x* für ein *chs* vormachen – Vorsicht bei der Schreibung des *ks*-Lautes!

„Schreib, wie du sprichst" - nach dieser Faustregel können Sie beim *ks*-Laut nicht verfahren. Bei **gleicher Aussprache** tritt dieser Laut nämlich in **verschiedenen Schreibweisen** auf.

Als **x, X geschrieben** kommt der *ks*-Laut **im Anlaut** nur in Fremdwörtern vor, die meistens aus dem Altgriechischen stammen:

Xanthippe, **X**enon, **X**enophobie, **X**erokopie, **x**erophil, **X**ylophon ...

Häufig zu finden ist ein *x* **im Auslaut**; auch hier handelt es in der Regel um Fremdwörter:

Box, Fax, fix, Fox, Index, Jux, Komplex, Krux, lax, Matrix, Mix, orthodox, paradox, Präfix, Reflex, Sex, Suffix ...

RECHTSCHREIBUNG UND ZEICHENSETZUNG
Die Schreibung der Vokale und Konsonanten

Im Wortinnern steht *x* in Fremdwörtern und in einigen deutschen Wörtern:

Annexion (**aber:** annektieren), ausbüxen, Axt, boxen, extra, Faxen, feixen, flexibel, Flexion (**aber:** flektieren), Hexe, Luxus, Nixe, mixen ...

In deutschen Wörtern wird der *ks*-Laut sowohl im **Inlaut** als auch im **Auslaut** häufig als *chs* **geschrieben:**

Dachs, Flachs, Fuchs; Gewächs, Lachs, Luchs, Ochse, Wachs, wachsen, sechs, Wichs, Wuchs ...

Selten wird der *ks*-Laut als *cks* oder *ks* geschrieben:

cks: glucksen, hinterrücks, Klacks, Klecks, klecksen, Knacks, Knicks, knicksen, Mucks; schnurstracks ...

ks: links, Murks, Koks, Keks ...

Mit *ks* geschrieben werden wegen ihrer Wortbildung **Faksimile** (lateinisch *fac simile* = mach ähnlich!) und **Ekstase** (griechisch: *ek-stasis* = das Aus-sich-Heraustreten).

RECHTSCHREIBUNG UND ZEICHENSETZUNG
Was muss ich bei der Schreibung von Fremdwörtern beachten?

° Was muss ich bei der Schreibung von Fremdwörtern beachten?

TESTEN SIE IHR WISSEN

1 So kommuniziert man heute :⋅ 48
Welche der markierten Schreibweisen sind korrekt? Unterstreichen Sie.

Ich sitze gerade an meinem **computer / Computer** und dachte, ich schreibe dir mal kurz eine **email / e-Mail / E-Mail** und frage dich, wie dein **date / Date** gestern Abend war.

2 Tatort :⋅ 49
Mit ihrem Spürsinn für korrekte Orthografie finden Sie natürlich sofort die Fehler.

Der Kommissar konnte die Täterin überführen, weil Spuren ihres Make-up's am Rande des Swimmingpool's gefunden worden sind.

3 Gehen wir heute Abend zum Italiener? :⋅ 50
Wenn ja, dann sollten Sie die richtigen Plurale kennen und sie unterstreichen.

a) die Zucchinis / Zucchini
b) die Cannelloni / Cannellonis
c) die Pizzas / Pizzen

4 Guten Appetit! :⋅ 51
Wie lautet die eingedeutschte Schreibweise der folgenden Worte?

a) das Buffet _____
b) die Spaghetti _____
c) der / das Joghurt _____
d) das / der Ketchup _____
e) die Mayonnaise _____

RECHTSCHREIBUNG UND ZEICHENSETZUNG
Was muss ich bei der Schreibung von Fremdwörtern beachten?

f) der Chicoré _____
g) die Sauce   _____

5 Gelungene Integration
Wie heißt das Partizip II?

a) downloaden   _____
b) recyceln / recyclen _____
c) snowboarden   _____
d) windsurfen   _____

6 Aller guten Dinge sind drei
Über die Saumseligkeit von Max kann man sich wirklich aufregen, die Plurale von Kurzwörtern sollten aber dennoch richtig geschrieben werden.

Ich habe Max jetzt schon drei **SMSe** geschickt und ihn gebeten, mir doch endlich meine **DVD's** zurückzubringen.

LÖSUNGEN

1 Computer, E-Mail, Date • **2** Ohne Apostroph: Make-ups, Swimmingpools • **3** Zucchini, Cannelloni, Pizzas/Pizzen • **4** Büfett, Spagetti, Jogurt, Ketschup, Majonäse, Schikoree, Soße • **5** downgeloadet, recycelt/recyclet, gesnowboardet, windgesurft • **6** drei SMS, meine DVDs

RECHTSCHREIBUNG UND ZEICHENSETZUNG
Was muss ich bei der Schreibung von Fremdwörtern beachten?

48 eine *E-Mail* – Fremdsprachliche Nomen im Deutschen immer großschreiben!

Auch wenn ein Nomen in der Sprache, aus der es stammt, kleingeschrieben wird – **im Deutschen schreibt man es groß**.

das **A**ccessoire, die **E**-**M**ail, der **S**wimmingpool, der **T**orero ...

49 das *Display* des *Players* – Wie schreibe ich die Genitivform fremdsprachlicher Nomen?

In der Regel werden fremdsprachliche Nomen **wie deutsche stark deklinierte Nomen** (z. B. *der Lehrer, das Bad, die Tür*) behandelt.

Deshalb erhalten **männliche und sächliche Nomen** im Genitiv die Endung **-s** – und zwar **ohne Apostroph**, auch wenn z. B. im Englischen der Genitiv mit Apostroph + *s* gebildet wird! Beispiele:

das Accessoire → des Accessoire**s**
das Make-up → des Make-up**s**
der Shop → des Shop**s**
der Swimmingpool → des Swimmingpool**s**
der Torero → des Torero**s**

Weibliche Nomen erhalten keine Genitivendung. Beispiele:

die E-Mail → der E-Mail
die Pirouette → der Pirouette
die Pizza → der Pizza
die Story → der Story

→ starke und schwache Deklination siehe R 89
→ Apostroph siehe R 69

RECHTSCHREIBUNG UND ZEICHENSETZUNG
Was muss ich bei der Schreibung von Fremdwörtern beachten?

Sind die *Spaghetti* al dente? – Wie schreibe ich den Plural fremdsprachlicher Nomen?

50

Die meisten fremdsprachlichen Nomen erhalten **im Plural die Endung -s** und bleiben in allen Fällen unverändert.

die Accessoire**s**, die Baby**s**, die Chansonnier**s**, die E-Mail**s**, die Hobby**s**, die Party**s**, die Portier**s**, die Shop**s**, die Shirt**s**, die Story**s**, die Swimmingpool**s**, die Torero**s** …

> (!) Beachten Sie bei **Nomen aus dem Italienischen**, dass diese, wenn sie **auf *i* enden**, bereits die Pluralform sind. Hier dürfen Sie deshalb nicht zusätzlich ein -s anhängen:
>
> die Spaghetti (**nicht:** ~~Spaghettis~~), die Zucchini (**nicht:** ~~Zucchinis~~), die Paparazzi (**nicht:** ~~Paparazzis~~; Singular: Paparazzo), die Cannelloni (**nicht:** ~~Cannellonis~~)
>
> **Aber:** Die **Pizza** ist inzwischen so weit in den deutschen Sprachgebrauch übergegangen, dass man inzwischen Pizza**s** und Pizz**en** sagen darf. Ebenso: die Razzia → die Razzi**en**, die Razzia**s**

Englische Nomen auf -*er* allerdings erhalten **kein Plural-s**:

die Computer, die Controller, die Reporter …

das *Galabüfett* – eingedeutschte Schreibung fremdsprachlicher Nomen

51

Leider können keine allgemeinen Regeln für die korrekte Schreibung fremdsprachlicher Nomen aufgestellt werden. Im Zweifel darf man sich an die original fremdsprachliche Schreibung halten und richtet sich nur

RECHTSCHREIBUNG UND ZEICHENSETZUNG
Was muss ich bei der Schreibung von Fremdwörtern beachten?

nach den deutschen Groß- und Kleinschreibungsregeln. Allerdings sind die Übergänge zwischen unverändert benutzten und teilweise oder vollständig eingedeutschten fremdsprachlichen Wörtern fließend. Tendenziell werden französische Wörter stärker den deutschen Rechtschreibregeln angepasst als beispielsweise englische oder italienische. Hier eine kleine Übersicht:

Ursprüngliche Schreibweise	Eingedeutschte Schreibweise	Ursprüngliche Schreibweise	Eingedeutschte Schreibweise
die Bonbonniere	Bonboniere	das Joghurt	Jogurt
das Bouclé	Buklee	das / der Ketchup	Ketschup
das Bouquet	Bukett	das Kommuniqué	Kommunikee
das Buffet	Büfett	die Mayonnaise	Majonäse
der Chicorée	Schikoree	der Mohair	Mohär
das Dekolleté	Dekolletee	die Polonaise	Polonäse
das Dragée	Dragee	das Portmonnaie	Portmonee
die Drainage	Dränage	die Raison	Räson
das Exposé	Exposee	die Spaghetti	Spagetti
die Facette	Fassette	das Varieté	Varietee
der Friseur	Frisör	das Resumé	Resumee
das / der Frotté	Frottee		

💡 Als **Richtlinien für die Schreibweise englischer Nomen** gelten:

Wörter, die aus **Nomen + Nomen** bestehen, werden zusammengeschrieben.

die Sciencefiction, der Sexshop, die Gameshow, der Fulltimejob ...

Soll die Schreibung dem Leser besonders deutlich gemacht werden, ist

RECHTSCHREIBUNG UND ZEICHENSETZUNG
Was muss ich bei der Schreibung von Fremdwörtern beachten?

bei längeren Begriffen auch die **Getrenntschreibung mit Bindestrich** möglich.

die Science-Fiction, der Fulltime-Job ...

Zusammensetzungen aus **Adjektiv + Nomen** darf man zusammenschreiben, wenn die Hauptbetonung auf dem Adjektiv liegt. Ansonsten gilt Getrenntschreibung.

der Longdrink / Long Drink, die Softcopy / Soft Copy, das Fastfood / Fast Food; das New Age, die Old Economy ...

Zusammensetzungen aus **Präposition + Nomen** schreibt man zusammen.

das Update, der/das Download, das Understatement ...

Nomen, deren **letzter Bestandteil** ein **Adverb** oder eine **Präposition** ist, können wahlweise zusammen oder mit Bindestrich geschrieben werden.

das Layout / Lay-out, das Playback / Play-back ...
aber nur: das Go-in

uploaden und *chillen* – englische Verben

52

Manche vor allem englische Verben sind inzwischen ebenfalls **eingedeutscht**, z. B.:

chillen	ich chille	ich habe gechillt	sich entspannen, zur Ruhe kommen
downloaden	ich downloade	ich habe downgeloadet	eine Datei herunterladen

RECHTSCHREIBUNG UND ZEICHENSETZUNG

Was muss ich bei der Schreibung von Fremdwörtern beachten?

pushen / puschen	ich pushe / pusche	ich habe gepusht / gepuscht	antreiben, vorantreiben, vorbringen
updaten	ich update	ich habe upgedatet	aktualisieren, auf den neuesten Stand bringen
upgraden	ich upgrade	ich habe upgegradet	anheben, befördern, höherstufen, verbessern

(!) Eingedeutschte **englische Verben** haben im **Partizip II** (Partizip Perfekt) immer ein **-t** am Ende und nicht ein -d!

ich habe gejump**t**, gescann**t**, gezipp**t**, recycel**t** ...

53) *SMS* und *VIP* – englische Kurzwörter: Wie werden sie geschrieben?

Englische Kurzwörter schreibt man in der Regel in Großbuchstaben und ohne Punkte. Im **Genitiv Singular** wird **kein s** angehängt, aber im Plural, sofern das Kurzwort nicht bereits auf -s endet. Beispiele:

die CD → die CDs
der CEO → die CEOs
die DVD → die DVDs
die SMS → die SMS
der VIP → die VIPs

aber ohne Plural-s: die FAQ

→ zu Abkürzungen und Kurzwörtern siehe auch Tipp in R 97

RECHTSCHREIBUNG UND ZEICHENSETZUNG
Wie schreibe ich die Tageszeiten, Uhrzeiten, das Datum und die Zahlen?

Wie schreibe ich die Tageszeiten, Uhrzeiten, das Datum und die Zahlen?

TESTEN SIE IHR WISSEN

1 Termine, Termine :∙ 54
Bei allem Termindruck sollten Sie sich doch die Zeit nehmen zu überlegen, ob hier groß- oder kleingeschrieben wird.

Ich wollte ja schon vorgestern __achmittag kommen, konnte aber nicht. Wir können uns aber heute __ormittag oder morgen __achmittag treffen. Falls dir das nicht passt, ginge es bei mir auch noch __bermorgen __rüh. Nur __reitagabend und immer __ienstags __orgens geht es nicht.

2 Mahlzeit :∙ 55
Tragen Sie die Wortanfänge in korrekter Groß- oder Kleinschreibung ein.

Mittagessen gibt es bei uns immer um Punkt __ölf, heute essen wir aber erst um __wei. Jetzt ist es __iertel nach __ins, also haben wir noch eine __reiviertelstunde Zeit.

3 Hoch soll er leben! :∙ 56
Vergessen Sie im Geburtstagstrubel nicht, die richtige Schreibweise zu unterstreichen!

Er erreichte die **Neunzig / neunzig**. Ein paar **hundert / Hundert** Menschen kamen zu seinem Geburtstag. Er bekam zwei **Dutzend / dutzend** Armbanduhren und **Zig / zig** Bücher, von denen er **dutzende / Dutzende** schon gelesen hatte.

RECHTSCHREIBUNG UND ZEICHENSETZUNG
Wie schreibe ich die Tageszeiten, Uhrzeiten, das Datum und die Zahlen?

4 Zahlenspielereien ⁞ 57
Tragen Sie auch hier die Wortanfänge in korrekter Groß- oder Kleinschreibung ein.

Schon zum ___ierten Mal zeigen sie heute im ___ritten Programm den ___rsten Spatenstich für das neue Rathaus der Kreisstadt. Aber das Spiel des ___weiten gegen den ___rsten in der ___ritten Liga übertragen sie nicht!

5 Ein komplizierter Bruch ⁞ 58
Unterstreichen Sie die richtigen Schreibweisen.

Er hat um drei **Viertel / viertel** neun ein **achtel / Achtel** Liter Wein getrunken und ein **Viertel / viertel** des Kuchens gegessen.

6 Hier zählen nur Zahlen ⁞ 59
Schreiben Sie die Zahlenangaben mit Ziffern:

ein dreiwöchiges Praktikum   _____
vierfach   _____
der Dreißigtonner   _____
in den Neunzigerjahren   _____
zwei- bis dreimal   _____
im Dreivierteltakt   _____

LÖSUNGEN

1 Nachmittag, Vormittag, Nachmittag, übermorgen früh/Früh, Freitagabend, dienstags morgens • **2** zwölf, zwei, viertel, eins, Dreiviertelstunde • **3** neunzig, hundert/Hundert, Dutzend, zig, Dutzende • **4** vierten, dritten, ersten, Zweiten, Ersten, Dritten • **5** viertel, achtel, Viertel • **6** 3-wöchiges, 4-fach/4fach, 30-Tonner, 90er-Jahren / 90er Jahren, 2- bis 3-mal, ¾-Takt

RECHTSCHREIBUNG UND ZEICHENSETZUNG
Wie schreibe ich die Tageszeiten, Uhrzeiten, das Datum und die Zahlen?

54 *morgens, mittags, abends* – Wie schreibt man die Tageszeiten?

Bei den Tageszeitangaben muss man auf **Groß- und Kleinschreibung**, aber auch auf Getrennt- und Zusammenschreibung achten.

Vielen Dank für eure Einladung! Wir kommen am **M**ittwochnachmittag an, wollen aber **a**bends nicht spät zu Bett gehen und dann am **D**onnerstagmorgen **f**rüh aufbrechen, damit wir nicht erst **s**pätabends wieder zu Hause ankommen.

Die meisten Beispiele in der folgenden Übersicht beziehen sich auf den **Abend**. Für die anderen Tageszeiten – *Morgen, Mittag, Vormittag, Nachmittag, Nacht* – gilt Entsprechendes.

Großschreibung	Kleinschreibung
am / gegen / diesen **A**bend	**a**bends (spät) heimkehren,
vorgestern / gestern / heute / morgen / übermorgen **A**bend	**aber:** spätabends
	von **m**orgens bis **a**bends
den **A**bend über	um 8 Uhr **a**bends
Bald wird (es) **A**bend.	**d**ienstags **a**bends
(zu) **A**bend essen	**d**ienstagabends
am **D**ienstagabend	
des / eines **A**bends	
morgen **F**rüh	**m**orgen **f**rüh
in der **F**rüh(e)	**f**rühmorgens
um **M**itternacht	**m**itternachts
nach **M**itternacht	

RECHTSCHREIBUNG UND ZEICHENSETZUNG
Wie schreibe ich die Tageszeiten, Uhrzeiten, das Datum und die Zahlen?

fünf vor zwölf - Uhrzeiten in Wort und Zahl und das Datum 55

Es gibt verschiedene Möglichkeiten, die Uhrzeit und das Datum zu schreiben.

Uhrzeiten:

Großschreibung	Kleinschreibung
Es ist (ein) **V**iertel vor / nach eins.	Es ist **e**in Uhr. Es ist sechs (Uhr).
Es hat ein **V**iertel acht geschlagen.	Es ist (Punkt) **e**ins.
Es ist eine Minute vor / nach **d**rei **V**iertel.	Es ist (kurz vor / nach) **e**ins.
eine **V**iertelstunde / **D**reiviertelstunde	Um **z**wei essen wir.
in einer **V**iertelstunde / **D**reiviertelstunde	Es ist **v**iertel / **h**alb / **d**rei **v**iertel **d**rei.
	um (**d**rei) **v**iertel **a**cht
	Es ist **a**cht Uhr **z**wanzig.
	Es ist **e**lf vor **z**wölf.
	in einer **h**alben **S**tunde

Die Uhrzeiten in Ziffern:

Es ist 8 Uhr / 8.00 Uhr / 8:00 Uhr / 8^{00}Uhr.

Die Uhrzeiten mit Sekundenangaben:

14.31.54 Uhr / 13:15:07 Uhr

Das Datum:

Stuttgart, den 5.8.2007 / 05.08.2007 / 5.8.07
Stuttgart, den 5. August 2007   (→ siehe auch Komma-Regel, R 82)

Das Datum international:

07-08-05
2007-08-05
(Jahreszahl – Monat – Tag)

RECHTSCHREIBUNG UND ZEICHENSETZUNG
Wie schreibe ich die Tageszeiten, Uhrzeiten, das Datum und die Zahlen?

56 *eins, zwei, hundert* – Wie schreibt man die Kardinalzahlen?

Kardinalzahlen (Grundzahlen) **unter einer Million** schreibt man **klein**:

Mit **s**iebzehn hat man noch Träume, mit **f**ünfundsechzig geht man in Rente. Unser Nachbar ist jetzt Mitte **s**iebzig. Er hat etwa **z**weihundert Fische in seinem Teich.

Zahlen in diesem Bereich bilden ein **zusammenhängendes** Wort:

Das Dorf hat **zweitausendsechshundertfünfundzwanzig** Einwohner.

Selten wird man höhere Zahlen mit vielen verschiedenen Ziffern in Worten schreiben. Das Wort würde viel zu lang.

Inzwischen ist es auch erlaubt, **niedrige Zahlen in Ziffern** zu schreiben. Das Schriftbild wirkt allerdings schöner, wenn man die Zahlen von 1 bis 20 in Worten schreibt – sofern nicht auch höhere Zahlen im Text vorkommen. Innerhalb eines Textes sollte man jedoch die Zahlen einheitlich entweder **nur in Ziffern oder nur in Worten** schreiben. Also:

Die Reisegruppe bestand aus **fünf** Männern und **drei** (**nicht: 3**) Frauen.

Große Zahlen in **Ziffern ab 1000** kann man in Dreierschritten jeweils durch einen Leerschritt gliedern:

3 000
2 459 872

> (fff) Eine **Zahl mit Begleiter gilt als Nomen** und wird **großgeschrieben**:
>
> eine **Fünf** schreiben
> eine **Sechs** würfeln
> das erste **Hundert** war bald erreicht
> in den **Achtzigern**

RECHTSCHREIBUNG UND ZEICHENSETZUNG
Wie schreibe ich die Tageszeiten, Uhrzeiten, das Datum und die Zahlen?

> Obwohl ein Begleiter davorsteht, schreibt man die zwanzig, dreißig ... fünfzig, sechzig erreichen **klein**!

Millionenbeträge und darüber schreibt man **groß**:

sechs Millionen (abgekürzt: 6 Mio.)
fünfzehn Milliarden (abgekürzt: 15 Mrd.)

Die Zahlen **hundert** und **tausend** kann man bei unbestimmten Mengenangaben auch großschreiben:

ein paar **h**undert / **H**undert

Wenn Sie aber **grundsätzlich kleinschreiben**, machen Sie nichts falsch. Schreiben Sie also am besten:

einige (mehrere, viele) **h**undert / **t**ausend Menschen
hunderte / **t**ausende von Bäumen
zu **h**underten / **t**ausenden
aberhundert / **a**bertausend Sterne
aberhunderte / **a**bertausende kleiner Ameisen

Das Wort **Dutzend** steht für die Zahl 12. Am besten schreibt man dieses Wort immer **groß**:

Ich hatte zehn **D**utzend Pappbecher für das Sommerfest gekauft. Hinterher lagen **D**utzende von ihnen überall verstreut auf der Wiese.

Das Wort **zig** steht für eine ungenaue Zehnerzahl. Es wird immer **kleingeschrieben**:

Er hat **z**ig Armbanduhren zu Hause und trägt nie eine davon.
Das hat mich wieder **z**ig Euro gekostet.

RECHTSCHREIBUNG UND ZEICHENSETZUNG
Wie schreibe ich die Tageszeiten, Uhrzeiten, das Datum und die Zahlen?

57 · *erster, zweiter, hundertster* – Wie schreibt man die Ordinalzahlen?

Ordinalzahlen (Ordnungszahlen) gelten als **Adjektive**. Also gilt **generell** die **Kleinschreibung**.

der **d**ritte Mai, der **f**ünfte Juni
das / beim / zum **d**ritten Mal
der **e**rste / **z**weite ... Platz
die **e**rsten beiden auszeichnen (= den 1. und den 2. Sieger)
am **v**ierten Tag
im **d**ritten Programm (kein Eigennamen, nur Sammelbegriff)
den **e**rsten Spatenstich tun
der **t**ausendste Besucher

Kommen Ordnungszahlen in Eigennamen und feststehenden Begriffen vor, muss man sie großschreiben.

Eigennamen:

der **E**rste Mai, der **D**ritte Oktober (Feiertage)
Friedrich der **D**ritte (oder: Friedrich III.)
die **Z**weite Bundesliga, der **Z**weite Weltkrieg,
das **Z**weite, das **D**ritte (Fernsehsender)

feststehende Begriffe:

die **D**ritte Welt
zum **E**rsten, **Z**weiten und zum **D**ritten ...   (→ R 4)
die **D**ritten (= die dritten Zähne)   (→ R 1)
als **Z**weiter durchs Ziel gehen
den beiden **E**rsten gratulieren (= den 1. Siegern von zwei Gruppen)
etwas als **E**rstes, **Z**weites, **D**rittes tun
Unterhaltung im **D**ritten
Das **V**ierte – Wir sind Hollywood!
Jeden **E**rsten gibt's Geld.
der **E**rste, der kommt
Jeder **H**undertste erhält ein Geschenk

RECHTSCHREIBUNG UND ZEICHENSETZUNG
Wie schreibe ich die Tageszeiten, Uhrzeiten, das Datum und die Zahlen?

ein Viertel, ein Achtel – Wie schreibt man die Bruchzahlen? (58)

Bruchzahlen werden normalerweise **kleingeschrieben**:

ein **h**albes Pfund
ein **a**chtel Liter Wein
eineinhalb / **a**nderthalb Kilo
um **v**iertel neun (8.15 Uhr)
um drei **v**iertel neun (8.45 Uhr)
Das Kino ist drei **v**iertel voll.
Sie kommt in drei **v**iertel Stunden.

→ siehe auch R 55 (Uhrzeiten)

Mit Begleiter (→ R 1) werden Bruchzahlen jedoch zu Nomen. Dann muss man sie **großschreiben**:

ein **V**iertel des Kuchens,
ein **F**ünftel der Bevölkerung
Sie benötigen drei **A**chtelliter. (als Maß)
Es ist **V**iertel vor / nach acht.
Es hat ein **V**iertel neun geschlagen. **Aber:** Es hat drei **v**iertel neun geschlagen.
Das Kino ist zu drei **V**ierteln voll.
Sie kommt in drei **V**iertelstunden.

dreiteilig und *zehnjährig* – Zusammensetzungen aus Zahl + Wort (59)

Bei Begriffen aus **Zahl + Wort** hat man **zwei Möglichkeiten** der Schreibung:

Schreibung in Worten	Schreibung mit Zahl + Wort
ein zehnjähriger Junge	ein 10-jähriger Junge
eine zweitägige Veranstaltung	eine 2-tägige Veranstaltung

RECHTSCHREIBUNG UND ZEICHENSETZUNG

Wie schreibe ich die Tageszeiten, Uhrzeiten, das Datum und die Zahlen?

ein dreiteiliger Film	ein 3-teiliger Schrank
Ein Zwanzigliterkanister	ein 20-Liter-Kanister
dreigeschossig, dreistöckig	3-geschossig, 3-stöckig
vierfach	4-fach / 4fach
ein Fünfzehntel	ein 15tel
achtzigprozentig	100-prozentig / 100%ig (ohne Leerschritt)
einmal, elfmal, fünf- bis zehnmal	11-mal, 5- bis 10-mal
(bei besonderer Betonung auch: elf Mal ...)	(Das Wort *einmal* wird nicht mit Ziffer geschrieben)
die achtziger Jahre / Achtzigerjahre	die 80er-Jahre / die 80er Jahre
im Dreivierteltakt	im ¾-Takt
acht mal fünf ist vierzig	8 mal 5 ist 40

→ siehe auch R 64 (Bindestrich)

RECHTSCHREIBUNG UND ZEICHENSETZUNG
Welche Regeln gelten für Abkürzungen und Kurzwörter?

Welche Regeln gelten für Abkürzungen und Kurzwörter?

TESTEN SIE IHR WISSEN

1 Abkürzungen mit Groß- und Kleinbuchstaben :· 60
Wofür stehen die folgenden Abkürzungen?

i. d. R.   _____
bzgl.   _____
MwSt   _____
Kto.-Nr.   _____
u. dgl.   _____
zzt.   _____

2 Abkürzungen haben einen Punkt, oder zwei, oder drei :· 61
Welche Schreibung ist richtig? Unterstreichen Sie.

a) u. s. w. / usw.
b) d. h. / dh.
c) etc. / et. c.
d) u. A. w. g. / uAwg.
e) oÄ. / o. Ä.
f) i. V. / iV.

3 Mit militärischen Ehren :· 61
Welche Varianten sind richtig? Unterstreichen Sie sie.

a) Er ist Oberst a. D.. / Er ist Oberst a. D.
b) Er ist Oberst a. D.! / Er ist Oberst a. D!
c) Ist er Oberst a. D.? / Ist er Oberst a. D?

RECHTSCHREIBUNG UND ZEICHENSETZUNG
Welche Regeln gelten für Abkürzungen und Kurzwörter?

4 Kommen Sie auch hier auf den Punkt?
Welche Abkürzungen und Kurzwörter schreibt man mit Punkt?
Unterstreichen Sie sie.

a) GmbH
b) zB
c) ua
d) G 8
e) uÄ
f) TÜV

5 Die Beine ihres Autos
Unterstreichen Sie die korrekten Genitiv- bzw. Pluralformen.

Für die Verkehrssicherheit eines **Kfz / Kfzs / Kfz's** sind gute Reifen unabdingbar, das gilt für alle **Lkw / Lkws** und alle **Pkws / Pkw**. Darauf richtet sich auch das Hauptaugenmerk des **TÜV's / TÜVs / TÜV**.

LÖSUNGEN

1 in der Regel, bezüglich, Mehrwertsteuer, Kontonummer, und dergleichen, zurzeit • **2** usw., d. h., etc., u. A. w. g., o. Ä., i. V. • **3** Oberst a. D., Oberst a. D.!, Oberst a. D.? • **4** z. B., u. a., u. Ä. • **5** Kfz, Lkw / Lkws, Pkws / Pkw, TÜV

RECHTSCHREIBUNG UND ZEICHENSETZUNG
Welche Regeln gelten für Abkürzungen und Kurzwörter?

60 Abkürzungen und Kurzwörter mit Groß- oder Kleinbuchstaben schreiben?

Für **Abkürzungen** gilt **grundsätzlich**: Nomen werden durch Großbuchstaben abgekürzt, andere Wortarten durch Kleinbuchstaben:

GbR (**G**esellschaft des **b**ürgerlichen **R**echts)
f. d. R. (**f**ür **d**ie **R**ichtigkeit)

Kürzt man **einzelne Wörter** ab, so bestehen die Abkürzungen oft aus mehreren Buchstaben, die je nach Wortart groß- oder kleingeschrieben werden:

Expl. (Exemplar)
MwSt. (Mehrwertsteuer)
bzgl. (bezüglich)
zz. / zzt. (zurzeit)

Bei manchen Abkürzungen sind **zwei oder mehr Schreibweisen** üblich:

pl. / Pl. / Plur. (Plural)

Da **Kurzwörter** Nomen sind, werden sie grundsätzlich großgeschrieben. Initialkurzwörter (Buchstabenwörter) schreibt man in der Regel in Großbuchstaben.

ARD, CDU, SMS, PISA, TÜV ...
Abo, Info, Kino, Kita, Kripo ...

Bei manchen Kurzwörtern sind **zwei oder mehr Schreibweisen** üblich:

Lkw / LKW (Lastkraftwagen)
Pkw / PKW (Personenkraftwagen)

Insbesondere bei **Kürzungen von Eigennamen** wird manchmal von der sonst eher üblichen Schreibung abgewichen, z. B.:

F.A.Z. (Frankfurter Allgemeine Zeitung)
taz (Tageszeitung)
ver.di (Gewerkschaft für Vereinte Dienstleistungen)

RECHTSCHREIBUNG UND ZEICHENSETZUNG
Welche Regeln gelten für Abkürzungen und Kurzwörter?

Bildet man aber Begriffe, die aus einem **Kurzwort + einem vollständigen Wort** bestehen, verwendet man **Bindestriche**:

Ü-Wagen
B.A.-Studium
CDU-Fraktion
ICE-Strecke
Blinddarm-OP
U-Boot (aber bundeswehramtlich ohne Bindestrich: Uboot)

→ zu Unterscheidung Kurzwort - Abkürzung siehe Tipp in R 97
→ siehe auch R 64 (Bindestrich)

> 💡 Wenn Sie einen **längeren Text** schreiben, in dem ein oder mehrere längere Begriffe immer wieder vorkommen, können Sie zu Beginn für diese Begriffe **selbst eine Abkürzung festlegen**. In der Regel wird die Abkürzung für den Begriff bei seinem ersten Auftreten in Klammern dahintergesetzt.
>
> Diese Studie vergleicht die Entwicklung der öffentlichen Vereinsfördermittel in Karlsruhe **(KA)**, Freiburg **(FR)** und Mannheim **(MA)** in den Jahren 2000 bis 2008.

Welche Abkürzungen schreibt man mit Punkt? (61)

Abkürzungen schreibt man **mit Punkt** und – falls die Abkürzung für mehrere Wörter steht – **Leerzeichen**, z. B.:

Dr. (gesprochen: *Doktor*)
z. B. (gesprochen: *zum Beispiel*)
i. d. R. (gesprochen: *in der Regel*)
d. h. (gesprochen: *das heißt*)

RECHTSCHREIBUNG UND ZEICHENSETZUNG
Welche Regeln gelten für Abkürzungen und Kurzwörter?

s. o. (gesprochen: *siehe oben*)
a. A. (gesprochen: *anderer Auffassung*)
u. a. (gesprochen: *und andere/s / unter anderem*)
u. A. w. g. (gesprochen: *um Antwort wird gebeten*)

(!) Als **Ausnahmen** – nur mit einem Punkt am Ende – haben sich **usw.** (*und so weiter*) und seine lateinische Variante **etc.** (*et cetera*) durchgesetzt.

Lateinische Abkürzungen:

15:00 Uhr c. t. (cum tempore, Beginn 15 Min. später, also 15:15 Uhr)
s. t. (sine tempore, pünktlicher Beginn)
a. m. (ante meridiem, Vormittag, zwischen 0:00 Uhr und 12:00 Uhr mittags)
p. m. (post meridiem, Nachmittag und Abend, zwischen 12.00 Uhr und 0:00 Uhr)
R. I. P. (requiescat in pace, Er ruhe in Frieden.)

(💡) **Im englischsprachigen Raum** werden die Kürzungen **am** und **pm ohne Punkte** und viel häufiger als im deutschsprachigen Raum benutzt:

7.00 pm = 7 Uhr abends
6.00 am = 6 Uhr morgens

Steht der Punkt einer Abkürzung am Ende eines Satzes, **entfällt der Punkt als Schlusszeichen**:

Er ist Oberst a. D.

Frage- und Ausrufezeichen stehen zusätzlich:

Ist er wirklich schon a. D.**?**

RECHTSCHREIBUNG UND ZEICHENSETZUNG
Welche Regeln gelten für Abkürzungen und Kurzwörter?

Welche Kürzungen schreibt man ohne Punkt?

Meistens **ohne Punkt** geschrieben werden

Kurzwörter:

AB, GmbH, GUS, G8, HNO, SPD, TÜV, UKW, UNO, USA, UV, VIP, ZDF ...

national oder international verwendete Abkürzungen für Maßeinheiten, Himmelsrichtungen und Währungseinheiten:

km → Kilometer
g → Gramm
MHz → Megahertz
WSW → Westsüdwest
EUR → Euro
USD → US-Dollar

viele längere Wortzusammensetzungen aus der Fachsprache, z. B. aus dem juristischen und politischen Bereich:

StGB → Strafgesetzbuch
StVO → Straßenverkehrsordnung
GbR → Gesellschaft des bürgerlichen Rechts

Selten kommt die Kombination von **Kürzungen mit und ohne Punkt** vor:

Transportges. mbH (Transportgesellschaft mit beschränkter Haftung)

💡 Manche Kürzungen dürfen Sie **wahlweise mit oder ohne Punkt** schreiben:

Co. / Co (Companie)
e. G. / eG (eingetragene Genossenschaft)
G.m.b.H. / GmbH
M. d. B. / MdB (Mitglied des Bundestags)
M. d. L. / MdL (Mitglied des Landtags)

RECHTSCHREIBUNG UND ZEICHENSETZUNG
Welche Regeln gelten für Abkürzungen und Kurzwörter?

63 Wie dekliniert man Kurzwörter?

Kurzwörter bilden den **Plural mit -s**:

die GmbH**s**
die Lkw**s** / LKW**s** (auch: die Lkw / LKW)
die CD-ROM**s**
die Promi**s**

Die **Initialkurzwörter** (Buchstabenwörter) bilden den Genitiv **ohne -s**:

die Zulassung **eines Pkw**
die Mitglieder **des DFB**

Alle anderen Kurzwörter bilden den Genitiv **mit -(e)s**:

das Laden **des Akkus**
die Abbestellung **des Abos**

zu Unterscheidung Kurzwort - Abkürzung siehe Tipp in R 97

> (!) Verwenden Sie bei Kurzwörtern **keinen Apostroph**!
>
> das Programm des ~~ZDF's~~ ZDF (des Zweiten Deutschen Fernsehens)
> die Reifen des ~~LKW's~~ LKW

RECHTSCHREIBUNG UND ZEICHENSETZUNG
Wo steht ein Bindestrich, wo ein Apostroph?

Wo steht ein Bindestrich, wo ein Apostroph?

TESTEN SIE IHR WISSEN

1 Echte Bildung
Echte Bildung besitzen Sie, wenn Sie hier die richtigen Schreibweisen unterstreichen können.

Echte Bildung kann man auch nicht einfach anlegen wie ein **Make up / Make-up** oder als **Desktop-Facelift / Desktopfacelift** einfach herunterladen. Einige glauben dies aber, und das ist zum **Aus der Haut Fahren / Aus-der-Haut-Fahren**.

2 Landleben, 1. Teil
Machen Sie diesen Text fit, indem Sie an den markierten Stellen eventuell nötige Bindestriche richtig setzen.

Wenn wir unseren alten **6Zylinder Pickup** (_____) wieder **100prozentig** (_____) fit machen wollen, um ihn bei der Ernte einzusetzen, brauchen wir noch ein paar Schraubenschlüssel. Ich habe **x Mal** (_____) in der Werkstatt gesucht, da lagen nur **10er und 12er Schlüssel** (_____). Immerhin habe ich aber einen **20 Liter Kanister** (_____) mit Diesel gefunden und zwei brauchbare **Lkwreifen** (_____).

3 Man lernt nie aus
Fügen Sie hier die Bindestriche richtig ein.

Fahren Sie weiter am **Rheinneckar Kanal** (_____) entlang, dann sehen Sie nach etwa einem Kilometer rechter Hand den roten Bau des **Paul von Denis Gymnasiums** (_____). Hier biegen Sie links in den **van Gogh Weg** (_____) ein, und dann stehen sie gleich vor dem Haus der **Friedrich Ebertstiftung** (_____).

RECHTSCHREIBUNG UND ZEICHENSETZUNG
Wo steht ein Bindestrich, wo ein Apostroph?

---

4 Landleben, 2. Teil ⋮ 65
Finden Sie hier die Wörter heraus, die Sie mithilfe von Bindestrichen leichter lesbar machen können.

Wir haben unseren Kleinlaster noch rechtzeitig für die Kleeernte hinbekommen und ihn helllila gestrichen. Demnächst werden wir das Vehikel für eine Geländefahrzeugsonderausstellung anmelden.

---

5 Apostroph oder kein Apostroph ... ⋮ 67 ⋮ 68 ⋮ 69
... das ist hier die Frage. Unterstreichen Sie die richtige Schreibung.

a) Jetzt weiß **er's / ers** und muss nicht mehr **Peter's / Peters** oder **Jens / Jens'** Lexikon ausleihen oder den ganzen Tag **aufm / auf'm** Stuhl **vorm / vor'm** PC sitzen, um zu googeln.

b) Zu **blöd/ blöd'**, dass es heute **trüb' / trüb** ist, denn ich **wollt' /wollt** an den Badeweiher gehen. **Son / So 'n** Pech aber auch!

LÖSUNGEN

1 Make-up, Desktop-Facelift, Aus-der-Haut-Fahren • **2** 6-Zylinder-Pick-up, 100-prozentig, x-mal, 10er- und 12er-Schlüssel, 20-Liter-Kanister, Lkw-Reifen • **3** Rhein-Neckar-Kanal, Paul-von-Denis-Gymnasiums, Van-Gogh-Weg, Friedrich-Ebert-Stiftung • **4** Klee-Ernte, hell-lila, Geländefahrzeug-Sonderausstellung • **5 a)** er's, Peters, Jens', auf'm, vorm, **b)** blöd, trüb, wollt', So 'n

RECHTSCHREIBUNG UND ZEICHENSETZUNG
Wo steht ein Bindestrich, wo ein Apostroph?

64 Hier *muss* ein Bindestrich stehen

Bei Zusammensetzungen mit nominalisierten Infinitiven

Aufgepasst: Bei nominalisierten Infinitiven schreibt man das erste Wort, alle Nomen und den nominalisierten Infinitiv groß:

das ewige Sich-nicht-entscheiden-Können
das So-Tun-als-ob
zum Aus-der-Haut-Fahren
beim Auf-der-faulen-Haut-Liegen …

Bei anderen Zusammensetzungen

Wenn einzelne Wörter gemeinsam einen völlig neuen Begriff bilden, werden sie durch Bindestriche verbunden:

das Immer-wieder-Neue
eine 10-Pence-Briefmarke
die Ad-hoc-Entscheidung
ein Hunderttausend-Dollar-Geschäft
Hals-Nasen-Ohren-Arzt (auch: HNO-Arzt) …

→ R 59 (Wort + Zahl) und R 60 (Abkürzungen und Kurzwörter)

> (!) Auch wenn das zusammengesetzte Wort kein Nomen ist, wird das **erste Wort** dennoch **großgeschrieben**, sofern es sich um ein Nomen handelt:
>
> **M**ake-up-frei, **V**itamin-C-reich …

Bei zusammengesetzten Wörtern, die ein Kurzwort, einzelne Buchstaben oder Ziffern enthalten

Zwischen Wörtern, Kurzwörtern, Buchstaben und Ziffern, die einen gemeinsamen Begriff bilden, stehen Bindestriche:

RECHTSCHREIBUNG UND ZEICHENSETZUNG
Wo steht ein Bindestrich, wo ein Apostroph?

WDR-Sendung, Lkw-Reifen, Film-DVD, MS-krank, km-Leistung;
x-förmig, x-te Wurzel, Dehnungs-h,
Reg.-Bez.;
4-Zylinder, 8-jährig, 10-prozentig ...

→ siehe auch R 59 (Wort + Zahl) und R 60 (Abkürzungen und Kurzwörter)

Als Ergänzungszeichen

Um zu vermeiden, dass bei Zusammensetzungen ein Wort mehrfach genannt wird, ersetzt man es durch Bindestriche. Dabei ist es ohne Bedeutung, ob es sich um das Grund- oder ein Bestimmungswort handelt:

Park-, Garten- und Balkonmöbel, sang- und klanglos, vor- und rückwärts, Blütendüfte und -essenzen, Abwasserleitungen und -kanäle ...

(!) Wenn Sie Platz sparen wollen bei der **Nennung männlicher und weiblicher Personenbezeichnungen,** müssen Sie aufpassen. Nicht alles ist erlaubt oder gut lesbar.

Wenn die **weibliche Endung** *-innen* einfach angehängt werden kann, sind die beiden folgenden Varianten die allgemein anerkannten:

Die weibliche Endung wird mit Schrägstrich + Bindestrich angehängt:

Lehrer**/-innen**, Handwerker**/-innen**

Die weibliche Endung wird in Klammern dahintergesetzt:

Lehrer(innen), Handwerker**(innen)**

Ist die **Endung für die männliche und weibliche Form dieselbe**, nämlich **-en**, darf man *(inn)* in Klammern einfügen:

Kolleg**(inn)**en, Patient**(inn)**en, Polizist**(inn)**en

Weichen die männlichen Personenbezeichnungen jedoch ab von den weiblichen, muss man **beide Formen ausschreiben**. Also nicht: ~~die Ärzte/-innen~~, sondern nur die **Ärzte und Ärztinnen**. Heißt es aber

RECHTSCHREIBUNG UND ZEICHENSETZUNG
Wo steht ein Bindestrich, wo ein Apostroph?

» den Ärzten und Ärztinnen, ist die verkürzte Version mit Klammern erlaubt, weil die Endung -en bei beiden Formen wieder übereinstimmt: den Ärzt**(inn)**en

Bei mehrteiligen Straßenbezeichnungen mit Personennamen
Alle Einzelwörter werden durch Bindestriche miteinander verbunden.

Konrad-Adenauer-Platz, Peter-von-der-Gracht-Weg …

→ siehe auch Groß- und Kleinschreibung R 9

Bei anderen mehrteiligen Bezeichnungen, die Namen enthalten
Alle Einzelwörter werden durch Bindestriche miteinander verbunden.

Donau-Ems-Kanal, Paul-Klee-Gymnasium, Karl-Arnold-Stiftung …

65 Hier *kann* ein Bindestrich stehen

Missverständnisse vermeiden
Manchmal ist es sinnvoll, einen Bindestrich an der Wortfuge zu setzen, damit beim Lesen sofort deutlich wird, was gemeint ist:

Musiker-Leben / Musik-Erleben, Elektroniker-Zeugnis / Elektronik-Erzeugnis …

Wortstruktur sichtbar machen
Wenn durch Vokal- oder Konsonantenhäufung das Wort schwer lesbar wird:

Tee-Ei (Teeei), Zoo-Ordnung (Zooordnung), hell-lila (helllila), Desktop-Publishing (Desktoppublishing) …

RECHTSCHREIBUNG UND ZEICHENSETZUNG
Wo steht ein Bindestrich, wo ein Apostroph?

Lesbarkeit langer Wörter verbessern

Bei langen, unübersichtlichen Wortzusammensetzungen (Komposita) kann der Bindestrich die Lesbarkeit erleichtern:

Donau-Wasserstandsbericht, Multifunktions-Küchenmaschine, Geländefahrzeug-Entwicklungsprogramm, Landesbezirks-Fachbereichs-Vorstandssitzung ...

Einzelne Bestandteile hervorheben

Ich-Sucht (Ichsucht), die Hoch-Zeit (Hochzeit) des Barocks, Kann-Bestimmung ...

In all den genannten Fällen wäre aber auch die Schreibung in einem einzigen Wort ohne Bindestrich korrekt.

💡 Wenn substantivierte Infinitive aus **mehr als zwei Bestandteilen** bestehen, setzt man zwischen die einzelnen Bestandteile einen Bindestrich. So werden unübersichtliche und schwer lesbare Aneinanderreihungen vermieden. Das erste Wort der Gruppe, alle darin vorkommenden Substantive und natürlich der am Ende stehende substantivierte Infinitiv werden großgeschrieben:

das Auf-die-lange-Bank-Schieben,
dieses Hilflos-danebenstehen-Müssen,
das Ins-Blaue-Reden vieler Fußballtrainer,
sein ständiges Nur-an-sich-Denken ...

Wenn die Aneinanderreihungen zwar **aus drei Bestandteilen** bestehen, aber dennoch **übersichtlich** (und damit gut lesbar) sind, kann man auch **auf die Bindestriche verzichten**:

das Inbetriebnehmen (auch: In-Betrieb-Nehmen),
das Außerkraftsetzen (auch: Außer-Kraft-Setzen),
das Über-sich-Bringen (auch: Übersichbringen) ...

RECHTSCHREIBUNG UND ZEICHENSETZUNG
Wo steht ein Bindestrich, wo ein Apostroph?

66 Hier *darf* kein Bindestrich stehen

Bei einfachen, übersichtlichen Zusammensetzungen, bestehend aus Bestimmungs- und Grundwort

blaugrünes Meerwasser, Bewusstseinserweiterung, schwerreich, lauwarm das Motorradfahren, das Sichanstellen, die Außerkraftsetzung, das Schlangestehen, das Verlorensein, die Vierzimmerwohnung …

→ siehe auch R 204 (zusammengesetzte Wörter)

67 Hier *muss* ein Apostroph stehen

Bei verkürzten Städte- oder Straßennamen

Hier werden Buchstaben im Wortinnern ausgelassen.

D'dorf, M'gladbach, Ku'damm …

Zur Kennzeichnung des Genitivs bei Namen, die auf *s, ss, ß, z, tz, x, ce* enden

Sonst würde man nicht erkennen, dass das Wort im Genitiv steht:

Franz-Josef Strauß' Sohn Max, Jens Schmitz' Computerladen, Hans' Geburtstag, Alice' Blumenladen, Aristoteles' Werke …

> (!) **Der Apostroph entfällt** aber, wenn der Genitiv durch einen Begleiter deutlich wird:
> der Blumenladen unserer Alice, die Werke des Aristoteles …

Wenn eine Formulierung wegen der Auslassung eines *e* oder *i* schwer lesbar oder schwer verständlich ist

In solchen Fällen verwendet man den Apostroph als Auslassungszeichen:

RECHTSCHREIBUNG UND ZEICHENSETZUNG
Wo steht ein Bindestrich, wo ein Apostroph?

... daran zweifl' ich nicht, ... in diesen heil'gen Hallen

Oft wird das e des Wörtchens **es** weggelassen, sodass ein Apostroph erforderlich ist:

's ist schade um ihn.
Hat er's verstanden?

> (!) Wenn das **e von es im Zusammenhang mit Verbformen oder Konjunktionen** weggelassen wird, darf der Apostroph entfallen.
>
> Nimm's (Nimms) dir!
> Wenn's (Wenns) mal läuft, ...
> So geht's (gehts) nicht!

Hier *kann* ein Apostroph stehen

Zur Verdeutlichung der Grundform eines Personennamens, wenn er im Genitiv steht:

Zuerst waren wir in Leandro's Spezialitätenrestaurant, anschließend in Andrea's Bierstube.

> (!) Besser ist in diesen Fällen aber, das **Genitiv-s ohne Apostroph** dranzuhängen:
>
> Leandros Spezialitätenrestaurant, Andreas Bierstube, Onkel Toms Hütte ...

Bei der schriftlichen Wiedergabe gesprochener Sprache

Beim Sprechen werden oft Buchstaben ausgelassen, die im Schriftlichen durch einen Apostroph kenntlich gemacht werden:

RECHTSCHREIBUNG UND ZEICHENSETZUNG
Wo steht ein Bindestrich, wo ein Apostroph?

So'n (So ein)Quatsch!
Da sitzt sich's (es sich) schlecht.
Komm, wir fahren mit'm (mit dem) Roller.

In Adjektiven, die von Eigennamen abgeleitet sind

Von Eigennamen kann man durch Anhängen der Endung *-sch* Adjektive bilden. Im Allgemeinen schreibt man diese Adjektive klein:

die mendelschen Gesetze
die heisenbergsche Unschärferelation
die gaußschen Koordinaten
die goethesche Farbenlehre
die braunsche Röhre
die bismarckschen Sozialgesetze ...

Will man die **Grundform des Personennamens** jedoch deutlich **hervorheben**, kann in diesen Adjektiven ein **Apostroph** gesetzt werden. Der Eigenname wird dann **großgeschrieben**. In dieser Verwendungsweise gilt der Apostroph aber nicht als Auslassungszeichen:

die Einstein'sche Physik
das Ohm'sche Gesetz
die Schiller'schen Balladen
die Mendel'schen Gesetze
die Heisenberg'sche Unschärferelation
die Goethe'sche Farbenlehre
die Bismarck'schen Sozialgesetze ...

In einigen wenigen festen Verbindungen werden von Personennamen abgeleitete Adjektive **ohne Apostroph** und großgeschrieben. Diese Verbindungen gelten in ihrer Gesamtheit als Namen:

die Galileischen Monde
der Halleysche Komet
die Magellanschen Wolken ...

RECHTSCHREIBUNG UND ZEICHENSETZUNG
Wo steht ein Bindestrich, wo ein Apostroph?

Hier *darf* kein Apostroph stehen

Wenn ein e im Wortinneren oder als Konjugationsendung entfällt

im finstren (finsteren) Wald
das wär (wäre) was
lass (lasse) mich nicht gehen …

> ⚠ Besser ist es aber, das **e am Ende der 1. Person Singular** einer Präsensform zu schreiben, auch wenn es unbetont ist.
>
> Ich geh**e** (statt: geh) noch schnell einkaufen.
> Ich bleib**e** (statt: bleib) nicht mehr lange.
>
> **Aber:** Bei Verben, die im **Infinitiv auf *-eln*, *-men* oder *-ern*** enden, darf das **e** am Ende nicht entfallen: ich bedaure, ich sammle, ich atme …
> Formen wie ich atem, ich bedauer, ich sammel sind umgangssprachlich.

Bei verkürzten, aber gebräuchlichen Formen von Wörtern und Imperativen:

Das ist aber blöd (blöde).
Das Wetter ist trüb (trübe).
Heut (heute) geht's ab in den Urlaub.
Geh weg!
Hör mir mal zu.
Bleib nicht zu lange! …

> 💡 Bei Verben, die im **Infinitiv auf *-eln*, *-men* oder *-ern*** enden, darf das **e** am Ende eines Imperativs der 2. Person Singular nicht entfallen:
>
> Bedaur**e**! Sammle! Atme! …

RECHTSCHREIBUNG UND ZEICHENSETZUNG
Wo steht ein Bindestrich, wo ein Apostroph?

Bei der Verschmelzung von Präposition und Artikel:

am, vorm, untern, übers ...

→ siehe auch Getrennt- und Zusammenschreibung R 4

> (!) Die **Kurzformen der Wörter** *heran, herauf, herein, herüber, herunter* verwendet man **ohne Apostroph**:
>
> Immer **ran** ans Büfett!
> Ich geh mal **rüber**.
> Komm doch **rauf**.
> Er kam **rein**.

Bei Namen und Kurzwörtern im Genitiv

Bei Namen und Kurzwörtern, die nicht auf einen s-Laut enden (→ vgl. aber R 67), wird das Genitiv-s ohne Apostroph angehängt.

Hamburg**s** Elbtunnel, Goethe**s** Gedichte, Peter**s** und Karin**s** Geburtstag
die Reifen des Pkw**s**, die Feier des VIP**s** ...

→ siehe auch R 63 (Deklination der Kurzwörter)

> (💡) **Im Englischen** versieht man das **Genitiv-s** mit einem Apostroph. Wenn Sie solche Wendungen im Deutschen verwenden, müssen Sie den **Apostroph** aber **weglassen**:
>
> London**s** Brücken, Wimbledon**s** Tennisturnier, der Inhaber des Shop**s**, die Schließungszeiten der Pub**s** ...

RECHTSCHREIBUNG UND ZEICHENSETZUNG
Wo steht ein Bindestrich, wo ein Apostroph?

> (!) Die Wörter **morgens, mittags, abends, nachts**, auch **des Morgens, des Mittags, des Abends, des Nachts** dürfen Sie nie mit Apostroph schreiben!

RECHTSCHREIBUNG UND ZEICHENSETZUNG

Wo setze ich Kommas, wo nicht?

° Wo setze ich Kommas, wo nicht?

TESTEN SIE IHR WISSEN

1 Leere Versprechungen und begründete Hoffnungen ∴ 71
Setzen Sie die erforderlichen Kommas.

a) Er versprach schon oft er käme pünktlich und dann kam er doch viel zu spät.
b) Ich glaube du kannst es schaffen und wünsche dir viel Glück.
c) Ich denke dass wir den Termin halten können und hoffe auf Ihre Unterstützung.

2 Günstige Konditionen ∴ 73
Sorgen Sie hier für die richtige Zeichensetzung.

Die Lieferfirma hat uns ein kostenloses unverbindliches Angebot unterbreitet und uns eine einfache schnelle Abwicklung aller Zollformalitäten zugesichert.

3 Strafe muss sein! ∴ 74
Korrekte Zeichensetzung aber auch! Fügen Sie die Kommas ein, wo sie fehlen.

a) Wegen deines Gejammers und weil du böse warst gehen wir nicht schwimmen.
b) Weil du böse warst und wegen deine Gejammers gehen wir nicht schwimmen.

4 Achtung, Missverständnis! ∴ 76
Hier muss ein Komma stehen, um zu verdeutlichen, was gemeint ist. Wo?

Der Lehrer verbot mir ständig zu widersprechen.

RECHTSCHREIBUNG UND ZEICHENSETZUNG
Wo setze ich Kommas, wo nicht?

5 Er kam, um zu siegen   :· 76
Setzen Sie die Kommas, die hier fehlen.

a) Plötzlich hatte sie die Idee sich einen Hund zuzulegen.
b) Steffi genießt es lange unter der Dusche zu stehen.
c) Wir beschlossen zu hören was er zu sagen hatte.
d) Ich ging auf den Hof um das Auto zu waschen.

6 Wow, eine Interjektion!   :· 80
Wo muss hier die Interjektion (der Ausruf) durch ein Komma abgetrennt werden?

a) Ach wie schön ist das!
b) Ach geh doch.
c) Puh jetzt bin ich aber fertig!
d) Oh du lieber Himmel!

7 Neue Wohnung, neues Glück   :· 82
Bringen Sie zur Einweihungsparty die richtige Zeichensetzung mit. Wo müssen hier Kommas stehen?

a) Sie wohnt jetzt in Hof in der Thomasstraße 25 im ersten Stock.
b) Wir werden sie am Montag den 17. Juli in ihrer neuen Wohnung besuchen.

LÖSUNGEN

1 a) Er versprach schon oft, er käme pünktlich, und dann kam er doch viel zu spät. **b)** Ich glaube, du kannst es schaffen, und wünsche dir viel Glück. **c)** Ich denke, dass wir den Termin halten können, und hoffe auf Ihre Unterstützung. • **2** ein kostenloses, unverbindliches Angebot; einfache, schnelle Abwicklung • **3 a)** ... und weil du böse warst, gehen wir nicht schwimmen, **b)** Weil du böse warst und wegen deine Gejammers gehen wir nicht schwimmen (kein Komma). • **4** Der Lehrer verbot mir, ständig zu widersprechen. Oder: Der Lehrer verbot mir ständig, zu widersprechen. • **5 a)** ... die Idee, sich ..., **b)** ... genießt es, lange ..., **c)** ... zu hören, was ..., **d)** ... den Hof, um ... • **6** b), c) • **7 a)** kein Komma, **b)** Wir werden sie am Montag, den 17. Juli (,) in ihrer neuen Wohnung besuchen.

RECHTSCHREIBUNG UND ZEICHENSETZUNG
Wo setze ich Kommas, wo nicht?

70 Kommas bei Aufzählung von Satzteilen

Aufzählen kann man alle Wortarten, Wortgruppen und Satzglieder und sogar Sätze. Sie werden durch Kommas voneinander getrennt. Nach dem **letzten Aufzählungsglied** setzt man aber **kein Komma**, wenn der Satz **weitergeführt** wird.

Aufzählung von Nomen:

Hansestädte sind z. B. Hamburg, Bremen, Rostock.
Als Beilage werden Salzkartoffeln, Reis, Nudeln, Rösti gereicht.

Aufzählung von Adjektiven:

Er fühlte sich plötzlich, alt, müde, ausgebrannt.
Sie fuhr mit ihrem kleinen, roten, eleganten Cabrio die Strandpromenade entlang. → siehe jedoch R 71

Aufzählung von Satzgliedern mit Verben:

Er hustete, nieste, schnäuzte sich.
Sie lachte, tanzte, amüsierte sich, flirtete den ganzen Abend lang.

Aufzählung von Wortgruppen:

Sie schimpft über ihr Auto, über die Leute, über das Essen, über Gott und die Welt.
So ein uneinsichtiger Mensch darf von mir kein Verständnis, kein Mitleid, keine Unterstützung erwarten.

> (!) Die Konjunktionen **und, oder, sowie** vor dem letzten Aufzählungsglied ersetzen das Komma:
>
> Hansestädte sind z. B. Hamburg, Bremen **und** Rostock.
> Als Beilage werden Salzkartoffeln, Reis, Nudeln **oder** Rösti gereicht.

RECHTSCHREIBUNG UND ZEICHENSETZUNG
Wo setze ich Kommas, wo nicht?

Rentner, Schüler **sowie** Studenten zahlen ermäßigten Eintritt.

Was für **und, oder, sowie** gilt, trifft auch auf folgende nebenordnende Konjunktionen zu, die auch mehrteilig sein können:

beziehungsweise (bzw.)   **entweder ... oder**
sowohl ... als auch   **weder ... noch**

Du solltest das Bußgeld schnellstens einzahlen **bzw.** überweisen.
Er ist **sowohl** jung **als auch** unerfahren.
Er will **entweder** anrufen **oder** selbst hingehen.
Sie spricht **weder** Französisch **noch** Spanisch.

Vor den entgegensetzenden Konjunktionen **aber, (je)doch, sondern** steht dagegen **immer ein Komma**:

Es regnete kurz, aber heftig.
Sie kann nicht kochen, (je)doch ganz toll Squash spielen.
Du bist nicht nur frech, sondern auch dumm.

Kommas bei Aufzählung von gleichrangigen Teilsätzen

Auch **Hauptsätze** oder **Nebensätze** können Glieder einer Aufzählung sein. Hauptsätze sind immer gleichrangig, Nebensätze dann, wenn sie vom selben übergeordneten Satz abhängen. Es gelten im Wesentlichen dieselben Regeln wie für die Aufzählung von Satzteilen.

Aufzählung von Hauptsätzen:

Der Himmel war blau, die Sonne schien, alles freute sich, da platzte die Bombe.
Du magst kein Gemüse, deine Schwester isst kein Fleisch, was soll ich da kochen?

RECHTSCHREIBUNG UND ZEICHENSETZUNG
Wo setze ich Kommas, wo nicht?

(!) Auch in einer Aufzählung von selbstständigen Sätzen ersetzen die Konjunktionen **und, oder, sowie, beziehungsweise (bzw.), entweder ... oder, weder ... noch** das Komma.

Man **kann** dieses **Komma jedoch setzen**, wenn man die **Gliederung des Ganzsatzes** deutlich machen will:

Ich schnitt das Fleisch für das Gulasch**(,)** und meine Frau machte die Salatsoße.
Sie ruft ihn an**(,)** oder sie geht selbst bei ihm vorbei.
Entweder du staubsaugst das Wohnzimmer**(,)** oder du hilfst mir beim Fensterputzen.
Weder haben wir miteinander gesprochen**(,)** noch hatten wir sonst irgendwie Kontakt.

Aufzählung von gleichrangigen Nebensätzen:

Ich weiß nicht, woher du kommst, wer du bist, was du willst.
Es ist schön, dass es dich gibt, dass du bei mir bist, dass du mir hilfst.

(!) Auch in einer Aufzählung von Nebensätzen ersetzen die Konjunktionen *beziehungsweise (bzw.), und, oder, sowie* vor dem letzten Aufzählungsglied das Komma:

Wenn es morgen regnet **bzw.** wenn es noch nass ist, bleiben wir zu Hause.
Ich fuhr los, bog an der Kreuzung ab, parkte den Wagen **und** stieg aus.

RECHTSCHREIBUNG UND ZEICHENSETZUNG
Wo setze ich Kommas, wo nicht?

Kommas bei zeilenweise abgesetzten Aufzählungen   72

Einzelne Wörter oder Wortgruppen kommen auch in zeilenweise abgesetzten Aufzählungen (z. B. Listen, Gliederungen) vor. Oft wird zur **optischen Gliederung** dann jedem einzelnen Punkt der Aufzählung ein sogenannter **Spiegelstrich** (oder ein anderes Aufzählungszeichen) vorangestellt.

In **Aufzählungen**, die aus zeilenweise abgesetzten **einzelnen Wörtern** (Wortgruppen) bestehen, setzt man üblicherweise keine Kommas (am Ende steht dann natürlich auch kein Schlusspunkt):

Wir bieten:
- leistungsgerechtes Gehalt
- branchenübliche Sozialleistungen
- Firmenwagen

Man kann allerdings eine solche listenartige **Aufzählung** auch **wie einen zusammenhängenden Satz** behandeln. Dann muss man nach jedem Aufzählungsglied ein Komma setzen und am Ende des Satzes einen Punkt.

Wir bieten:
leistungsgerechtes Gehalt**,**
branchenübliche Sozialleistungen**,**
Firmenwagen**.**

> (!) Sind **gleichrangige Nebensätze** Glieder einer längeren **Aufzählung**, kann man sie zur besseren Übersicht ebenfalls zeilenweise absetzen. Nach jedem Aufzählungsglied muss ein Komma stehen, der letzte Satz schließt mit Punkt:
>
> Zum Bundespräsidenten gewählt werden kann**,**
>   wer die deutsche Staatsbürgerschaft besitzt**,**
>   das Wahlrecht zum Deutschen Bundestag hat**,**
>   das vierzigste Lebensjahr vollendet hat**.**

RECHTSCHREIBUNG UND ZEICHENSETZUNG
Wo setze ich Kommas, wo nicht?

73 Mehrere Adjektive durch Komma trennen?

Bei mehreren Adjektiven vor einem Nomen gilt: **Sind die Adjektive gleichrangig, werden sie durch Komma getrennt.**

Gleichrangig bedeutet, dass sich beide Adjektive in gleichem Maß auf das nachfolgende Nomen beziehen. Hierfür gibt es einen einfachen Test. Setzen Sie das Wort *und* zwischen die Adjektive. Wenn es dann immer noch sinnvoll klingt, sind die Adjektive gleichrangig und Sie brauchen ein Komma.

eine einfache**,** schnelle Abwicklung = eine einfache **und** schnelle Abwicklung

kostenloses**,** unverbindliches Angebot = kostenloses **und** unverbindliches Angebot

warmes**,** sonniges Wetter = warmes **und** sonniges Wetter

Sind die Adjektive nicht gleichrangig, darf kein Komma stehen.

Beispiel:

Das neue britische Kreuzfahrtschiff läuft heute aus.

Das Kreuzfahrtschiff ist nicht neu und britisch, sondern es handelt sich um ein britisches Kreuzfahrtschiff, das neu ist. Das Adjektiv *neu* gilt als Attribut zu dem Ausdruck *britisches Kreuzfahrtschiff*. Beide Adjektive sich also nicht gleichrangig, daher kein Komma. Weitere Beispiele:

Die allgemeine politische Lage ist schwierig.
Deine schönen neuen Schuhe sind nass.
Sie hatte große blaue Augen.
Siehst du die verspielten jungen Katzen dort?

Hier ergäbe ein *und* zwischen den Adjektiven keinen Sinn, es darf also kein Komma stehen.

RECHTSCHREIBUNG UND ZEICHENSETZUNG
Wo setze ich Kommas, wo nicht?

> (!) Es gibt Fälle, in denen sich die Aussage ändert, je nachdem ob man ein Komma einsetzt oder nicht:
>
> die letzte schwierige Aufgabe = die letzte von mehreren schwierigen
> **Aber:**
> die letzte, schwierige Aufgabe = die Aufgaben zuvor waren einfacher
>
> weitere energiesparende Maßnahmen = noch mehr energiesparende Maßnahmen
> **Aber:**
> weitere, energiesparende Maßnahmen = weitere Maßnahmen, aber diesmal energiesparende

Zwischen Haupt- und Nebensatz steht ein Komma (74)

Das gilt für vorangestellte und für nachgestellte Nebensätze:

Wenn du mich nicht in Ruhe lässt, gehe ich sofort.
Ich weiß wirklich nicht, was du von mir willst.

Eingeschobene Nebensätze werden in Kommas eingeschlossen, egal ob sie nur einen Hauptsatz unterbrechen oder zwei Hauptsätze trennen. Vergessen Sie also nie das Komma am Ende des Nebensatzes!

Seine Überzeugung, dass Politik den Charakter verdirbt, prägt sein Handeln.

Ich glaubte, als das Unwetter losbrach, nicht mehr an einen gemütlichen Abend.

Du kannst, wenn du willst, noch zum Essen bleiben.

Ich glaube, dass ich die Richtige für Sie bin, und würde mich über Ihre positive Antwort sehr freuen.

→ siehe auch R 76 (Komma bei Infinitiven)

RECHTSCHREIBUNG UND ZEICHENSETZUNG
Wo setze ich Kommas, wo nicht?

(!) Es gibt nicht eingeleitete **dass-Sätze, die wie ein Hauptsatz aussehen**; dennoch sind sie Nebensätze und müssen durch Kommas vom Hauptsatz getrennt werden:

Ich glaube, **du kannst es schaffen,** und wünsche dir viel Glück.
→ Ich glaube, <u>dass</u> du es schaffen kannst, und wünsche dir viel Glück.
Ich denke, **wir können den Termin halten,** und verlasse mich ganz auf Sie.
→ Ich denke, <u>dass</u> wir den Termin halten können, und verlasse mich ganz auf Sie.
Er versprach schon oft, **er käme pünktlich,** und dann kam er doch viel zu spät.
→ Er versprach schon oft, <u>dass</u> er pünktlich käme, und dann kam er doch viel zu spät.

(!) **Einfache Vergleiche mit *als* oder *wie*** sind keine Nebensätze und stehen deswegen auch nicht mit Kommas:

Unpünktlicher **als** meine Freundin kann man wohl nicht sein.
Sie kommt **wie** immer eine Stunde später.

(!) Das Adverb *so* kann mit *als, als ob, als wenn, wie* und *dass* Fügungen bilden, die als Einheit empfunden werden. Das **Komma** steht **vor *so***:

Er lud sich am Büfett seinen Teller voll, **so** als gäbe es nichts mehr zu essen.
Die Artistin lief über das Hochseil, **so als ob** unter ihr fester Boden wäre.
Er wirft mit Geld um sich, **so als wenn** er im Lotto gewonnen hätte.
Das Wetter ist heute schlecht, **so wie** es vorhergesagt war.

RECHTSCHREIBUNG UND ZEICHENSETZUNG
Wo setze ich Kommas, wo nicht?

Er setzte sich in den hinteren Teil des Lokals**, sodass (so dass)** er die Tür beobachten konnte.

→ siehe auch R 33 (*so dass* und *sodass*)

Sieht man dieses *so* aber als **verkürzten Auslassungssatz** an (ungekürzt: *es ist / war so*) und will es **besonders betonen**, kann man ein zusätzliches Komma setzen:

Er lud sich am Büfett seinen Teller voll, so**(,)** als gäbe es nichts mehr zu essen.
Die Artistin lief über das Hochseil, so**(,)** als ob unter ihr fester Boden wäre.
Er wirft mit Geld um sich, so**(,)** als wenn er im Lotto gewonnen hätte.
Das Wetter ist heute schlecht, so**(,)** wie es vorhergesagt war.
Er setzte sich in den hinteren Teil des Lokals, so**(,)** dass er die Tür beobachten konnte.

Ist hingegen so in den übergeordneten Satz einbezogen, leiten **als, als ob, als wenn, wie** und **dass** einen Nebensatz ein, der durch Komma abgetrennt wird:

Er lud sich am Büfett seinen Teller **so** voll**,** als gäbe es nichts mehr zu essen.
Die Artistin lief **so** über das Hochseil**,** als ob unter ihr fester Boden wäre
Das Wetter ist heute wirklich **so** schlecht**,** wie es vorhergesagt war.
Er setzte sich im Lokal **so,** dass er die Tür beobachten konnte.

Wenn ein **Nebensatz** gemeinsam **mit einer Wortgruppe mit Präposition** auftritt, wird nur dann ein Komma zwischen Haupt- und Nebensatz gesetzt, wenn der Nebensatz direkt neben dem Hauptsatz steht.

Wortgruppe	Nebensatz	Hauptsatz

Wegen deines Gejammers und weil du böse warst**,** gehen wir nicht schwimmen.

RECHTSCHREIBUNG UND ZEICHENSETZUNG
Wo setze ich Kommas, wo nicht?

Aber:

      Nebensatz   Wortgruppe   Hauptsatz
Weil du böse warst und wegen deines Gejammers gehen wir nicht schwimmen.

        Hauptsatz   Nebensatz   Wortgruppe
Wir gehen nicht schwimmen, weil du böse warst und wegen deines Gejammers.

Aber:

        Hauptsatz   Wortgruppe   Nebensatz
Wir gehen nicht schwimmen wegen deines Gejammers und weil du böse warst.

Weitere Beispiele:

Bei Schneefall oder wenn der Schnee taut, besteht höchste Unfallgefahr.
Aber: Wenn der Schnee taut oder bei Schneefall besteht höchste Unfallgefahr.

Es besteht höchste Unfallgefahr, wenn der Schnee taut oder bei Schneefall.
Aber: Es besteht höchste Unfallgefahr bei Schneefall oder wenn der Schnee taut.

75 Das Komma bei Satzellipsen (Auslassungssätzen)

Treten in Hauptsätzen und gleichrangigen Nebensätzen gemeinsame Satzteile auf, können sie bis auf einen ausgespart werden. Solche Sätze mit bewussten Auslassungen werden **Satzellipsen** (Auslassungssätze) genannt. Bei der Kommasetzung werden Satzellipsen üblicherweise so wie vollständige Sätze behandelt:

Petra bestellte ein Schokoladen-, ich [bestellte] ein Himbeereis.

Die Schulleiterin war der Ansicht, dass die Eltern zu einem Gespräch eingeladen [werden sollten] und [dass] auch die Fachlehrer anwesend sein sollten.

RECHTSCHREIBUNG UND ZEICHENSETZUNG
Wo setze ich Kommas, wo nicht?

Ein Blick auf die fast leere Wodkaflasche [reichte aus] und sie wusste, was los war.

Dieses Modell wurde, weil [es] leicht handhabbar und pflegeleicht [war], bald zum Verkaufsschlager.

→ siehe auch R 74 (Komma zwischen Haupt- und Nebensatz)

Eine Reihe von Nebensätzen, die zu Satzellipsen verkürzt worden sind, werden fast nur noch in dieser Kurzform verwendet. Diese sogenannten **formelhaften Nebensätze** werden nicht durch Komma abgetrennt.

Solche formelhaften Auslassungssätze sind vor allem **unvollständige Nebensätze**, deren Vollform mit den Konjunktionen *wie, wenn* oder *falls* eingeleitet wird. Man fasst diese Verkürzungen meist als **einfache adverbiale Bestimmungen** auf, die als Satzglied in den Satz einbezogen sind und trennt sie **nicht durch Komma** ab. Das **Komma kann** allerdings gesetzt werden:

Ich habe, **wie ich es schon angedeutet habe**, erste Gespräche mit dem Verein geführt.
→ Ich habe(,) **wie schon angedeutet**(,) erste Gespräche mit dem Verein geführt.

Falls es erforderlich ist, können Sie heute Abend noch eine Tablette nehmen.
→ **Falls erforderlich**(,) können Sie heute Abend noch eine Tablette nehmen.

Weitere Beispiele:

Wie angekündigt(,) sende ich Ihnen heute unseren neuesten Katalog.
Würden Sie(,) **falls möglich**(,) Ihre Unterlagen mitbringen?
Dieses Buch ist(,) **wie gesagt**(,) sehr empfehlenswert.
Ich komme(,) **wenn nötig**(,) nochmals vorbei.

Auch **mit *wo* eingeleitete unvollständige Nebensätze** sind häufig formelhaft geworden. Ein Komma kann, braucht aber nicht gesetzt zu werden:

Wo nötig(,) werden wir weitere Hinweise geben.
Bitte tragen Sie(,) **wo gekennzeichnet**(,) die gewünschten Angaben ein.
Die Stadtverwaltung wird versuchen, Straßensperrungen nur dort vorzunehmen(,) **wo unbedingt nötig**.

RECHTSCHREIBUNG UND ZEICHENSETZUNG
Wo setze ich Kommas, wo nicht?

Wird ein **Fragesatz auf sein Fragewort reduziert**, kann dieses mit oder ohne Komma angeschlossen werden:

Ich habe das vor Kurzem noch gelesen, weiß aber nicht mehr(,) **wo**.
Sie hat nicht gesagt(,) **warum**, aber sie kommt nicht.
Er war plötzlich verschwunden. **Wohin**(,) weiß ich nicht.
Wir müssen ihm unbedingt etwas schenken, aber weißt du(,) **was**?

> (!) Vor den folgenden mehrteiligen Wendungen muss **immer ein Komma** gesetzt werden, sofern sie nicht am Satzanfang stehen. Das Komma zwischendrin kann entfallen.
>
> , angenommen(,) dass ...   , egal(,) ...
> , ausgenommen(,) wenn ...   , je nachdem(,) (ob) / wie ...
> , vor allem(,) wenn ...   , und zwar ...
> , das heißt (d. h.) ...*
>
> * Aufgepasst: Wenn nach *das heißt* ein kompletter Nebensatz folgt, muss ein weiteres Komma gesetzt werden:
>
> Er rief erst abends an, **das heißt,** als er vom Büro zurückkam.

76 · *Er kam, um zu siegen* – das Komma bei Infinitiven

Kommas können entfallen, wenn **bloße Infinitive** vorliegen:

Ich denke nicht daran(,) aufzuhören.
Wir beschlossen(,) zu hören, was er zu sagen hatte.

Vorsicht allerdings, wenn **Missverständnisse** möglich sind. Dann muss ein Komma stehen:

Der Lehrer verbot mir ständig zu widersprechen könnte bedeuten:
Der Lehrer verbot mir ständig**,** zu widersprechen.

RECHTSCHREIBUNG UND ZEICHENSETZUNG
Wo setze ich Kommas, wo nicht?

Oder: Der Lehrer verbot, mir ständig zu widersprechen.

Kommas stehen bei **Infinitivgruppen mit *zu*,**

die durch *als, (an)statt, außer, ohne, um* eingeleitet sind:

Ich ging auf den Hof, um das Auto zu waschen.
Niemand läuft über die Straße, ohne nach rechts und links zu schauen!
Dir bleibt nichts anderes übrig, als endlich den Mund zu halten.

die von einem Nomen abhängen, das den Infinitiv ankündigt:

Plötzlich hatte sie die Idee, sich einen Hund zuzulegen.
Seine Angewohnheit, immer die Wahrheit zu sagen, macht den Umgang mit ihm nicht einfach.

wenn auf die Infinitivgruppe durch ein anderes Wort hingewiesen wird:

Susanne genießt **es**, lange unter der heißen Dusche zu stehen.
Lange unter der heißen Dusche zu stehen, **das** genießt Susanne sehr.
Sie rechnet nicht **damit**, eine erhöhte Wasserrechnung zu bekommen.
Ich freue mich **darauf**, Sie bald in unserem Hause begrüßen zu dürfen.

(!) Sie dürfen allerdings **kein Komma** setzen bei **Infinitivgruppen**, die von den Hilfsverben *haben* oder *sein* oder von Verben wie *brauchen, pflegen, scheinen* abhängig sind.

Dieser Mensch hat hier nichts zu sagen.
Das Firmengebäude war schon von weitem zu sehen.
Meine Oma pflegte sich mittags hinzulegen.
Nach wenigen Minuten schien sie ihre Müdigkeit überwunden zu haben.

Ebenfalls **kein Komma** steht, wenn die Infinitivgruppe von *es gibt* abhängt.

Bei unserer Tombola gibt es tolle Preise zu gewinnen. / Es gibt bei unserer Tombola tolle Preise zu gewinnen.

RECHTSCHREIBUNG UND ZEICHENSETZUNG
Wo setze ich Kommas, wo nicht?

Bei allen anderen Infinitivgruppen, die in den vorstehenden Regeln nicht erfasst sind, ist das Setzen eines Kommas freigestellt:

Seine liebste Freizeitbeschäftigung ist(,) mit den Kindern zu spielen.
Alles, was er tun muss, ist(,) diesen Brief zu überbringen.
Ihm immer Recht zu geben(,) wäre ein Fehler.
Deinen Gefühlen hier nachzugeben(,) ist wohl nicht die richtige Entscheidung.
Wir waren begierig(,) Näheres zu erfahren.

Ein **Komma** sollte aber unbedingt gesetzt werden, **wenn Missverständnisse möglich** sind:

Wir empfehlen ihm keine Antwort zu geben.

Hier wird die Aussageabsicht nur klar, wenn ein Komma gesetzt wird:

Entweder: Wir empfehlen**,** ihm keine Antwort zu geben.
Oder: Wir empfehlen ihm**,** keine Antwort zu geben.

Die **Infinitivgruppe** wird auch dann **nicht durch Komma abgetrennt**, wenn sie einen **übergeordneten Satz umschließt**. Diese Wortstellung ergibt sich dann, wenn ein Glied der Gruppe an die Spitze des Satzes gestellt wird, weil man es besonders betonen will. Es steht dann in **Spitzenstellung**.

Beispiel für die normale Wortstellung, bei der Hauptsatz und Infinitivgruppe getrennt sind:

Das Parlament beschloss(,) **die Wirtschaftshilfen sofort zu gewähren.**

| übergeordneter Satz | Infinitivgruppe |

Tritt ein Glied der Infinitivgruppe in die **Spitzenstellung**, darf vor dem restlichen Teil der Gruppe kein Komma gesetzt werden:

Die Wirtschaftshilfen beschloss das Parlament **sofort zu gewähren.**

Weitere Beispiele:

Normale Stellung:
Wir hoffen(,) **bis heute Abend genauere Informationen aus dem Katastrophengebiet vorliegen zu haben.**

Spitzenstellung:
Genauere Informationen aus dem Katastrophengebiet hoffen wir **bis heute Abend vorliegen zu haben.**
Aus dem Katastrophengebiet hoffen wir **bis heute Abend genauere Informationen vorliegen zu haben.**
Bis heute Abend hoffen wir **genauere Informationen aus dem Katastrophengebiet vorliegen zu haben.**

Kein Komma setzt man auch dann, wenn die **Infinitivgruppe** mit dem übergeordneten Satz **verschränkt** ist. Die zur Gruppe gehörenden Wörter sind auseinandergerissen und stehen vermischt mit den Wörtern des übergeordneten Satzes. Hier würde ein **Komma** den **Satzzusammenhang stören**.

Beispiel für die normale Wortstellung, bei der Hauptsatz und Infinitivgruppe getrennt sind:

Wir wollen versuchen(,) **diese Familientradition zu verstehen.**

    übergeordneter Satz   Infinitivgruppe

Verschränkt:
Diese Familientradition wollen wir **zu verstehen** versuchen.

Weitere Beispiele :

Das ganze Ausmaß der Katastrophe werden die Menschen erst in einigen Tagen **zu begreifen** beginnen.
Er hat **die neue Kollegin** gleich **anzusprechen** versucht.
Er ist nicht einmal **sich selbst zu versorgen** imstande.

> 💡 Wenn die Infinitivgruppe lediglich aus *zu* + *Infinitiv* besteht, ist das Komma freigestellt:
>
> Es gab für sie die Hoffnung(,) gesund zu werden.

RECHTSCHREIBUNG UND ZEICHENSETZUNG
Wo setze ich Kommas, wo nicht?

77 *Tina, meine Freundin* – das Komma bei Appositionen

Appositionen müssen in Kommas gesetzt werden. Stehen sie am Satzende, steht nur ein Punkt.

Wilhelm II, der letzte deutsche Kaiser, starb im Exil.
Sie liebt ihn, den besten aller Männer.
Meinem Enkel, dem frechen Bürschchen, werd ich's zeigen.
Der Ätna, größter Vulkan Europas, brach gestern wieder aus.

> **!** In den folgenden Fällen haben Sie die Wahl:
>
> **bei dem Kürzel *geb.* (geborene):**
>
> Frau Anna Traubel(,) geb. Schwalm(,) starb im Alter von 99 Jahren.
>
> **wenn der Name erst danach steht:**
>
> Der leitende Direktor(,) Konrad Feld(,) hielt gestern eine schöne Rede.
> Wir sind dem Vorsitzenden des FC Ellenheim(,) Karl Brauch(,) zu größtem Dank verpflichtet.

78 Das Komma bei Partizip-, Adjektiv- und anderen Wortgruppen

Partizip- und Adjektivgruppen oder auch sonstige Wortgruppen **können** Sie durch ein Komma vom restlichen Satz trennen. Aber aufgepasst: Wenn die Gruppe zwischen das Subjekt am Satzanfang und das Prädikat geschoben wird, **müssen** Sie sie in Kommas einschließen. Vergleichen Sie:

Völlig überrascht von dieser Nachricht(,) **ließ** sie den Löffel fallen.

Sie **ließ**(,) völlig überrascht von dieser Nachricht(,) den Löffel fallen.

Aber: Sie, völlig überrascht von dieser Nachricht, **ließ** den Löffel fallen.

RECHTSCHREIBUNG UND ZEICHENSETZUNG
Wo setze ich Kommas, wo nicht?

Zum Angriff bereit(,) setzten sich die Hooligans in Bewegung.

Die Hooligans setzten sich(,) zum Angriff bereit(,) in Bewegung.

Aber: Die Hooligans, zum Angriff bereit, setzten sich in Bewegung.

Den Koffer in der Hand(,) sprang er einfach in den Fluss.

Er sprang(,) den Koffer in der Hand(,) einfach in den Fluss.

Aber: Er, den Koffer in der Hand, sprang einfach in den Fluss.

→ vergleiche jedoch mit R 83

Du, Peter, ... – das Komma bei Anreden (79)

Direkte Anreden setzt man **normalerweise in Kommas**.

Das**, meine liebe Susanne,** geht entschieden zu weit.
Lass das**, mein Freund,** ich bitte dich.

Wenn die **Anrede am Satzanfang oder Satzende** steht, wird sie durch ein Komma abgetrennt:

Sehr geehrter Herr Wohl**,** ich hoffe, ich konnte Ihnen in diesem Brief darlegen, ...
Könnten Sie mal kurz kommen**,** Frau Meier?

> **!** Bei der **Anrede im Brief- und Mailverkehr** haben Sie folgende Möglichkeiten bei der Kommasetzung:
>
> Sehr verehrter, lieber Herr Probst,   Sehr geehrter Herr Wading,
> Hallo, lieber Bruder,   Hallo(,) Peter,
> Hallo, alter Freund,   Hallo(,) Frau Forst,
> Guten Tag(,) Frau Forst,   Guten Tag, liebe Frau Forst,
>
> ››

RECHTSCHREIBUNG UND ZEICHENSETZUNG
Wo setze ich Kommas, wo nicht?

> Wenn Sie mit jemandem vertraut sind, können Sie statt des Kommas ans Ende der Anrede auch ein Ausrufezeichen setzen: Hallo(,) Frau Forst!
>
> Aufgepasst: Nach der **Grußformel am Ende** des Briefes / der E-Mail steht **kein Komma**!
>
> Mit freundlichen Grüßen   Grüße
> Beste Grüße aus Stuttgart   Herzlichst

80 · *Ach, das wusste ich nicht* – das Komma bei Ausrufen (Interjektionen)

Ausrufe (Interjektionen) werden durch ein Komma abgetrennt, wenn sie betont sind:

Ach, wie schön ist das!
Das ist doch**, zum Donnerwetter,** das Letzte!
Oh, wenn ich dich kriege!
Puh, jetzt bin ich aber fertig!

Sind die Ausrufe jedoch **nicht betont**, steht **kein Komma**:

Ach geh doch!
Oh du lieber Himmel!

81 · Das Komma bei Parenthesen (Einschüben)

Parenthesen sind komplette Sätze oder Hauptsätze, die nicht Teil der eigentlichen Satzstruktur sind. Sie **müssen deshalb durch Kommas eingeschlossen werden**.

RECHTSCHREIBUNG UND ZEICHENSETZUNG
Wo setze ich Kommas, wo nicht?

Die Wolkentürme entluden sich**, es war wohl so gegen acht,** in einem Platzregen.

Ihre fristlose Kündigung**, um das deutlich zu betonen,** ist unangemessen.

Ich werde mir morgen**, glaub mir's oder nicht,** diesen tollen Fernseher holen.

Statt Kommas können Sie hier auch **Gedankenstriche** setzen.

Das Komma bei Datums- und Ortsangaben ⬤ 82

Bei Datums- und Ortsangaben werden die einzelnen Bestandteile durch Kommas getrennt. Das letzte Komma kann entfallen.

Die Ferien werden Donnerstag**, (den) 21. Juni**(,) beginnen.

Der Bus startet am Montag**, dem 16. Juli, 9.00 Uhr**(,) vom Marktplatz aus.

Sarah Müller**,** wohnhaft in Hannover**, Heinrichplatz 64, 1. Stock**(,) angeklagt.

Aber: Sie wohnt in Düren in der Thomasgasse 25 im 1. Stock.

Kein Komma bei Adverbialen am Satzanfang! ⬤ 83

Adverbiale können sehr lang sein. Dennoch darf man sie nicht durch Kommas vom restlichen Satz abtrennen, wenn sie am Satzanfang noch **vor dem konjugierten Verb** stehen.

Wegen des anhaltend schlechten Wetters konnten die Arbeiten nicht voranschreiten.

Seit seiner Wahl zum Vereinsvorsitzenden ist er richtig rechthaberisch geworden.

Schon lange vor ihrer fünfmonatigen Weltreise hatte Frau Richter alles bis ins Kleinste geplant.

Nach unserer Besprechung vor zwei Tagen können wir nun richtig loslegen!

RECHTSCHREIBUNG UND ZEICHENSETZUNG
Wo setze ich Kommas, wo nicht?

Stehen Adverbiale erst **nach dem konjugierten Verb**, kann man sie wahlweise in Kommas setzen oder nicht. Indem Sie solche Adverbiale in Kommas setzen, wird ihr Inhalt stärker betont. Sie sind ein Zusatz.

Er konnte(,) allerdings erst nach vielen schmerzhaften Untersuchungen(,) das Krankenhaus gestern wieder verlassen.

Das Essen kostete uns(,) einschließlich/inklusive der Getränke(,) nur 23 Euro.

Sie fahren(,) trotz der Absage des Konzerts(,) am Wochenende nach München.

Könnten Sie(,) bitte(,) das Fenster schließen?

Sie schrieb(,) entgegen dem Rat der anderen(,) den Brief noch am selben Tag.

Stehen **Adverbiale als Zusatz am Satzende**, sollte man sie immer durch Komma abtrennen.

Wir haben den früheren Zug nicht mehr erreicht, leider.
Sie ging stundenlang im Regen spazieren, trotz ihrer Erkältung.

> (!) Bei Zusätzen, die mit *zum Beispiel (z. B.)* beginnen, müssen meistens Kommas gesetzt werden, weil sie aus dem Satzmuster fallen.
>
> Ich liebe die südlichen Länder, z. B. Italien.
> Blattsalate, z. B. Kopfsalat und Eichblattsalat, sollte man im Winter nicht essen.
> **Aber:** Ich war zum Beispiel (z. B.) noch nie in Italien. (kein Zusatz → kein Komma)
>
> Wenn Beispiele mit dem Wörtchen *wie* aufgelistet werden, hat man die Wahl:
>
> Kinderkrankheiten(,) wie Masern und Windpocken(,) sind heute weitestgehend ausgerottet.

> **Vermeiden Sie die Ausdrucksweise *wie zum Beispiel*.** Das ist ein Pleonasmus, also eine unnötige Dopplung. Entscheiden Sie sich einfach zwischen **wie** und **z. B.**

halb Punkt, halb Komma – das Semikolon

Das Semikolon (Strichpunkt) verwendet man, um gleichrangige längere Sätze oder Wortgruppen voneinander abzugrenzen, wenn ein Komma zu schwach, ein Punkt aber zu stark erscheint. Da es keine festen Regeln für den Einsatz des Semikolons gibt, bleibt es dem Schreibenden überlassen, welches Zeichen er wählt, um den Grad an Abgrenzung zu erreichen, den er möchte.

Ein **Semikolon** kann stehen

zwischen unverbundenen Hauptsätzen und Wortgruppen:

Wir hatten lange nichts gegessen; wir froren und waren erschöpft; wir waren drauf und dran, mit unserem Leben abzuschließen.

Sie hatten einfach keinen Nerv mehr, ihn länger zu ertragen; seinen endlosen Reden zuzuhören; gegen seine Unbelehrbarkeit anzukämpfen.

in Satzreihen, die durch Konjunktionen wie *aber, denn, deshalb, doch* verbunden sind:

Die Nord- und die Ostsee werden von deutschen Urlaubern gerne besucht; doch der Harz und die Eifel erfreuen sich wachsender Beliebtheit.

Das Problem hat sich von selbst erledigt; deshalb können wir uns jetzt anderen Dingen zuwenden.

um Satzgefüge voneinander abzugrenzen, zwischen denen ein Komma zu schwach ist:

RECHTSCHREIBUNG UND ZEICHENSETZUNG
Wo setze ich Kommas, wo nicht?

Ich kann verstehen, dass du mir nicht glaubst; wenn du mich aber als Lügner hinstellst, werde ich mich wehren.

Sie überlegten noch, welchen Flug sie nehmen sollten; als sie sich dann entschieden hatten, war alles ausgebucht.

zwischen Gruppen gleichartiger Glieder einer längeren Aufzählung:

Um eine Holzvertäfelung anzubringen benötigt man Paneele, Latten, Abschlussleisten; Schrauben, Nägel, Klammern, Dübel; Bohrschrauber, Hammer, Zollstock, Wasserwaage.

RECHTSCHREIBUNG UND ZEICHENSETZUNG
Wie gehe ich mit Doppelpunkt und Anführungszeichen um?

Wie gehe ich mit Doppelpunkt und Anführungszeichen um?

TESTEN SIE IHR WISSEN

1 Kommen Sie auf den (Doppel-)Punkt! :• 85
Wird in den folgenden Beispielen das erste Wort nach dem Doppelpunkt groß- oder klein geschrieben? Unterstreichen Sie.

a) Job, Haus, Boot, Frau, Vermögen: **alles / Alles** war weg.
b) Was ich sah, schockierte mich: **die / Die** ganze Ernte war zerstört.
c) Die Welt unter Wasser ist ganz anders: **Dunkel / dunkel**, kalt, nass, feindlich.
d) Keine Hausaufgaben machen, Schule schwänzen, Lehrer belügen: **das / Das** wird nicht geduldet.

2 Setzen Sie Zeichen! :• 86
Und zwar die in den Beispielen fehlenden Satzzeichen.

a) Kannst du fragte Mutter mich bitte mit in die Stadt nehmen und zog den Mantel an.
b) So also stellte er fest ist das mit den Satzzeichen.

3 Auf dem Boden des Grundgesetzes :• 87
Lassen Sie in diesem Text aus dem Grundgesetz die markierten Stellen weg und ersetzen Sie sie durch Auslassungspunkte.

Die Parteien wirken bei der politischen Willensbildung **des Volkes** mit. **Ihre Gründung ist frei**. Ihre innere Ordnung muss demokratischen Grundsätzen entsprechen.

RECHTSCHREIBUNG UND ZEICHENSETZUNG
Wie gehe ich mit Doppelpunkt und Anführungszeichen um?

4 Spiels noch einmal, Sam! :• (88)
Machen Sie mithilfe verschiedener Anführungszeichen kenntlich, dass es sich hier um ein Zitat und Zitate innerhalb dieses Zitats handelt.

Ich zitiere aus dem Filmlexikon: Mit den Worten Louis, ich glaube, das ist der Beginn einer wunderbaren Freundschaft endet der zum Kultfilm gewordene amerikanische Film Casablanca mit Humphrey Bogart und Ingrid Bergman.

5 Hätten Sie's gewusst?
Welche der folgenden Kombinationen von Satzzeichen gibt es nicht?

a) : „
b) , „
c) ?"
d) ,"
e) !"

LÖSUNGEN

1 a) Alles/alles, **b)** Die, **c)** dunkel, **d)** Das/das • **2 a)** „Kannst du", fragte Mutter, „mich bitte mit in die Stadt nehmen?", und zog den Mantel an. **b)** „So also", stellte er fest, „ist das mit den Satzzeichen."
• **3** Die Parteien wirken bei der politischen Willensbildung … mit. … Ihre innere Ordnung muss demokratischen Grundsätzen entsprechen. • **4** Ich habe in einem Filmlexikon folgenden Eintrag gefunden: „Mit den Worten ‚Louis, ich glaube, das ist der Beginn einer wunderbaren Freundschaft' endet der zum Kultfilm gewordene amerikanische Film ‚Casablanca' mit Humphrey Bogart und Ingrid Bergman. " • **5 d)**

RECHTSCHREIBUNG UND ZEICHENSETZUNG
Wie gehe ich mit Doppelpunkt und Anführungszeichen um?

85 Schreibe ich nach dem Doppelpunkt groß oder klein?

Der Doppelpunkt ist das Zeichen dafür, dass danach etwas folgt, das vor dem Doppelpunkt angekündigt wurde. Als Grundregel gilt: Folgt auf den Doppelpunkt ein **ganzer Satz oder wenigstens ein Kurzsatz**, so schreibt man den ersten Buchstaben **groß**.

Was ich sah, schockierte mich**: D**ie ganze Ernte war zerstört.
Alles in mir verbog sich zu einem Fragezeichen**: W**arum?

In anderen Fällen schreibt man **der Wortart entsprechend groß (Nomen) oder klein**.

Er warf alles aus dem Fenster**: d**ie Stühle, den Fernseher und die Kommode.
Die Welt unter Wasser ist ganz anders**: d**unkel, kalt, nass, feindlich.

Weitere Anwendungsbeispiele:

Wir suchen**:** Zerspanungsmechaniker
Mechatroniker
Aushilfskräfte
Auszubildende

Französisch**:** mangelhaft

Wenn **nach dem Doppelpunkt zusammengefasst** wird, was vorher ausgeführt wurde, kann man klein oder groß weiterschreiben:

Job, Haus, Boot, Frau, Vermögen**: a**lles / **A**lles war weg.
Keine Hausaufgaben machen, Schule schwänzen, Lehrer belügen**: d**as / **D**as wird nicht geduldet.

Theodor Fontane**:** Irrungen, Wirrungen

RECHTSCHREIBUNG UND ZEICHENSETZUNG
Wie gehe ich mit Doppelpunkt und Anführungszeichen um?

> 💡 Oft vermeidet man durch **Satzkonstruktionen mit dem Doppelpunkt** auch eine Konstruktion aus Haupt- und Nebensatz. Dadurch wird der Text zwar leichter lesbar, klingt jedoch nicht mehr so elegant. Statt
>
> Für alle war klar: Was im Überfluss vorhanden ist, ist nur wenig wert.
> Hinzu kommt: Sie haben mit Preissteigerungen gedroht.
>
> kann man auch schreiben:
>
> Allen war klar, dass nur wenig wert sein kann, was im Überfluss vorhanden ist.
> Sie haben darüber hinaus mit Preissteigerungen gedroht.

Welche Zeichen benötige ich bei der wörtlichen Rede? 86

Was wörtlich wiedergegeben wird, schließt man in **Anführungszeichen** ein:

„So also ist das."

Leitet man die wörtliche Wiedergabe durch einen **Begleitsatz** ein, benötigt man den Doppelpunkt:

Er stellte fest: „So also ist das."

Unterbricht der Begleitsatz die Wiedergabe der wörtlichen Rede, werden Kommas gebraucht, die den Begleitsatz einschließen:

„So also", stellte er fest, „ist das mit den Satzzeichen."

Tritt der Begleitsatz ans Ende, entfällt der Schlusspunkt bei der wörtlichen Rede:

„So also ist das", stellte er fest.

Beim wiedergegebenen Satz lässt man den Punkt auch weg, wenn er im Inneren eines Gesamtsatzes steht:

RECHTSCHREIBUNG UND ZEICHENSETZUNG
Wie gehe ich mit Doppelpunkt und Anführungszeichen um?

Er versprach: „Ich hole dich gleich ab", und verschwand um die Ecke.

Handelt es sich bei der wörtlichen Rede um eine **Aufforderung, einen Ausruf oder eine Frage**, werden Ausrufe- bzw. Fragezeichen benötigt. Dabei kann es zur Zeichenhäufung kommen:

„Gib mir gefälligst die Zange!", herrschte ich ihn an.
„Das also hat man nun davon!", schimpfte sie.
„Kann ich bitte das Salz haben?", fragte Susanne.
Sie sagte: „Hol schon mal das Auto!", und wandte sich dem Spiegel zu.
„Kannst du", fragte Mutter, „mich bitte mitnehmen?", und zog den Mantel an.

Wenn auch der **Begleitsatz eine Aufforderung, ein Ausruf oder eine Frage** ist, behalten sowohl der Begleitsatz wie auch die wörtliche Rede ihre Satzzeichen. Das Zeichen für den Begleitsatz steht dann ganz am Ende:

Sag ihm endlich: „Halt den Mund!"!
Wenn doch irgendjemand endlich fragte: „Was soll das Ganze?"!
Fragte sie tatsächlich: „Wo bin ich geboren?"?
Frag sie doch endlich: „Wo ist das Testament?"!

87 Wie zitiert man richtig?

Fürs Zitieren gelten ähnliche Regeln wie für die wörtliche Rede, weil es sich hier ebenso um die wörtliche Wiedergabe von Äußerungen handelt.

(!) Geben Sie ein **Zitat immer unverändert**, das heißt in der Originalform, mit den entsprechenden Zeichen wieder:

Das Buch „Verliebe dich oft, verlobe dich selten, heirate nie?" von Felicitas von Lovenberg hat mir sehr gut gefallen.

RECHTSCHREIBUNG UND ZEICHENSETZUNG
Wie gehe ich mit Doppelpunkt und Anführungszeichen um?

Das gilt auch, wenn das Verb des Satzes eigentlich einen anderen Kasus verlangt:

Viel Vergnügen mit „Das Quiz" mit Jörg Pilawa!
Ich habe gestern ein wenig in „Die Akte" von John Grisham gelesen.

Meist zitiert man

Wörter oder Ausdrücke, zu denen man eine Aussage machen will:

Seine Frau nennt ihn immer „Pummelchen", was ich gar nicht gut finde.
Der Begriff „freiwillige Ausreise" wurde zum Unwort des Jahres gewählt.

Überschriften, Buchtitel, Namen von Zeitungen und Zeitschriften etc.

Ich las in „FOCUS online" den Artikel „Paris Hilton leckt ihre Wunden".
In „Der Zauberberg" von Thomas Mann wird Davos genau beschrieben.
Die nächste Ausgabe des „Stern" erscheint am Montag.
Erinnern Sie sich an die Sendung „Was bin ich?"?

Äußerungen, Sprichwörter etc., zu denen man eine Bemerkung macht:

Sein fröhliches „Na, ihr Lausebande" munterte uns immer wieder auf.
Sag nicht „Wer einmal lügt, dem glaubt man nicht", denn es ist unfair.
Wenn unser Lehrer „Stop talking!" rief, schwiegen alle sofort.

ironisch gemeinte Bemerkungen, die als solche deutlich gemacht werden sollen:

Er tut immer so, als sei er der „liebe Onkel", er ist aber ein gemeiner Kerl.
Wenn Politiker abtauchen wollen, bekommen sie die „politische Grippe".
Die Polizei, „dein Freund und Helfer", hat meinen „Lappen" eingezogen.

Auszüge aus Büchern oder Texten. Wenn man den Auszug gekürzt zitiert, muss man die Stellen, an denen man kürzt, durch **Auslassungspunkte** kennzeichnen:

Aus Theodor Fontanes „Irrungen Wirrungen": „Aber da sind ja noch Erdbeeren ... und wenn wir eine recht große finden, dann wollen wir sie

RECHTSCHREIBUNG UND ZEICHENSETZUNG
Wie gehe ich mit Doppelpunkt und Anführungszeichen um?

mitnehmen ... und dann freut er sich. Denn ... er ist ein Mann wie'n Kind und eigentlich der Beste."

💡 Für **Auslassungspunkte** gilt folgende Regel:

Wenn man **ganze Wörter oder Sätze** auslässt, setzt man vor und hinter die Auslassungspunkte einen Leerschritt → siehe auch das Fontane-Zitat über diesem Tipp.

Am Nachmittag wird ein Wetterumschwung für Regen sorgen. ... Insgesamt ist es für diese Jahreszeit zu kühl.

Werden **bei einem einzelnen Wort** Buchstaben ausgelassen, setzt man keinen Leerschritt vor den Auslassungspunkten:

Es gibt verschiedene Wege, das Wort „versch...e" zu vervollständigen. So eine Sch...!

Am Satzende wird kein zusätzlicher Punkt gesetzt. Ausrufe- und Fragezeichen können gesetzt werden; dann aber ohne Leerschritt:

Er ging langsam die Treppe hinunter ...
Warum nur hatte er ...?

In wissenschaftlichen Texten werden Auslassungspunkte häufig zusätzlich in eckige Klammern gesetzt:

Anhand dieser Versuchsreihe **[...]** konnte der Nachweis erbracht werden.

💡 Wenn man etwas **mündlich zitiert**, zum Beispiel während einer offiziellen Rede, muss man den Zuhörern ebenfalls deutlich machen, wo das Zitat beginnt und wo es endet:

„**Ich zitiere** aus dem Brief vom 25. Mai: [Zitat] - **Ende des Zitats.**"

RECHTSCHREIBUNG UND ZEICHENSETZUNG
Wie gehe ich mit Doppelpunkt und Anführungszeichen um?

Wie kennzeichne ich ein Zitat innerhalb einer wörtlichen Rede?

Es kommt vor, dass in einem Text, der bereits in Anführungszeichen steht, ein weiterer Text in Anführungszeichen enthalten ist. Dieser steht dann **in einfachen (halben) Anführungszeichen**:

Unser Lehrer erklärte**:** „Der Satz ‚Das Wesentliche ist für die Augen unsichtbar' stammt aus ‚Der kleine Prinz' von Antoine de Saint Exupéry."

Es gibt noch andere Möglichkeiten, wörtlich Wiedergegebenes kenntlich zu machen, z. B. die **Kursivschrift**:
Mit dem Gedanken *Hoffentlich ist morgen alles vorbei!* schlief ich ein.

Es gibt auch **andere Formen der Anführungszeichen**:
»Dann ist es aussichtslos«, sagte der kleine Prinz.

Viele Schriftsteller **verzichten** heutzutage **auf jegliche Kennzeichnung** der wörtlichen Rede:
Ich kann dich erledigen, sagte der Neue.

GRAMMATIK

° Nomen und ihre Deklination

TESTEN SIE IHR WISSEN

1 Was zum Schwitzen :· 91
Welches der markierten Wörter ist richtig? Unterstreichen Sie es.

Wie macht man es einem **Eisbär / Eisbären** bei 25 Grad plus bequem?

2 Zähne zeigen :· 93
Welches der markierten Wörter ist richtig? Unterstreichen Sie es.

Wie viele Zähne besitzt das Maul eines **Zackenbarsches / Zackenbarschs**?

3 Jahresläufe :· 90 :· 93
Welche der markierten Wörter sind richtig? Unterstreichen Sie.

Wie viel Heu frisst ein Kamel im **Lauf / Laufe** eines **Jahrs / Jahres**?

4 Nicht mit dir, aber auch nicht ohne dich – gilt auch fürs Dativ-e :· 90
Welche der markierten Wörter sind richtig? Unterstreichen Sie es.

Da stehen mir ja die Haare zu **Berg / Berge**, und ich kann nur hoffen, dass die ganze Sache im **Sand / Sande** verläuft.

5 Probleme mit dem starken Geschlecht :· 89
Welches der markierten Wörter ist richtig? Unterstreichen Sie es.

Welcher Hund hat dich gebissen, der des **Bauern** oder der des **Bauers**?

6 Grammatikprobleme eines Großwildjägers :· 91
Welche der markierten Wörter sind richtig? Unterstreichen Sie.

Erst gab's Ärger mit dem **Journalist / Journalisten** vom Tierschutzmagazin, dann lief er einem **Elefant / Elefanten** vor die Füße.

GRAMMATIK
Nomen und ihre Deklination

7 Grammatisch einwandfreie Besitzverhältnisse ↳ 96
Kreuzen Sie die richtige Lösung an.

Wenn Ihnen Ihre Freundin ihr Auto geliehen hat und Sie es nicht ordnungsgemäß benutzt haben, sagen Sie …

a) Ich habe meiner Freundin ihr Auto zu Schrott gefahren.
b) Ich habe das Auto meiner Freundin zu Schrott gefahren.
c) Ich habe das Auto von meiner Freundin zu Schrott gefahren.

8 Nur ganz friedlich geglaubt ↳ 101
Welche der markierten Wörter sind richtig? Unterstreichen Sie

Fehlt mir der **Glaube / Glauben** an mehr **Friede / Frieden**?

9 Immer schön richtig adressieren ↳ 97
Welche Anschrift auf einem Briefumschlag ist richtig? Kreuzen Sie an.

a) **Herr** Max Meier, Müllerstr. 3, 45678 Musterhausen
b) **Herrn** Max Meier, Müllerstr. 3, 45678 Musterhausen

10 Verbote müssen auch sein – aber bitte grammatisch korrekt! ↳ 96
Wie drücken Sie diesen Satz stilistisch und grammatisch korrekt aus?

Das Betreten von dem Rasen ist verboten!

LÖSUNGEN

1 Eisbären • **2** Beide Varianten möglich: Zackenbarschs / Zackenbarsches • **3** Alle Varianten möglich: Lauf / Laufe, Jahr / Jahres • **4** Beide Varianten möglich: zu Berg / Berge, im Sand / Sande • **5** Beides ist möglich, allerdings haben die Wörter unterschiedliche Bedeutung: Schwache Deklination (des Bauern) = der Landwirt; starke Deklination (des Bauers) = Erbauer • **6** mit dem Journalisten; einem Elefanten • **7** b) • **8** Beide Varianten möglich: Friede / Frieden, Glaube / Glauben • **9** b) • **10** Das Betreten des Rasens verboten; oder ganz kurz und knapp: Betreten des Rasens verboten!

GRAMMATIK
Nomen und ihre Deklination

Grammatikalisch schwach

Traditionell gelten Frauen als das schwache Geschlecht, Männer als das starke. Darüber kann man natürlich völlig unterschiedlicher Meinung sein, und die Diskussionen über dieses Thema füllen folglich viele Bücherregale und fast alle Medien.

Auch in der Grammatik gibt es bekanntlich verschiedene Geschlechter, aber starke und schwache Rollen sind hier ganz anders verteilt als im wirklichen Leben. Probleme bereitet hier hauptsächlich das nur vermeintlich starke Geschlecht, die maskulinen Nomen nämlich! Feminine Nomen sind dagegen völlig unkompliziert. Denn egal ob sie stark oder schwach gebeugt werden, sie bleiben im Singular endungslos und bereiten auch im Plural keine nennenswerten Probleme. Zu denken gibt, dass die meisten männlichen Lebewesen schwach dekliniert werden. Ob Jacob Grimm, der die Begriffe *starke* und *schwache Deklination* einführte, in Wirklichkeit ein heimlicher Vorreiter der Frauenemanzipation war? Fest steht aber, dass sich Jacob Grimm mit seinem Bruder und vielen Nachfolgern und Nachfolgerinnen um die deutsche Sprache verdient gemacht hat.

Weil maskuline Nomen so viele grammatische Probleme bereiten, dominieren sie das folgende Kapitel – vielleicht sind die Unterschiede zwischen Grammatik und Leben also doch gar nicht so groß.

89 Merkmale für starke, schwache und gemischte Deklination

Merkmale für starke Deklination:

- Maskuline und neutrale Nomen enden im Genitiv Singular auf **-s** oder **-es** (→ R 93).
  Die Endung **-es muss angehängt** werden, wenn ein **Nomen** *auf -s, -ß, -ss, -x, -z, -tz* endet: des Glas**es**, des Fuß**es**, des Fluss**es**, des Komplex**es**, des Geiz**es**, des Platz**es** ...
  Die Vollform **-es** oder die verkürzte Endung **-s kann angehängt** werden, wenn das Nomen einsilbig ist, z. B. des Tag(e)s, des Wort(e)s, oder wenn die letzte Silbe betont ist, z. B. des Erfolg(e)s, des Gemüt(e)s.
  (→ vgl. hierzu jedoch R 93, Pkt. 3)

GRAMMATIK
Nomen und ihre Deklination

- Alle maskulinen, femininen und neutralen Nomen enden im Nominativ Plural auf *-e* oder *-er* oder bleiben endungslos.
- Viele stark deklinierte Nomen, besonders die femininen, weisen im Plural einen Umlaut auf.

Starke Deklination, Singular

	maskulin	feminin	neutral
Nominativ	der Rat/Lehrer	die Hand	das Rad
Genitiv	des Rat(e)s/Lehrers	der Hand	des Rad(e)s
Dativ	dem Rat/Lehrer	der Hand	dem Rad
Akkusativ	den Rat/Lehrer	die Hand	das Rad

Starke Deklination, Plural

	maskulin	feminin	neutral
Nominativ	die Räte/Lehrer	die Hände	die Räder
Genitiv	der Räte/Lehrer	der Hände	der Räder
Dativ	den Räten/Lehrern	den Händen	den Rädern
Akkusativ	die Räte/Lehrer	die Hände	die Räder

Merkmale für schwache Deklination:

- Maskuline Nomen enden in allen Fällen des Singulars und des Plurals auf *-en* bzw. *-n*. Nur im Nominativ Singular enden sie auf *-e* oder sind endungslos.
- Feminine Nomen enden in allen Fällen des Plurals auf *-en* bzw. *-n*.

Schwache Deklination, Singular

	maskulin	feminin	neutral
Nominativ	der Prinz	die Frau	–
Genitiv	des Prinzen	der Frau	–
Dativ	dem Prinzen	der Frau	–
Akkusativ	den Prinzen	die Frau	–

GRAMMATIK
Nomen und ihre Deklination

Schwache Deklination, Plural

Nominativ	die Prinz**en**	die Frau**en**	–
Genitiv	der Prinz**en**	der Frau**en**	–
Dativ	den Prinz**en**	der Frau**en**	–
Akkusativ	die Prinz**en**	die Frau**en**	–

90 Bei *Tage* betrachtet – Dativ Singular mit oder ohne -e?

Das **Dativ-e** im Singular bei stark deklinierten Nomen gilt heute als veraltet und ist nur noch in wenigen Wendungen gebräuchlich, z. B.:

im Sinn**e** von, im Fall**e** des, im Lauf**e** des; Haare, die zu Berg(**e**) stehen; nach Haus**e** gehen, bei Tag**e**, im Jahr(**e**) 2000, jemanden zu Rat**e** / zurat**e** ziehen, das Kind im Mann**e**, zu Kreuz**e** kriechen, zu Buch**e** schlagen, auf dem Land**e**, im Grund**e**, am Fuß**e** des Berges, im Sand(**e**) verlaufen, im Stand(**e**) / imstand(**e**) sein, jemandem etwas zu Leid(**e**) / zuleid(**e**) tun, hier zu Land**e** / hierzuland**e**, zu Tag**e** / zutag**e** treten

Einige solcher Ausdrücke existieren inzwischen nur noch als Adverb, z. B.:

zumute sein, beileibe

91 Sieh den *Knaben*! – Nomen mit Endung *-en* im Akkusativ und Dativ Singular

Schwach dekliniert werden alle Bezeichnungen für **maskuline Lebewesen, die im Nominativ Singular auf -e** enden; das bedeutet, dass sie im Akkusativ und Dativ Singular auf **-en** enden müssen, z. B.:

der Aff**e**, des Aff**en**, dem Aff**en**, den Aff**en**

→ R 89 (starke und schwache Deklination)

GRAMMATIK
Nomen und ihre Deklination

Ebenso z. B.: der Bote, der Hase, der Junge, der Knabe, der Laie, der Löwe, der Neffe, der Rabe, der Riese, der Schöffe, der Zeuge

Hierzu gehören auch **männliche Nationalitätsbezeichnungen**, z. B.:

der Brite, der Chinese, der Franzose, der Kroate, der Monegasse, der Serbe, der Singhalese, der Türke

Auch einige männliche **Lebewesen**, die inzwischen das **-e** im Nominativ Singular verloren haben, werden schwach dekliniert, z. B.:

der Bär, des Bär**en**, dem Bär**en**, den Bär**en**

Ebenso z. B.: der Fürst, der Graf, der Held, der Mensch, der Narr, der Tor, der Vorfahr

Alle **maskulinen Nomen** auf ***-ant, -ent, -at, -ist, -oge*** werden ebenfalls schwach gebeugt, erhalten also im Genitiv, Dativ und Akkusativ Singular die Endung ***-en***, z. B.:

der Elefant, des Elefant**en**, dem Elefant**en**, den Elefant**en**

Ebenso: der Jurist, der Konsonant, der Konsument, der Kontrahent, der Literat, der Musikant, der Pädagoge, der Pianist, der Polizist ...

→ siehe auch R 104 - 106 (Fremdwörter)

(!) Keine Regel ohne Ausnahme. Bei dem Nomen *Herr* fällt das **-e** bei den Singularendungen weg:

der Herr, des Herr**n**, dem Herr**n**, den Herr**n**
→ siehe auch R 101

Das *Herz* fällt völlig aus dem Rahmen, es wird unregelmäßig gebeugt:

das Herz, des Herz**ens**, dem Herz**en**, das Herz

GRAMMATIK
Nomen und ihre Deklination

Die Umgangssprache, aber auch die medizinische Fachsprache, neigt jedoch dazu, im Dativ Singular nicht die schwach gebeugte Form *des Herzens* zu benutzen, sondern hier die ungebeugte Form *Herz*:

Er hat es am Herz / mit dem Herz.

In gutem Deutsch sollte hier aber korrekt gebeugt werden:

Er hat es am Herz**en** / mit dem Herz**en**.

Einige maskuline Nomen werden **schwach und stark dekliniert**:

der **Ahn**, des Ahnen / Ahn(e)s, dem Ahnen / Ahn, den Ahnen / Ahn
der **Nachbar**, des Nachbarn / Nachbars, dem Nachbarn / Nachbar, den Nachbarn / Nachbar ...

→ siehe auch R 101

Der *Bauer* wird je nach Bedeutung **stark oder schwach dekliniert**:
Bauer = *Landwirt* → schwache Deklination:
des Bauer**n**, dem Bauer**n**, den Bauer**n**

Bauer = *Erbauer oder Vogelkäfig* → starke Deklination:
des Bauer**s**, dem Bauer, den Bauer

92 Fehler des *Autors*? – Nomen auf *-or*: Genitiv Singular mit *-s* oder *-en*?

Nomen, die im Nominativ Singular auf **unbetontes -or** enden, werden im Singular stark dekliniert, erhalten also im Genitiv Singular die Endung **-s**.

der Autor, des Autor**s**, dem Autor, den Autor

Ebenso: der Kurator, der Motor, der Rotor, der Tenor (*Haltung, Sinn, Wortlaut*), Traktor ...

GRAMMATIK
Nomen und ihre Deklination

Den *Matador* dürfen Sie **stark oder schwach** deklinieren, obwohl er auf der letzten Silbe betont wird → des Matador**s** / des Matador**en**.

Im Plural werden all diese Nomen jedoch nur **schwach** dekliniert:

die Autor**en**, der Autor**en** ... (→ R 89)

Auch der *Tenor* (*Sänger*) unterliegt der starken Deklination, und zwar auch im Plural:

des Tenor**s**, dem Tenor, den Tenor, die Ten**ö**r**e**

Zeichen des *Erfolges* – Genitiv Singular nur mit *-s* oder mit *-es*? (93)

Für die Genitivendungen der stark deklinierten maskulinen und neutralen Nomen gelten folgende Regeln:

- Endet das Nomen im Nominativ auf **-s, -ss, -ß, -x, -tz** oder **-z**, **muss** der Genitiv Singular mit der Endung **-es** gebildet werden. Das **e** wird hier aus lautlichen Gründen eingeschoben. Es erleichtert die Aussprache. Beispiele: des Haus**es**, des Schloss**es**, des Schoß**es**, des Präfix**es**, des Platz**es**, des Schmerz**es**

- Endet das Nomen im Nominativ auf **-sch, -tsch, -st**, überwiegt die Endung **-es**. Die kürzere Endung **-s** ist aber ebenfalls möglich. Beispiele: des Fisch**es**/des Fisch**s**, des Matsch**es**/des Matsch**s**, des Mast**es**/des Mast**s**

Grundsätzlich wird der Genitiv in allen anderen Fällen mit **-s** gebildet. Einige Tendenzen sind jedoch erkennbar:

- Besteht das **Nomen aus nur einer Silbe**, wird häufig die Genitivendung **-es** benutzt. Das betrifft vor allem Wörter des Grundwortschatzes wie des Jahr**es**, des Tag**es**, des Mann**es**. Die Endung **-s** ist jedoch auch erlaubt.

- Auch der Genitiv von **Nomen mit betonter Endsilbe** wird oft mit **-es** gebildet: des Ertrag**es**, des Erfolg**es**, des Gewinn**es**, des Produkt**es**.

→ siehe auch R 119 (Deklination von *jeder*), sowie R 124 (Fragepronomen *welcher*)

GRAMMATIK
Nomen und ihre Deklination

94 die Schenkung *Pippins des Jüngeren* – parallele Beugung mehrteiliger Eigennamen

Steht nach **Eigennamen im Genitiv** eine **Apposition** (Beifügung) aus Artikel + Adjektiv, dann wird diese Apposition parallel gebeugt, steht also ebenfalls im Genitiv:

am Hofe **Ludwigs des Frommen**
die Regierungszeit **Augusts des Starken**
ein Bild **Katharinas der Großen**

Steht vor dem Eigennamen ein **Titel ohne vorangehenden Artikel**, werden nur der Name und die Apposition dekliniert, der **Titel bleibt ungebeugt**:

am Hofe **Kaiser Ludwigs des Frommen**
die Regierungszeit **König Augusts des Starken**
ein Bild **Zarin Katharinas der Großen**
Präsident Obamas erste Reise nach Moskau
eine Enzyklika **Papst Johannes' XXIII. (des Dreiundzwanzigsten)**

Steht **vor dem Titel** jedoch ein **Artikel**, wird nur der Titel dekliniert, der Name bleibt endungslos. Eine **Apposition** steht **im gleichen Kasus** wie das bestimmende Nomen:

eine Urkunde **des Kaisers Ludwig**,
(mit Apposition:) am Hofe **des Kaisers Ludwig des Frommen**

die Regierungszeit **des mächtigen Königs August**
(mit Apposition:) die Regierungszeit **des mächtigen Königs August des Starken**

die Ehe **der schottischen Königin Maria** mit Philipp von Spanien
(mit Apposition) die Ehe **der schottischen Königin Maria der Katholischen** mit Philipp von Spanien

die erste Auslandsreise **des Präsidenten Obama**

GRAMMATIK
Nomen und ihre Deklination

Plenzdorfs Version der Leiden des jungen *Werther* – das Genitiv-*s* bei Personennamen und geografischen Namen

95

Wenn **Eigennamen** (Familiennamen, Personennamen, Vornamen) sowie geografische Namen ohne Artikel stehen, erhalten sie **im Genitiv** die Endung **-s**. In allen anderen Kasus sind sie endungslos:

Wir haben **Shakespeares** „Macbeth" im Unterricht gelesen.
Bei Livius wird von **Hannibals** Zug über die Alpen berichtet.
Der Schauspieler hat **Mephistos** Rolle sehr eigenwillig interpretiert.
Maradonas mit der Hand erzieltes Tor ist in die Fußballgeschichte eingegangen.
Das ist **Marks** neue Freundin.
Ich habe das von **Petras** Mutter gehört.
Hamburgs Innensenator will zurücktreten.
Deutschlands Verfassung trägt den Namen Grundgesetz.

Geht einem Familien-, Personen-, oder Vornamen ein **Artikel** oder ein anderer Begleiter voraus, hat er keine Deklinationsendung. Der Genitiv wird durch den Artikel (das Artikelwort) angezeigt:

Die Partie **des Othello** war glänzend besetzt.
In den Kriminalromanen **der Donna Leon** wird unverhohlen Kritik am korrupten bürokratischen System geübt.
Es war die unnachahmliche Spielweise **dieses Manni Kaltz**, die ihn bei den Fans zum „Flankengott" machte.

Auch bei vorausgehendem Artikel + Attribut bleibt der Name ohne Deklinationsendung; auch hier wird der Kasus im Artikel bzw. Begleiter angezeigt:

Die Ausstellung zeigt Bilder **des jungen Picasso** (nicht: des jungen ~~Picassos~~).
Es bedarf **keines zweiten weisen Salomo** (nicht: keines zweiten weisen ~~Salomos~~), um in diesem Fall das richtige Urteil zu sprechen.

GRAMMATIK
Nomen und ihre Deklination

> **(!)** **Eigennamen**, die auf **-s, -ss, -ß, -z, -tz, -x,** oder **-ce** enden, haben keine Genitivendung. Stattdessen wird der Genitiv durch einen **Apostroph** markiert:
>
> Das ist **Max'** Computer.
> Dies sind **Grass'** Werke.
> Auf Drängen Papst **Innozenz'** III. (des Dritten) ließ Friedrich I. sich zum Gegenkönig ausrufen.
> Eine der Erfindungen Henri de **France'** ist das SECAM-System.

Geografische Namen, die Maskulina oder Neutra sind, erhalten im Genitiv zumeist die Endung **-s**:

die Anlieger des Rhein**s**
die Erstbesteigung des Matterhorn**s**
die Weine des Bodensee**s** (entsprechend der Deklination des Grundworts *See*)
die Nordwand des Eiger**s**
die Wintersportorte des Schwarzwald**s** (entsprechend der Flexion des Grundworts *Wald*)

Bei einer Reihe von **geografischen Namen** kommen neben flektierten auch **endungslose Formen** vor:

die höchste Erhebung des Rigi**s**/Rigi
die Quelle des Inn**s**/Inn in Graubünden
die Länge des Nil**s**/Nil
die Regierungschefs des Irak**s**/Irak, des Kongo**s**/Kongo und des Jemen**s**/Jemen

GRAMMATIK
Nomen und ihre Deklination

> Bei geografischen Namen, die auf **-s, -ss, -x** oder **-z** enden, schwankt der Gebrauch flektierter und unflektierter Formen:

am Fuße **des Harzes** (nicht: ~~des Harz~~)
Nördlingen als wirtschaftlicher Mittelpunkt **des** Nördlinger **Rieses** (nicht: ~~des Ries~~)
der höchste Berg des Kaukasus (nicht: ~~des Kaukasuses~~)
der höchste Berg **des Taunus** (nicht: ~~des Taunusses~~)
Aber:
einer der bekanntesten Weinorte **des Elsasses / des Elsass**

Ist das *Betreten von diesem Rasen* verboten? – Wann darf man statt des Genitivs *von* + Dativ benutzen? 96

Der Genitiv folgt häufig auf ein Nomen. Dann wird er als **attributiver Genitiv** oder **Genitivattribut** bezeichnet. Das Genitivattribut kann verschiedene Aufgaben übernehmen:

Nicht erlaubt ist die Umschreibung mit *von* + **Dativ** in den folgenden Fällen:

- Das Genitivattribut drückt ein **Besitzverhältnis** aus; das Genitivattribut ist also der Besitzer des davorstehenden Nomens:

    besitzt ▸ besitzt ▸ besitzt ▸
    der Computer **der Frau**, das Auto **des Kindes**, die Tasche **des Mannes**

    In der Umgangssprache wird gerade in diesen Fällen statt der Genitivkonstruktion oft eine Fügung aus *von* + **Dativ** benutzt:

    der Garten **von der Familie**   statt   der Garten **der Familie**
    das Haus **von Herrn Müller**   statt   **Herrn Müllers** Haus
    (Das Genitivattribut ist beim zweiten Beispiel ein Eigenname, deshalb steht es vor dem Bezugswort)

GRAMMATIK
Nomen und ihre Deklination

> **(!)** Im Schriftlichen sollte man bei Besitzverhältnissen die Umschreibung mit **von** + **Dativ** unbedingt **vermeiden**!
> Völlig falsch ist die Konstruktion ~~meiner Oma ihr Häuschen~~. Das Besitzverhältnis darf nicht durch einen Dativ in Verbindung mit einem Possessivbegleiter ausgedrückt werden. Richtig ist nur das Häuschen meiner Oma.

- Das Genitivattribut vertritt die Person oder den Gegenstand, **von dem die Handlung oder ein Zustand ausgeht**, der im davorstehenden Nomen zum Ausdruck gebracht wird.

         ⬈ Handlung
  die Abfahrt **der Gäste** (Genitiv) ~~die Abfahrt von den Gästen~~

  Tipp: Wenn Sie aus der Genitivkonstruktion einen Satz bilden können, bei dem das Genitivattribut zum **Subjekt** (wer?) wird, dürfen Sie den Genitiv **nicht durch von** + **Dativ ersetzen**:
  Die Gäste (Subjekt) fahren ab.

- Das Genitivattribut benennt die Person oder den Gegenstand, **auf den sich die Handlung** des davorstehenden Nomens **richtet**:

         Handlung ⬉
  die Vermessung **der Welt** (Genitiv) ~~die Vermessung von der Welt~~

  Tipp: Wenn Sie aus der Genitivkonstruktion einen Passivsatz bilden können, bei dem das Genitivattribut zum **Subjekt** (wer?) wird, dürfen Sie den Genitiv **nicht durch von** + **Dativ ersetzen**: Die Welt (Subjekt) wird vermessen.
  Deshalb ist auch „das Betreten von dem Rasen" verboten. Richtig heißt es nur: Das **Betreten des Rasens** ist verboten. *(Der Rasen darf nicht betreten werden.)*

GRAMMATIK
Nomen und ihre Deklination

> (!) Wenn nicht eindeutig ist, ob das Genitivattribut den handelnden Part oder einen passiven Part darstellt, darf statt des Genitivs eine Konstruktion mit *durch* + *Akkusativ* benutzt werden:
>
> die Beobachtung der Gelehrten (Genitiv) kann heißen:
> die Gelehrten beobachten **oder** die Gelehrten werden beobachtet
>
> Schreibt man die Beobachtungen **durch die Gelehrten**, wird klar, dass die Gelehrten Beobachtungen anstellen und nicht, dass sie beobachtet werden.

Erlaubt und üblich ist die Umschreibung mit *von* + *Dativ*

- **bei geografischen Namen**:
  die Brücken **von** Amsterdam, die Dächer **von** Paris, der Kaiser **von** China …

- in Verbindung mit einem **nicht gebeugten Zahlwort ohne Artikel**:
  der Preis **von** drei Theaterkarten

Erlaubt, aber sprachlich nicht elegant ist die Umschreibung mit *von* + *Dativ*, wenn das Genitivattribut nach einer **Mengenbezeichnung** steht:

ein Teil von den Daten, aber **besser**: ein Teil der Daten
die Hälfte von den Anwesenden, aber **besser**: die Hälfte der Anwesenden
der Rest von unserem Urlaub, aber **besser**: der Rest unseres Urlaubs

Geben Sie *Name* und *Adresse* an! – Wann muss ich nicht deklinieren?

97

Jedes Nomen kann und muss im Normalfall die vier Fälle Nominativ, Genitiv, Dativ und Akkusativ nach der starken, schwachen oder gemischten Deklination bilden (→ R 89). Dennoch gibt es Ausnahmen, in denen die Deklination des Nomens unterbleibt:

GRAMMATIK
Nomen und ihre Deklination

- **Wegfall des Genitiv-s bei Personennamen** (vollständiger Name oder Nachname), **die von einem Artikel begleitet sind**:

  Hast du die Filme **der** Sophia Loren gesehen?
  Wer übernimmt die Rolle **des** Faust?

- **Wahlweise mit oder ohne Genitiv-s** können Monatsnamen, Sprachbezeichnungen, Fachbegriffe und manche Fremdwörter stehen:

  in den letzten Tagen des September / September**s**, der Einfluss des Islam / Islam**s**, die Ursprünge des Deutsch / Deutsch**s** ...

- **Ohne Genitiv-s** werden üblicherweise **Kurzwörter** geschrieben, die beim Sprechen buchstabiert werden:

  eines Lkw, des HGB ...
  → siehe auch R 63 (Deklination der Kurzwörter)

Bei **Kurzwörtern**, die nicht buchstabiert, sondern so gesprochen werden, wie man sie schreibt, wird bei Maskulina und Neutra im Genitiv Singular und bei allen drei Geschlechtern im Plural ein **-s** angehängt:

das Abo / des Abo**s** / die Abo**s**; der Akku / des Akku**s** / die Akku**s**; der Prof / des Prof**s** / die Prof**s**; der Promi / des Promi**s** / die Promi**s**; die Uni / der Uni / die Uni**s** ...

💡 Während man früher allgemein von **Abkürzungen** sprach, werden heute unter diesem Begriff nur noch abgekürzte Wörter wie z. B., usw., Tel., Dr. verstanden. Sie werden nur im Schriftlichen abgekürzt, während sie in der gesprochenen Sprache niemals abgekürzt, sondern als ganze Wörter ausgesprochen werden.

Alle anderen Verkürzungsarten sind **Kurzwörter** verschiedener Art. Dazu gehören **Initialwörter**, die sich aus den Anfangsbuchstaben mehrerer Wörter zusammensetzen und entweder beim Sprechen buchstabiert werden (ARD, Lkw, THW) oder wie ein Wort ausgesprochen werden (Aids, NATO, UNO, PISA). Außerdem gibt es so genannte

GRAMMATIK
Nomen und ihre Deklination

Kopfwörter, bei denen einfach die hinteren Teile eines längeren Wortes weggelassen werden (Alu = Aluminium, Foto = Fotografie, Info = Information).

Wegfall der Endung -en bei Nomen ohne Begleiter im Dativ und Akkusativ Singular:

Ohne Begleiter	Mit Begleiter
Geben Sie **Name** und Adresse an!	Geben Sie **Ihren Namen** und Ihre Adresse an!
Sie kam mit **Assistent** Müller.	Sie kam mit **ihrem Assistenten Müller**.
Diese Aufgabe wird **Kandidat** Meier übertragen.	Diese Aufgabe wird **dem Kandidaten Meier** übertragen.
Das Verhältnis zwischen **Arzt** und **Patient** muss gut sein.	Das Verhältnis zwischen **dem Arzt** und **seinem Patienten** muss gut sein.

Der **Empfänger eines Briefs** steht im Akkusativ. Die Anschrift *Herr Meier* auf einem Briefumschlag ist also falsch. Richtig lautet sie:

Herrn Max Meier, Müllerstr. 3, 45678 Musterhausen

Herr Ober, *zwei Kaffee* bitte! – Gemessenes ohne Behälterbezeichnung im Singular

In der Alltagssprache wird sehr häufig – besonders bei Getränken – die sonst nach einem Zahlwort größer als eins stehende Behälterbezeichnung weggelassen. Das Gemessene steht dabei meist im Singular:

GRAMMATIK
Nomen und ihre Deklination

Statt:	Sagt man:
Herr Ober, **zwei Tassen Kaffee** bitte!	Herr Ober, **zwei Kaffee** (selten: **Kaffees**) bitte!
Nach **sechs Glas/Gläsern Bier** darf man nicht mehr Auto fahren. → vgl. R 99	Nach **sechs Bier** darf man nicht mehr Auto fahren.
Ich hatte **drei Glas/Gläser Whisky** getrunken. → vgl. R 99	Ich hatte **drei Whisky** (selten: **Whiskys**) getrunken.
Sie bestellte **zwei Becher/Portionen gemischtes Eis**.	Sie bestellte **zwei gemischte Eis** (nicht: ~~Eise~~).

99 | *ein Glas Bier* und *zwei Tassen Kaffee* und *zwei Stück Kuchen* – Maß- und Mengenbezeichnungen im Singular

Maß- und Mengenbezeichnungen im **Maskulinum** und **Neutrum** stehen auch nach einem Zahlwort größer als eins im Singular:

zwei Kilo **Mehl**, drei **Dutzend** Eier, zwei **Stück** Kuchen, zwei **Bund** Radieschen, 50 **Euro** …

Kommt es nicht auf das Maß an oder handelt es sich um unbestimmte Mengenangaben, ist sowohl der Singular als auch der Plural korrekt:

Du könntest ruhig **einige Kilo / Kilos** abnehmen.
Ich habe **mehrere Stück / Stücke** Kuchen gegessen.
Er hatte **ein paar Glas / Gläser** zu viel getrunken.
Mit den **paar Euro / Euros** kommen wir nicht weit.

Sind **Maß- und Mengenbezeichnungen Feminina**, stehen sie nach einem Zahlwort größer als eins immer im **Plural**:

zwei **Tassen** Kaffee, vier **Tafeln** Schokolade, hundert schwedische **Kronen** …

GRAMMATIK
Nomen und ihre Deklination

Maßbezeichnungen wie **Fass, Glas** können im Singular oder Plural verwendet werden:

Herr Ober, drei **Glas / Gläser** Orangensaft bitte!
Für das Betriebsfest haben wir fünf **Fass / Fässer** Bier bestellt.

> 💡 Immer im Singular wird die in Bayern und Österreich übliche Maßbezeichnung die Maß / Mass verwendet – und das auch nördlich des Weißwurstäquators:
>
> Mit zwei **Maß / Mass** Bier sollte man auch in München nicht mehr Auto fahren.
> Herr Ober, bringen Sie bitte noch drei **Maß / Mass**.

Paragraf 5 bis 9 auf den Seiten 10 bis 12 – Weglassen der Flexionsendungen bei Hinweiswörtern auf Textstellen

In Hinweisen auf Textstellen o. Ä. bleiben die Nomen Absatz, Abschnitt, Kapitel, Seite, Paragraf, Vers, Zeile ... **ungebeugt**, wenn sie **ohne Artikel** unmittelbar **vor den Zahlenangaben** stehen. Stehen sie **mit Artikel**, müssen sie **gebeugt** werden:

Vergleiche hierzu **Absatz** 5 - 7 dieser Darstellung.
Aber mit Artikel: ... die Absätze 5 - 7 dieser Darstellung.

Näheres finden Sie in **Abschnitt** 17 - 21 in diesem Kapitel.
Aber mit Artikel: ... in den Abschnitten 17 - 21 in diesem Kapitel.

Der Gedankengang wird in **Kapitel** 6 bis 9 des zweiten Bandes vertieft.
Aber mit Artikel: ... in den Kapiteln 6 bis 9 des zweiten Bandes vertieft.

Der Sachverhalt ist dargestellt in **Paragraf** 417 - 419 des BGB.
Aber mit Artikel: ... in den Paragrafen 417 - 419 des BGB.

GRAMMATIK
Nomen und ihre Deklination

Die Konjugationstabellen finden Sie auf **Seite** 144 - 159.
Aber mit Artikel: ... auf den Seiten 144 - 159.

Das Zitat findet sich in **Vers** 1410 bis 1412 in der Szene „Studierzimmer".
Aber mit Artikel: ... in den Versen 1410 bis 1412 in der Szene ...

Siehe dazu im Nibelungenlied **Strophe** 893 - 895 in der 15. Aventiure.
Aber mit Artikel: ... die Strophen 893 - 895 in der 15. Aventiure.

Vergleiche hierzu **Vers** 2345 - 2349 im vierten Gesang der Ilias.
Aber mit Artikel: ... die Verse 2345 - 2349 im vierten Gesang der Ilias.

101 · *Friede* oder *Frieden*? – Nomen, die im Nominativ Singular auf -e und -*en* enden

Bei einigen Nomen existieren im Nominativ Singular zwei Formen: eine auf **-e** und eine auf **-en**. Bei diesen Nomen hat im Laufe der Zeit ein allmählicher Wechsel von der schwachen zur starken Deklination stattgefunden. Beide Formen können verwendet werden und unterscheiden sich nicht in der Bedeutung. Die Übersicht zeigt, welche Form üblicher ist:

Form auf -e überwiegt: Funke, Gedanke, Glaube, Name, Wille ...
Form auf -en überwiegt: Frieden, Gefallen, Haufen, Samen, Schaden ...

Eine Ausnahme bildet **der Drache / der Drachen**, denn die beiden Formen haben unterschiedliche Bedeutungen. Der schwach deklinierte *Drache* bezeichnet heute das Fabeltier, der stark deklinierte *Drachen* ein Spielzeug, Fluggerät, Segelboot oder eine streitsüchtige Person.

Das Nomen **Buchstabe** hat das **-n** im Nominativ inzwischen ganz verloren. In den übrigen Fällen taucht das *-n* aber auf:

des Buchstabe**ns**, dem Buchstabe**n**, den Buchstabe**n**

GRAMMATIK
Nomen und ihre Deklination

Gelder auf *Banken* oder *Bänken* – Nomen mit schwierigen Pluralformen

102

Manche Nomen haben zwei Pluralformen, die sich aber in der Bedeutung nicht unterscheiden, so z. B. bei den deutschen Wörtern Staus / Staue, Wracks / Wracke oder bei bestimmten Fremdwörtern, z. B. Kommas / Kommata. (→ R 105).

Ein Vokal im Wortstamm wird im Plural entweder umgelautet (der Koch → die Köche) oder er bleibt erhalten (der Fund → die Funde). Es gibt allerdings keine Regelung, wann ein Vokalwechsel stattfindet und wann nicht.

Bei einer kleineren Zahl von Nomen steht aber neben einer nicht umgelauteten eine Form mit Umlaut. Manchmal sind beide Formen in der Standardsprache üblich und korrekt, z. B. bei zwei Zwiebacke / Zwiebäcke, häufiger jedoch ist nur eine Pluralform allgemein gebräuchlich. Die jeweils andere gehört entweder dem landschaftlichen oder umgangssprachlichen Sprachgebrauch an, wird fachsprachlich verwendet oder ist selten geworden.

Singular	standardsprachlicher Plural	weitere Pluralform
der Boden	die Böden	selten: die Boden
der Bogen	die Bogen	süddeutsch, österreichisch, schweizerisch: die Bögen
der Kasten	die Kästen	seltener: die Kasten
der Kragen	die Kragen	süddeutsch, österreichisch, schweizerisch: die Krägen
der Kran	die Kräne	besonders fachsprachlich: die Krane
der Laden	die Läden	selten: die Laden
das Lager	die Lager	süddeutsch: die Läger (kaufmännisch: Warenvorräte)

GRAMMATIK
Nomen und ihre Deklination

der Magen	die Mägen	selten: die Magen
der Nachlass	die Nachlässe	oder: die Nachlasse
die Sau	die Säue	Jägersprache und Landwirtschaft: die Sauen
der Wagen	die Wagen	süddeutsch: die Wägen
der Wulst	die Wülste	besonders fachsprachlich: die Wulste
der Zwieback	die Zwiebäcke	oder: die Zwiebacke

💡 Standardsprachlich nur eine korrekte Pluralform haben auch die Nomen **Brot** und **Geschmack**:

das Brot → Plural: Brote; der Geschmack → Plural: Geschmäcke

In der Umgangssprache werden jedoch – meist scherzhaft – auch die Formen **Bröter** und **Geschmäcker** verwendet.

Der Plural von **Licht** lautet in der Standardsprache **Lichter**, veraltet ist heute der Plural **Lichte** in der (poetischen) Bedeutung „Wachskerzen". Jedoch in der Zusammensetzung **Teelicht** wird, besonders im Handel, immer noch die alte Pluralform verwendet: die Teelichte.

Manche Nomen haben zwar im Singular **dasselbe Genus** (grammatische Geschlecht), aber trotz gleicher Lautung **unterschiedliche Bedeutung**, z. B. die Bank = *Sitzgelegenheit* ↔ die Bank = *Geldinstitut*). Solche Wörter nennt man **Homonyme**. Sie haben in der Regel auch **verschiedene Pluralformen** (die Bank → die Bänke ↔ die Banken).

Singular	Plural	Bedeutung des Wortes
die Bank	die Bänke	Sitzgelegenheit
die Bank	die Banken	Geldinstitut

GRAMMATIK
Nomen und ihre Deklination

der Bau	die Baue	Tierhöhle
der Bau	die Bauten	Gebäude
der Dorn	die Dornen	spitzer Pflanzenteil
der Dorn	die Dorne	Werkzeug; Metallstück
der Druck	die Drucke	Druckerzeugnis
der Druck	die Drücke	Kraft
das Kleinod	die Kleinode	Kostbarkeit
das Kleinod	die Kleinodien	Schmuckstück
das Kotelett	die Koteletts	Rippenstück
–	die Koteletten	Backenbart
das Mal	die Male / die Mäler	Zeichen, Fleck
das Mal	die Male	Zähleinheit
die Mutter	die Mütter	Frau, die ein Kind hat
die Mutter	die Muttern	Gegenstück einer Schraube
der Strauß	die Sträuße	gebundene Blumen
der Strauß	die Strauße	Laufvogel
das Tuch	die Tücher	gefertigtes Stück Stoff
das Tuch	die Tuche	unverarbeitetes Gewebe
das Wasser	die Wasser	Wassermasse
das Wasser	die Wässer	Wassersorte
das Wort	die Wörter	Einzelwörter
das Wort	die Worte	Äußerung

Das Nomen **Block** hat die Pluralformen **Blöcke / Blocks**, die ebenfalls **bedeutungsdifferenzierend** verwendet werden:

Block = *Klotz, klotzförmiger Gegenstand, Brocken* → Plural: **Blöcke**: Eis-, Fels-, Marmor-, Metall-, Motor-, Stahl, Stein**blöcke**

Block = *zusammengeklebtes oder -geheftetes Papier* → Plural: **Blocks**: Abreiß-, Brief-, Notiz-, Quittungs-, Rezept-, Schreib-, Zeichen**block**

GRAMMATIK
Nomen und ihre Deklination

Wird *Block* in der Bedeutung **Gebäudekomplex** verwendet, hat es in der Regel den Plural ***Blocks***:

Häuser-, Kasernen-, Miet-, Wohn**blocks**

103 Tritt *der Erbe das Erbe* an? – Nomen mit unterschiedlichem Genus und unterschiedlichen Pluralformen

Einige deutsche Nomen kommen in **zwei verschiedenen Genera** (grammatischen Geschlechtern) vor, weil sie **zwei verschiedene Bedeutungen** besitzen. Meistens bilden sie **unterschiedliche Pluralformen**, aber nicht immer: Pluralformen, die auch bei unterschiedlicher Bedeutung gleich bleiben, sind in der folgenden Tabelle mit **(!)** gekennzeichnet.

Singular	Plural	Bedeutung des Wortes
der Band	die Bände	Buch
das Band	die Bänder	Stoffstreifen
das Band	die Bande	gehoben: Bindung, Beziehung
der Bauer	die Bauern	Landwirt
das Bauer	die Bauer	Vogelkäfig
der Bund	die Bünde	Bündnis
das Bund	die Bunde	Bündel, Gebinde
der Erbe	die Erben	Person, die erbt
das Erbe	(die Erbschaften)	Hinterlassenschaft
der Flur	die Flure	Korridor, Hausgang
die Flur	die Fluren	Feld und Wiese
der Gehalt	die Gehalte	Inhalt
das Gehalt	die Gehälter	Entgelt, Vergütung
der Heide	die Heiden	veraltet: Nichtchrist
die Heide	die Heiden **(!)**	Landschaftsform

GRAMMATIK
Nomen und ihre Deklination

der Kiefer	die Kiefer	Gesichtsknochen
die Kiefer	die Kiefern	Nadelbaum
der Kristall	die Kristalle	mineralischer Körper
das Kristall	kein Plural!	geschliffenes Glas
der Leiter	die Leiter	Vorgesetzter, Anführer
die Leiter	die Leitern	Steiggerät
das Wort	die Worte	Äußerung
der Mangel	die Mängel	Fehler
die Mangel	die Mangeln	Wäscherolle
der Marsch	die Märsche	Fußwanderung; Musikstück
die Marsch	die Marschen	Landschaftsform
der Mast	die Maste(n)	Stange, Mastbaum
die Mast	die Masten	Tierfütterung
der Moment	die Momente	Augenblick
das Moment	die Momente (!)	Umstand, Merkmal
die Partikel	die Partikeln	unflektierbare Wortart; Elementarteilchen
das Partikel	die Partikel	Elementarteilchen
der Reis	Sorten: die Reise	Nahrungsmittel
das Reis	die Reiser	dünner Zweig, Trieb
der Schild	die Schilde	Schutz
das Schild	die Schilder	Hinweistafel
die Steuer	die Steuern	Abgabe
das Steuer	die Steuer	Lenkvorrichtung
der Stift	die Stifte	Schreibgerät; Stäbchen
das Stift	die Stifte (!)	Kloster; Stiftung
der See	die Seen	Binnengewässer
die See	kein Plural!	Meer
der Tau	kein Plural!	Niederschlag
das Tau	die Taue	Seil
der Tor	die Toren	törichter Mensch
das Tor	die Tore	Eingang, große Tür
der Verdienst	die Verdienste	Einkommen

GRAMMATIK
Nomen und ihre Deklination

das Verdienst	die Verdienste (!)	Leistung
die Wehr	die Wehren	Verteidigung; kurz für: Feuerwehr
das Wehr	die Wehre	Stauanlage

Einige deutsche Wörter werden **ohne Bedeutungsunterschied** mit zwei Geschlechtern gebraucht, wobei das Geschlecht zwischen **Maskulinum und Neutrum** schwankt. Die häufigsten:

der/das **Bereich**
der/das **Bruch** (Sumpfland)
der/das **Dotter**
der/das **Erbteil** (BGB nur: der)
der/das **Knäuel** (fachsprachlich meist: das)
der/das **Pflichtteil** (österreichisch nur: das)
der/das **Schlüsselbund** (österreichisch nur: das; das Maskulinum wohl nach *der Bund = Zusammenschluss*)
der/das **Schnipsel**
der/das **Schrot**
der/das **Sims**
der/das **Zubehör** (seltener: der)

Das Nomen *Teil* in der Bedeutung *etwas, das mit anderem zusammen ein Ganzes bildet,* wird im Allgemeinen als Maskulinum gebraucht:

Der größte Teil des Urlaubs ist schon vorüber.
Heute läuft der dritte Teil der Serie im Fernsehen.

Im Sinne von **einzelnes Stück** ist es Neutrum. In dieser Verwendung wird mit *Teil* ein einzelnes Stück bezeichnet, das zwar zu einem Ganzen gehört, jedoch eine gewisse Selbstständigkeit besitzt. Oft ist ein solches Teil Bestandteil einer Maschine / eines Gegenstands bzw. kann mit anderen einzelnen Teilen (Neutrum) zu einem Ganzen „zusammengebaut" werden:

Der Mechatroniker hat das defekte Teil ausgewechselt.
Mist! Das letzte Puzzleteil fehlt!

GRAMMATIK
Nomen und ihre Deklination

Auch die Zusammensetzungen Einzelteil, Ersatzteil, Hinterteil, Oberteil, Seitenteil, Vorderteil sind Neutrum.

> Mit unterschiedlichen Genera wird auch das Nomen **Geschwulst** verwendet. In der Standardsprache ist es meistens ein Femininum: die Geschwulst. Es wird aber zunehmend auch als Neutrum gebraucht: das Geschwulst.
>
> Für beide Geschlechter gibt es die umgelautete Pluralform die Geschwülste, daneben tritt aber auch der nicht umgelautete Plural die Geschwulste auf.

→ zum unterschiedlichen Genus bei Nomen auf *-mut* (der Hochmut, die Großmut) siehe auch R 229

GRAMMATIK
Fremdwörter

Fremdwörter

TESTEN SIE IHR WISSEN

1 Nicht fremd, sondern gut integriert!
Aus welcher Sprache kommen die folgenden Lehnwörter ursprünglich?

a) Fenster   b) Soße   c) Sport   d) Bilanz

2 Einladung auf ein Date
Welche Wörter sind aus anderen Sprachen entlehnt?

Vielleicht könnten wir nach dem Film noch gemeinsam einen Wein oder einen Likör trinken?

**3 Viren in Laptops sind gemein – grammatisch aber   ⠅ 104
  nur im Singular!**
Welche Varianten sind richtig? Unterstreichen Sie.

Neulich ging **der / das** Laptop meiner Freundin kaputt. Sie hatte sich wohl **ein gemeines / einen gemeinen** Virus im Internet eingefangen. Heute erhielt ich endlich wieder **eine / ein** E-Mail von ihr!

**4 Auf der Flucht – aber nicht vor korrekten Pluralformen!   ⠅ 105
Bilden Sie den richtigen Plural.

Von Paparazz__ verfolgt, setzten wir uns mit Hilfe unserer Vis__ ins Nachbarland ab. Zum Glück hatten wir mehrere Atla__ und zwei Glob__ dabei, so dass wir niemals die Orientierung verloren.

**5 Auch hier mit dem richtigen Plural immer schön im Takt bleiben! ⠅ 105
Bilden Sie den richtigen Plural.

Hoffentlich singen die vielen Sänger ihre Sol__ auch richtig und halten ihre Temp__ entsprechend ein, sonst kommen die tollen Rhythm__ dieser Lieder überhaupt nicht zur Geltung. Außerdem dürfen sie ihre schönen Duett__

GRAMMATIK
Fremdwörter

nicht verpatzen. Zur Belohnung spendiert der Dirigent dann Spaghett___ mit einer Mousse aus Zucchin___.

6 CD und DVD – Und wenn man mehrere davon hat?
Was ist hier falsch?

Räum endlich deine CD's und DVD's auf!

7 Gilt nicht für Ödipus!
Welches Wort ist hier falsch?

Der Ursprung seines Komplex war unbekannt.

8 Auch beim Shopping wichtig: der korrekte Genitiv!
Welche Varianten sind richtig? Unterstreichen Sie.

Auf dem Gebiet des modernen **Marketing / Marketings** ist dieser Vorfall unerhört: Der Name des **Sponsoren / Sponsors** auf dem Trikot ist der einer Sex-Shop-Kette!

9 Schwaches Geschlecht hat Probleme mit dem starken.
Welche Formen sind korrekt? Unterstreichen Sie.

Als Klatschkolumnistin kannte sie viele **Autore / Autoren** auf diesem **Planet / Planeten**.

LÖSUNGEN

1 a) Latein, **b)** Französisch, **c)** Englisch, **d)** Italienisch • **2** Film: aus dem Englischen, Wein: aus dem Lateinischen, Likör: aus dem Französischen • **3** Alle Varianten sind möglich, also: das/der Laptop, das/der Virus, die E-Mail und süddeutsch, österreichisch und schweizerisch das E-Mail • **4** Paparazzi, Visen / Visa, Atlanten / Atlasse, Globen / Globusse • **5** Solos / Soli, Tempos / Tempi, Rhythmen, Duette, Spaghetti, Zucchini • **6** ohne Apostroph: CDs und DVDs • **7** Komplexes • **8** Marketings, Sponsors • **9** Autoren, Planeten

GRAMMATIK
Fremdwörter

Fremd oder integriert?

Über Ausländer und deren Integration diskutieren Politiker viel. Auch unsere Sprache ist Einflüssen von außen ausgesetzt, ohne dass es uns immer bewusst ist. Jeder von uns benutzt täglich viele Fremdwörter, die wir gar nicht mehr als fremd empfinden. Die meisten dieser Fremdwörter sind nämlich inzwischen so gut „integriert", dass sie zu „Inländern" geworden sind, zu so genannten Lehnwörtern. Zu den Lehnwörtern gehören zum Beispiel ursprünglich lateinische Wörter wie *Fenster, Mauer* oder *Wein*, französische wie *Soße* und *Likör*, englische Wörter wie *Film* und *Sport* oder auch italienische wie *Konto* und *Bilanz*. Dass auch *Giro* aus dem Italienischen kommt, kann man noch an der Aussprache erkennen.

Englische und amerikanische Fremdwörter verwenden wir immer häufiger und versuchen, sie wie in der Ausgangssprache auszusprechen. Was dabei herauskommt, wenn sich diese Fremdwörter häufen, wird oft als „Denglisch" belächelt.

104 *Die* oder *das E-Mail*? – Das Genus von Fremdwörtern

Seit einigen Jahren werden immer mehr Fremdwörter im Deutschen benutzt, die ihre ursprüngliche Aussprache bewahren. Das betrifft vor allem **englische und amerikanische Fremdwörter**.
Bei diesen Fremdwörtern ist oft unklar, welches grammatische Geschlecht sie im Deutschen erhalten. Leider gibt es keine eindeutigen Regeln dafür. An einigen Anhaltspunkten kann man sich aber orientieren.

Oft wird das Geschlecht so gewählt, dass es mit einem sinnverwandten deutschen Wort übereinstimmt. Beispiele:

die E-Mail	– **die** elektronische Post	**die** Show	– **die** Schau
das T-Shirt	– **das** Hemd	**der** Catwalk	– **der** Laufsteg
das Fairplay	– **das** anständige Spiel/Verhalten	**die** Story	– **die** Geschichte

GRAMMATIK
Fremdwörter

Das Video ist das Kurzwort für *das Videoband*. Da *Band* ein Neutrum ist, hat auch *Video* neutrales Geschlecht.

💡 Bei manchen recht häufig benutzten englischen Nomen gelten zwei Geschlechter als richtig, z. B.:

das/der Event, **das/der** Laptop, **das/der** Blog, **die** E-Mail und besonders in Süddeutschland, Österreich und der Schweiz **das** E-Mail (entsprechend auch bei der Kurzform: **die/das** Mail).

Grundsätzlich gilt: Wörter mit derselben Endung erhalten in der Regel im Deutschen auch dasselbe Geschlecht, unabhängig von der Herkunftssprache.

Eine Regel gibt es für **englische Wörter**, die auf *-er* enden. Sie sind maskulin:

der Artdirector, der Barkeeper, der Beamer, der Computer, der Designer, der Manager; der MP3-Player, der Producer, der Reporter ...

Auch **englische Wörter** auf *-or* oder *-ant* sind normalerweise maskulin:

der Consultant, der Cursor, der Monitor, der Sponsor ...

Das gilt auch für solche Wörter, die der deutschen Rechtschreibung bereits angepasst sind:

der Projektor, der Prozessor ...

Neutral sind Wörter auf *-ing*:

das Aquaplaning, das Casting, das Controlling, das Meeting, das Mobbing, das Onlinebanking, das Piercing, das Recycling ...

Feminin sind Wörter auf *-ion*:

die Dekoration, die Diskretion, die Frustration, die Invasion, die Illustration ...

Bei **Fremdwörtern aus der französischen Sprache** wird häufig das Geschlecht der Ursprungssprache beibehalten.

GRAMMATIK
Fremdwörter

l'annonce	die Annonce	*le blouson*	der Blouson
la blouse	die Bluse	*la limonade*	die Limonade
la revanche	die Revanche		

Aber: Feminin sind im Deutschen Nomen, die auf *-age* enden, obwohl sie im Französischen maskulin sind. Grund hierfür ist die Tendenz, Wörtern mit gleichem Suffix (Nachsilbe, Wortanhängsel) auch das gleiche Genus (grammatische Geschlecht) zu geben. Zum Beispiel sind alle Nomen auf **-heit, -keit, -ung** weiblich. Hinzu kommt, dass im Deutschen viele Feminina die Endung **-e** haben, z. B. Ente, Güte, Leiste, Menge, Träne, Wende:

die Collage, die Drainage, die Etage, die Garage, die Massage, die Reportage ...

Manchmal orientiert sich der Artikel an einem passenden deutschen Wort:

la baguette	**das** Baguette (das Stangenweißbrot); auch möglich: die Baguette
la chanson	**das** Chanson (das Lied)

Oft sind auch zwei Formen üblich:

die Place de la Concorde (*la place*) und **der** Place de la Concorde (der Platz)

Aber:

la tour Eiffel ↔ **der** Eiffelturm
le tour de France ↔ **die** Tour de France
le Rhône (Fluss) ↔ **die** Rhone

Einige **Fremdwörter** werden **ohne Bedeutungsunterschied** mit zwei Geschlechtern gebraucht, wobei das Geschlecht zwischen **Maskulinum und Neutrum** schwankt:

der/das **Barock**
der/das **Bonbon**
der/das **Biotop**
der/das **Cartoon**
der/das **Curry**
der/das **Filter** (fachsprachlich meist: das)

GRAMMATIK
Fremdwörter

der/das **Gelee**
der/das **Gulasch** (österreichisch und schweizerisch nur: das)
der/das **Gummi** (in der umgangssprachlichen Verwendung für *Gummiband* nur: das)
der/das **Keks**
der/das **Liter** (schweizerisch nur, fachsprachlich auch: das)
der/das **Radar**
der/das **Sakko**
der/das **Silo**
der/das **Virus** (fachsprachlich: das)
der/das **Zölibat** (Theologie nur: der)

> **(!)** **Gummi** ist sehr flexibel, nicht nur als Material, sondern auch in Bezug auf das Genus. Es wird – je nach Bedeutung – als Maskulinum und/oder Neutrum verwendet: In der Bedeutung *vulkanisierter Kautschuk* heißt es **der Gummi** oder **das Gummi**; ebenso kann man **der Kaugummi** und **das Kaugummi** sagen. Allerdings heißt es nur **der Radiergummi** (*das Radiergummi* ist allerdings in regionaler Umgangssprache öfter zu hören). Benutzt man statt eines Radiergummis aber die Kurzform *Gummi*, sind wiederum *der Gummi* und *das Gummi* korrekt. Und wenn man mit einem Gummi ein *Gummiband* meint, darf es nur **das Gummi** heißen.

Es gibt auch Fremdwörter, die alle drei Geschlechter haben können, zum Beispiel **Joghurt** (auch: Jogurt). **Der** *Joghurt* heißt es überwiegend, **das** *Joghurt* gibt es besonders im süddeutschen Sprachraum und **die** *Joghurt* findet man in Ostösterreich.

GRAMMATIK
Fremdwörter

105. *Die Ballons* oder *die Ballone*? – Wie bildet man den Plural bei Fremdwörtern?

Auch die Pluralbildung bei Fremdwörtern folgt keinen völlig starren Regeln. Sie kann sich nach der Ursprungssprache richten, sie kann aber auch mit deutschen Pluralendungen erfolgen. Pluralendungen sind **-e, -er, -(e)n**, aber auch **-s**. Sie finden sich zum Beispiel bei folgenden Pluralen von Fremdwörtern:

die Telefon**e**, die Nation**en**, die Regiment**er**, die Metro**s** ...

Andere Fremdwörter erhalten eine deutsche Pluralendung:

das Museum → die Muse**en**, die Firma → die Firm**en**, der Kaktus → die Kakte**en**, die Praxis → die Prax**en** (**aber:** der Krokus → die Krokus**se**) ...

Vor allem bei Wörtern, die aus der lateinischen Sprache stammen, wird oft bis heute die lateinische Pluralform beibehalten:

das Antibiotikum → die Antibiotik**a** (**nicht:** ~~Antibiotikas~~), der Bonus → die Bon**i**, das Genus → die Gen**era**, der Modus → die Mod**i**, das Praktikum → die Praktik**a** (**nicht:** ~~Praktikas~~), der Stimulus → die Stimul**i**, das Tempus → die Temp**ora**, der Status → die Stat**us** (mit langem *u* gesprochen), das Visum → die Vis**a** ...

→ siehe auch Tabelle unten

> **!** Hängen Sie an eine fremde Pluralendung nicht noch eine weitere Pluralendung an, also auch **kein -s**! Das betrifft nicht nur lateinische Wörter, sondern häufig auch italienische.
>
> Die Endung **-i** bei italienischen Wörtern bedeutet, dass das Wort im Plural steht. Also:

GRAMMATIK
Fremdwörter

die **Spaghetti** (**nicht:** ~~Spaghettis~~), die **Paparazzi** (**nicht:** ~~Paparazzis~~, Singular: Paparazzo), die **Graffiti** (**nicht:** ~~Graffitis~~, Singular: Graffito).

Die Gemüsebezeichnung **Zucchini** wurde als Plural aus dem Italienischen entlehnt, der Singular lautet **Zucchino**, er wird im Deutschen nur selten verwendet. Durch häufigen Gebrauch schnell im Deutschen integriert wurde die Pluralform mehr und mehr als Singular empfunden. Dies gilt standardsprachlich als korrekt und man sagt heute *die / eine Zucchini*. Der Plural ist endungslos: *zwei Zucchini* (**nicht:** ~~Zucchinis~~).

Bei einigen Fremdwörtern sind inzwischen **zwei oder noch mehr verschiedene Pluralformen** möglich: die ursprüngliche Form neben eingedeutschten Formen. Manche Formen werden nur fachsprachlich gebraucht. Und bei manchen Fremdwörtern gibt es inzwischen nur noch eine oder zwei eingedeutschte Varianten. Eine Auswahl der wichtigsten:

Singular	Plural
der Atlas	die Atl**anten**, die Atlas**se**
der Ballon	die Ballon**s**, die Ballon**e**
der Diskus	die Disk**en**, die Diskus**se**
der Espresso	die Espresso**s**, die Espress**i**
das Examen	die Exam**en**, die Exam**ina**
der Globus	die Glob**en**, die Globus**se**
der Index	die Ind**izes** (Indices), die Index**e**
das Klima	die Klima**ta**, die Klima**s**
das Komma	die Komma**ta**, die Komma**s**
das Konto	die Kont**en**, die Konto**s**, die Kont**i**
das Lexikon	die Lexik**a**, die Lexik**en**
der Lift	die Lift**e**, die Lift**s**
der Magnet	die Magnet**e**, die Magnet**en**
das Mineral	die Mineral**e**, die Mineral**ien**

GRAMMATIK
Fremdwörter

der Motor	die Motore, die Motoren
der Papagei	die Papageie (stark), die Papageien (schwach)
die Pizza	die Pizzen, die Pizzas
das Plenum	die Plenen
das Pronomen	die Pronomen, die Pronomina
das Quantum	die Quanten
der Rhythmus	die Rhythmen
das Risiko	die Risiken (selten: die Risikos)
das Schema	die Schemas, die Schemata
das Solo	die Solos, die Soli
das Tempo	die Tempos, die Tempi
das Thema	die Themen, die Themata
das/der Virus	die Viren
das Visum	die Visen, die Visa

- Wenige **Fremdwörter auf -al** können beim Plural einen Umlaut bilden:

    der Choral → die Choräle, der Admiral → die Admirale / Admiräle, der General → die Generale / Generäle ...

- Fremdwörter **aus dem Englischen, Spanischen und Französischen** bilden den Plural oft mit der Endung **-s**:

    die Clowns, die Cremes / Krems, die Croissants, die Depots, die Drinks, die Embargos, die Moskitos, die Ragouts, die Shops, die Tapas, die Tickets ...

- **Englische Wörter, die auf -y enden**, erhalten im Deutschen ein Plural-**s**. Das **y** bleibt unverändert:

    die Babys, die Bodys, die Hobbys, die Ladys, die Ponys, die Partys ...

- **Englische Wörter, die auf -er enden**, bleiben in der Regel im Plural unverändert:

    die Computer, die Container, die Flyer, die Trendsetter ...

GRAMMATIK
Fremdwörter

> (!) Auch im Deutschen benutzte **englische Kurzwörter** bilden den Plural mit einem **-s**. Dieses Plural-s darf **nie mit einem Apostroph** angeschlossen werden:
>
> die CDs, die DVDs, die VIPs ...

Das Geschrei *des Papageis* – oder *des Papageien*? – der Genitiv bei Fremdwörtern (106)

Viele Fremdwörter, die im Laufe der Zeit in die deutsche Sprache integriert wurden, erhielten irgendwann die deutschen Flexionsendungen. Manche Fremdwörter werden **sowohl schwach als auch stark dekliniert**. Die Tendenz geht jedoch zur starken Deklination, wenn ein Wort nicht mehr als Fremdwort empfunden wird. Der Unterschied zwischen starker und schwacher Deklination zeigt sich vor allem im Genitiv Singular und im Plural:

der Papagei → des Papagei**s** / des Papagei**en** (Genitiv)
der Magnet → des Magnet**s** / des Magnet**en** (Genitiv)

→ siehe auch R 105 (Plural bei Fremdwörtern)

Sind **schwach deklinierte Fremdwörter** mit einem Begleiter versehen, müssen die Nomen auch die schwachen Deklinationsendungen erhalten:

der Elefant → dem Elefant**en** (Dativ)
der Fotograf → den Fotograf**en** (Akkusativ)
der Konkurrent → dem Konkurrent**en** (Dativ)
der Präsident → den Präsident**en** (Akkusativ)
der Planet → des Planet**en** (Genitiv)

→ R 91

Stark deklinierte **Fremdwörter auf -s, -ss, -x, -z** bilden den Genitiv mit **-es**. Die Genitivendung darf nicht wegfallen! (→ vgl. R 89)

GRAMMATIK
Fremdwörter

der Index → des Index**es** der Komplex → des Komplex**es**
der Proporz → des Proporz**es** der Prozess → des Prozess**es**

Stark deklinierte Fremdwörter, die auf andere einfache Konsonanten enden, bilden in der Regel ebenfalls den Genitiv mit **-s**. Die Genitivendung darf auch hier nicht wegfallen!

der Aperitif → des Aperitif**s** das Futur → des Futur**s**
das Interim → des Interim**s** der Imperativ → des Imperativ**s**
der Konjunktiv → des Konjunktiv**s** das Partizip → des Partizip**s**
das Passiv → des Passiv**s** das Statut → des Statut(e)**s**

Das gilt auch für bestimmte fachsprachliche Verbindungen wie die Formen des Konjunktiv**s** II, die Bildung des Partizip**s** I, der Gebrauch des Futur**s** II.

Englische Wörter auf *-ing* bilden den Genitiv grundsätzlich mit **-s**:

des Coaching**s**, des Controlling**s**, des Doping**s**, des Leasing**s**, des Lohndumping**s** …

Die Deklination von **Fremdwörtern auf *-or*** hängt von der Betonung ab. Liegt die Betonung auf der letzten Silbe, werden sie im Singular und im Plural stark dekliniert. Von diesen Wörtern gibt es aber nur sehr wenige, z. B.:

der Major, des Major**s**, dem Major, den Major,
die Major**e**, der Major**e**, den Major**en**, die Major**e**

Werden sie auf der vorletzten Silbe betont, werden sie nur im Singular stark dekliniert, im Plural dagegen schwach

der Autor, des Autor**s**, dem Autor, den Autor,
die Autor**en**, der Autor**en**, den Autor**en**, die Autor**en**

Ebenso z. B.: der Direktor, der Sponsor, der Transformator

→ R 89 (starke und schwache Deklination) sowie R 92 (Nomen auf *-or*)

GRAMMATIK
Adjektive

Adjektive

TESTEN SIE IHR WISSEN

1 Aktivurlaub für Sie mit richtigen Adjektivendungen
Ergänzen Sie die richtigen Endungen.

Sie wollen Ihrem Alltag entfliehen? Sie mögen exzellent__ Wein, gut__ Essen und das anheimelnd__ Ambiente eines romantisch__ Landgasthofs? Sie haben aber nicht nur Freude an einer vollendeten Gastronomie, sondern auch an sportlich__ Aktivität? Dann buchen Sie doch für ein lang__ Wochenende ein komfortab__ Doppel- oder Einzelzimmer in unserem Rustical Resort.

2 Was zieh ich bloß an?
Was ist richtig? Unterstreichen Sie.

Gehe ich nun mit **neuem weißem** oder mit **neuem weißen** Hemd zur Party und soll ich dazu meine neue Hose aus **hellem, pflegeleichtem** oder **hellem, pflegeleichten** Material anziehen?

3 Eine Klasse für sich
Schön, wenn der Film klasse war, aber der folgende Satz ist grammatisch gar nicht klasse. Warum?

Wir waren gestern Abend in einem echt klassen Film.

4 Steigern Sie sich!
Ergänzen Sie die richtigen Vergleichsformen:

arm	__rmer	am __rmsten
grob	_____	am _____
gesund	_____	am _____
nass	_____	am _____

GRAMMATIK
Adjektive

5 Vielleicht doch etwas übersteigert :: (111)

Mag ja sein, dass mit dem Kollegen nicht alles stimmt. In keinem Falle stimmen aber die Vergleichsformen! Verbessern Sie sie.

Bei diesem inkompetenten Mitarbeiter wäre die **nächstliegendste** Lösung die **schnellstmöglichste** Kündigung.

6 Wie hast du's mit Adjektiven nach Personalpronomen? :: (112)

Bekennen Sie sich zu den richtigen Endungen!

Du groß__ Held willst mir alt__ Goethekennerin die Gretchenfrage stellen? Für uns belesen__ Leute kein Problem!

7 Folgendes wäre da noch zu fragen: :: (114)

Welche Adjektivendungen sind hier nach „folgend..." korrekt?

Zum Geburtstag überraschte er sie
a) mit folgendem originellem Geschenk
b) mit folgendem originellen Geschenk
c) mit folgender origineller Überraschung
d) mit folgender originellen Überraschung

LÖSUNGEN

1 exzellenten, gutes, anheimelnde, romantischen, vollendeten, sportlicher, langes, komfortables • **2** Korrekt ist die paralle (starke) Beugung: mit neuem weißem Hemd, aus hellem, pflegeleichtem Material. Die schwache Deklinationsendung beim zweiten Adjektiv ist nicht falsch (mit neuem weißen Hemd, aus hellem pflegeleichten Material), gilt aber als veraltet. • **3** Das Adjektiv *klasse* darf nicht dekliniert werden, korrekt wäre: einem echt klasse Film. Der attributive Gebrauch gilt jedoch als umgangssprachlich, besser ist eine Umschreibung: Der Film gestern Abend war echt klasse. • **4** ärmer – am ärmsten; gröber – am gröbsten; gesünder, selten: gesunder - am gesündesten, selten: gesundesten, nasser / nässer - am nassesten / am nässtesten • **5** Nur ein Bestandteil darf gesteigert werden, meistens ist das der erste Teil: nächstliegende, schnellstmögliche • **6** großer, alten / alter, belesene • **7** b) c)

GRAMMATIK
Adjektive

107 Adjektive, einmal stark und einmal schwach

Bei Adjektiven wird wie bei Nomen zwischen starker, schwacher und gemischter Deklination unterschieden. Wie ein Adjektiv dekliniert wird, hängt vom jeweiligen Begleiter ab, der vor ihm steht.

→ R 115 - 119 (Pronomen)

All diese Begleiter können auch Pronomen sein.

→ siehe auch R 120 - 123 (Pronomen als Begleiter)

Grundregel:

Ein Adjektiv erhält die Endungen der **starken Deklination**, wenn ihm **kein Begleiter** vorausgeht. Denn dann muss die Adjektivendung die Aufgabe des Begleiters miterfüllen, damit der Fall eindeutig erkennbar wird.

Ein Adjektiv wird dagegen **schwach dekliniert**, wenn ihm der bestimmte Artikel *der, die, das* oder einer der Begleiter *dieser, jener, derselbe, jeder, mancher, solcher, welcher* vorausgeht (→ siehe auch R 120 - 123). Denn dann trägt bereits der Begleiter eine eindeutige Endung des geforderten Falles.

Nach dem unbestimmten Artikel *ein*, nach *kein* und nach den Possessivbegleitern *mein, dein, sein, unser, euer, ihr* wird ein Adjektiv **gemischt dekliniert**, da diese Begleiter in manchen Fällen eine eindeutige Fallendung tragen und in anderen nicht.
Im Plural der schwachen und der gemischten Deklination lautet die Endung stets *-en*.

Die folgende Übersicht gibt Beispiele für alle Geschlechter in den verschiedenen Deklinationsarten im Singular und im Plural:

GRAMMATIK
Adjektive

Starke Deklination

		Maskulinum	Femininum	Neutrum
Singular	Nom.	starker Sturm	goldene Kette	schönes Bild
	Gen.	wegen starken Sturms	wegen goldener Kette	wegen schönen Bildes
	Dat.	mit starkem Sturm	mit goldener Kette	mit schönem Bild
	Akk.	für starken Sturm	für goldene Kette	für schönes Bild
Plural	Nom.	starke Stürme	goldene Ketten	schöne Bilder
	Gen.	wegen starker Stürme	wegen goldener Ketten	wegen schöner Bilder
	Dat.	mit starken Stürmen	mit goldenen Ketten	mit schönen Bildern
	Akk.	für starke Stürme	für goldene Ketten	für schöne Bilder

Schwache Deklination

		Maskulinum	Femininum	Neutrum
Singular	Nom.	der starke Sturm	die goldene Kette	das schöne Bild
	Gen.	des starken Sturms	der goldenen Kette	des schönen Bildes
	Dat.	dem starken Sturm	der goldenen Kette	dem schönen Bild
	Akk.	den starken Sturm	die goldene Kette	das schöne Bild
Plural	Nom.	die starken Stürme	die goldenen Ketten	die schönen Bilder
	Gen.	der starken Stürme	der goldenen Ketten	der schönen Bilder
	Dat.	den starken Stürmen	den goldenen Ketten	den schönen Bildern
	Akk.	die starken Stürme	die goldenen Ketten	die schönen Bilder

GRAMMATIK
Adjektive

Gemischte Deklination

		Maskulinum	Femininum	Neutrum
Singular	Nom.	(k)ein stark**er** Sturm	(k)eine golden**e** Kette	(k)ein schön**es** Bild
	Gen.	(k)eines stark**en** Sturms	(k)einer golden**en** Kette	(k)eines schön**en** Bildes
	Dat.	(k)einem stark**en** Sturm	(k)einer golden**en** Kette	(k)einem schön**en** Bild
	Akk.	(k)einen stark**en** Sturm	(k)eine golden**e** Kette	(k)ein schön**es** Bild
Plural	Nom.	keine stark**en** Stürme	keine golden**en** Ketten	keine schön**en** Bilder
	Gen.	keiner stark**en** Stürme	keiner golden**en** Ketten	keiner schön**en** Bilder
	Dat.	keinen stark**en** Stürmen	keinen golden**en** Ketten	keinen schön**en** Bildern
	Akk.	keine stark**en** Stürme	keine golden**en** Ketten	keine schön**en** Bilder

Beispiele für schwache Deklination (hier tauchen die meisten Zweifel auf):

Das wurde aus jen**er** alt**en** Zeit überliefert. (Dativ Singular, feminin)

Sie gab schon manch**em** attraktiv**en** Mann einen Korb. (Dativ Singular, maskulin)

Solch**er** alt**e** Kram kommt mir nicht ins Haus! (Nominativ Singular, maskulin)

Welch**e** wichtig**en** Unterlagen meinst du? (Akkusativ Plural, feminin)

→ zu Deklination nach Begleitern siehe auch R 120

GRAMMATIK
Adjektive

> 💡 Bei Adjektiven, die auf **-el** enden, entfällt das letzte **-e** vor der Endung, wenn das Adjektiv dekliniert wird:
>
> ein passa**bles** Essen; ein eit**ler** Mensch, ein peni**bler** Mann ...
>
> Bei den Adjektiven *sauer, teuer, ungeheuer* sowie bei fremdsprachlichen Adjektiven auf **-er**, z. B. *integer, makaber, sinister*, entfällt das -e ebenfalls:
>
> sau**re** Miene, teu**re** Schuhe, makab**re** Sprüche ...

Mit neuem *weißem* oder *weißen* Hemd? – Parallele Deklination (108)

Stehen zwei Adjektive ohne vorausgehenden Artikel vor einem Nomen, werden sie beide stark gebeugt (→ R 89) und erhalten dieselbe Endung. Sie werden parallel gebeugt. Dies gilt ebenso für Partizipien, die als Adjektive benutzt werden.

mit neu**em** weiß**em** Hemd
mit veraltet**em**, rostend**em** Werkzeug

Die schwache Deklinationsendung beim zweiten Adjektiv ist nicht falsch (mit neu**em** weiß**en** Hemd), sie gilt heute aber als veraltet.

Dein *sexy* Top ist *spitze* und ganz *trendy*! – nicht deklinierbare Adjektive (109)

Es gibt einige Adjektive, die **nicht dekliniert** werden können. Beispiele:

blanko, extra, groggy, klasse, prima, sexy, spitze, super, top, trendy

Meistens werden sie prädikativ verwendet, d. h., sie stehen am Satzende und müssen deshalb auch gar nicht dekliniert werden:

GRAMMATIK
Adjektive

Das ist spitze!
Das kostet extra.
Ich war ziemlich groggy.

Der attributive Gebrauch solcher Adjektive gilt als **umgangssprachlich**. In der Standardsprache verwendet man besser ein anderes Adjektiv, das problemlos gebeugt werden kann, oder eine andere Form der Umschreibung:

~~ein spitze Modell~~ → ein Spitzenmodell, ein Modell höchster Qualität
~~ein extra Teil~~ → ein zusätzliches / besonderes Teil

All diese Adjektive können jedoch auch **als Adverbien** vor Verben stehen:

Das hast du super gemacht.
Er hat seine Wohnung trendy eingerichtet.

Extra, super und *top* werden häufig als bedeutungsverstärkende Vorsilben bei Nomen und anderen Adjektiven benutzt, z. B.:

ein Superstar; supergroße Schuhe, Extrablatt, extrafeine Erbsen, topaktuell

Ebenfalls **nicht dekliniert** werden **Farbadjektive**, die fast alle von Nomen abgeleitet und Fremdwörter sind, z. B.:

aubergine, creme, lila, oliv, pink, rosa, türkis

→ R 173

> **(!)** Das Wort *gratis* **ist ein Adverb** und kann deshalb nicht als attributives Adjektiv gebraucht werden:
>
> ~~ein gratis Spiel~~, **aber:** Eintritt gratis.
>
> Das Wort *original* kann vor einem anderen Adjektiv stehen und wird nicht dekliniert. Außerdem bildet *original* Zusammensetzungen mit Nomen, z. B.:
>
> original englischer Rasen, Originalversion, Originalton

GRAMMATIK
Adjektive

💡 Das in der Umgangssprache häufig verwendete Adjektiv **kaputt** wird nicht nur prädikativ am Satzende gebraucht (Meine Armbanduhr ist kaputt.); auch die Deklination von *kaputt* ist im heutigen Deutsch erlaubt. Dann steht es als Attribut vor dem Nomen, auf das es sich bezieht, z. B.:

ein kaputtes Fenster, kaputte Schuhe, übertragen auch: eine kaputte Ehe

Nicht korrekt hingegen sind erweiterte flektierte Formen wie eine ~~kaputtene~~ Hose, mit ~~kaputtener~~ Windschutzscheibe.

groß, größer, am größten – Vergleichsformen

Die folgenden Adjektive können **Vergleichsformen mit und ohne Umlaut** bilden:

bang	banger / bänger	am bangsten / bängsten
blass	blasser / blässer	am blassesten / blässesten
fromm	frommer / frömmer	am frommsten / frömmsten
gesund	gesünder / (selten) gesunder	am gesündesten / (selten) gesundesten
glatt	glatter / glätter	am glattesten / glättesten
karg	karger / kärger	am kargsten / kärgsten
krumm	krummer / (landschaftlich) krümmer	am krummsten / (landschaftlich) krümmsten
nass	nasser / nässer	am nassesten / nässesten
rot	röter / roter	am rötesten / rotesten
schmal	schmaler / schmäler	am schmalsten / schmälsten

GRAMMATIK
Adjektive

Die folgenden Adjektive bilden die Vergleichsformen nur mit Umlaut:

alt	älter	am ältesten
arg	ärger	am ärgsten
arm	ärmer	am ärmsten
dumm	dümmer	am dümmsten
grob	gröber	am gröbsten
groß	größer	am größten
hart	härter	am härtesten
hoch	höher	am höchsten
jung	jünger	am jüngsten
kalt	kälter	am kältesten
klug	klüger	am klügsten
krank	kränker	am kränksten
kurz	kürzer	am kürzesten
lang	länger	am längsten
nah	näher	am nächsten
schwach	schwächer	am schwächsten
schwarz	schwärzer	am schwärzesten
stark	stärker	am stärksten
warm	wärmer	am wärmsten

Er war schon ein **ä**lterer Herr.
Sie wurde immer kr**ä**nker.
Es wurde endlich w**ä**rmer.

111 Das *meistverkaufte* Buch – Steigerung zusammengesetzter Adjektive und Partizipien

Bei zusammengesetzten Adjektiven, Partizipien und adjektivischen Fügungen wird nur ein Teil gesteigert und bildet nur ein Teil den Superlativ. Gesteigert wird meist der erste Teil der Fügung. **Auf keinen Fall dürfen beide Bestandteile gesteigert werden!**

GRAMMATIK
Adjektive

die **meist**verkaufte CD, der **nächst**liegende Gedanke, in **größt**möglichem Maßstab

Dinge können also nicht ~~schnellstmöglichst~~, sondern müssen schnellstmöglich erledigt werden. Ebenso:

bestmögliche (**nicht:** ~~bestmöglichste~~) Ergebnisse

schwerer wiegende oder schwerwiegendere (**nicht:** ~~schwerer wiegendere~~)
schwerwiegendste (**nicht:** ~~schwerstwiegendste~~) Probleme

höchstpersönliche (**nicht:** ~~höchstpersönlichste~~) **Angelegenheit**

Superlative kommen in attributiver, prädikativer und adverbialer Verwendung nur flektiert vor (die effektivste Lösung – die Lösung ist am effektivsten – sie hat die Aufgabe am effektivsten gelöst). Wenn in einer Zusammensetzung eine Superlativform auf **-st** auftritt, die so selbstständig nicht vorkommt (größt-, schwerst-) muss zusammengeschrieben werden:

bestbezahlt, größtmöglich, tiefstgehend, nächstliegend, feinstverteilt ...

→ R 29 (zusammengesetzte Partizipien)

Wir Deutsche oder *wir Deutschen*? – nominalisierte Adjektive nach Personalpronomen
112

Viele Adjektive und Partizipien können auch als Nomen verwendet werden. Dann erhalten sie normalerweise die Endungen der **starken Deklination** (→ R 89), wenn sie auf ein Personalpronomen folgen:

Du Groß**er** kannst stolz sein. (maskulin)
Ihr Auszubildend**e** habt anstrengende Tage vor euch. (Plural)
Ich Alt**er** schaffe das nicht mehr. (maskulin)
Ich Änglich**e** traue mir das nicht zu. (feminin)

Im Dativ Singular und im Nominativ Plural wird aber häufiger **schwach** als stark dekliniert:

GRAMMATIK
Adjektive

Dativ Singular: dir frech**en** / frech**em** Kerl; mir schön**en** / schön**er** Frau
Nominativ Plural: ihr Fleißig**en** / Fleißig**e**; wir Betagt**en** / Betagt**e**, wir Deutsch**en** / Deutsch**e**, wir Fremd**en** / Fremd**e**, wir Studierend**en** / Studierend**e** ...

Im Akkusativ Plural wird dagegen **nur stark** gebeugt:

Für uns Anständig**e** / für uns anständig**e** Leute sind Lügen inakzeptabel! Wir haben euch Studierend**e** nicht dazugezählt.

113 Der *lachende* Dritte – adjektivische Verwendung von Partizipien

Der lateinische Fachbegriff **Partizip** (= *das Teilhabende*) sowie die heute nur noch selten gebrauchte deutsche Bezeichnung *Mittelwort* weisen darauf hin, dass die Partizipien keine reinen Verbformen sind. Sie haben teil an zwei Wortarten, denn sie können auch wie ein Adjektiv attributiv vor einem Nomen stehen:

der **lachende** Dritte, **geladene** Gäste ...

Eine Reihe von **zweiten Partizipien** (Partizip II, Partizip Perfekt) haben in adjektivischer Verwendung eine **eigene Bedeutung** entwickelt. Sie werden nur noch als Adjektive empfunden. Bei manchen zweiten Partizipien wird sogar das zugrundeliegende Verb gar nicht mehr benutzt.

abgefahren, ausgefallen, berühmt, besorgt, bewusst, erfahren, erlesen, gewandt, verrückt, verschroben, verspielt, verwandt ...

Nicht alle zweiten Partizipien können jedoch **als Adjektive verwendet** werden. Möglich und korrekt ist dies nur

- bei transitiven Verben:
  die überwiesene Summe, ein gesendeter Anhang ...

- bei intransitiven Verben mit *sein*-Perfekt: die eingeschlafenen Füße, das gestrandete Schiff, die zurückgekommenen Briefe ...

GRAMMATIK
Adjektive

Bilden **intransitive** Verben ihr Partizip II jedoch mit ***haben***, dürfen sie nicht als Adjektive gebraucht werden:

die ~~aufgehörte~~ Musik (richtig: die Musik, die aufgehört hat),
eine ~~geblühte~~ Blume (richtig: eine Blume, die geblüht hat),
der ~~geholfene~~ Schüler (richtig: der Schüler, dem man geholfen hat),
die gestern ~~stattgefundene~~ Untersuchung (richtig: die Untersuchung, die gestern stattgefunden hat) …

→ für „transitiv" und „intransitiv" siehe R 130

Auch das **Partizip II von reflexiven Verben** darf nicht als Adjektiv verwendet werden:

bei dem ~~sich dargebotenen~~ Anblick (richtig: …, der sich dargeboten hat),
alle ~~sich ereigneten~~ Unfälle (richtig: …, die sich ereignet haben),
das ~~sich geschämte~~ Kind (richtig: …, das sich geschämt hat),
das ~~sich gefreute~~ Mädchen (richtig: …, das sich gefreut hat) …

Einige zweite Partizipien **reflexiver Verben** haben sich jedoch verselbstständigt und eine eigene Bedeutung entwickelt. Sie werden – **ohne *sich*!** – auch adjektivisch verwendet:

ein betrunkener Autofahrer
die besorgte Mutter (zu veraltet *sich besorgen* = *sich sorgen*)
die erkältete Kollegin
geeignete Mittel
ein verliebter Junge
ein verirrter Wanderer …

Eine Ausnahme bildet auch die Verbindung niedergelassene Ärztin / niedergelassener Arzt. Obwohl vom reflexiven Verb *sich niederlassen* eigentlich kein adjektivisches Partizip II gebildet werden darf, hat sich diese Fügung im fachsprachlichen wie im allgemeinen Sprachgebrauch durchgesetzt und gilt heute als korrekt.

GRAMMATIK
Adjektive

114 *folgende alte* Regeln – Wie dekliniert man ein Adjektiv nach dem Partizip *folgend*?

Bei einer Wendung wie *„der folgende interessante Beitrag"* ist klar, wie das Partizip **folgend** und das nachfolgende Adjektiv *interessant* dekliniert werden müssen: Der vorausgehende Artikel *der* erfordert die schwache Deklination sowohl für *folgend* als auch für das nachfolgende Adjektiv.

Bei der Verwendung von **folgend + Adjektiv ohne vorausgehenden Artikel** ist die Frage, wie dekliniert werden muss, nicht so einfach zu beantworten. An folgende Faustregel kann man sich halten: **Im Singular** werden **maskuline und neutrale Adjektivformen meistens schwach** dekliniert, **im Plural** werden sie **meistens stark** dekliniert. **Feminine Adjektivformen** werden dagegen im Singular wie im Plural **meist stark** dekliniert.

Singular:

Nominativ: folgender neu**e** Anlass
folgende neu**e** Telefonnummer
folgendes bedeutend**e** Ereignis

Genitiv: folgenden neu**en** Anlasses
folgender neu**er** Telefonnummer (selten: folgender neu**en**)
folgendes bedeutend**en** Ereignisses

Dativ: folgendem neu**en** Anlass
folgender neu**er** Telefonnummer (selten: folgender neu**en**)
folgendem bedeutend**en** Ereignis

Akkusativ: folgenden neu**en** Anlass
folgende neu**e** Telefonnummer
folgendes bedeutend**e** Ereignis

GRAMMATIK
Adjektive

Plural:

Nominativ: folgende neue Umstände
folgende neue Telefonnummern
folgende bedeutende Ereignisse

Genitiv: folgender neuer Umstände
folgender neuer Telefonnummern (selten: folgender neuen)
folgender bedeutender Ereignisse

Dativ: folgenden neuen Umständen
folgenden neuen Telefonnummern
folgenden bedeutenden Ereignisse

Akkusativ: folgende neue Umstände
folgende neue Telefonnummern
folgende bedeutende Ereignisse

→ Deklinationstabellen R 89

GRAMMATIK
Pronomen und unbestimmte Zahlwörter

Pronomen und unbestimmte Zahlwörter

TESTEN SIE IHR WISSEN

1 Begleiter sind nicht immer harmlos
Korrigieren Sie die drei grammatischen Fehler im folgenden Satz.

Anfang diesen Jahres lernte ich während jener französischer Gourmetwochen die dunklen Seiten von denen kennen, die mich immer ins Restaurant begleiteten.

2 Blick zurück – aber korrekt! :· 116
Ersetzen Sie die markierten Nomen durch deren oder derer. (Die Wortstellung muss dabei unter Umständen leicht geändert werden.)

a) Wie funktioniert nur das Leben **der Menschen**, die kein Handy haben?
b) Abends wollten die Katze, die Hündin und die Welpen **der Hündin** immer ins Haus.
c) Hüftgold ist der Reichtum **der Leute**, die gern gut und reichlich essen.

3 War da was? :· 117
Welcher relativische Anschluss ist richtig? Unterstreichen Sie.

a) Der Einzug ins Finale war ein Ereignis, **das / was** niemand erwartet hatte.
b) Das war das Schönste, **das / was** du mir sagen konntest.
c) Vieles von dem, **das / was** er erzählte, wusste ich schon.
d) Das Beruhigende, **das / was** von ihr ausging, strahlte auch auf die anderen im Team aus.

4 Jedes Mal dasselbe, oder? :· 119
Unterstreichen Sie die richtigen Formen.

a) Am Ende **jedes / jeden** Kurses bekommen die Teilnehmer ein Zertifikat.
b) Am Ende des Kurses händigt der Dozent jedem **erfolgreichem / erfolgreichen** Teilnehmer ein Zertifikat aus.

GRAMMATIK
Pronomen und unbestimmte Zahlwörter

5 Auch diese Begleiter haben es in (und nach) sich :⟶ 123
Ergänzen Sie die fehlenden Beugungsendungen.

a) Auf dem Dachboden liegt etlich__ unnütz__ Zeug herum.
b) Er hatte sämtlich__ wichtig__ Unterlagen im Auto liegen lassen.
c) Trotz viel__ überflüssig__ Fehler hat sie den Test bestanden.
d) Aufgrund beid__ übereinstimmend__ Zeugenaussagen konnte der Täter überführt werden.

6 Weiß es jemand? Oder niemand? :⟶ 121
Unterstreichen Sie die richtigen Formen.

a) Es fiel ihr schwer, **jemand / jemandem** etwas abzuschlagen.
b) Ich habe nichts, was ich **jemandem / jemanden** geben könnte.
c) Er behauptete, er habe **niemand / niemanden** gesehen.
d) Sie hat **niemand / niemanden / niemandem** etwas davon erzählt.

7 Small Talk :⟶ 124
Treffen Sie auch hier durch Unterstreichen die richtige Wahl.

a) **Welche / Welches** sind die beliebtesten Talkshows?
b) **Welchen / Welches** Prinzen Prinzessin ist hier abgebildet?
c) Zu Beginn **welchen / welches** Jahres wurde der Euro eingeführt?
d) Zeig mal das Foto. **Welche / Welches** ist seine Auserwählte?

LÖSUNGEN

1 ~~diesen~~ dieses, ~~französischer~~ französischen, ~~von denen~~ derer • **2 a)** derer, **b)** deren Welpen, **c)** derer • **3 a)** das, **b)** was, **c)** was, **d)** das • **4 a)** beide Formen korrekt: jedes / jeden, **b)** erfolgreichen • **5 a)** etliches unnützes, **b)** sämtliche wichtigen, **c)** vieler überflüssiger, **d)** beider übereinstimmenden • **6 a)** jemand / jemandem, **b)** jemandem, **c)** niemand / (seltener:) niemanden, **d)** niemand / niemandem • **7 a)** Welches, **b)** Welches, **c)** welchen / welches, **d)** Welches

GRAMMATIK
Pronomen und unbestimmte Zahlwörter

Begleiter sind nicht immer harmlos!

„Mein schönes Fräulein, darf ich wagen, meinen Arm und Geleit Ihr anzutragen?" Diese Frage wird Gretchen in Goethes Faust gestellt, und wie wir wissen, nimmt die scheinbar harmlose Begleitung ein böses Ende. So schlimme Konsequenzen drohen beim unsachgemäßen Einsatz von Begleitern in der Grammatik zwar nicht, aber Begleiter und Pronomen beeinflussen das Verhalten der ihnen folgenden Wörter mehr, als von so kurzen Wörtern zu erwarten wäre.

115 Artikelwörter und Pronomen als Begleiter

Die Deklination der Nomen und Adjektive hängt von den ihnen vorausgehenden Begleitern ab. Die bekanntesten Begleiter sind der bestimmte Artikel **der, die, das** und der unbestimmte Artikel **ein, eine**.

Aber auch Pronomen und bestimmte oder unbestimmte Zahlwörter können zu Begleitern werden. Hier eine Übersicht:

Artikelwörter und Pronomen, die als Begleiter verwendet werden können

bestimmter Artikel	der, die, das	das dicke Buch
unbestimmter Artikel	ein, eine	ein großes Fest
verneinender Artikel	kein, keine	kein guter Rat
Possessivpronomen	mein, dein, sein	unser schönes Haus
Demonstrativpronomen	der, dieser, jener, solcher	der Kerl dort; diese gelben Blumen
bestimmte und unbestimmte Zahlwörter, Indefinitpronomen	zwei, hundert, alle(s), einige, etwas, jemand, manche, nichts, niemand, solche, viele, wenige, andere	wenige neue Erkenntnisse, alle guten Wünsche
Fragepronomen	welcher, welche, welches	welche neugierigen Kinder

GRAMMATIK
Pronomen und unbestimmte Zahlwörter

Ob ein Adjektiv stark, schwach oder gemischt dekliniert wird, richtet sich nach dem Artikelwort oder Pronomen, auf das es folgt.

→ R 118 - 123 (Pronomen/Begleiter)

Deren oder *derer*? – verflixte Fälle mit Demonstrativ- und Relativpronomen

Deren weist zurück auf ein schon vorher genanntes Nomen oder Pronomen und kommt in den folgenden Fällen vor:

- **Als Form des Demonstrativpronomens *der, die, das*** (Da kommt **die**, die ich meine.)
  - **im Genitiv Singular Femininum:**

    ⬐ weist zurück ⬎
    Wir treffen heute Frau Meier, ihre Mutter und deren Schwägerin.

  - **im Genitiv Plural (alle Geschlechter):**   → R 183

    ⬐ weist zurück ⬎
    Wir treffen heute Sonja, ihre Freunde und deren (ihre) Kinder.

- **Als Form des Relativpronomens *der, die, das***   → R 183
  (Da kommt die Frau, **die** ich meine.)
  - **im Genitiv Singular Femininum:**

    ⬐ weist zurück ⬎
    Wir treffen heute Frau Meier, deren Schwägerin gestern die Scheidung einreichte.

  - **im Genitiv Plural (alle Geschlechter):**

    ⬐ weist zurück ⬎
    Wir treffen heute die Freunde, deren Kinder so schlecht erzogen sind.

GRAMMATIK
Pronomen und unbestimmte Zahlwörter

Derer ist die Form des **Demonstrativpronomens** *der, die das* (Da kommt **die** wieder!) im **Genitiv Singular Femininum** und **Genitiv Plural** (alle Geschlechter). **Es weist voraus** auf ein Nomen oder Pronomen, das erst noch genannt wird, und zwar:

                       ◂ weist voraus
Das sind die Kinder derer, die neulich neben uns einzog.

                       ◂ weist voraus
Das sind die Kinder derer, die wir als unsere Freunde bezeichnen.

> In diesem Fall kann *derer* durch *derjenigen* ersetzt werden.
> Das sind die Kinder derer / derjenigen, die wir neulich kennen lernten.
> Benutzen Sie **nicht** ~~von denen~~. Das ist umgangssprachlich.

Derer wird auch als Form des **Relativpronomens** *der, die, das* (Da kommt die, **die** ich meine.) im **Genitiv Singular Femininum** und **Genitiv Plural** (alle Geschlechter) benutzt. Üblicher ist es jedoch, *deren* zu benutzen:

             ▸ weist zurück
Wir treffen heute Frau Meier, dank deren (**auch:** derer) wir diese Wohnung bekommen haben.

             ▸ weist zurück
Wir treffen heute unsere Freunde, dank deren (**auch:** derer) wir diese Wohnung haben.

GRAMMATIK
Pronomen und unbestimmte Zahlwörter

Das Beste, *was* uns passieren kann – korrekter relativischer Anschluss mit *das* oder *was*

Nach einem neutralen Nomen oder nach einem nominalisierten Adjektiv im Neutrum wird das Relativpronomen *das* verwendet:

das Menü, das (nicht: ~~was~~) Sie anklicken müssen
das Geld, das (nicht: ~~was~~) sie angelegt hat
das Würdevolle, das (nicht: ~~was~~) von dieser Frau ausging
das Besserwisserische, das (nicht: ~~was~~) ihn so abstoßend machte

Das Relativpronomen *was* steht bei Bezug auf

- nominalisierte neutrale Superlative:
  Das war das **Beste**, **was** er tun konnte.
  Es war das **Gemeinste**, **was** ich je gehört hatte.
  Das **Dümmste**, **was** du tun kannst, ist selbst zu kündigen.

- Indefinitpronomen:
  Ich habe dir **alles** gesagt, **was** ich weiß.
  Da war **nichts**, **was** wichtig gewesen wäre.
  Es gibt da so **manches**, **was** noch zu tun ist.

- Indefinitpronomen in Verbindung mit nominalisierten Adjektiven im Neutrum:
  Er erinnerte sich an all das Schlimme, **was** sie erlebt hatten.
  Es war etwas Geheimnisvolles, **was** sie ausstrahlte.
  In dem Brief stand viel Wichtiges, **was** wir aber früher hätten wissen müssen.

- Indefinitpronomen und unbestimmte Zahlwörter:
  Vieles [von dem], **was** sie dir erzählt hat, ist übertrieben.
  Das **Einzige**, **was** er gut kann, ist kritisieren.
  Es gibt nur **Weniges**, **was** wir noch nicht versucht haben.

GRAMMATIK
Pronomen und unbestimmte Zahlwörter

- nominalisierte neutrale Ordnungszahlen:
  Das **Erste, was** ich sah, waren ihre grünen Augen.
  Ich komme jetzt zum **Zweiten, was** ich dir unbedingt sagen muss.

Bei **Bezug auf einen ganzen Satz** steht immer *was*:

Er musste heute länger im Büro bleiben, **was** ihn ziemlich ärgerte.
Sie hatte im dritten Versuch 4,14 m übersprungen, **was** für sie persönliche Bestleistung bedeutete.

> (!) An das **Indefinitpronomen** *etwas* wird üblicherweise mit **was** angeschlossen:
>
> Für sie waren Kinder nicht **etwas, was** nur der Karriere hinderlich ist.
> Wir sollten ihnen **etwas** schenken, **was** sie auch gebrauchen können.
> Es war so **etwas** wie ein Dank, **was** er vor sich hin murmelte.
>
> Will man betonen, dass man auf etwas ganz Bestimmtes, auf etwas Einzelnes Bezug nimmt, ist standardsprachlich auch der Anschluss mit **das** möglich:
>
> Ich habe in deinem Bericht **etwas** gelesen, **das** mich stutzig gemacht hat.
> Es gibt da im Programm **etwas, das** wir unbedingt ändern müssen.

118 am Ende *dieses* Tages – starke Deklination von *dieser* und *jener*

Die Demonstrativpronomen **dieser, diese, dieses** und **jener, jene, jenes** werden stark dekliniert. Sie erhalten also bei der maskulinen und neutralen Endung im **Genitiv Singular** ein **-s**.

Der Hut **dieses** Mannes sieht komisch aus.
Die Schuhe **jenes** Mannes waren ganz kaputt.

GRAMMATIK
Pronomen und unbestimmte Zahlwörter

> (!) Obwohl **dieser** und **jener** immer stark dekliniert werden, tauchen sie bei manchen Ausdrücken in der Umgangssprache oft nur schwach dekliniert auf, also mit einem **-n**. Richtig ist aber:
>
> Anfang **dieses** / **jenes** Jahres (**nicht:** ~~Anfang diesen / jenen Jahres~~)
>
> Ein nachfolgendes Adjektiv wird allerdings schwach gebeugt:
>
> Mit dies**em** günstig**en** Angebot hatte ich nicht gerechnet.
> Sie erinnerte sich gern **jener** schön**en** Tage.

Kinder *jedes* oder *jeden* Alters? – Deklination von *jeder* 〔119〕

Bei *jeder* als Begleiter gelten **vor stark gebeugten maskulinen und neutralen Nomen** inzwischen sowohl die starke wie die schwache Form des Genitiv Singular als richtig. Das liegt daran, dass am Nomen durch die Genitivendung **-s** bzw. **-es** der Genitiv deutlich genug zu erkennen ist. Trotzdem: Benutzen Sie besser immer die stark deklinierte Form von *jeder*:

am Ende **jedes** / (**jeden**) Jahr**es**, die Träume **jedes** / (**jeden**) Kind**es** ...

→ siehe auch R 120

Wie muss man nach *anderer, beide, jeder, mancher, solcher* deklinieren? 〔120〕

Bei vielen Pronomen kann man leicht ins Schlingern geraten, wenn sie als Begleiter auftreten und wenn es um die Deklination des nachfolgenden Adjektivs geht. Die folgende Übersicht hilft bei den Zweifelsfällen weiter.

GRAMMATIK
Pronomen und unbestimmte Zahlwörter

- **anderer**
  Ein nachfolgendes maskulines oder neutrales Adjektiv wird im Dativ Singular wahlweise schwach oder stark dekliniert:

  aus anderem wichtig**em** / wichtig**en** Grund, mit anderem, neu**em** / neu**en** Konzept ...

  In allen anderen Fällen wird das nachfolgende Adjektiv parallel stark dekliniert:

  ein anderer neu**er** Kollege, mit anderer, gegensätzlich**er** Meinung, die Zahl anderer, gegensätzlich**er** Meinungen ...

- **beide**
  Das nachfolgende Adjektiv wird immer schwach dekliniert:

  beide neu**en** Kollegen, aufgrund beider gegensätzlich**en** Aussagen, mit beiden neu**en** Kollegen ...

- **jeder** (als Begleiter)
  Das nachfolgende Adjektiv wird immer schwach dekliniert:

  jeder neu**e** Kollege, mit jedem neu**en** Kollegen, jeden neu**en** Kollegen ...

- **ein jeder** (im Nominativ)
  Das nachfolgende Adjektiv wird wahlweise stark oder schwach dekliniert:

  ein jeder neuer / neue Kollege, ein jedes neues / neue Konzept ...

- **manch** (undekliniert)
  Das nachfolgende Adjektiv wird stark dekliniert:

  manch neu**er** Kollege, aufgrund manch neu**er** Konzepte ...

- **mancher** (dekliniert)
  Im Singular wird das nachfolgende Adjektiv schwach dekliniert:

  mancher neu**e** Kollege, aufgrund manches neu**en** Konzepts, mit mancher neu**en** Meinung ...

  Im Plural wird das nachfolgende Adjektiv stark oder schwach dekliniert:

GRAMMATIK
Pronomen und unbestimmte Zahlwörter

manche neue / neuen Kollegen, aufgrund mancher neuer / neuen Konzepte …

- **solch** (undekliniert)
  Das nachfolgende Adjektiv wird stark dekliniert:

  solch neu**er** Kollege, aufgrund solch neu**en** Konzepts, mit solch neu**er** Meinung …

- **solcher** (dekliniert)
  Das nachfolgende Adjektiv wird wahlweise stark oder schwach dekliniert:

  solcher neu**er** / neu**e** Kollege, mit solcher neu**er** / neu**en** Meinung, mit solchem neu**em** / neu**en** Konzept, solche neu**e** / neu**en** Kollegen, aufgrund solcher neu**er** / neu**en** Meinungen …

- **ein solcher** (dekliniert)
  solcher + nachfolgendes Adjektiv werden gemischt parallel dekliniert:

  ein solcher neu**er** Kollege, aufgrund eines solchen neu**en** Konzepts …

Niemand hat *jemand* gesehen – Deklination von *jemand* und *niemand*

Die Indefinitpronomen (unbestimmten Pronomen) ***jemand*** und ***niemand*** werden **stark dekliniert**. Im Akkusativ und Dativ ist es jedoch auch erlaubt, *jemand* und *niemand* undekliniert zu lassen. Die folgende Übersicht zeigt alle erlaubten Formen.

Jemand / Niemand hat mich gefragt. (Nominativ)
Er ist **jemand(e)s / niemand(e)s** Freund. (Genitiv)
Sie wollte **jemandem / jemand / niemandem / niemand** danken. (Dativ)
Ich habe **jemand / jemanden / niemand / niemanden** getroffen. (Akkusativ)

Wenn den Pronomen *jemand* und *niemand* noch ein **nominalisiertes Adjektiv** (ein Adjektiv, das wie ein Nomen benutzt wird) folgt, wird dieses

GRAMMATIK
Pronomen und unbestimmte Zahlwörter

Adjektiv meist als Neutrumform behandelt und **stark dekliniert**. *Jemand* und *niemand* bleiben dann in der Regel undekliniert (die folgenden Beispiele mit *jemand* gelten genauso für *niemand*):

Nominativ	Hier kommt jemand Neues.
Genitiv	(kommt nicht vor, stattdessen Konstruktion mit *von* + *Dativ*)
	Das ist der Code von jemand Neuem.
Dativ	Gib es jemand Neuem weiter.
Akkusativ	Ich wende mich an jemand Neuen.

Die Fügung *jemand / niemand anders* wird folgendermaßen dekliniert:

Nominativ	Da war noch jemand anders / anderes.
Genitiv	(kommt nicht vor, stattdessen Konstruktion mit *von* + *Dativ*)
	Das ist der Code von jemand anderem oder: eines anderen.
Dativ	Gib es jemand anders / anderem weiter.
Akkusativ	Ich wende mich an jemand anders / anderen.

122 aufgrund *aller neuen* Erkenntnisse – Deklination nach *alle*

Ein auf **alle** folgendes Adjektiv oder Partizip wird im Singular und im Plural **schwach** dekliniert:

aller groß**e** Aufwand, alle groß**e** Mühe, alle eng**en** Freunde ... (Nominativ)

statt allen groß**en** Aufwands, trotz aller groß**en** Mühe, dank aller eng**en** Freunde ... (Genitiv)

mit allem groß**en** Aufwand, bei aller groß**en** Mühe, mit allen eng**en** Freunden ... (Dativ)

Man hat allen groß**en** Aufwand umgangen. Er gab sich alle groß**e** Mühe. Ich lud alle eng**en** Freunde ein. ... (Akkusativ)

GRAMMATIK
Pronomen und unbestimmte Zahlwörter

Nominalisierte Adjektive oder Partizipien, die auf *alle* im Plural folgen, werden ebenfalls schwach dekliniert, sie enden also in allen Formen des Plurals auf **-n**:

alle Fremde**n**, alle Deutsche**n**, alle Verurteilte**n** …

> ❗ Steht zwischen **alle** und dem Adjektiv noch ein **Possessiv- oder Demonstrativpronomen** als weiterer Begleiter, darf dieses nicht parallel zum Adjektiv schwach dekliniert werden, sondern es behält die **starke Deklination**:
>
> all**e** sein**e** gut**en** Freunde, all**e** dies**e** neu**en** Freunde …

einige, etliche, viele, sämtliche, viele, wenige – die Deklination nach unbestimmten Zahlwörtern

Die Deklination nach unbestimmten Zahlwörtern ist unterschiedlich. Folgende Übersicht hilft weiter:

- **einige, etliche**
  Das nachfolgende Adjektiv wird immer parallel stark dekliniert:

  einig**er** unnötig**er** Ballast, etlich**es** unnötig**es** Zeug, einig**e** schräg**e** Typen, trotz einig**er** unangebracht**er** Fragen …

- **sämtliche**
  Im Singular wird das nachfolgende Adjektiv wahlweise stark oder schwach dekliniert:

  sämtlich**er** unerledigt**er** / unerledigt**e** Kram, mit sämtlicher verblieben**er** / verblieben**en** Kraft, mit sämtlich**em** unerledigt**em** / unerledigt**en** Kram …

  Im Plural wird das nachfolgende Adjektiv schwach dekliniert – außer im Genitiv:

GRAMMATIK
Pronomen und unbestimmte Zahlwörter

sämtliche wichtig**en** Unterlagen, trotz sämtlicher aufgeboten**er** Kräfte ...

- **viel** und **wenig**
  Das nachfolgende Adjektiv wird immer stark dekliniert, auch wenn es nominalisiert ist:

  viel / wenig teu**rer** Kram, viel / wenig frisch**es** Fleisch, viel / wenig Neu**es** ...

- **viele**
  Im Singular wird das nachfolgende Adjektiv meist parallel stark dekliniert. Im Dativ erfolgt bei maskulinen und neutralen Adjektiven aber häufig die schwache Deklination:

  vieler alt**er** Kram, trotz vieler zusätzlich**er** Arbeit, mit vielem alt**em** / alt**en** Kram, mit vielem überflüssig**em** / überflüssig**en** Handeln, mit vielem Überflüssig**em** / Überflüssig**en** ...

  Ebenso darf im Nominativ und Akkusativ bei neutralen Adjektiven auch schwach dekliniert werden:

  vieles überflüssig**e(s)** Handeln

  Nominalisierte Adjektive werden fast immer schwach dekliniert:

  vieles Neu**e** und Alt**e**, mit vielem Neu**en** und Alt**en** ...

  Im Plural wird das nachfolgende Adjektiv immer parallel stark dekliniert:

  viele alt**e** Stühle, trotz vieler zusätzlich**er** Bemühungen ...

  → siehe auch R 149 (*wie viel / wie viele*)

- **wenige**
  Das nachfolgende Adjektiv wird im Singular und Plural immer parallel stark dekliniert, auch wenn es nominalisiert ist:

  weniger alt**er** Kram, trotz weniger zusätzlich**er** Arbeit, mit wenigem Neu**em**, wenige alt**e** Stühle, trotz weniger schön**er** Neuigkeiten ...

GRAMMATIK
Pronomen und unbestimmte Zahlwörter

Welches ist dein Mantel? – Das Fragepronomen *welcher* als Begleiter

Mit **welcher** als Fragebegleiter fragt man nach etwas aus einer mehr oder weniger genau definierten Menge:

Welchen Wagen fährst du?

Mit **welches** (neutral) + **sein** kann man auch Fragen bilden. Dann steht *welches* am Satzanfang, und zwar völlig unabhängig davon, welches Geschlecht das später im Satz genannte Nomen hat und ob es im Singular oder Plural steht:

Welches ist deine Jacke?
Welches sind deine Schuhe?

> ⚠️ Schwach deklinierte Nomen (→ R 89) bilden den Genitiv ohne -s. Wenn Sie Fragen im Genitiv stellen, muss bei solchen Nomen **welches** benutzt werden, um den Genitiv deutlich zu machen.
>
> Der Traum **welches** Menschen erfüllt sich?
> **Welches** Fürsten Schloss ist das?
>
> Bei allen anderen Nomen dürfen Sie *welches* und *welchen* benutzen, da bei ihnen das Genitiv-s den Genitiv eindeutig anzeigt:
>
> Zu Beginn **welchen** / **welches** Jahres war die letzte Winterolympiade?

GRAMMATIK
Verben und Konjugation

Verben und Konjugation

TESTEN SIE IHR WISSEN

1 Bewegung tut nicht immer gut ⇥ 127
Welche Variante ist richtig?

Mich hat eine erschreckende Nachricht zur heutigen Besprechung **bewegt / bewogen**.

2 Hatschi! ⇥ 127
Setzen Sie die richtigen Formen von niesen und genießen ein.

a) Sie hat laut _____.
b) Sie hat das Essen richtig _____.

3 Winke, winke ⇥ 128
Ein Wort in diesem Satz ist falsch. Welches? Wie muss es richtig lauten?

Sie hat mir zum Abschied noch einmal gewunken und das war's.

4 Wenn schon Befehle, dann bitte grammatisch korrekt! ⇥ 129
Unterstreichen Sie die richtigen Formen.

a) **Lese / Lies** dir das noch einmal durch!
b) Jetzt **gib / geb** das Buch schon her!
c) **Sprech / Sprich** doch mal mit ihr darüber!
d) **Nimm / Nehme** dir davon, so viel du willst!

5 Höflichkeit ist eine Zier ⇥ 129
Welche Form ist korrekt? Unterstreichen Sie.

a) **Sind / Seien** Sie so freundlich und öffnen Sie mir die Tür.
b) **Seien / Sind** wir doch einmal ehrlich!

GRAMMATIK
Verben und Konjugation

6 Sind Sie ein Bummelant? :· (130)
Wenn Sie sagen: „Ich habe gebummelt", was haben Sie dann gemacht? Kreuzen Sie an.

a) Sie haben Zeit verschenkt.
b) Sie waren spazieren.

7 Hätten Sie morgen Zeit für mich? :· (131)
Korrigieren Sie den grammatischen Fehler im folgenden Satz.

Ich rufe Ihnen morgen Nachmittag noch mal an.

8 (Grammatisch) falsche Schlange! :· (131)
Welche Sätze sind grammatisch korrekt? Kreuzen Sie an.

a) Mir ekelt es vor Schlangen.
b) Mich ekelt vor Schlangen.
c) Ich ekle mir vor Schlangen.
d) Ich ekle mich vor Schlangen.

9 Rückenschmerzen vom Sitzen und Schwitzen? Eine Frage noch! :· (131)
Welche Sätze sind grammatisch korrekt? Kreuzen Sie an.

a) Sie schmerzt der Rücken.
b) Ihr schmerzt der Rücken.
c) Ihm schmerzt der Gedanke an ihre bevorstehende Abreise.
d) Ihn schmerzt der Gedanke an ihre bevorstehende Abreise.

LÖSUNGEN

1 bewogen (starke Konjugation wegen der übertragenen Bedeutung) • **2 a)** geniest, **b)** genossen
• **3** Standardsprachlich wird *winken* nur schwach konjugiert: gewinkt • **4 a)** Lies, **b)** gib, **c)** Sprich,
d) Nimm • **5 a)** Seien, **b)** Seien ... • **6 a)** • **7** ~~Ihnen~~ Sie (Akkusativ): jemanden anrufen
• **8 a)** (seltener), b), d) • **9** a) und b) (körperlicher Schmerz), d) (bei seelischem Schmerz nur Akkusativ)

GRAMMATIK
Verben und Konjugation

> **Schwäche muss kein Nachteil sein**
>
> Nicht nur Nomen, sondern auch Verben werden stark oder schwach genannt. Aber Sie wissen ja, dass Schwäche in der Grammatik eher von Vorteil ist. So ist das auch bei den Verben: Schwache Verben gelten als regelmäßig und bereiten deshalb viel weniger Kopfzerbrechen als starke Verben.

125 Merkmale starker und schwacher Verben

In der Grammatik wird zwischen schwacher, starker und gemischter Konjugation unterschieden.

Zur Unterscheidung der drei Konjugationsarten werden die **drei Stammformen** herangezogen; das sind:

- der Infinitiv (z. B. spielen, gehen)
- die 1. Person Singular Präteritum (ich spielte, ich ging)
- und das Partizip II (gespielt, gegangen)

💡 Der **Verbstamm** ergibt sich, wenn man am Ende des Infinitivs die Endung **-en** (spiel-en) bzw. **-n** (sammel-n, wander-n) wegstreicht.

Merkmale der schwachen Verben:
1. der Verbstamm bleibt in allen drei Stammformen unverändert (z. B. ich **spiel**-e – ich **spiel**-te – ich habe ge-**spiel**-t)
2. die Präteritumformen werden durch Anhängen von **-te** an den Verbstamm gebildet (z. B. ich spiel**te**, sammel**te**, wander**te**)
3. das Partizip II endet auf **-t** (gespiel**t**, gesammel**t**, gewander**t**)

Zu den Besonderheiten der Formenbildung bei **Verben auf -eln** und **-ern** im Präsens → siehe R 126

228

GRAMMATIK
Verben und Konjugation

Merkmale der starken Verben:
1. der Verbstamm bleibt nicht in allen drei Stammformen derselbe (z. B. gehen: geh-, ging-, -gang-; stoßen: stoß-, stieß-, -stoß-; streichen: streich-, strich-, -strich-).
2. die Präteritumformen werden nicht durch Anhängen von **-te** an den Verbstamm gebildet (z. B. ich ging, ich stieß, ich strich)
3. das Partizip II endet auf **-en** (gegang**en**, gestoß**en**, gestrich**en**).

Nur ganz wenige Verben werden **gemischt konjugiert**. Sie haben die Endungen der schwachen Verben, verändern aber ihren Verbstamm in der Vergangenheit und im Partizip II:

brennen, bringen, denken, dünken, kennen, mögen, nennen, rennen, senden, wenden ...

Konjugationsarten im Überblick:

	schwache Konjugation	starke Konjugation	gemischte Konjugation
Präsens	ich kaufe	ich singe	es brennt
Präteritum	ich kauf**te**	du s**a**ngst	es br**a**nn**te**
Perfekt	ich habe **ge**kauft	er hat **ge**s**u**ngen	es hat **ge**br**a**nnt

Ich *würfel* nicht, sondern *würfle* – Besonderheiten der Präsensbildung bei den Verben auf *-eln* und *-ern* 〔126〕

Bei Verben, deren **Stamm auf *-el*** endet (bummeln, sammeln), wird heute in der Regel das **e** in der 1. Person Singular Indikativ und Konjunktiv Präsens weggelassen:

ich drechs**le**, hand**le**, läch**le**, reg**le**, stramp**le**, würf**le** (seltener: drechsele, handele, lächele, regele, strampele, würfele) ...

GRAMMATIK
Verben und Konjugation

Standardsprachlich **nicht korrekt**: ich ~~drechsel~~, ich ~~handel~~, ich ~~lächel~~ ...

Zur Bildung des **Imperativs** der 2. Person Singular → siehe R 129

Verben, deren **Stamm auf -er** endet (änd**er**n, fei**er**n), behalten hingegen in der Standardsprache ihr **e** in der 1. Person Singular Indikativ und Konjunktiv Präsens:

ich änd**ere**, ärg**ere**, erleicht**ere**, fei**ere**, flunk**ere**, schlend**ere**, sich**ere**, wand**ere**, wund**ere** mich ...

Standardsprachlich **nicht korrekt**: ich ~~änder~~, ~~bedauer~~, ~~feier~~, ~~schlender~~ ...

Zur Bildung des **Imperativs** der 2. Person Singular → siehe R 129

Verben **mit den Diphthongen** *au, äu* und *eu* in der ersten Stammsilbe, deren **Stamm auf -er** endet, werden dagegen auch standardsprachlich in der 1. Person Singular Indikativ und Konjunktiv Präsens häufig ohne **e** verwendet:

ich bedau**(e)re**, säu**(e)re**, beteu**(e)re** ...

Folgt dem Diphthong jedoch ein Konsonant oder eine **Konsonantengruppe**, darf das **e** nicht weggelassen werden:

ich räub**ere**, ich erläut**ere**, ich räusp**ere** mich ...

Zur Bildung des Imperativs der 2. Person Singular bei diesen Verben → siehe R 129

127 Es *hängte*, es *hing* – Die Bedeutung bestimmt die Konjugationsart

Einige Verben werden je nach ihrer Bedeutung schwach oder stark konjugiert. Hier die wichtigsten:

- **bewegen**

in konkreter Bedeutung → schwache Konjugation:

Wer hat den Tisch bewegt?

GRAMMATIK
Verben und Konjugation

Ich habe mich heute wenig bewegt.

in übertragener Bedeutung (*veranlassen*) → starke Konjugation:

Was bewog ihn / hat ihn bewogen, so zu handeln?

- **erschrecken**

mit transitiver Bedeutung (*jemanden erschrecken*) → schwache Konjugation:

Wir erschreckten die Kinder. Wir haben sie erschreckt.
(Imperativ Singular: Erschreck(e) die Kinder nicht!)

mit intransitiver Bedeutung (selbst erschrecken) → starke Konjugation mit *sein* im Perfekt:

Ich erschrak fürchterlich. Ich bin sehr erschrocken.

Aufgepasst: Das Verb *erschrecken* darf nicht reflexiv gebraucht werden (~~ich habe mich erschreckt/erschrocken~~).

- **hängen**

mit transitiver Bedeutung (*etwas aufhängen*) → schwache Konjugation:

Sie hängte den Mantel an den Haken. Sie hat ihn an den Haken gehängt.

mit intransitiver Bedeutung (*herabbaumeln*) → starke Konjugation:

Der Mantel hing am Haken / hat eben noch am Haken gehangen.

Die schwache Konjugation tritt auch bei transitiven Präfixverben auf:

abhängen: Ich habe das Bild von der Wand abgehängt.

behängen: Sie hatten den Weihnachtsbaum mit bunten Kugeln behängt.

verhängen: Man hatte die Fenster gegen die Kälte mit Fellen verhängt.

Daneben gibt es aber zu diesen Verben jeweils ein (aus intransitiver Verwendung zurückgehendes) isoliertes starkes Partizip II, das adjektivisch verwendet wird:

abgehangen *(durch Hängen mürbe geworden):* Bitte geben Sie mir zwei gut abgehangene Steaks. Das Fleisch ist gut abgehangen.

GRAMMATIK
Verben und Konjugation

behangen (*voll von etwas, was herabhängt*): Hinter dem Haus stand ein über und über mit Mirabellen behangener Baum. Der Baum war über und über mit Mirabellen behangen.

verhangen (*bedeckt, trübe*): Der Tag begann mit einem völlig verhangenen Himmel. Der Himmel war heute Morgen noch völlig mit Wolken verhangen, jetzt ist er strahlend blau.

- **schaffen**

in der Bedeutung von *erledigen / zu Ende bringen* → schwache Konjugation:

Das schaffte ich noch / hätte ich noch geschafft!

in der Bedeutung von *kreieren, hervorbringen* → starke Konjugation:

Er schuf / hat ein völlig neues Konzept geschaffen.

- **schleifen**

in der Bedeutung von *schleppen, ziehen* → schwache Konjugation:

Er schleifte den 100-kg-Sack über mehrere hundert Meter zu seinem Auto.

in der Bedeutung von *schärfen* → starke Konjugation:

Er schliff seine Messer mit dem Schleifstein.

- **senden**

in der Bedeutung von *eine Sendung ausstrahlen* (Hörfunk oder Fernsehen) → schwache Konjugation:

Das ZDF sendete an zwei verschiedenen Tagen.
Der HR hat es heute gesendet.

in der Bedeutung von *jdn. oder etwas schicken / zusenden* → meist starke Konjugation:

Ich sandte Ihnen gestern ein Päckchen.
Der zugesandte Brief …

Aber: Das Verb **versenden** wird schwach und stark konjugiert:

versandte / versendete, versandt / versendet

GRAMMATIK
Verben und Konjugation

- **wenden**

als transitives Verb (*etwas wenden*) → schwache Konjugation:

Ich wendete das Steak. Sie hat den Wagen gewendet.

Als reflexives Verb in der Bedeutung von *eine Frage, Bitte an jdn. richten / sich umdrehen* → starke und schwache Konjugation:

Er wandte / wendete sich an Herrn Müller.
Als ich den Pfiff hörte, habe mich sofort umgewandt / umgewendet.

Die Komposita *abwenden, anwenden, aufwenden, einwenden, verwenden* bilden sowohl die schwachen als auch die starken Formen. Bei *entwenden* treten nur die schwachen Formen auf.

- **wiegen**

in der Bedeutung von *hin- und herbewegen* → schwache Konjugation:

Sie wiegte ihr Kind in den Schlaf / hat ihr Kind in den Schlaf gewiegt.

Schwache Konjugation auch bei übertragener Bedeutung:

Ich habe mich lange in der Hoffnung gewiegt, dass sie doch noch zurückkommt.

in der Bedeutung von *an Gewicht haben* oder transitiv *das Gewicht messen* → starke Konjugation:

Sie wog 64 Kilo / hat 64 Kilo gewogen.
Sie wog ihr Kind / hat ihr Kind gewogen.

Auch hier wird in übertragener Bedeutung stark konjugiert:

Die Brutalität der Tat wog schwer bei der Strafzumessung.

> (!) Das Verb **niesen** wird immer schwach konjugiert!
> ich niese, ich nieste, ich habe geniest

GRAMMATIK
Verben und Konjugation

128 · Es *gärte* und *gor* – Verben mit starker und schwacher Konjugation

Viele früher stark konjugierte Verben werden heute häufig zum Teil oder in allen Formen wie schwache Verben konjugiert. Beispiele:

Der Nagel **steckte** (schwach) / **stak** (stark, veraltet) im Baum.

Ich **fragte** (schwach) / **frug** (stark, veraltet) ihn schon dreimal.

In der folgenden Übersicht sind Verben aufgeführt, bei denen im heutigen Sprachgebrauch die Konjugation zwischen schwach und stark schwankt. Wenn eine Form in Klammern steht, ist sie nur selten gebräuchlich oder stark veraltet. Formen mit Schrägstrich dazwischen sind gleichermaßen gebräuchlich.

Verben mit schwacher und starker Konjugation

Infinitiv	2. Person Singular Präsens	Imperativ Singular	3. Person Singular Präteritum	Partizip II
backen	du backst / bäckst	back(e)!	er backte (buk)	gebacken
bewegen	du bewegst	bewege!	(→ R 127)	
dreschen	du drischst	drisch!	er drosch (drasch)	gedroschen
fechten	du fichst (nicht: ~~fechtest~~)	ficht! (nicht: ~~fechte~~)	er focht	gefochten
flechten	du flichtst / flechtest	flicht / flechte!	er flocht	geflochten
gären	du gärst	gäre!	er gor / gärte	gegoren / gegärt
gebären	du gebierst / gebärst	gebier / gebäre!	er gebar	geboren

GRAMMATIK
Verben und Konjugation

glimmen	du glimmst	glimme!	er glimmte (glomm)	geglimmt (geglommen)
hauen	du haust	haue!	er hieb / haute	gehauen / gehaut
kreischen	du kreischst	kreische!	er kreischte	gekreischt
küren	du kürst	küre!	er kürte (kor)	gekürt (gekoren)
mahlen	du mahlst	mahle!	er mahlte	gemahlen
melken	du melkst (milkst)	melke! (milk!)	er molk / melkte	gemolken / gemelkt
pflegen	du pflegst	pflege!	er pflegte (pflog)	gepflegt (gepflogen)
salzen	du salzst	salze!	er salzte	gesalzen (gesalzt)
saugen	du saugst	saug!	er sog / saugte	gesogen / gesaugt
schaffen	du schaffst	schaffe!	(→ R 127)	
schallen	du schallst	schalle!	er schallte (seltener: scholl)	geschallt
schinden	du schindest	schinde!	er schindete (schund)	geschunden
schmelzen*	du schmilzt (schmilzest)	schmilz!	er schmolz (schmelzte)	geschmolzen (geschmelzt)
schnauben	du schnaubst	schnaub!	er schnob / schnaubte	geschnaubt
senden	du sendest	sende!	(→ R 127)	
sieden	du siedest	siede!	er sott / siedete	gesotten / gesiedet
spalten	du spaltest	spalte!	er spaltete	gespalten / gespaltet
stecken	du steckst	stecke!	er steckte (stak)	gesteckt
stieben	du stiebst	stieb!	er stob (stiebte)	gestoben (gestiebt)

GRAMMATIK
Verben und Konjugation

triefen	du triefst	trief!	er triefte / troff	getrieft (getroffen)
wiegen	du wiegst	wiege!	(→ R 127)	
wägen	du wägst	wäge!	er wog (wägte)	gewogen
weben	du webst	webe!	er webte / wob	gewebt / gewoben
wenden	du wendest	wende!	(→ R 127)	

* *schmelzen* wird heute bei transitiver und intransitiver Bedeutung stark konjugiert:

Ich schmelze, du schmilzt, er schmilzt, wir schmelzen, ihr schmelzt, sie schmelzen die Butter / haben die Butter geschmolzen.

Ich schmelze, du schmilzt, er schmilzt, wir schmelzen, ihr schmelzt, sie schmelzen bei diesem Anblick / sind bei diesem Anblick geschmolzen.

Die schwache Konjugation ist heute nicht mehr gebräuchlich. Das schwache Partizip II existiert allerdings noch im süddeutschen Raum z. B. bei *in Butter geschmelzten Zwiebeln*. Streng genommen ist diese Schreibweise jedoch falsch, da früher zum Garen und Bräunen der Zwiebeln Schmalz verwendet wurde. Korrekt also ist **geschmälzte Zwiebeln**.

(!) Entgegen dem allgemeinen Trend zur Vereinfachung wird das Partizip II des Verbs **winken** häufig stark gebildet, obwohl es ein schwaches Verb ist. Standardsprachlich ist das aber nicht korrekt:

winken, ich winkte, ich habe gewinkt (und nicht: ~~gewunken~~).

Das Verb **sinnen** ebenso wie die Verben **besinnen** und **nachsinnen** werden korrekterweise stark konjugiert, auch wenn sie immer häufiger schwach konjugiert auftreten.

GRAMMATIK
Verben und Konjugation

Ich sinne über einer Lösung. Ich **sann** auch schon letzte Woche darüber.
Ich habe eigentlich schon viel zu lange darüber **nachgesonnen**.
Du **besannst** dich wohl endlich eines Besseren.

Aber: Auch wenn es das Partizip Perfekt *gesonnen* bzw. *besonnen* gibt:
Das Wort ~~wohlgesonnen~~ gibt es nicht. Richtig heißt es nur **wohlgesinnt**.

Bei **starken Verben** stellt sich manchmal die Frage, ob im **Präteritum** bei der 2. Person Singular und bei der 2. Person Plural ein **e** in der Endung erforderlich ist. Hier die Regel:

Wenn der Präteritumstamm auf **-s, -ss, -ß** oder **-z** endet,

- muss bei der 2. Person Singular ein **e** eingeschoben werden:
  du blies**e**st, du aß**e**st, du floss**e**st, du ließ**e**st, du schmolz**e**st ...
- wird heute nur noch selten in der 2. Person Plural ein **e** eingeschoben:
  ihr blies(**e**)t, ihr aß(**e**)t, ihr floss(**e**)t, ihr ließ(**e**)t, ihr schmolz(**e**)t ...

Wenn der Präteritumstamm auf **-d** oder **-t** endet,

- kann bei der 2. Person Singular ein **e** eingeschoben werden:
  du fand(**e**)st, du ritt(**e**)st, du schnitt(**e**)st ...
- muss in der 2. Person Plural ein **e** eingeschoben werden:
  ihr fand**e**t, ihr ritt**e**t, ihr schnitt**e**t ...

Geb her! Nein, *gib* her! – Imperative

Die Befehlsform der Verben, der Imperativ, entspricht im Singular dem Verbstamm (→ siehe Tipp in R 128):

gehen → **geh**!; spielen → **spiel**!

GRAMMATIK
Verben und Konjugation

Der Imperativ Plural entspricht der 2. Person Plural im Präsens:

gehen → ihr geht → **geht**!

Im Singular ist auch eine Imperativform auf **-e** möglich. Sie klingt gehobener. Gebräuchlicher sind heute die Formen **ohne -e**:

bring, lauf, schlaf, trag! ...

Setzen Sie **keinen Apostroph** am Ende des Imperativs (~~bring'~~), wenn Sie die Form ohne -e benutzen.

> (!) Verben, deren **Infinitiv auf -eln** oder **-ern** endet, müssen den **Imperativ** im Singular mit **-e** bilden. Dafür darf aber das e der Endsilbe wegfallen, besonders bei den Verben auf -eln.
>
> drechseln → drechs**(e)le**!; handeln → hand**(e)le**!; fummeln → fumm**(e)le**!; klingeln → kling**(e)le**!; sammeln → samm**(e)le**! ...
>
> Formen wie fummel nicht herum, sammel ein! sind umgangssprachlich.
>
> Bei Verben auf **-ern** besteht die Tendenz, die Imperativformen – besonders in der geschriebenen Standardsprache – eher mit dem **Stamm-e** zu bilden:
>
> ändern → änd**ere**! (seltener: ändre!); erleichtern → erleicht**ere**! (seltener: erleichtre!); wandern → wand**ere**! (seltener: wandre!); wundern → wund**ere**! (seltener: wundre!) dich nicht!; zögern → zög**ere**! (seltener: zögre!); säubern → säub**(e)re**! (seltener: säubre!); räuspern → räusp**ere** dich! (seltener: räuspre dich!) ...
>
> Nach **Diphthong** (Zwielaut) wird das **Stamm-e** eher weggelassen:
>
> trau(e)re!, steu(e)re! ...
>
> Formen wie säuber dein Zimmer! oder wunder dich nicht! sind umgangssprachlich.

GRAMMATIK
Verben und Konjugation

> Verben, deren **Stamm auf -d, -t, -ig oder Konsonant + -m** oder **-n** endet, müssen den Imperativ Singular ebenfalls mit **-e** bilden:
>
> finden → fin**de**!; bieten → bie**te**!; beruhigen → beruh**ige**!; atmen → at**me**!; rechnen → rech**ne**! ...
>
> **Aber:** Es ist **kein -e** erforderlich, wenn vor einem *m* oder *n* noch ein *m*, ein *n*, ein *r* oder ein *l* steht:
>
> kommen → komm!; rennen → renn!; warnen → warn! ...

Die meisten starken Verben, bei denen der Stammvokal in der 2. und 3. Person Singular Präsens **von *e* nach *i* wechselt** (*lesen, ich lese, du liest, er liest*), bilden den Imperativ Singular nicht mit dem Verbstamm, sondern mit der endungslosen Form der 2. Person Singular Präsens: lesen → du liest → **lies**! Beispiele:

Imperativ von Verben mit *e/i*-Wechsel			
Infinitiv	2. Pers. Sing. Präs.	Imperativ Singular	Imperativ Plural
befehlen	du befiehlst	befiehl!	befehlt!
bergen	du birgst	birg!	bergt!
empfehlen	du empfiehlst	empfiehl!	empfehlt!
essen	du isst	iss!	esst!
erschrecken*	du erschrickst	erschrick nicht!	erschreckt nicht!
geben	du gibst	gib!	gebt!
helfen	du hilfst	hilf!	helft!
lesen	du liest	lies!	lest!
messen	du misst	miss!	messt!
quellen	du quillst	quill!	quellt!
sehen	du siehst	sieh! (bei Verweisen in Büchern: siehe)	seht!

GRAMMATIK
Verben und Konjugation

sprechen	du sprichst	sprich!	sprecht!
sterben	du stirbst	stirb!	sterbt!
verbergen	du verbirgst	verbirg!	verbergt!
verderben	du verdirbst	verdirb!	verderbt!
vergessen	du vergisst	vergiss!	vergesst!
werfen	du wirfst	wirf!	werft!

* → siehe auch R 127 (Bedeutung und Konjugation)

(!) **Imperative ohne Wechsel zum *i*** (ess, geb, les, mess, sprech ...) sind nur umgangssprachlich und dürfen im Schriftlichen nicht benutzt werden.

Bei dem Verb *sein* wird für den höflichen Imperativ die 3. Person Plural des Konjunktivs Präsens verwendet:

sein → Sie seien → **Seien** Sie bitte so freundlich!

Die Formulierung "Sind Sie bitte mal ...!" ist umgangssprachlich.

Bezieht die sprechende Person bei Aufforderungen sich selbst mit ein, wird in der Wir-Form gesprochen und ebenfalls die Konjunktivform von *sein* benutzt:

Seien wir doch froh, dass alles so gut verlaufen ist!

130 *Hat* oder *ist* er geflogen? – Intransitive Verben mit *sein* oder *haben*?

Viele Verben können **mit einem Akkusativobjekt** (Frage: wen oder was?) verbunden werden. Diese Verben werden **transitiv** genannt.

Er schreibt einen Brief. Sie kaufen Lebensmittel.

GRAMMATIK
Verben und Konjugation

Transitive Verben bilden das **Perfekt** immer mit *haben*:
Er hat einen Brief geschrieben. Sie haben Lebensmittel gekauft.

Intransitive Verben können **kein Akkusativobjekt** bei sich haben:
Ihr arbeitet. Das Buch liegt auf dem Tisch. Er springt.

Intransitive Verben bilden das **Perfekt** mit *haben* oder mit *sein*:
Ihr habt gearbeitet. Das Buch hat auf dem Tisch gelegen. Er ist gesprungen.

Viele intransitive Verben drücken eine Bewegung, einen Zustand oder die Veränderung eines Zustands aus. Manche dieser Verben werden mit *sein*, andere mit *haben* konjugiert. Es gibt zwar gewisse Regeln, nach denen mit *sein* oder mit *haben* konjugiert wird, aber es gibt auch etliche Ausnahmen. In einigen Fällen darf man sowohl mit *sein* als auch mit *haben* konjugieren. Manchmal hängt die Konjugation auch von der Bedeutung ab. Hier eine Auswahl der wichtigsten „Stolperverben" (weniger gebräuchliche Formen stehen in Klammern):

Verben – mit *haben* oder *sein* konjugieren?

Infinitiv	Perfekt mit *sein*	Perfekt mit *haben*
altern	Er ist gealtert.	(Er hat gealtert.)
anfangen		Ich habe angefangen.
bummeln	Ich bin im Ort gebummelt. (spazieren gehen)	Ich habe gebummelt. (Zeit verschenkt)
durchgehen (etw. ~)	Wir sind die Unterlagen durchgegangen. (Obwohl das Verb transitiv ist, wird es meist mit sein konjugiert)	
eingehen (etw. ~)	Wir sind eine Liaison eingegangen. (Obwohl das Verb meist transitiv benutzt wird, wird es mit sein konjugiert)	
erschrecken	→ siehe R 127	
fahren	intransitiv: Ich bin (selbst) gefahren.	transitiv: Ich habe das Auto gefahren.

GRAMMATIK
Verben und Konjugation

flattern	mit Ortsveränderung: Ein Falter ist ins Zimmer geflattert.	ohne Ortsveränderung: Die Fahne hat im Wind geflattert.
fliegen	intransitiv: Ich bin schon oft geflogen.	transitiv: Ich habe das Flugzeug geflogen.
hängen	→ siehe R 127	
hinken	ich bin vom Platz gehinkt	ich habe stark gehinkt
hocken	ich bin gehockt (süddeutsch)	ich habe gehockt (west-, mittel- und norddeutsch)
joggen	ich bin gejoggt	ich habe gejoggt
kauern		ich habe gekauert
knien	ich bin gekniet (süddeutsch, österreichisch, schweizerisch)	ich habe gekniet (west-, mittel- und norddeutsch)
liegen	ich bin gelegen (süddeutsch, österreichisch, schweizerisch)	ich habe gelegen (west-, mittel- und norddeutsch)
schlendern	ich bin geschlendert	
schlingern	das Schiff ist durch die raue See geschlingert	das Schiff hat stark geschlingert
schmelzen → R 128	intransitiv: ich bin geschmolzen	transitiv: ich habe das Gold geschmolzen
schwimmen	ich bin geschwommen	ich habe neue Bestzeit geschwommen
schwingen	ich bin zu Tal geschwungen	(in seiner Rede hat Kritik geschwungen)
sitzen*	ich bin gesessen (süddeutsch, österreichisch, schweizerisch)	ich habe gesessen (west-, mittel- und norddeutsch)
stehen*	ich bin gestanden (süddeutsch, österreichisch, schweizerisch)	ich habe gestanden (west-, mittel- und norddeutsch)
tanzen	Ich bin um den Tisch getanzt.	mit + Dativ: Ich habe mit ihm getanzt.
wandern	ich bin gewandert	(ich habe früher mehr gewandert als heute)

GRAMMATIK
Verben und Konjugation

* Nur mit *haben* konjugiert wird jedoch überall bei er **hat** gesessen = *er war im Gefängnis* und er **hat** gestanden = *er hat ein Geständnis abgelegt.*

Ich rufe nicht *dir* an, sondern *dich* – Verben mit Dativ oder Akkusativ?

Bei manchen Verben zweifelt man manchmal, ob sie mit dem Akkusativ (wen oder was?) oder mit dem Dativ (wem?) verbunden werden müssen. Hier die wichtigsten:

Verben mit Dativ oder mit Akkusativ, mit und ohne Präposition

anrufen	Mit Akkusativ:
	Ich rufe dich an.
	Mit Dativ nur umgangssprachlich im süddeutschen Raum und in der Schweiz:
	Ich rufe dir an.
beharren auf	auf + Dativ: Er beharrte auf seinem Recht.
bescheren	Mit Dativ der Person und Akkusativ der Sache:
	Sie bescherten ihm eine unangenehme Überraschung.
	Mit Akkusativ der Person:
	Sie bescherten ihren Sohn aufs Feierlichste.
bestehen auf	*auf* + Dativ:
	Sie besteht auf der Vertragsklausel.

GRAMMATIK
Verben und Konjugation

ekeln	Bei unpersönlicher Konstruktion (mit oder ohne *es*) mit Akkusativ (seltener mit Dativ):
	Mich ekelt (es) vor Schlangen. / Mir ekelt (es) vor Schlangen.
	Oder mit Reflexivpronomen im Akkusativ:
	Ich ekle mich vor Schlangen.
erinnern	Transitiv (*jemanden erinnern*) mit Akkusativ + *an*:
	Wir erinnern dich rechtzeitig an den Termin.
	Reflexiv mit Reflexivpronomen im Akkusativ + *an*:
	Ich erinnere mich noch gut an dich.
	Sehr gehoben auch mit Genitiv ohne Präposition:
	Ich erinnere mich dieser Begebenheit.
	Aber nicht nur mit Akkusativ ohne *an*:
	~~Ich erinnere es gut.~~
helfen	mit Dativ:
	Wir helfen dir natürlich!
lehren	Üblich ist der doppelte Akkusativ, seltener tritt auch der Dativ der Person auf:
	Sie hat ihn / (seltener:) ihm das Schreiben gelehrt.
	Im Passiv steht die Person im Dativ, seltener im Akkusativ:
	Ihm / Ihn wurde das Schreiben gelehrt.
lernen	Das Verb *lernen* kann sich nur auf eine Sache richten, aber nicht auf Personen:
	Ich habe das Schreiben gelernt.
	Aber nicht: ~~Sie hat ihn das Schreiben gelernt.~~

GRAMMATIK
Verben und Konjugation

rufen	Mit Akkusativ:
	Sie hat mich gerufen.
	Mit Dativ nur süddeutsch und schweizerisch:
	Sie rief ihrem Kind.
	Aber mit *nach* + Dativ:
	Sie hat nach mir gerufen.
schmerzen	Bei körperlichem Schmerz mit Dativ oder Akkusativ der Person:
	Ihm/Ihn schmerzen die Füße.
	Bei seelischem Schmerz nur mit Akkusativ:
	Der Verlust schmerzt ihn sehr.
versichern (in der Bedeutung *beteuern*)	Mit Dativ der Person und Akkusativ der Sache:
	Sie versicherte mir ihre Freundschaft.
	Veraltet mit Akkusativ + Genitiv:
	Sie versicherte mich ihrer Freundschaft.

Es *bedarf* eines weiteren Versuchs – Verben mit Genitiv

132

Es gibt nur noch wenige Verben, nach denen ein **Genitivobjekt** stehen muss. Sie werden heute fast ausschließlich in der Standardsprache verwendet. Die wichtigsten:

sich bedienen	Er bediente sich eines einfachen Tricks.
bedürfen	Dein gestriges Verhalten bedarf einer Erklärung.
sich befleißigen	Sie befleißigt sich einer schönen Aussprache.
sich bemächtigen	Der Feind bemächtigte sich des ganzen Dorfes.
berauben	Sie wurde ihres Schmuckes beraubt.

GRAMMATIK
Verben und Konjugation

beschuldigen	Er wird des Hausfriedensbruchs beschuldigt.
bezichtigen	Der Angeklagte wird des Einbruchs bezichtigt.
entbehren	Diese Ansicht entbehrt jeder Grundlage.
sich enthalten	Sie enthält sich der Stimme. Er enthielt sich eines Kommentars.
entheben	Er wurde mit sofortiger Wirkung seines Amtes enthoben.
sich entledigen	Er entledigte sich des Auftrags.
gedenken	Wir gedachten der Opfer des Zweiten Weltkriegs.
sich vergewissern	Er vergewisserte sich des allseitigen Einverständnisses.

133 Ich *ginge*, ich *würde gehen* – Wann benutzt man *würde*?

Grundsätzlich gilt: Stimmt der Konjunktiv I mit dem Indikativ Präsens überein, wird der Konjunktiv II benutzt. Stimmt der Konjunktiv II mit dem Indikativ Präteritum überein, wird die **Ersatzform mit *würde*** benutzt.

In der folgenden Übersicht sind die Formen markiert, die mit der Indikativform übereinstimmen. Die Ersatzformen sind jeweils daneben angegeben.

Konjunktivformen und ihre Ersatzformen in der Übersicht:
- schwaches Verb *spielen*
- starkes Verb *gehen* ohne Stammlautveränderung im Konjunktiv
- starkes Verb *laden* mit Stammlautveränderung von *u* nach *ü*:

Indikativ Präsens	Konjunktiv I	Konjunktiv II bzw. Umschreibung mit *würde*
ich spiele, gehe, lade	ich spiele, gehe, lade	ich würde spielen, ich ginge, ich lüde

GRAMMATIK
Verben und Konjugation

du spielst, gehst, lädst	du spielest*, gehest*, ladest*	–
er spielt, geht, lädt	er spiele, gehe, lade	–
wir spielen, gehen, laden	wir spielen, gehen, laden	wir würden spielen, wir gingen, wir lüden
ihr spielt, geht, ladet	ihr spielet*, gehet*, ladet	ihr lüdet
sie spielen, gehen, laden	sie spielen, gehen, laden	sie würden spielen, sie gingen, sie lüden

* Auch wenn sich bei der 2. Person Singular und Plural die Formen des Konjunktivs I von der Form des Indikativ Präsens unterscheiden, werden sie nur noch sehr selten benutzt. Meist wird hier statt des Konjunktivs der Indikativ benutzt oder es wird mit **würde** umschrieben.

Indikativ Präteritum	Konjunktiv II	Ersatzform mit *würde*
ich spielte, ging, lud	ich spielte, ginge, lüde	ich würde spielen
du spieltest, gingst, ludest	du spieltest, gingest, lüdest	du würdest spielen
er spielte, ging, lud	er spielte, ginge, lüde	er würde spielen
wir spielten, gingen, luden	wir spielten, gingen, lüden	wir würden spielen, wir würden gehen
ihr spieltet, gingt, ludet	ihr spieltet, ginget, lüdet	ihr würdet spielen
sie spielten, gingen, luden	sie spielten, gingen, lüden	sie würden spielen, sie würden gehen

Bei vielen starken Verben werden die **Stammvokale *a, o, u*** im Präteritumstamm beim Konjunktiv II zu *ä, ö* und *ü*:

bitten → ich bat → ich bäte, du bätest, er bäte, wir bäten, ihr bätet, sie bäten

Bei diesen Verben ist also der Konjunktiv II eindeutig von der Präteritumform im Indikativ unterscheidbar. Dennoch wird auch bei diesen Verben

GRAMMATIK
Verben und Konjugation

inzwischen häufig mit **würde** umschrieben. Viele Konjunktivformen (z. B. begänne / begönne, flösse, griffe, schmölze) sind heute kaum noch gebräuchlich.

Es ist der **Wechsel der Stammvokale *a, o, u*** zu den umgelauteten Formen *ä, ö* und *ü*, der den Konjunktiv II Präteritum der starken Verben oft ungewöhnlich und veraltet wirken lässt (schwömme, hülfe, wüsche). Auch Konjunktive wie kennte oder nennte wirken auf manch einen befremdlich. Wer solche Formen verwendet, erweckt damit bei vielen Hörern und Lesern den Eindruck einer gezierten oder gespreizten Ausdrucksweise. Deshalb weicht man heute meist auf die **Umschreibung mit *würde* + Infinitiv** aus.

Das liest man selten:	Das liest man häufiger:
Ich fände es schön, wenn du dir einen Zopf **flöchtest**.	Ich fände es schön, wenn du dir einen Zopf **flechten würdest**.
Wenn du doch endlich den Wagen **wüschest**!	Wenn du doch endlich den Wagen **waschen würdest**!
Ich an deiner Stelle **höbe** mir das für später **auf**.	Ich an deiner Stelle **würde** mir das für später **aufheben**.
Wenn sie das Passwort **kennte** und Programm zum Laufen **brächte**, **hülfe** mir das sehr.	Wenn sie das Passwort **kennen würde** und das Programm zum Laufen **bringen würde**, **würde** mir das sehr **helfen**.
Jeder **schmölze** bei solch einem Anblick vor Begeisterung dahin.	Jeder **würde** bei solch einem Anblick **dahinschmelzen**.

Bei den starken Verben *bleiben, bringen, geben, haben, kommen, können, sein* und *werden* wird die Konjunktiv-II-Form jedoch noch häufig benutzt:

bleiben:	ich bliebe	**kommen**:	ich käme
bringen:	ich brächte	**können**:	ich könnte
geben:	ich gäbe	**sein**:	ich wäre
gehen:	ich ginge	**werden**:	ich würde
haben:	ich hätte	**wissen**:	ich wüsste

GRAMMATIK
Verben und Konjugation

Auch im **Konjunktiv des Futur I** stimmen viele Verbformen mit dem Indikativ überein. Hier wird deshalb fast immer die Umschreibung mit *würde* benutzt. Sie ist auch bei der 2. Person Singular erlaubt, obwohl sich hier die Konjunktiv-I-Formen vom Indikativ unterscheiden.

Du schreibst, du **werdest / würdest** in diesem Jahr nach Portugal fliegen.
Du sagtest, du **werdest / würdest** bald zurückkommen.

Indikativ Futur I	Konjunktiv Futur I	Umschreibung mit *würde*
ich werde spielen,	ich werde spielen,	ich würde spielen,
ich werde gehen,	ich werde gehen,	ich würde gehen,
ich werde laden	ich werde laden	ich würde laden
du wirst spielen,	du werdest spielen,	du würdest spielen,
du wirst gehen,	du werdest gehen,	du würdest gehen,
du wirst laden	du werdest laden	du würdest laden
er wird spielen,	er werde spielen,	
er wird gehen,	er werde gehen,	
er wird laden	er werde laden	
wir werden spielen,	wir werden spielen,	wir würden spielen,
wir werden gehen,	wir werden gehen,	wir würden gehen,
wir werden laden	wir werden laden	wir würden laden
ihr werdet spielen,	ihr werdet spielen,	ihr würdet spielen,
ihr werdet gehen,	ihr werdet gehen,	ihr würdet gehen,
ihr werdet laden	ihr werdet laden	ihr würdet laden
sie werden spielen,	sie werden spielen,	sie würden spielen,
sie werden gehen,	sie werden gehen,	sie würden gehen,
sie werden laden	sie werden laden	sie würden laden

GRAMMATIK
Verben und Konjugation

> (!) Machen Sie es sich bitte nicht zu einfach. Die Umschreibung mit *würde* ist zwar korrekt und manchmal unvermeidlich, aber kein schönes Deutsch. **Deshalb benutzen Sie im Schriftlichen ruhig den Konjunktiv II, wo immer es möglich ist.**
>
> Der Differenzbetrag **betrüge** (besser als: würde ... betragen) nur 45,45 Euro.
>
> Nach kurzem Überlegen sagte sie, sie **böte** (besser als: würde ... bieten) ihm das Doppelte, wenn er ...
>
> Wenn ich jetzt **weiterläse**, **schliefe** ich **ein**. (Besser als: Wenn ich jetzt weiterlesen würde, würde ich einschlafen.)

Manchmal lässt sich die **Häufung von *würde*** auch durch eine andere Wortwahl vermeiden, z. B. indem man ein Modalverb benutzt:

Wenn er jetzt das Radio einschalten **würde**, **würde** er die Staumeldungen hören.
Besser: Wenn er jetzt das Radio einschalten **würde**, **könnte** er die Staumeldungen hören.

Falls das Ehepaar Maier sich eines Tages endgültig trennen **würde**, **würden** die Kinder sicher beim Vater wohnen.
Besser: Falls sich das Ehepaar Maier eines Tages endgültig trennen **sollte**, **würden** die Kinder sicher beim Vater wohnen.

Oder ziehen Sie die *würde*-Umschreibungen weiter auseinander durch **Umstellung des Satzes**:

Wenn sie ihn lieben **würde**, **würde** sie ihn anrufen.
Besser: Sie **würde** ihn anrufen, wenn sie ihn lieben **würde**.

GRAMMATIK
Verben und Konjugation

(!) Sofern im Hauptsatz eine eindeutige Konjunktiv-II-Form oder Ersatzform mit *würde* steht, können Sie bei **Konditionalsätzen** (*Wenn*-Sätzen) ruhig auch mal ein schwaches Verb im Konjunktiv II stehen lassen, auch wenn die Form wie das Präteritum aussieht. Denn die Konjunktiv-II-Form im Hauptsatz zeigt an, dass auch das schwache Verb in diesem Fall ein Konjunktiv II ist:

Sie würde ihn anrufen / riefe ihn an, wenn sie ihn **liebte**.

Er würde ihr etwas schenken, wenn sie ihn **liebte**.

Seine Tochter würde Luftsprünge machen, wenn er ihr endlich ein Auto **schenkte**.

Ich äße ja gerne auch mal Karamellbonbons, wenn sie nur nicht so an den Zähnen **klebten**.

→ siehe R 140 (Konditionalsätze)

Stände oder *stünde* ich im Regen? – Verben mit schwierigen Konjunktiv-II-Formen (134)

Bei manchen starken Verben wurden die Formen des Konjunktivs II mit der Zeit durch Formen mit einem anderen Umlaut ersetzt, bei manchen starken Verben sind zwei Formen richtig. Die wichtigsten:

Konjunktiv II: unregelmäßige und schwierige Verben		
Infinitiv	Indikativ Präteritum	Konjunktiv II
befehlen	befahl	befähle / beföhle
beginnen	begann	begänne / seltener: begönne
brauchen	brauchte	brauchte (siehe unten)

GRAMMATIK
Verben und Konjugation

empfehlen	empfahl	empfähle / empföhle
ersinnen	ersann	ersänne / selten: ersönne
gelten	galt	gälte / selten: gölte
gewinnen	gewann	gewänne / gewönne
heben	hob	höbe / hübe
helfen	half	hülfe / seltener: hälfe
kennen	kannte	kennte
mögen	mochte	möchte (siehe unten)
nennen	nannte	nennte
rinnen	rann	ränne / rönne
schwimmen	schwamm	schwömme / seltener: schwämme
schwören	schwor	schwüre / seltener: schwöre
sinnen	sann	sänne / veraltet: sönne
spinnen	spann	spänne / spönne
stehen	stand	stände / stünde
stehlen	stahl	stähle / veraltet: stöhle
sterben	starb	stürbe
verderben	verdarb	verdürbe
werben	warb	würbe
werfen	warf	würfe

(!) Da **brauchen** ein regelmäßiges Verb ist, hat der Konjunktiv II Präteritum keinen Umlaut; die Form **bräuchte** ist also falsch! Richtig ist nur:

Er ~~bräuchte~~ **brauchte** nur ein wenig zu üben, dann könnte er das auch.

(💡) Bei den **Modalverben *dürfen, können*** und ***müssen*** wird immer der **Konjunktiv II** Präteritum verwendet und nicht mit *würde* + Infinitiv umschrieben. Gleiches gilt auch für die Verben ***haben*** und ***sein***:

GRAMMATIK
Verben und Konjugation

Die Systemumstellung **dürfte** keine größeren Probleme verursachen, aber sie **könnte** länger als geplant dauern.

Wenn er **müsste**, **wäre** das Kochen kein Problem für ihn.

Die neue Produktionslinie **hätte** einen entscheidenden Vorteil: Sie **wäre** kostengünstiger.

Die Konjunktiv-II-Formen von **mögen** lauten *ich möchte, möchtest, er/sie/ es möchte, wir möchten, ihr möchtet, sie möchten*. Sie werden jedoch häufig gar nicht als Konjunktiv empfunden, sondern als höflicher Ersatz für das Verb **wollen**:

Ich will einkaufen gehen. → Ich **möchte** einkaufen gehen.

Surfen und *mailen* – Konjugation englischer Verben 135

Verben, die aus dem Englischen übernommen wurden, werden wie **schwache** deutsche Verben konjugiert (→ R 125). Beispiele:

Infinitiv	ich ...	ich habe ...	Bedeutung
airbrushen	airbrushe	geairbrusht	mit einer Spritzpistole künstlerisch arbeiten
bloggen	blogge	gebloggt	an einem Weblog schreiben
brainstormen	brainstorme	gebrainstormt	spontane Einfälle sammeln
briefen	briefe	gebrieft	einweisen, informieren
canceln	canc(e)le	gecancelt	absagen, abblasen
chatten	chatte	gechattet	sich im Internet unterhalten
chillen	chille	gechillt	sich entspannen, abschlaffen

GRAMMATIK
Verben und Konjugation

committen	committe	committet	sich verpflichten (die Vorsilbe com- ist untrennbar mit dem Verb verbunden)
downloaden	downloade	downgeloadet	Dateien herunterladen (die Vorsilbe **down-** ist untrennbar mit dem Verb verbunden)
earmarken	earmarke	geearmarkt	im Voraus verfügen, bestimmen
googeln	goog(e)le	gegoogelt	die Internet-Suchmaschine Google® benutzen
jobben	jobbe	gejobbt	eine Gelegenheitsarbeit ausüben, z. B. Ferienjob
joggen	jogge	gejoggt	einen Dauerlauf machen
kidnappen	kidnappe	gekidnappt	entführen
mailen	maile	gemailt	elektronische Post (E-Mail) versenden
netsurfen	netsurfe	genetsurft	im Internet nach Informationen suchen
posten	poste	gepostet	ins Internet stellen
puschen / pushen	ich pusche / pushe	gepuscht / gepusht	vorwärts-/voranbringen, antreiben, propagieren
recyclen / recyceln	recycle / recycele Präteritum: recyclete / recycelte	recyclet / recycelt	wiederverwerten (die Vorsilbe **re-** ist untrennbar mit dem Verb verbunden) bei prädikativem Gebrauch am Ende eines Satzes auch in englischer Schreibweise: Das Papier ist recycled / recyclet / recycelt. **Aber:** recycletes / recyceltes Papier

GRAMMATIK
Verben und Konjugation

relaxen	relaxe	relaxt	entspannen, ausruhen (die Vorsilbe **re-** ist untrennbar mit dem Verb verbunden)
			bei prädikativem Gebrauch am Ende eines Satzes auch in englischer Schreibweise: Ich bin total relaxed / relaxt.
			Aber: ein relaxter Mensch
snowboarden	snowboarde	gesnowboardet	mit dem Snowboard fahren
surfen	surfe	gesurft	wellenreiten, im Internet nach Informationen suchen
toppen	toppe	getoppt	übertreffen
upgraden	upgrade	upgegradet	aufwerten (die Vorsilbe **up-** ist untrennbar mit dem Verb verbunden)
windsurfen	windsurfe	windgesurft	surfen

Zur Bildung des **Partizips II bei englischen Verben** → siehe auch R 212

GRAMMATIK
Adverbien und Präpositionen

Adverbien und Präpositionen

TESTEN SIE IHR WISSEN

1 Sind Sie steigerungsfähig?
Ersetzen Sie in den folgenden Sätzen die fett gedruckten Adverbien durch die jeweils in der dahinterstehenden Klammer angegebene Form.

a) Dein Geschenk hat mich **sehr** (Superlativ: _____) gefreut.
b) Du solltest **oft** (Komparativ: _____ / _____) schwimmen gehen.
c) Ich trinke **gern** (Komparativ: _____) Rotwein.
d) Unsere Katze fühlt sich **wohl** (Superlativ: _____) in ihrem Korb.
e) Ich denke, sie wird **bald** (Komparativ: _____ / _____) kommen.

2 Wie der Herr, so der Hund
Welche zwei Wörter stimmen hier nicht? Korrigieren Sie sie.

Diese Ticks hat mein Hund jetzt öfters, aber sonst verhält er sich durchwegs normal.

3 Zerreißprobe
Sie werden von Ihrem Partner gefragt, ob sie zur Geburtstagsfeier eines Freundes mitkommen. Welche Antworten sind garantiert falsch? Kreuzen Sie an.

a) Da hab ich keine Lust zu.
b) Da weiß ich nichts von.
c) Da hab ich keine Zeit für.
d) Da gehen wir hin.

4 Pronominaladverbien: noch mehr davon
Formulieren Sie die Sätze standardsprachlich korrekt:

a) Mir fällt gerade nichts ein, mit dem man ihr eine Freude machen könnte.
b) Auf was warten wir noch, gehen wir endlich!
c) Jemand hat Sauerkraut gekocht, im ganzen Haus riecht es nach ihm.

GRAMMATIK
Adverbien und Präpositionen

d) Ich weiß nicht, über was er sich so geärgert hat.
e) Mit was hast du die Soße gewürzt?

5 Märchenhafte Präpositionen
Ergänzen Sie die richtigen Endungen.

Dornröschen krabbelte entlang d__ Dornengestrüpp__, das d__ Schlossgraben entlang wucherte. „Röslein, Röslein an d__ Wand", quakte der Froschkönig noch, bevor Dornröschen ihn an d__ Wand warf.

6 Ärger mit dem Chef
Zwei grammatische Schnitzer gilt es hier zu korrigieren. Finden Sie die Fehler?

Mein Chef, wegen dem ich meinen Urlaub verschob, ist heute selbst in Urlaub gegangen. Aber nicht nur ich, auch andere mussten wegen ihm ihre Pläne ändern.

LÖSUNGEN

1 a) am meisten, **b)** öfter / häufiger, **c)** lieber, **d)** am wohlsten, **e)** eher / früher • **2** öfters öfter, durchwegs durchweg • **3** a), b) und c); korrekt wäre: **a)** Dazu hab ich keine Lust. **b)** Davon weiß ich nichts. **c)** Dafür hab ich keine Zeit. • **4 a)** ...womit man ihr ... **b)** Worauf warten wir ... **c)** ... riecht es danach. **d)** ... worüber er sich ... **e)** Womit hast du ... • **5** des Dornengestrüpps / dem Dornengestrüpp, den , der, die • **6** Mein Chef, dessentwegen ich ...; mussten seinetwegen ihre...

GRAMMATIK
Adverbien und Präpositionen

> **Die Unveränderbaren**
>
> Dieses Kapitel widmet sich erfrischend unkomplizierten Wörtern: den unveränderbaren. Aber freuen Sie sich nicht zu sehr, denn diese Wörter verändern zwar nicht ihre eigene Form, wohl aber die Form der Wörter in ihrer Umgebung.

136 Immer *öfter*, aber nicht *noch und nöcher* – Adverbien

Adverbien kennzeichnen die Umstände, unter denen eine Handlung stattfindet. Deshalb werden sie auch als Umstandswörter bezeichnet:

Das Adverb kann sich beziehen auf:

ein Verb: Schauspieler müssen **manchmal** improvisieren.
ein Adjektiv: Sie ist **immer** fleißig.
ein Adverb: Das kann **sehr** bald geschehen.
ein Nomen: Das Haus **dort** ist groß.
einen Satz: Leider können wir nicht kommen.

Auch **Adjektive** werden manchmal adverbial gebraucht und haben dann keine Flexionsendung: Es regnet stark.

Umgekehrt können aber Adverbien nicht wie attributive Adjektive gebraucht werden, sie können also nicht einem Nomen vorangestellt und dekliniert werden.

Wir hoffen, dass er bald ankommt.
Seine Ankunft ist sicherlich bald.
Aber nicht: Wir erwarten seine balde Ankunft.

Aus dem Adverb *bald* kann aber, wie aus vielen anderen temporalen Adverbien auch durch die Endung *-ig* ein Adjektiv werden. Dann ist der attributive Gebrauch vor einem Nomen möglich:

seine **baldige** Ankunft

GRAMMATIK
Adverbien und Präpositionen

gestern → gestrig; heute → heutig; bisher → bisherig, jetzt → jetzig ...

Viele Adverbien haben die Endung -s:

abend**s**, allerding**s**, dienstag**s**, meisten**s**, mindesten**s**, neuerding**s**, nirgend**s**, rückling**s**, rückwärt**s**, spätesten**s**, unterweg**s**, vollend**s** ...

(!) An Wörter, die bereits Adverbien sind, darf kein zusätzliches **-s** angefügt werden:
öfter, durchweg, ferner, weiter ...
Die Formen öfter**s**, durchweg**s**, ferner**s**, weiter**s** sind umgangssprachlich.

Viele Adverbien haben die Endung -(er)maßen:

beschränktermaßen, einigermaßen, dermaßen, folgendermaßen, gewissermaßen, verdientermaßen, zugegebenermaßen ...

Viele Adverbien werden mit der Endung -(er)weise gebildet:

anerkennenswerterweise, ärgerlicherweise, ausschnittsweise, ersatzweise, korrekterweise, möglicherweise, teilweise ...

Manche dieser **Adverbien auf -weise** können **wie Adjektive** verwendet werden, wenn sie von Nomen abgeleitet wurden. Sie stehen dann attributiv vor einem Nomen und werden dekliniert. Das Nomen, auf das sie sich beziehen, muss ein Geschehen oder eine Handlung ausdrücken, also ein so genanntes Verbalsubstantiv sein:

ein schrittweis**er** Abbau (Handlung: *schrittweise abbauen*)
ein teilweis**er** Rückgang (Geschehen: *teilweise zurückgehen*)
ein stückweis**er** Verkauf (Handlung: *stückweise verkaufen*)

Aber nicht: ~~eine teilweise Intelligenz, ein stückweiser Preis~~ → R 176

GRAMMATIK
Adverbien und Präpositionen

> **(!)** **Adverbien bilden keine Vergleichsformen** (→ R 110, 111). Es gibt nur die folgenden **Ausnahmen**:
>
> | | | |
> |---|---|---|
> | oft | öfter / häufiger | am öftesten/am häufigsten |
> | wohl | wohler | am wohlsten |
> | bald | eher / früher | am ehesten / frühesten |
> | gerne | lieber (**nicht:** ~~gerner~~) | am liebsten (**nicht:** ~~am gernsten~~) |
> | sehr | mehr | am meisten |
>
> Das Adverb *noch* kann nicht gesteigert werden. Die Form *nöcher* in dem idiomatischen Ausdruck *noch und nöcher* ist also grammatisch nicht korrekt.

137 *Worüber* wollen wir reden? *Darüber!* – Pronominaladverbien

Pronominaladverbien werden aus der Verbindung von **da-, hier-, wo-** + **Präposition** gebildet. (Deshalb werden sie auch Präpositionaladverbien genannt). Manchmal wird wegen der besseren Aussprache noch ein **Fugen-r** dazwischengesetzt. Die heute gebräuchlichen Pronominaladverbien sind:

- dabei, dafür, dadurch, dagegen, dahinter, damit, danach, daneben, daran, darauf, daraus, darin, darüber, darum, darunter, davon, davor, dazu, dazwischen …

- hierbei, hierfür, hierdurch, (hiergegen), (hierhinter), hiermit, hiernach, (hierneben), hieran, hierauf, hieraus, hierin, hierüber, (hierum), hierunter, hiervon, (hiervor), hierzu, (hierzwischen) …

- wobei, wofür, wodurch, wogegen, wohinter, womit, wonach, (woneben), woran, worauf, woraus, worin, worüber, worum, worunter, wovon, wovor, wozu, (wozwischen) …

GRAMMATIK
Adverbien und Präpositionen

Die Pronominaladverbien mit *hier-* werden seltener benutzt als die der anderen beiden Gruppen.

Pronominaladverbien **ersetzen eine Wortgruppe oder einen Sachverhalt.**

Ich möchte mich **über** dieses Thema informieren. → Ich möchte mich **darüber** informieren.
(Das Pronominaladverb *darüber* ersetzt die Wortgruppe „*über dieses Thema*".)

> 💡 Die Verwendung von bloßem *informieren* + **Infinitivgruppe** gilt standardsprachlich als nicht korrekt. Der Sachverhalt, der zur Kenntnis gebracht wird, muss in einem mit *dass* eingeleiteten **Objektsatz** ausgedrückt werden. Also nur:
>
> Bitte informieren Sie die heute nicht anwesenden Kolleginnen und Kollegen **darüber, dass sie** während der Bauarbeiten nur die beiden letzten Reihen des Firmenparkplatzes **benutzen dürfen.**
>
> Und nicht: ~~Bitte informieren Sie die heute nicht anwesenden Kolleginnen und Kollegen, während der Bauarbeiten nur die beiden letzten Reihen des Firmenparkplatzes zu benutzen.~~

Zwischen Gerd und Trudi ist's aus. – **Davon / Darüber** weiß ich nichts.
(Das Pronominaladverb *davon / darüber* ersetzt den im Satz zuvor genannten Sachverhalt, nämlich dass es zwischen Gerd und Trudi aus ist. Man benutzt *davon / darüber*, weil das Verb *wissen* die Präposition *von* oder *über* benötigt.)

Pronominaladverbien können sich nur auf eine Sache oder einen Sachverhalt beziehen, aber **niemals auf eine Person**. Geht es um eine Person, muss, wenn man die Person nicht mehr namentlich nennen möchte, eine **Kombination aus Präposition + Personalpronomen** benutzt werden:

Können Sie mich **über Herrn Meier** informieren? → Können Sie mich **über ihn** informieren?

GRAMMATIK
Adverbien und Präpositionen

In der **Umgangssprache** werden statt der Pronominaladverbien häufig Verbindungen aus **Präposition + *was*** oder ***das*** benutzt (Das ist alles, ~~um was~~ ich euch bitte. Es geht mir nur ~~um das~~.). In der Standardsprache sollten Sie solche Formulierungen jedoch unbedingt vermeiden. Schreiben Sie stattdessen:

Das ist alles, worum ich euch bitte.
Es geht mir nur darum.

> (!) In der gesprochenen Sprache werden Pronominaladverbien häufig zerrissen. Dann steht der erste Teil am Anfang, der zweite am Schluss.
>
> ~~Da habe ich keine Lust zu~~. Richtig ist aber: **Dazu** habe ich keine Lust.
> ~~Da weiß ich nichts von~~. Richtig ist aber: **Davon** weiß ich nichts.
>
> Auch ein doppeltes *da* ist umgangssprachlich verbreitet:
>
> ~~Da habe ich keine Lust d(a)rauf~~. Richtig ist aber: Darauf habe ich keine Lust.
>
> Im Schriftlichen sind solche Konstruktionen nicht erlaubt. **Ausnahmen**: Bei ***daher, dahin, woher, wohin*** wird die Teilung nicht mehr als falsch empfunden:
>
> Da gehen wir hin. / Dahin gehen wir.
> Wo kommt ihr her? / Woher kommt ihr?

138 · *Laut* diesem Bericht – Präpositionen

Präpositionen (Verhältniswörter) setzen Wörter oder Satzteile zueinander in Beziehung und stellen ein Verhältnis zwischen ihnen her:

Der Laptop liegt bereits **auf** dem Tisch.
Wir treffen uns dann **nach** der Pause.

GRAMMATIK
Adverbien und Präpositionen

Während die Präpositionen selbst immer unverändert bleiben, bestimmen sie den Fall des nachfolgenden Nomens oder Pronomens. Sie **regieren** dessen Fall (= Rektion).

Einige Präpositionen dürfen nur mit einem einzigen Fall benutzt werden, andere Präpositionen haben je nach Inhalt mehrere Fälle zur Auswahl. In der folgenden Liste sind die schwierigsten mit Beispielen und Ausnahmen aufgeführt:

- **abzüglich** → Genitiv

    abzüglich aller Kosten, abzüglich eines Rabatts …

    Ein stark dekliniertes Nomen im Singular ohne Begleiter (→ R 89) bleibt jedoch unverändert:
    abzüglich Rabatt (**nicht:** ~~Rabatts~~)

    Ein Nomen ohne Begleiter im Plural steht im Dativ, wenn der Genitiv nicht erkennbar ist:
    abzüglich Geldern aus Spenden (statt: abzüglich Gelder aus Spenden) …

- **anhand** → Genitiv

    anhand meiner Unterlagen

    Steht das nachfolgende Nomen im Plural, ist auch die Konstruktion *anhand von* + Dativ erlaubt:
    anhand von neueren Studien, anhand von Beweisen …

- **anstatt, anstelle / an Stelle**

    Anstatt / Anstelle / An Stelle der Feier gab es nur einen Stehempfang.
    → wie *statt*

- **aufgrund / auf Grund** → Genitiv

    aufgrund / auf Grund des Streiks, aufgrund / auf Grund der widrigen Umstände …

GRAMMATIK
Adverbien und Präpositionen

- **ausschließlich** → Genitiv

  ausschließlich der Reisekosten
  → wie *einschließlich*

- **außer** → Dativ

  alle außer mir, alles außer den Stühlen, außer Frage stehen ...

  Inzwischen wird häufig das Nomen oder Pronomen hinter *außer* in denselben Fall gesetzt wie das Bezugswort, das vor *außer* steht:
  Niemand (Nominativ) kam außer ich (Nominativ) selbst.
  Ich trage keine Schuhe (Akkusativ) außer diese (Akkusativ).

  Außer ist dann allerdings keine Präposition mehr, sondern zur Konjunktion geworden. → R 144

  Außer mit **Genitiv** in der Wendung: außer Landes

- **außerhalb** → Genitiv

  außerhalb des Gebiets, außerhalb unserer Öffnungszeiten ...

- **bis** → Akkusativ

  bis nächsten Monat, bis letztes Jahr ...

  Oft ist der Fall nicht erkennbar:
  bis München, bis morgen, bis 17 Uhr ...
  Bis steht meist zusammen mit einer anderen Präposition, die dann den Fall des folgenden Nomens bzw. Pronomens bestimmt:
  bis zum bitteren Ende, bis vor kurzer Zeit, bis nach Budapest ...

- **dank** → Dativ / Genitiv

  dank seinem beherzten Eingreifen / dank seines beherzten Eingreifens ...

  Bezugswörter im Plural stehen jedoch fast immer im Genitiv:
  dank Ihrer Bemühungen, dank seiner Erfahrungen ...

- **einschließlich** → Genitiv

  einschließlich der gesamten Kosten

GRAMMATIK
Adverbien und Präpositionen

Aber: einschließlich Getränk, einschließlich Getränken
→ wie *abzüglich*

- **entlang** → Genitiv / Dativ

  Zur **Ortsangabe** (wo?) mit Genitiv oder mit Dativ:
  ein entlang des Hauptkanals / entlang dem Hauptkanal gelegenes Werksgelände ...

  Zur **Richtungsangabe** (wohin?) mit Akkusativ; *entlang* steht dann hinter seinem Bezugswort:
  Sie gingen den Fluss entlang.

- **entsprechend** → Dativ

  entsprechend unserem Vorschlag

  Die Verwendung mit Genitiv ist falsch!

- **gemäß** → Dativ

  gemäß unserem Vorbild, gemäß unseren Vereinbarungen, gemäß dieser Regel ...

  Gemäß kann im Singular auch ohne Begleiter benutzt werden:
  gemäß Vorschrift, gemäß Vertrag ...

- **infolge** → Genitiv

  infolge des Unwetters, infolge des Kriegsausbruchs ...

- **inklusive** → Genitiv

  inklusive der Speisen und Getränke

  Aber: inklusive Meerblick, inklusive Handtüchern ...
  → wie *abzüglich*

- **inmitten** → Genitiv

  inmitten der Nacht, inmitten des Getöses ...

GRAMMATIK
Adverbien und Präpositionen

- **innerhalb** → Genitiv

  Innerhalb kann lokale oder zeitliche Bedeutung haben:
  innerhalb eines Tages, innerhalb dieser Räume ...

  Der Dativ steht nur, wenn der Genitiv nicht erkennbar ist.
  innerhalb Tagen, **aber:** innerhalb weniger Tage

  Innerhalb wird inzwischen häufig mit *von* benutzt. Bei Länder- und Ortsnamen muss man häufig sogar *von* benutzen, wenn sich kein eindeutiger Genitiv bilden lässt. Dann folgt das Bezugswort im Dativ:
  innerhalb von zwei Stunden, innerhalb von Paris ...

- **laut** → Genitiv / Dativ

  laut diesem Gutachten / laut dieses Gutachtens

  Ein stark dekliniertes Nomen im Singular ohne Begleiter (→ R 89) bleibt jedoch unverändert:
  laut Gutachten, laut Schreiben vom ...

- **mangels** → Genitiv

  mangels eines Beweises, mangels einer Erlaubnis ...

  Aber: mangels Beispiel, mangels Beweisen ...
  → wie *abzüglich*

- **mithilfe / mit Hilfe** → Genitiv

  mithilfe / mit Hilfe dieses Geräts, mithilfe / mit Hilfe der Kollegen ...

  Mithilfe wird mit *von* verbunden, wenn das nachfolgende Bezugswort im Plural steht und keinen Artikel bei sich hat.
  Mithilfe / mit Hilfe von Spendengeldern

- **mittels** → Genitiv

  mittels eines Krans, mittels der gesammelten Spenden, mittels erneuerbarer Energien ...

  Ein stark dekliniertes Nomen im Singular ohne Begleiter und ohne Attribut bleibt meist unverändert:

GRAMMATIK
Adverbien und Präpositionen

mittels Kran

Im Plural steht der Dativ, wenn der Genitiv nicht erkennbar ist:
mittels Kränen

Nicht korrekt ist die Verwendung von *mittels von*, also nicht: ~~mittels von Kränen~~, sondern nur: mittels Kränen

Der Gebrauch von *mittels* gilt als stilistisch unschön. Besser sind die Präpositionen **mit**, **mithilfe** (von) oder **durch**.

- **samt** → Dativ

  das Unkraut samt Wurzeln / samt den Wurzeln ausreißen, ein Akkuschrauber samt allem Zubehör …

- **statt** → Genitiv

  statt eines Briefs, statt einer Entschuldigung …

  Im Plural steht der Dativ, wenn der Genitiv nicht erkennbar ist:
  statt Vorschlägen

  Statt kann auch als Konjunktion benutzt werden in der Bedeutung *und nicht*: Dann wird das folgende Nomen bzw. Pronomen in denselben Fall gesetzt wie das Bezugswort vor dem Wort *statt*:
  Er sprach mit ihr statt (mit) dir.
  Du musst Oma besuchen statt deinen Freund.

- **trotz** → Genitiv

  trotz seines schlechten Rufs, trotz seiner guten Vorsätze …

  Der Dativ ist noch erhalten in *trotz allem, trotz alledem, trotzdem*. Der Dativ kann außerdem stehen, wenn vor dem nachfolgenden Nomen kein Artikel steht:
  trotz kalten Füßen

  Im Plural steht der Dativ, wenn der Genitiv nicht erkennbar ist:
  trotz Beweisen, trotz Vorschlägen

GRAMMATIK
Adverbien und Präpositionen

- **unter** → Dativ, Akkusativ

    Bei **allgemeinem** Gebrauch mit Dativ:
    unter anderem, unter 18 Jahren ...

    Zur **Ortsangabe** mit Dativ (wo?):
    Unter meinem Bett liegt Staub.

    Zur **Richtungsangabe** mit Akkusativ (wohin?):
    Der Ball ist unter mein Bett gerollt.

    In der Bedeutung von *weniger als* ist unter **Adverb**. Dann richtet sich der Fall des Bezugswortes nach dem Verb. Man könnte *unter* auch weglassen und der Satz ergäbe immer noch einen Sinn:
    Unter 100 Stundenkilometer fahre ich nie.
    Nicht für Jugendliche, die unter 16 Jahre alt sind!

- **während** → Genitiv

    während unseres letzten Urlaubs

    Im Plural steht der Dativ, wenn der Genitiv nicht erkennbar ist:
    während Jahren

- **wegen** → Genitiv

    wegen des guten Programms, wegen ihres Einspruchs ...

    Ein stark dekliniertes Nomen im Singular ohne Begleiter bleibt meist unverändert:
    wegen Todesfall geschlossen

    Im Plural steht der Dativ, wenn der Genitiv nicht erkennbar ist:
    wegen Problemen, wegen Fällen wie dem letzten ...

    Steht *wegen* hinter dem Nomen, steht dieses immer im Genitiv:
    des schönen Wetters wegen

    → siehe auch Tipp weiter unten

GRAMMATIK
Adverbien und Präpositionen

- **willen: um … willen** → Genitiv

    um des lieben Friedens willen, um der Kinder willen …
    → siehe auch Tipp weiter unten

- **zufolge** → Dativ

    Die Präposition zufolge steht fast immer hinter ihrem Bezugswort.
    ihrem Bericht zufolge, deinem Wunsch zufolge …

- **zugunsten / zu Gunsten** → Genitiv

    ein neues Gesetz zugunsten / zu Gunsten der Steuerzahler, zu gunsten / zu Gunsten deiner …

    Zugunsten kann auch mit *von* verbunden werden, wenn das Bezugswort ein Eigenname ist oder ohne Artikel im Plural steht. Dann wird es in den Dativ gesetzt:
    eine Spendenaktion zugunsten / zu Gunsten von Kindern, zugunsten / zu Gunsten von Toby, dem kranken Delphin …

- **zulasten / zu Lasten** → Genitiv

    zulasten / zu Lasten der Gesundheit
    → wie *zugunsten*

- **zuungunsten / zu Ungunsten** → Genitiv

    zuungunsten / zu Ungunsten der Leistungsempfänger
    → wie *zugunsten*

- **zwecks** → Genitiv

    zwecks genauer Überprüfung, zwecks einer Aussage …

    Zwecks ist ein Wort der Behördensprache (Amtssprache). In normaler Standardsprache sollte diese Präposition nicht verwendet werden. Man umschreibt besser oder verwendet *zu*:

    zur genauen Überprüfung, um eine Aussage zu machen …

GRAMMATIK
Adverbien und Präpositionen

(!) Bei der Präposition **wegen** tritt etwas Besonderes ein, wenn sie in Verbindung mit einem Personalpronomen oder Demonstrativpronomen auftaucht: Sie verbindet sich mit ihm zu einem Adverb:

- **wegen + Personalpronomen:**
  meinetwegen, deinetwegen, ihretwegen, seinetwegen, unseretwegen, euretwegen, ihretwegen
- **wegen + Demonstrativ-/Relativpronomen:**
  dere(n)twegen (3. Person Singular Femininum und 3. Person Plural), dessentwegen (3. Person Singular Maskulinum und Neutrum)

Ihretwegen (nicht: ~~wegen ihr~~) hat er den Urlaub verschoben.

Unseretwegen (nicht: ~~wegen uns~~) müsst ihr nicht bleiben.

Mein Chef, **dessentwegen** (nicht: ~~wegen dem~~) ich meinen Urlaub verschob, ist heute selbst in Urlaub gegangen.

Bei **um ... willen** passiert dasselbe wie bei *wegen*:

- **um ... willen + Personalpronomen:**
  um meinetwillen, deinetwillen, ihretwillen, seinetwillen, unseretwillen, euretwillen, ihretwillen
- **um ... willen + Demonstrativ-/Relativpronomen:**
  um dere(n)twillen (3. Person Singular Femininum und 3. Person Plural), dessentwillen (3. Person Singular Maskulinum und Neutrum)

Die geteilte Präposition *um ... willen* wird nicht mehr sehr häufig benutzt. Stattdessen verwendet man häufig die nachgestellte Präposition *zuliebe*.

Bitte bleib noch **um meinetwillen**. = Bitte bleib noch **mir zuliebe**.

(!) Auch wenn Sie im Alltag häufig Formulierungen wie **wegen mir, wegen ihr, wegen euch** hören – die korrekten Formen für *wegen* + Personalpronomen sind immer noch die zusammengezogenen.

GRAMMATIK
Prädikate und Satzbau

Prädikate und Satzbau

TESTEN SIE IHR WISSEN

1 Millionengewinn
Jörg erzählt: „Ich habe eine Million im Lotto gewonnen!" Natürlich macht diese Neuigkeit schnell die Runde. Welche der folgenden Formulierungen ist umgangssprachlich, welche ist neutral und bei welcher bringt der Sprecher Zweifel an Jörgs Aussage zum Ausdruck? Ordnen Sie zu:

1. Er sagt, er hätte eine Million im Lotto gewonnen.   a) umgangssprachlich
2. Er sagt, er habe eine Million im Lotto gewonnen.   b) neutral
3. Er sagt, er hat eine Million im Lotto gewonnen.   c) zweifelnd

2 Grillparty
Gegen den folgenden Vorschlag ist nichts einzuwenden, stimmt aber auch die Grammatik?

Wenn am Samstag schönes Wetter ist, könnten wir grillen.

3 Hinterher ist man meist klüger
Mit welchem Satz können Sie sich eine Unachtsamkeit grammatisch richtig eingestehen?

   „Heute weiß ich, ...

a) dass ich in dieser Kurve hätte langsamer fahren müssen.
b) dass ich in dieser Kurve langsamer fahren gemusst hätte.
c) dass ich in dieser Kurve langsamer fahren müssen hätte.

4 Selbst ist der Mann
Welcher der beiden Sätze ist nicht nur inhaltlich, sondern auch grammatisch richtig formuliert?

a) Du hättest mir nicht beim Rasenmähen zu helfen brauchen.
b) Du hättest mir nicht beim Rasenmähen zu helfen gebraucht.

GRAMMATIK
Prädikate und Satzbau

5 Beredtes Schweigen
Schweigen ist zwar Gold, aber die Grammatik sollte stimmen. Ein Wort im folgenden Satz ist falsch. Können Sie es korrigieren?

Wie er ins Zimmer trat, verstummte sofort das Gespräch.

6 Bazillenschleuder
Der folgende Satz enthält zwei grammatische Fehler. Wie muss der Satz korrekt lauten?

Ich komme zum Dienst, trotzdem ich erkältet bin, weil ich bin ein Arbeitstier!

7 Zeit ist Geld
Ein Wort im folgenden Satz ist falsch. Können Sie es korrigieren?

Der spätere Termin wäre insoweit ideal, weil wir dann noch ein paar Tage Vorbereitungszeit hätten.

LÖSUNGEN

1 1 c), 2 b), 3 a) • **2** Standardsprachlich nicht zulässige Vermischung von Indikativ und Konjunktiv II im Konditionalsatz; korrekt nur: … wäre, könnten wir … oder … ist, können wir … • **3** a) • **4** a), bei modifizierendem „brauchen" in zusammengesetzten Zeiten steht Infinitiv + zu + brauchen • **5** Korrekt: Als er ins Zimmer trat … • **6** Ich komme zum Dienst, obwohl ich erkältet bin, weil ich ein Arbeitstier bin. • **7** Korrekt: … insoweit ideal, dass …

GRAMMATIK
Prädikate und Satzbau

Das anspruchsvolle Prädikat

Verben bilden als Prädikate das Zentrum deutscher Sätze. Um dieses Zentrum drehen sich alle anderen Satzglieder. Kein Wunder, dass einem dabei manchmal schwindelig wird. Prädikate können uns auch ganz schön zu schaffen machen. Sie bestehen nämlich nicht immer nur harmlos aus einem einzigen Wort. Bei zusammengesetzten Zeiten kommen ganz schnell vier Prädikatsbestandteile zusammen: Das hätte (Prädikat, Teil 1) uns doch längst beigebracht (Prädikat, Teil 2) werden (Prädikat, Teil 3) müssen (Prädikat, Teil 4)!

139 Er sagt, er *habe* geschrieben oder er *hat* geschrieben? – indirekte Rede

Der häufigste Anwendungsbereich für den Konjunktiv (→ Konjunktivformen, R 133) ist die indirekte Rede. Indirekte Rede hängt meist von einem Verb des Sagens, Fragens, Denkens oder Hoffens ab, z. B.: behaupten, berichten, denken, sich erkundigen, erzählen, fragen, hoffen, meinen, sagen, schreiben, wissen, bezweifeln.

Die **indirekte Rede** wird in der Regel mit dem **Konjunktiv I** ausgedrückt:

- **bei Aussagesätzen:** indirekte Rede beginnt mit *dass* oder ohne Einleitewort:

  Direkte Rede – Indikativ:
  Paul sagt: „Anna schreibt eine E-Mail."

  Indirekte Rede – Konjunktiv I:
  Paul sagt, Anna schreibe einen Brief. / Paul sagt, dass Anna einen Brief schreibe.

- **bei Fragesätzen mit einleitendem Fragewort:**

  Direkte Rede – Indikativ:
  Anna fragt Paul: „Wann kommst du?"

Indirekte Rede – Konjunktiv I:
Anna fragt Paul, wann er komme.

- **bei Entscheidungs- und Wahlfragen (Ja-/Nein-Fragen):** Einleitung der indirekten Rede mit der Konjunktion **ob**:

  Direkte Rede – Indikativ:
  Anna fragt: „Kommst du?"

  Indirekte Rede – Konjunktiv I:
  Anna fragt, ob Paul komme.

- **bei Aufforderungssätzen:** Konjunktiv I von ***sollen / mögen*** + Infinitiv in der indirekten Rede:

  Direkte Rede – Indikativ:
  Paul bittet Anna: „Schreib eine E-Mail."

  Indirekte Rede – Konjunktiv I:
  Paul bittet Anna, sie solle / möge eine E-Mail schreiben.

Häufig sind die Formen des Konjunktivs I identisch mit Indikativ-Formen (→ R 133). Dann wird zur eindeutigen Kennzeichnung der indirekten Rede der **Konjunktiv II** oder, wenn auch die Konjunktiv-II-Form wie eine Indikativ-Form aussieht, ersatzweise die ***würde*-Form** benutzt.

Er fragt, ob sie zu Hause gegessen hätten.
(Die Konjunktiv-I-Form lautet *sie haben* und ist identisch mit dem Indikativ Präsens. Also benutzt man den Konjunktiv II: *sie hätten*.)

Sie sagten, sie würden ihn unterstützen.
(Die Konjunktiv-I-Form lautet *sie unterstützen* und ist identisch mit dem Indikativ Präsens. Die Konjunktiv-II-Form lautet *sie unterstützten* und ist identisch mit dem Indikativ Präteritum. Also kann der Konjunktiv nur durch die Umschreibung mit *würde* erkennbar gemacht werden.)

Folgende Umformungen sind bei der indirekten Rede mit dem Konjunktiv I am häufigsten:

GRAMMATIK
Prädikate und Satzbau

Der Politiker sagt:	In der Zeitung steht die indirekte Rede:
Präsens	**Konjunktiv I Präsens**
„Ich habe zu viele politische Gegner. Ich höre auf."	Er erklärte, dass er zu viele politische Gegner **habe** / er **habe** zu viele politische Gegner und dass er **aufhöre** / und er **höre auf**.
Perfekt oder Präteritum	**Konjunktiv I Perfekt**
„Ich habe mein Amt niedergelegt." / „Ich legte mein Amt nieder."	Er erklärte, dass er sein Amt niedergelegt **habe** / er **habe** sein Amt niedergelegt.
Futur I	**Konjunktiv Futur I**
„Ich werde mich aus der Politik verabschieden."	Er erklärte, dass er sich aus der Politik verabschieden **werde** / er **werde** sich aus der Politik verabschieden.

Wenn die Form des Konjunktivs I mit der Indikativform übereinstimmt, muss eine **Konjunktiv-II-Form** bzw. die **Ersatzform mit *würde*** benutzt werden, z. B. bei der 1. Person Singular (→ R 133):

Der Politiker sagt bei der Pressekonferenz:	Der Politiker erzählt später in seinen Memoiren:
Präsens	**Konjunktiv II Präteritum bzw. Ersatzform mit *würde* bei schwachen Verben**
„Ich habe zu viele politische Gegner. Ich höre auf."	Ich erklärte, dass ich zu viele politische Gegner **hätte** / ich **hätte** zu viele politische Gegner. Ich **würde aufhören**.

GRAMMATIK
Prädikate und Satzbau

Perfekt oder Präteritum	Konjunktiv II Plusquamperfekt
„Ich habe mein Amt niedergelegt." / „Ich legte mein Amt nieder."	Ich sagte bei der Pressekonferenz, dass ich mein Amt niedergelegt **hätte** / ich **hätte** mein Amt niedergelegt.
Futur I	**Ersatzform mit** *würde*
„Ich werde mich aus der Politik verabschieden."	Ich erklärte, dass ich mich aus der Politik verabschieden **würde** / ich **würde** mich aus der Politik verabschieden.

Steht bereits in der direkten Rede der Konjunktiv II, muss er auch in der indirekten Rede verwendet werden:

Direkte Rede	Indirekte Rede
„Ich bliebe gerne weiterhin Vorsitzender, wenn man mich ließe."	Er sagte, er **bliebe** gerne weiterhin Vorsitzender, wenn man ihn **ließe**.
„Ich würde mich gerne zur Wiederwahl stellen, wenn ich genügend Unterstützer hätte."	Er sagte, er **würde** sich gerne zur Wiederwahl stellen, wenn er genügend Unterstützer **hätte**.
„Ich hätte den Vorsitz übernommen, wenn man ihn mir angeboten hätte."	Er **hätte** den Vorsitz übernommen, wenn man ihn ihm angeboten **hätte**.

→ siehe auch R 140 (Konditionalsätze)

Auch **wenn man bezweifelt**, dass es stimmt, was jemand anders gesagt hat, benutzt man den Konjunktiv II:

Herr Hinterhofer sagt, er **hätte** noch keine grauen Haare.
(Er hat bestimmt seine Haare gefärbt.)

Unser Chef behauptet, er **hätte** uns neulich bereits darüber informiert.
(Der Chef behauptet, dass er uns informiert hat, aber ich bezweifle es stark.)

GRAMMATIK
Prädikate und Satzbau

Bei der indirekten Rede muss auch die zeitliche Einordnung des Nebensatzes im Verhältnis zum Hauptsatz beachtet werden.

Zeitenfolge in der indirekten Rede, bezogen auf den Hauptsatz:

- **Gleichzeitigkeit:** Die Handlung der indirekten Rede findet gleichzeitig statt → Konjunktiv I oder Konjunktiv II

  Er sagte, er arbeite an einem neuen Projekt.

- **Vorzeitigkeit:** Die Handlung der indirekten Rede fand schon vorher statt → Konjunktiv I Perfekt (Konjunktiv I von *haben / sein* + Partizip II) bzw. Konjunktiv Plusquamperfekt (Konjunktiv II von *haben / sein* + Partizip II)

  Er sagte, er habe an einem schwierigen Projekt gearbeitet.
  Ich sagte, ich hätte an einem schwierigen Projekt gearbeitet.

- **Nachzeitigkeit:** Die Handlung der indirekten Rede findet erst später statt → Konjunktiv Futur (Konjunktiv I bzw. II von *werden* + Infinitiv)

  Er sagte, er **werde** bald ein neues Projekt beginnen.
  Ich sagte, ich **würde** bald ein neues Projekt beginnen.

💡 Der **Konjunktiv I** wird heute fast nur noch in der Standardsprache sowie bei der Berichterstattung in Radio und Fernsehen verwendet. Im Alltag dürfen Sie nach den Verben, die die indirekte Rede einleiten, auch den Indikativ benutzen, weil der Satz in der Regel auch ohne Konjunktivform als indirekte Rede verstanden wird.

Mein Chef hat gesagt, dass morgen eine Versammlung stattfindet.
Klara hat erzählt, dass Sebastian ihr einen Brief geschrieben hat.
Anke hat gefragt, ob sie vorbeikommen kann.
Sie sagt, sie kommt in einer halben Stunde.

GRAMMATIK
Prädikate und Satzbau

Wenn er mir geschrieben hätte – Konditionalsätze

Konditionalsätze (Bedingungssätze) werden mit dem Indikativ oder mit dem Konjunktiv gebildet. Meist werden sie durch die Konjunktionen **falls, sofern, wenn** eingeleitet. Es gilt folgende **Regel**: Entweder steht in Haupt- und Konditionalsatz der Indikativ oder es steht in beiden Sätzen der Konjunktiv II.

Der **Indikativ** wird in Haupt- und Nebensatz verwendet, wenn das Konditionalgefüge eine **reale** oder **mögliche** Folge oder Bedingung ausdrückt:

Wenn du vor acht **kommst, kannst** du mit uns essen.
Wenn ich Zeit **finde, komme** ich vorbei.

Der **Konjunktiv II** wird in Haupt- und Nebensatz verwendet, wenn das Konditionalgefüge eine eher **irreale** oder **unmögliche** Bedingung und Folge ausdrückt. Dabei benutzt man den Konjunktiv II Präteritum, wenn man von einer irrealen / unmöglichen Situation in der Gegenwart spricht:

Wenn du vor acht **kämst, könntest** du mit uns essen.
(Aber du kommst wahrscheinlich nicht vor acht.)

Wenn ich Zeit **fände, käme** ich vorbei.
(Aber ich finde wahrscheinlich keine Zeit.)

Der **Konjunktiv II Plusquamperfekt** (Konjunktiv II von *sein* oder *haben* + Partizip II) wird verwendet, wenn man von einer **irrealen / unmöglichen** Situation in der Vergangenheit spricht. Es ist ausgeschlossen, dass die Situation noch eintritt.

Wenn du vor acht **gekommen wärst, hättest** du mit uns essen **können**.
(Aber du bist nicht vor acht gekommen und konntest nicht mit uns essen.)

Wenn ich Zeit **gefunden hätte, wäre** ich **vorbeigekommen**.
(Aber ich fand keine Zeit und bin nicht vorbeigekommen.)

Der **Konjunktiv II Plusquamperfekt** wird sogar verwendet, wenn es unmöglich ist, dass etwas in der Zukunft eintritt:

GRAMMATIK
Prädikate und Satzbau

Wenn du **gekommen wärst**, **hättest** du morgen mit uns schwimmen gehen **können**.
(Aber du bist nicht gekommen und es ist unmöglich, dass du noch kommst. Also kannst du morgen nicht mit uns schwimmen gehen.)

Zu den Ersatzformen mit **würde** → R 133

> (!) **Indikativ und Konjunktiv II** dürfen bei Satzgefügen mit Konditionalsätzen **nicht vermischt werden**, auch wenn dies in der Umgangssprache manchmal passiert.
> Der Satz "~~Wenn besseres Wetter ist, könnten wir im See schwimmen~~" ist also falsch!
> Richtig ist: „Wenn besseres Wetter wäre, könnten wir im See schwimmen."
> Oder: „Wenn besseres Wetter ist, können wir im See schwimmen."

141 Das hätte er mir *schreiben sollen* – Modalverben bei den zusammengesetzten Zeiten

Im Hauptsatz steht ein Modalverb in den **einfachen Zeiten** (Präsens, Präteritum) stets **vor den dazugehörigen Infinitiven**:

Er **muss** / **musste** / **müsste** schnell eine neue Arbeitsstelle finden.
Sie **sollte** ihn nicht so einfach gehen lassen.
Er **mochte** nicht darüber reden.

In den **zusammengesetzten Zeiten** (Perfekt, Plusquamperfekt, Futur I und Futur II) stehen die konjugierten Formen des Hilfsverbs (*haben*, *werden*) an erster Stelle, am Ende stehen die Infinitive des Vollverbs und des Modalverbs:

GRAMMATIK
Prädikate und Satzbau

Er **hat / hatte / hätte** schnell eine Arbeitsstelle **finden müssen**.
Er **wird / würde** so schnell keine Arbeitsstelle **finden können**.
Sie **hätte** ihn nicht so einfach **gehen lassen dürfen**.

Bei Sätzen im **Futur II Aktiv** oder im **Passiv** steht das Partizip Perfekt noch vor den Infinitiven:

Ich werde das Buch bis morgen Abend **zurückgebracht haben müssen**, sonst verlangt die Bücherei Säumnisgebühr.

Treten im **Perfekt, Plusquamperfekt** oder im **Futur II** Vollverben kombiniert mit Modalverben auf, wird nicht das Partizip Perfekt, sondern der **Infinitiv des Modalverbs** benutzt:

Du hättest ein Taxi nehmen **sollen** (**nicht:** ~~gesollt~~).
Sie hat das Eis nicht essen **mögen** (**nicht:** ~~gemocht~~).
Dir ist doch wohl klar, dass ich dann ein Bußgeld hätte bezahlen **können** (**nicht:** ~~gekonnt~~).
Bis morgen werde ich mir die Sache überlegt haben **müssen** (**nicht:** ~~gemusst~~).

Eher **umgangssprachlich** ist der Verzicht auf das Vollverb. Dann allerdings wird im Perfekt, Plusquamperfekt und im Futur II das **Partizip Perfekt** des Modalverbs verwendet:

Er hat nach Hause **gemusst**.
Sie hat nicht ins Kino **gewollt/gemocht**.
Sie wird nicht früher aus dem Büro **gekonnt** haben.

Das hättest du nicht *zu tun brauchen* – das Verb *brauchen* + Infinitiv in zusammengesetzten Zeiten

142

Das Verb **brauchen** hat, wenn es verneint wird und gemeinsam mit einem Infinitiv eines Vollverbs auftritt, eine **modifizierende Bedeutung**. Dann entspricht seine Bedeutung einem eingeschränkten oder verneinten

GRAMMATIK
Prädikate und Satzbau

müssen. In dieser Bedeutung muss der **Infinitiv** des nachfolgenden Vollverbs **mit zu** angeschlossen werden.

Du **brauchst** heute nicht mehr **zu kochen**.
(**Nicht:** ~~Du brauchst heute nicht kochen.~~)

Herr Maier **braucht** heute nicht mehr **zu kommen**.
(**Nicht:** ~~Herr Maier braucht heute nicht mehr kommen.~~)

Steht ein Satz mit modifizierendem *brauchen* im **Perfekt oder Plusquamperfekt** (Indikativ und Konjunktiv) wird nicht das Partizip Perfekt, sondern der **Infinitiv** von *brauchen* benutzt und rückt ganz ans Satzende – wie die Modalverben auch (→ R 3). Direkt davor steht der Infinitiv mit *zu* des Vollverbs:

Frau Bögel hat den Arzttermin nicht mehr **wahrzunehmen brauchen**.
(**Nicht:** ~~nicht wahrnehmen gebraucht~~ und **nicht:** ~~nicht wahrzunehmen gebraucht~~).

Er hätte das nicht **zu nehmen brauchen**.
(**Nicht:** ~~nicht nehmen gebraucht~~ und **nicht:** ~~nicht zu nehmen gebraucht~~).
→ siehe auch R 165

Zu **mögen / möchten** → siehe auch R 134

143 Weil er es mir *hätte sagen können* – mehrteilige Prädikate mit Modalverben im Nebensatz

Besteht das Prädikat in einem Nebensatz aus mehreren Teilen, so steht der konjugierte Teil des Prädikats in der Regel am Satzende:

Prädikat mit Vollverb
Wir sind froh, dass der Einbrecher nichts Wertvolles entwendet **hat**.

Das gilt auch für Nebensätze, die neben dem Vollverb auch ein Modalverb haben:

Prädikat mit Modalverb + Vollverb
Wir sind froh, dass der Einbrecher nichts Wertvolles **entwenden konnte**.

GRAMMATIK
Prädikate und Satzbau

Wenn Nebensätze, die durch eine Konjunktion oder ein Relativpronomen eingeleitet sind,

- in einer **zusammengesetzten Zeit** stehen (Perfekt, Plusquamperfekt oder Futur, Indikativ oder Konjunktiv)
- und ihr Prädikat aus Vollverb + Modalverb besteht,

ändert sich die Reihenfolge der Prädikatsteile: **Der konjugierte Teil des Prädikats** steht nicht mehr am Satzende, sondern **vor den Infinitiven** des Vollverbs und des Modalverbs:

Einfache Zeit	Zusammengesetzte Zeit
→ konjugiertes Verb am Satzende	→ konjugiertes Verb vor den Infinitiven
Präsens: Sie weiß, dass sie schnell handeln **muss**.	Plusquamperfekt: Sie weiß, dass sie schnell **hätte** handeln müssen.
Präteritum: Er ärgert sich wohl, weil er nicht mitkommen **durfte**.	Perfekt: Er hat sich geärgert, weil er nicht **hat** mitkommen dürfen.
Präteritum: Es war so still, dass man eine Stecknadel fallen hören **konnte**.	Plusquamperfekt: Es war so still, dass man eine Stecknadel **hätte** fallen hören können.
Präsens: Elisabeth freut sich, dass sie die Termine halten **kann**.	Plusquamperfekt: Elisabeth freute sich, dass sie die Termine **hatte** halten können.
Präteritum: Ihr wurde bewusst, dass sie ihn ausreden lassen **müsste**.	Futur I: Ihr wird bewusst sein, dass sie ihn **wird** ausreden lassen müssen.
Präteritum: Er erklärte uns, dass er wegen seiner Fünf im Aufsatz gestern Abend nicht in die Disko gehen **durfte**.	Futur II: Wir haben gestern Abend vergeblich auf ihn in der Disko gewartet und uns dann gedacht, dass er wegen seiner Fünf im Aufsatz nicht **wird** haben weggehen dürfen.
Präsens: Wir wissen nicht, ob er operiert werden **muss**.	Plusquamperfekt: Es steht kritisch um ihn, weil er schon längst **hätte** operiert werden müssen.
Präsens: Ich kenne niemanden, der das nochmals erleben mag.	Plusquamperfekt: Ich kannte niemanden, der das nochmals **hätte** erleben mögen.

GRAMMATIK
Prädikate und Satzbau

> 💡 **Modalverben, die nicht konjugiert sind**, stehen in Nebensätzen grundsätzlich **am Satzende**.
>
> Es macht nachdenklich, dass das Land in Zukunft keinen signifikanten Beitrag mehr wird leisten **können**.
>
> Er wusste nicht, wie er sich hätte entschuldigen **sollen**.
>
> Das gilt auch für Passivsätze:
>
> Es wird schwierig werden, weil für das Land auch in Zukunft kein signifikanter Beitrag wird geleistet werden **können**.
>
> Es ist deutlich, dass die Beziehungen hätten intensiviert werden **müssen**.

Neben den Modalverben gibt es einige weitere Verben, bei denen das Partizip Perfekt durch den Infinitiv ersetzt werden kann, wenn ihnen ein anderer Infinitiv vorausgeht. Anders als bei den Modalverben ist aber der Gebrauch des Infinitivs nicht zwingend vorgeschrieben.

Verben mit Infinitiv oder Partizip Perfekt nach einem Infinitiv

überwiegend Infinitiv	**heißen, lassen, sehen**	Das habe ich kommen **sehen**.
		Wir haben es liegen **lassen**.
		Er hat ihn kommen **heißen**.
Infinitiv oder Partizip Perfekt	**fühlen, helfen, hören**	Wir haben dich kommen **hören** / **gehört**.
überwiegend Partizip Perfekt	**lehren, lernen, machen**	Er hat mich Fahrrad fahren **gelehrt**.

GRAMMATIK
Prädikate und Satzbau

Weil er das geschrieben hat – Stolperfallen mit Konjunktionalsätzen

- **weil, obwohl, trotzdem** und **außer wenn**

Die Konjunktionen **weil, obwohl** und **außer wenn** leiten Nebensätze ein. In der Umgangssprache werden solche Nebensätze manchmal zu Hauptsätzen umgeformt.

Umgangssprache	Standardsprache
Ich halte das für richtig, **weil** er **hat** das so gesagt.	Ich halte das für richtig, **weil** er das so gesagt **hat**.
Immer schimpft man mit mir, **obwohl** ich **habe** gar nichts getan.	Immer schimpft man mit mir, **obwohl** ich gar nichts getan **habe**.
Ich gehe montags immer schwimmen, **außer** ich **habe** Stammtisch. → R 179 (*außer*)	Ich gehe montags immer schwimmen, **außer** wenn ich Stammtisch **habe**.

Das Wort **trotzdem** ist ein Adverb. In der Umgangssprache wird es manchmal als Konjunktion statt **obwohl** zur Einleitung eines Nebensatzes benutzt.

Umgangssprache	Standardsprache
Ich fühle mich erschöpft, **trotzdem** ich lange geschlafen habe.	Ich fühle mich erschöpft, **obwohl** ich lange geschlafen habe.

- **wie** und **als**

Die Konjunktion **wie** wird manchmal statt der Konjunktion **als** benutzt, im Zusammenhang mit Vergangenheitszeitformen gilt dies als umgangssprachlich:

GRAMMATIK
Prädikate und Satzbau

Umgangssprache	Standardsprache
Wie er ins Zimmer trat, verstummte das Gespräch.	**Als** er ins Zimmer trat, verstummte das Gespräch.
Sie hat mich oft besucht, **wie** ich im Krankenhaus lag.	Sie hat mich oft besucht, **als** ich im Krankenhaus lag.
Wie ich ihn damals in Berlin traf, trug er noch einen Vollbart.	**Als** ich ihn damals in Berlin traf, trug er noch einen Vollbart.

Bei **Verbformen im Präsens** ist die Nebensatzeinleitung mit *wie* und *als* korrekt:

Als / Wie sie in die Küche kommt, bemerkt sie Gasgeruch.

Ein eisiger Wind schlägt mir entgegen, **als / wie** ich aus der Baracke ins Freie trete.

- **wie** und **dass**

Nach **Wahrnehmungsverben**, also Verben des Erkennens wie *(be)merken, beobachten, sehen*, können Nebensätze mit ***dass*** oder ***wie*** angeschlossen werden. Der Anschluss mit *wie* verdeutlicht dabei den Ablauf der Wahrnehmung (wie / auf welche Art und Weise geschieht oder verläuft etwas?), während *dass* eher die reine Tatsachenfeststellung wiedergibt (etwas Bestimmtes geschieht und wird wahrgenommen):

Er merkte, **dass / wie** seine Augen immer schwächer wurden.
Sie hat gehört, **dass / wie** sich jemand im hinteren Teil des Zimmers bewegt hat.

Soll jedoch im Nebensatz nur eine reine Tatsache festgestellt werden, ist die Verwendung von *wie* in der Standardsprache zu vermeiden und man sollte den Nebensatz mit *dass* einleiten. Dass *wie* in diesem Falle nicht der passende Anschluss ist, erkennt man daran, dass die Konjunktion hier nicht durch die Frage *auf welche Art und Weise?* ersetzt werden kann.

GRAMMATIK
Prädikate und Satzbau

Umgangssprache	Standardsprache
Hier kann man **wie nicht** durch *auf welche Art und Weise?* ersetzen	
Sie sah, **wie** die anderen bereits ins Auto einstiegen.	Sie sah, **dass** die anderen bereits ins Auto einstiegen.
Er öffnete die Augen, denn er hatte gefühlt, **wie** sie ihn beobachtete.	Er öffnete die Augen, denn er hatte gefühlt, **dass** sie ihn beobachtete.

- **insofern, insoweit** und **dass**

Die restriktiven (einschränkenden) Konjunktionen *insofern* und *insoweit* dürfen standardsprachlich korrekt nur mit *als* verbunden werden:

Umgangssprache	Standardsprache
Der Vortrag war sehr interessant, insofern **dass** er auf bisher unveröffentlichten Forschungsergebnissen fußte.	Der Vortrag war sehr interessant, insofern **als** er auf bisher unveröffentlichten Forschungsergebnissen fußte.
Der Vorschlag ist brauchbar, insofern **weil** er wenig Kosten verursacht.	Der Vorschlag ist brauchbar, insofern **als** er wenig Kosten verursacht.
Der spätere Termin wäre insoweit ideal, **weil** wir dann noch ein paar Tage Vorbereitungszeit hätten.	Der spätere Termin wäre insoweit ideal, **als** wir dann noch ein paar Tage Vorbereitungszeit hätten.

Die Konjunktion *insofern* kann aber auch ohne *als* verwendet werden:

Der Vortrag war sehr interessant, **insofern** er auf bisher unveröffentlichten Forschungsergebnissen fußte.
Der Vorschlag ist brauchbar, **insofern** er wenig Kosten verursacht.

GRAMMATIK
Kongruenz

° Kongruenz

TESTEN SIE IHR WISSEN

1 Kleines Mädchen mit großen Problemen ⋮ (145)
Welche der vier markierten Wörter sind grammatisch korrekt?
Unterstreichen Sie.

Ich halte einem kleinen Mädchen die Tür auf, denn **es / sie** kämpft gerade mit **seiner / ihrer** Eistüte.

2 Wo sind sie denn? ⋮ (146)
Ist der folgende Satz grammatisch korrekt?

Kein Geräusch und kein Licht zeigten an, dass jemand im Haus war.

3 Besserwisser ⋮ (146) ⋮ (147)
Ist der folgende Satz grammatisch korrekt?

Ich weiß, wann Singular oder Plural gesetzt werden.

4 Versammlungsfreiheit ⋮ (148)
Welche Version ist korrekt?

a) Eine Menge Demonstranten hatte sich vor der Bank versammelt.
b) Eine Menge Demonstranten hatten sich vor der Bank versammelt.

5 Folgen der Gesundheitsreform? ⋮ (150)
Wer ist der Verrückte in den beiden folgenden Sätzen?

a) Der Arzt behandelte den Patienten wie einen Verrückten.
b) Der Arzt behandelte den Patienten wie ein Verrückter.

GRAMMATIK
Kongruenz

6 In vino veritas
:· 150

Für Sie steht leider keine Weinprobe, sondern eine Probe der grammatischen Richtigkeit an. Welcher Satz ist korrekt?

a) Er zeigte sich als einen wirklichen Kenner australischer Weine.
b) Er zeigte sich als ein wirklicher Kenner australischer Weine.

7 Die Weiten des Weltraums
:· 151

Wenn Sie wissen, dass 1965 der erste Weltraumspaziergänger Alexej Leonow war, wissen Sie viel. Wissen Sie auch, welcher Satz korrekt ist?

a) Er war einer der ersten Männer, der einen Weltraumspaziergang gemacht hat.
b) Er war einer der ersten Männer, die einen Weltraumspaziergang gemacht haben.

8 Entscheidungsfrage
:· 152

Wie wollen Sie Ihr zukünftiges Leben verbringen? Zwei Sätze sind richtig. Welche?

a) Mit oder ohne ihn?   b) Mit oder ohne ihm?
c) Ohne oder mit ihn?   d) Ohne oder mit ihm?

9 Fazit
:· 152

Die richtige Antwort darf jetzt kein Problem mehr für Sie sein. Welche der beiden Varianten ist richtig?

Die körperliche und geistige Anstrengung **sind / ist** bei diesem Test nicht zu unterschätzen.

LÖSUNGEN

1 Alle vier sind korrekt. • **2** Nein. Es muss heißen ... zeigte an ... • **3** Ja. • **4** Beide Versionen sind korrekt. • **5 a)** Der Patient ist verrückt. **b)** Der Arzt ist verrückt. • **6** b) • **7** b) • **8** a), d) • **9** Beide sind richtig: sind / ist.

GRAMMATIK
Kongruenz

> **Geschlechtliche Beziehungen in der Grammatik**
>
> Schon vor über 100 Jahren wunderte sich Mark Twain, dass in der deutschen Sprache ein Mädchen, das doch weiblich sein sollte, neutral ist, während ausgerechnet eine Rübe feminin ist. Dieser Unterschied zwischen grammatischem und natürlichem Geschlecht bleibt nicht ohne Folge für sprachliche Beziehungen allgemein. Und Beziehungen sind nicht immer leicht, das wissen wir alle. Auf die Feinheiten kommt es auch in der Grammatik an, damit passend wird, was nicht zu passen scheint.

145 Ein Mädchen und *seine* oder *ihre* Geschichte? – Kongruenz im Genus

Kongruenz im Genus bedeutet, dass das grammatische Geschlecht von Wörtern oder Satzteilen, die sich aufeinander beziehen, übereinstimmen muss. Die Grammatik kennt die **drei Geschlechter maskulin, feminin** und **neutral**. Der Hund ist maskulin und kann durch das maskuline Personalpronomen *er* ersetzt werden, die Katze dagegen wird zu *sie*, das Brot zu *es*.

Nicht immer stimmt das grammatische Geschlecht jedoch mit dem **natürlichen Geschlecht** überein: Das Mädchen zum Beispiel ist als Wort in der Grammatik neutral, das natürliche Geschlecht eines Mädchens dagegen ist weiblich. **Die sprachliche Kongruenz richtet sich** in der Regel **nach dem grammatischen Geschlecht**:

Das Mädchen geht noch einmal zurück, weil **es** etwas vergessen hat.
Ich kenne das Söhnchen, weil ich **ihm** schon oft begegnet bin.
Das ist ein Paar, **das** seine Beziehung wiederbeleben will.

Entgegen dieser Grundregel wird oft das Pronomen gewählt, das dem natürlichen Geschlecht entspricht. Das ist ebenfalls korrekt.

Rotkäppchen kam zurück, weil **sie** etwas vergessen hat.

GRAMMATIK
Kongruenz

Da in der Grammatik nicht nur das Geschlecht, sondern auch die **Zahl** übereinstimmen muss, darf der dritte Beispielsatz aber auf keinen Fall nach dem Sinn (ein Paar besteht aus zwei Personen) konstruiert werden:

~~Das ist ein Paar, die ihre Beziehung wiederbeleben wollen.~~

Manchmal wird verallgemeinernd eine maskuline Form gebraucht, die **generisches Maskulinum** genannt wird. Sie kann weibliche und männliche Lebewesen gemeinsam bezeichnen:

Keiner hat das gesehen.
Die Teilnehmer waren sich nicht einig.

Beim **höflichen *Sie*** wird in einem sich anschließenden Relativsatz mit der angesprochenen Person als Subjekt die maskuline Form des Relativpronomens benutzt, wenn das Geschlecht der angesprochenen Person ungeklärt ist.

Sie [der Leser] sind es, **der** sich noch wundern wird, wie diese Geschichte endet.
Aber: Sie [Frau Müller] waren es, **die** uns die leckeren Äpfel vor die Tür gestellt **hat** (**nicht:** ~~haben~~)!

Um deutlich hervorzuheben, dass beide Geschlechter angesprochen sind, werden feminine und maskuline Form meist ausdrücklich genannt:

Die **Teilnehmerinnen und Teilnehmer** waren sich nicht einig.

> 💡 Wenn Sie ausdrücklich **beide Geschlechter ansprechen**, aber dabei in Ihrem Text Platz sparen wollen, stehen Ihnen folgende Möglichkeiten zur Verfügung:
>
> Wenn die **weibliche Endung *-in* / *-innen*** einfach angehängt werden kann, sind die beiden folgenden Varianten die allgemein anerkannten:

GRAMMATIK
Kongruenz

- Die weibliche Endung wird mit Schrägstrich + Bindestrich angehängt: Lehrer / **-in**, Lehrer / **-innen**, Handwerker / **-in**, Handwerker / **-innen** ...
- Die weibliche Endung wird in Klammern dahintergesetzt: Lehrer**(innen)**, Handwerker**(innen)** ...

Ist die Endung für die männliche und weibliche Form dieselbe, nämlich *-en*, darf man *(inn)* in Klammern einfügen:

Kolleg**(inn)**en, Patient**(inn)**en, Polizist**(inn)**en ...

Weichen die männlichen Personenbezeichnungen jedoch ab von den weiblichen, muss man beide Formen ausschreiben. Also nicht: die ~~Ärzte/-innen~~, sondern nur die **Ärzte und Ärztinnen**.
Heißt es aber den Ärzten und Ärztinnen, ist die verkürzte Version mit Klammern erlaubt, weil die Endung *-en* bei beiden Formen wieder übereinstimmt: den Ärzt(inn)en.

146 Der Kleine und der Große Hund *steht* oder *stehen* am nördlichen Sternenhimmel – Kongruenz im Numerus

Hat ein Satz **zwei oder mehr Subjektteile** im Singular, die mit *und* verbunden sind, wird das Prädikat üblicherweise in den Plural gesetzt. Das gilt auch, wenn Teile des Subjekts ausgespart sind:

1. Subjektteil 2. Subjektteil Prädikat
Der Kleine und der Große Hund **stehen** (nicht: ~~steht~~) jetzt am nördlichen Sternenhimmel.

Es handelt sich um **zwei** Sternbilder, nämlich *den Kleinen Hund* und *den Großen Hund*; deshalb steht das Prädikat im Plural.

Handelt es sich bei den Subjekten um **Infinitive**, setzt man das Prädikat gewöhnlich in den Singular:

GRAMMATIK
Kongruenz

	Prädikat	1. Infinitiv	2. Infinitiv
Aus dem Klassenzimmer	**drang**	ein Kreischen und	Johlen.

	1. Infinitiv	2. Infinitiv	Prädikat	
	Hier nur herumsitzen und nichts	tun können	**ist**	zermürbend.

	1. Infinitiv	2. Infinitiv	Prädikat	
Jetzt	zu gehen und ihn allein	zu lassen	**wäre**	feige.

Werden die **Infinitive** durch Artikel oder Adjektiv als **nominalisiert** gekennzeichnet, steht das Prädikat meistens im Plural:

Das Schwimmen und **das** Joggen **halten** Sie fit bis ins hohe Alter.
Regelmäßiges Schwimmen und Joggen **stärken** den Kreislauf.

Wenn **eines von mehreren Subjektteilen besonders betont wird**, steht das Prädikat oft im Singular. Das gilt besonders, wenn die einzelnen Subjektteile durch *kein* oder *jeder* hervorgehoben werden:

Kein Geräusch und **kein** Licht **zeigte** an, dass jemand im Haus war.
Jede Minute, ja **jede** Sekunde **konnte** jetzt die Entscheidung bringen.

Bei der **Konjunktion** *(so)wie* und den mehrteiligen Konjunktionen *sowohl ... als auch* und *weder ... noch* wird das Prädikat meist in den Plural gesetzt:

Der Personalchef **(so)wie** der Vorstand **zeigten** sich mit der Lösung zufrieden.
Weder das Essen **noch** das Zimmer **entsprachen** dem Standard eines Drei-Sterne-Hotels.
Sowohl ihre Ausdauer **als auch** ihr Fleiß **müssen** besonders gelobt werden.

Steht allerdings das **Prädikat noch vor dem ersten Subjektteil**, benutzt man beim Prädikat lieber den Singular:

Bislang **wurde** weder das gestohlene Geld noch eine Spur des Täters gefunden.
Es **enthielt** sich sowohl die Vorsitzende als auch ihr Stellvertreter der Stimme.

GRAMMATIK
Kongruenz

Werden Subjektteile, die im Singular stehen, mit **oder** oder **entweder ... oder** verbunden, steht das Prädikat ebenfalls im Singular:

Frau Schäfer **oder** Frau Neu **wird** Sie durch das Werk führen.
Entweder Frau Schäfer **oder** Frau Neu **wird** Sie durch das Werk führen.

Steht einer der Subjektteile im Plural, dann steht das Prädikat meistens im selben Numerus wie der Teil, der ihm am nächsten steht:

Entweder Frau Schäfer **oder** Mitarbeiterinnen der Pressestelle **werden** Sie durch das Werk führen. (... werden ..., da *Mitarbeiterinnen* ein Plural ist.)

Die Mitarbeiterinnen der Pressestelle **oder** Frau Schäfer **wird** Sie durch das Werk führen. (... wird ..., da *Frau Schäfer* Singular ist.)

In den Zirkus **gehen** wir **entweder** alle **oder** keiner. (Dem Verb *gehen* steht der Plural *wir* am nächsten, daher steht es ebenfalls im Plural.)

In den Zirkus **geht** keiner **oder** alle. (Dem Verb *geht* steht der Singular *keiner* am nächsten, daher steht es ebenfalls im Singular.)

147 · Wir und ihr *seid* oder *sind*? – Kongruenz in der Person

Neben dem grammatischen Geschlecht (→ R 145) müssen auch Person und Zahl von Wörtern oder Satzteilen, die sich aufeinander beziehen, übereinstimmen. Dies gilt besonders für die Übereinstimmung von Subjekt und Prädikat.

Bei nur einem Subjekt ist diese Übereinstimmung kein Problem. Die Kombination *wir* (1. Person Plural) und *geht* (3. Person Singular) ist falsch, nur *wir gehen* (1. Person Plural) ist richtig.

Werden Subjekte aufgezählt, steht das Prädikat grundsätzlich im Plural, da die Aufzählung dann mindestens zwei Personen umfasst. Aufgezählte Subjekte sind mit **und, sowohl ... als auch, weder ... noch** verbunden, im folgenden Beispiel zwei Subjekte in der 3. Person Singular:

GRAMMATIK
Kongruenz

	erstes Subjekt	zweites Subjekt	
	3. Person Singular	3. Person Singular	→ Prädikat in der 3. Person Plural
Weder	die Tastatur	noch die Maus	wurden angeschlossen.

Manchmal umfasst ein Subjekt aber verschiedene Personen. Treffen bei der Aufzählung unterschiedliche Grammatikpersonen aufeinander, gilt folgendes Schema:

Subjekte	Person des Prädikats	
1. und 2. Person (*ich/wir* und *du/ihr*)	→ 1. Person Plural	**Du** und **ich gehen** spazieren. **Wir** und **ihr kennen** uns aus.
1. und 3. Person (*ich/wir* und *er/sie/es* oder *sie* im Plural)	→ 1. Person Plural	**Die Kinder** und **wir sehen** uns oft. **Tom** und **ich gehen** heute aus. Aber **Sie** und **ich bleiben** noch.
2. und 3. Person (*du/ihr* und *er/sie/es* oder *sie* im Plural)	→ 2. Person Plural	**Er** und **du geht** spazieren. **Die Kinder** und **du könnt** mir helfen. **Sie**, Herr Mai, und **du bleibt** noch hier.

💡 Meistens klingt es besser, wenn man nach der Aufzählung verschiedener Subjekte noch das zusammenfassende Personalpronomen nennt:

Sie und du, **ihr** könnt früher nach Hause gehen.
Du und ich, **wir** gehen jetzt.

Enthält der Satz **zusätzliche Pronomen**, werden auch sie nach diesen Regeln verwendet:

Petra und ich haben **uns** vor langer Zeit kennen gelernt.

GRAMMATIK
Kongruenz

Eine Ausnahme bildet das **Reflexivpronomen**. Es kann dann sowohl in der 1. als auch in der 3. Person Plural stehen, wenn die Subjekte in der 1. und 3. Person Singular stehen:

Meine Frau und ich bedanken **sich / uns** für die Einladung.

Werden die Subjekte durch ein ausschließendes *oder* bzw. *entweder ... oder* verbunden, steht das Prädikat, anders als bei Aufzählungen, im Singular:

Ich weiß, wann Singular **oder** Plural gesetzt **wird**.

Werden die aufgezählten Subjekte **als Einheit empfunden**, kann das Prädikat auch im Singular stehen:

Sein Grund und Boden **wurde** vernichtet.
Gleich und Gleich **gesellt** sich gern.

148 Die Hälfte der Regeln *ist* oder *sind* überflüssig? – Kongruenz bei Mengenangaben

Ist das Subjekt eine **unbestimmte Mengenangabe**, schwankt der Gebrauch von Singular oder Plural:

Eine Menge Menschen **hatte / hatten** sich versammelt.

Da auf die unbestimmte Mengenangabe, die im Singular steht (*eine Menge*), Gezähltes im Plural folgt (*Menschen*), ist oft nicht eindeutig, ob Singular oder Plural gewählt werden muss.

Grundsätzlich gilt auch hier die Kongruenzregel, nach der die Zahl von Subjekt und Prädikat übereinstimmen muss. **Entscheidend ist der erste Teil des Subjekts**. Da *eine Menge* Singular ist, ist das Prädikat im Singular nach den Grammatikregeln richtig:

Eine Menge Menschen **hatte** sich versammelt.

GRAMMATIK
Kongruenz

Das Prädikat kann aber in den Plural gesetzt werden, wenn nicht streng nach der Grammatik, sondern nach dem Sinn konstruiert wird. *Eine Menge* umfasst viele Menschen, nicht nur einen einzigen:

Eine Menge Menschen **hatten** sich versammelt.

Singular und Plural nach Mengen- und Maßangaben

Unbestimmte Mengenangabe im Singular + Gezähltes im Plural
Anzahl, Dutzend, Gruppe, Hälfte,
Handvoll, Haufen, Herde, Masse,
Mehrheit, Menge, Reihe, Schar,
Teil, Volk, Zahl ... → Prädikat überwiegend im Singular:

Eine Reihe von Zahlen **stimmte** nicht.
Eine Herde Schafe **graste** auf der Weide.

Aber: In einem Satz mit **Prädikatsnomen im Plural** muss auch das Prädikat im Plural stehen:

      Mengenangabe   Prädikatsnomen
Nur eine   Handvoll   der Reisenden   waren   Frauen.

Maßangabe im Singular + Zahl, die größer als 1 ist
Cent, Euro, Gramm, Kilo, Meter,
Pfund, Stück ... → Prädikat überwiegend im Plural:

50 Cent **sind** nicht genug.
3 Kilo **reichen** aus.
Aber: 1 Meter Schnur **wäre** zu kurz.

Wie viel Zucker, wie viele Gäste? – Kongruenz nach der Zählbarkeit

Beim Fragewort *wie viel / wie viele* schwankt der Gebrauch von Singular und Plural. Halten Sie sich am besten an folgende Regel:

GRAMMATIK
Kongruenz

- zählbares Nomen im Plural → **wie viele** → Wie viele Äpfel hast du?
- nicht zählbares Nomen im Singular → **wie viel** → Wie viel Geld hast du?

Nicht zählbare Nomen sind Nomen, die nur im Singular vorkommen, z. B. Fleisch, Geld, Gold, Freude.

Bei Maßangaben im Singular (→ R 148) wird jedoch meist **wie viel** benutzt:

Wie viel **Kilo** Äpfel?
Wie viel **Meter** Stoff?

Dasselbe gilt für *so viel* und *so viele*.

150 Ich sehe mich *als dein* Freund – Kongruenz im Fall (Kasus)

Ein nach den **Vergleichspartikeln *als*** oder ***wie*** folgendes Nomen steht in demselben Kasus wie das Wort, auf das es sich bezieht. Vergleichen Sie:

　　　　　　　　　Akkusativ　　　　　　　Akkusativ
Der Arzt behandelte　ihn　　　wie　einen Verrückten.

Nominativ　　　　　　　　　　　　　Nominativ
Der Arzt　behandelte ihn　　　wie　ein Verrückter.

Nach einigen **reflexiven Verben**, steht deshalb heute ein mit *als* oder *wie* angeschlossenes Nomen immer im Nominativ. Denn ein reflexives Verb bezieht sich immer auf das Subjekt und das Subjekt steht im Nominativ. Zu diesen reflexiven Verben gehören *sich ansehen, sich betrachten, sich erweisen, sich zeigen*.

Er erwies sich als wahr**er** Freund.
Wir betrachten uns als **Ihr** Partner. (höfliche Anrede, z. B. im Brief)

Appositionen sind Attribute, die auf ein Nomen folgen und dieses näher erklären. Grundsätzlich stehen sie im selben Kasus wie ihr Bezugswort:

Wir trafen uns mit Herrn Müller, unser**em** früheren Klassenlehrer.
Sie trafen sich mit Frau Kübler, **der** neu**en** Hausbesitzerin.

GRAMMATIK
Kongruenz

Aber: Appositionen ohne Artikel oder anderen Begleiter stehen im Nominativ:

Wir haben Herrn Meier, **Zeuge des Vorfalls letzter Woche**, noch nicht befragt.

> 💡 Auch **Datumsangaben**, die auf einen Wochentag folgen, sind Appositionen. Sie dürfen wahlweise im Dativ oder im Akkusativ stehen. Vergessen Sie dabei das abschließende Komma nicht, wenn der Satz danach noch weitergeht:
>
> Wir trafen uns am Freitag, **dem** 13. August, zum Tee.
> **Oder:** Wir trafen uns am Freitag, **den** 13. August, zum Tee.

Eines der schönsten Bilder, *die* ich je sah – Kongruenz im Relativsatz

Das **Relativpronomen** steht üblicherweise **im gleichen Numerus** (Singular bzw. Plural) wie die Person oder die Sache, auf die es sich bezieht:

Vor dem Haus stand der Mann, der (Singular) gestern schon hier war.

Die Kolleginnen, mit denen (Plural) ich bereits gesprochen habe, wollen alle mitmachen.

Jeder, dem (Singular) ich die Geschichte erzählt habe, hat darüber gelacht.

Wenn im Hauptsatz **eine einzelne Person oder Sache aus einer Vielzahl** gleicher Personen oder Dinge herausgehoben wird, bezieht sich das **Relativpronomen** nicht auf das hervorgehobene Wort im Singular, sondern auf

GRAMMATIK
Kongruenz

die Vielzahl und steht **im Plural**. Entsprechend muss auch das **Verb** des Relativsatzes **im Plural** stehen:

Paul war der netteste aller Teilnehmer, die je an diesem Kurs teilgenommen haben. (**Nicht:** …, ~~der je an diesem Kurs teilgenommen hat~~.)
Der Relativsatz bezieht sich auf die Teilnehmer (im Plural) und nicht auf Paul!

Dies ist eine der modernsten Techniken, die heutzutage angewendet werden. (**Nicht:** … ~~die heutzutage angewendet wird~~.)
Der Relativsatz bezieht sich auf die Techniken im Plural und nicht nur auf die eine.

Sie war eine der ersten Frauen, die einen Weltraumspaziergang gemacht haben. (**Nicht:** …, ~~die einen Weltraumspaziergang gemacht hat~~.)

Deutschland ist eines der wenigen Länder auf der Welt, in denen es keine Geschwindigkeitsbegrenzung auf der Autobahn gibt. (**Nicht:** in dem …).

An die Fügungen *eine Art* … und *eine Sorte* … kann das nachfolgende Nomen als unmittelbare Apposition angeschlossen werden: eine Art grünliche Flüssigkeit – oder mit *von* + **Dativ**: eine Art von grünlicher Flüssigkeit.

Wenn die Apposition oder der präpositionale Anschluss mit *von* ein anderes Genus hat als das Bezugswort *Art* oder *Sorte* (eine Art [von] Brei, eine Sorte [von] Mensch), kann sich das einen folgenden Relativsatz einleitende Relativpronomen entweder nach dem Bezugswort oder nach der Apposition bzw. der Präpositionalgruppe richten:

Aus dem umgekippten Topf tropfte eine Art [von] grünlicher [grünlichem] Brei, **die** süßlich roch. (das Relativpronomen bezieht sich auf die *Art*).

Der neue Kollege mit seinem Machogehabe gehört genau zu der Sorte [von] Mensch, **die** ich nicht mag. (das Relativpronomen bezieht sich auf die *Sorte*).

GRAMMATIK
Kongruenz

Oder:

Aus dem umgekippten Topf tropfte eine Art [von] grünlicher [grünlichem] Brei, der süßlich roch. (das Relativpronomen bezieht sich auf *Brei*)

Der neue Kollege mit seinem Machogehabe gehört genau zu der Sorte [von] Mensch, den ich nicht mag. (das Relativpronomen bezieht sich auf *Mensch*)

Die gleiche Regel ist auch in anderen Satzverbindungen anzuwenden:

Es gibt zwei Typen [von] Menschen: **den** höflichen und **den** unhöflichen. (Bezug auf *Typ*)

Es gibt zwei Typen [von] Menschen: **die** höflichen und **die** unhöflichen. (Bezug auf *Menschen*)

Beide Gebrauchsweisen sind grammatisch und stilistisch korrekt. Für welche Möglichkeit man sich entscheidet, hängt davon ab, welchem der beiden Nomen man das Hauptgewicht zumisst.

Mit oder *ohne* ihn? – Aussparung einzelner Wörter (152)

Ganz allgemein gilt die Regel, dass Wörter oder Satzteile dann eingespart werden können, wenn die verschiedenen Bezugswörter in Person, Genus und Numerus übereinstimmen und wenn das eingesparte Wort dieselbe Form hätte.

Beispiele für Stolpersteine bei Präpositionen

Falsch: Wir gehen heute **ins** Kino und dann die Disko. (ins Disko geht nicht)
Richtig: Wir gehen heute **ins** Kino und dann **in** die Disko.
Richtig: Wir gehen heute **ins** Kino oder Theater.

Falsch: Im Urlaub sind wir **zum** Bauernhof und der Alm unseres alten Freundes gewandert. (zum Alm geht nicht)
Richtig: Im Urlaub sind wir **zum** Bauernhof und **zur** Alm unseres alten Freundes gewandert.

GRAMMATIK
Kongruenz

Falsch: Das Buch handelt **vom** Leben und großen Erfolgen des Künstlers. (vom großen Erfolgen geht nicht)
Richtig: Das Buch handelt **vom** Leben und **von den** großen Erfolgen des Künstlers.
Richtig: Das Buch handelt **vom** Leben und großen Erfolg des Künstlers.
Falsch: Der Sturm fegte **übers** Land und die Dörfer. (übers die Dörfer geht nicht)
Richtig: Der Sturm fegte **übers** Land und **über** die Dörfer.
Richtig: Es wurde **über** den Spielausgang und die anschließende Siegerehrung berichtet.

Bei **zwei Präpositionen**, die mit unterschiedlichen Fällen stehen, darf das nachfolgende Wort (Nomen oder Pronomen) hinter der ersten Präposition eingespart werden. Es richtet sich dann **nach der zweiten Präposition**, da diese ihm **am nächsten** steht:

ohne (+ Akkusativ) oder **mit** (+ Dativ) **ihm** (Dativ),
mit (+ Dativ) oder **ohne** (+ Akkusativ) **ihn** (Akkusativ).

mit oder **ohne** die Kinder;
ohne oder **mit den** Kindern.

War der Preis **einschließlich** (+ Genitiv) oder **ohne** (+ Akkusativ) die Getränke?

Beispiele für Stolpersteine bei Verben

Falsch: Ich habe immer Recht, du nie. (du habe geht nicht)
Richtig: Ich **habe** immer Recht, du **hast** nie Recht.
Falsch: Das Radio **lief** nicht mehr, ebenso wenig andere Elektrogeräte. (andere Elektrogeräte lief geht nicht)
Richtig: Das Radio **lief** nicht mehr, ebenso wenig **liefen** andere Elektrogeräte.
Richtig: Das Radio **lief** nicht mehr, ebenso wenig der Fernseher.
Falsch: Wir haben nicht gewonnen, unser Erzrivale aber auch nicht. (unser Erzrivale haben gewonnen geht nicht)
Richtig: Wir **haben** nicht gewonnen, unser Erzrivale **hat** es aber auch nicht.

GRAMMATIK
Kongruenz

Richtig: Wir **haben** nicht gewonnen, unsere Erzrivalen aber auch nicht.

Werden einem **Nomen im Singular** als Subjekt **zwei durch *und* verbundene Adjektive** zugeordnet, darf das Prädikat in den Plural gesetzt werden, weil nach der inhaltlichen Aussage aus dem einen Nomen zwei geworden sind:

Der finanzielle und unternehmenspolitische Vorteil **liegen / liegt** darin, dass …

Der inhaltliche und ästhetische Aspekt **wurden / wurde** bereits intensiv diskutiert.

Die körperliche und geistige Anstrengung **sind / ist** dabei nicht zu unterschätzen.

Anders ist es, wenn ein *oder* zwischen den Adjektiven steht. → R 147

STIL

Satzaufbau und Satzarten

TESTEN SIE IHR WISSEN

1 Gut aufgestellt ⋮ 153
Verändern Sie die Wortstellung so, dass man beim Lesen nicht zu lange auf die Folter gespannt oder gar auf eine falsche Fährte gesetzt wird.

Der Vorstand hatte den Vorschlag eines Kooperationsvertrages mit dem Konkurrenzunternehmen zur beiderseitigen Kostenminimierung abgelehnt.

2 In der Kürze ... ⋮ 154
Versuchen Sie, den Schachtelsatz einfacher zu formulieren:

Ich hatte am letzten Freitag, was seit Längerem geplant war, vor, nach Neustadt zu fahren, wo meine Oma seit drei Jahren im Seniorenheim wohnt.

3 Salzburger Schnürlregen ⋮ 155
Sorgen Sie für Aufhellung und lösen Sie die zu weite Satzklammer auf.

Schon nach wenigen Tagen reisten wir, weil es ununterbrochen regnete, wieder ab.

STIL
Satzaufbau und Satzarten

4 Bleiben Sie bei der (Haupt-)Sache! :· (156)
Formulieren Sie prägnanter:

Es ist bekannt, dass die Zeitunterschiede bei weiten Flügen den biologischen Rhythmus durcheinanderbringen können.

5 Sturm im Wasserglas :· (157)
Bieten Sie der Leserin/dem Leser mehr Spannung! (Tipp: Teilen Sie den Satz mit einem Doppelpunkt.)

Für großen Wirbel sorgten zwei Zwölfjährige, die von zu Hause ausgerissen waren.

6 Man kann auch höflich sein, ohne zu lügen (frei nach Goethe) :· (158)
Versuchen Sie, den Aufforderungssatz als Frage höflicher zu formulieren:

Schreiben Sie den Brief heute noch!

LÖSUNGEN

1 Der Vorstand hatte den Vorschlag abgelehnt, einen Kooperationsvertrag mit dem Konkurrenzunternehmen zur beiderseitigen Kostenminimierung zu schließen. • **2** Ich hatte am letzten Freitag vor, nach Neustadt zu fahren. Meine Oma wohnt dort seit drei Jahren im Seniorenheim. Die Fahrt war seit Längerem geplant. • **3** Schon nach wenigen Tagen reisten wir wieder ab, weil es ununterbrochen regnete. • **4** Bekanntlich können die Zeitunterschiede bei weiten Flügen den biologischen Rhythmus durcheinanderbringen. • **5** Für großen Wirbel sorgten zwei Zwölfjährige: Sie waren von zu Hause ausgerissen. • **6** Würden / Könnten Sie bitte den Brief heute noch schreiben?

STIL
Satzaufbau und Satzarten

153 Was ist wichtig in einem Satz? – Mit geänderter Wortstellung Akzente im Text setzen

Beim Sprechen können wir das Wichtigste innerhalb eines Satzes hervorheben, indem wir es besonders betonen. Wir müssen am normalen Satzbau nichts ändern.

Hat **er** dich angerufen?
Oder: Hat er **dich** angerufen?
Oder: Hat er dich **angerufen**?

Ich habe ihn **angerufen**.
Oder: **Ich** habe ihn angerufen.
Oder: Ich habe **ihn** angerufen.

In einem geschriebenen Text muss man dem Leser auf andere Weise deutlich machen, welche Stelle in einem Satz die wichtigste ist. Hier wählt man zur **Hervorhebung** häufig eine **andere Wortstellung** als die normale.

Bei der normalen Wortstellung steht das Subjekt am Satzanfang, dann folgt das Prädikat bzw. der erste Teil eines mehrteiligen Prädikats, danach folgt der Rest: Objekte und Adverbiale.

      Subjekt   Prädikat
Das diesjährige Sommerfest unseres Fußballvereins hatte   seinen sportlichen Höhepunkt mit dem Spiel gegen die luxemburgische Nationalmannschaft.

  Subjekt   Prädikat
Menschen   werden im Straßenverkehr täglich verletzt.

Subjekt Prädikat
Ich   habe   meine Jacke auf der Rückfahrt im Zug liegen lassen.

Häufig ist aber nicht das Subjekt eines Satzes das Wichtigste, sondern das Objekt oder das Adverbial soll eine besondere Betonung erhalten. Will man

STIL
Satzaufbau und Satzarten

diese Hauptinformation besonders herausheben, zieht man sie vor und stellt sie an den Satzanfang:

Mit dem Spiel gegen die luxemburgische Nationalmannschaft hatte das diesjährige Sommerfest unseres Fußballvereins seinen sportlichen Höhepunkt.

Täglich werden Menschen im Straßenverkehr verletzt.

Auf der Rückfahrt habe ich meine Jacke im Zug liegen lassen.

Die Aufmerksamkeit des Lesers wird sofort auf den wichtigsten Punkt der Aussage gelenkt.

Durch Veränderung der Wortstellung kann fast jedes Satzglied zum Träger einer Hauptinformation gemacht werden. Es lenkt die Aufmerksamkeit sofort auf den wichtigsten Punkt der Aussage und nuanciert sie.

Ich werde Ihnen demnächst ein Muster schicken.
(Wer schickt ein Muster?)

Ihnen werde ich demnächst ein Muster schicken.
(Wem schicke ich ein Muster?)

Demnächst werde ich Ihnen ein Muster schicken.
(Wann schicke ich ein Muster?)

Ein Muster werde ich Ihnen demnächst schicken.
(Was werde ich schicken?)

STIL
Satzaufbau und Satzarten

154 Kurze Sätze statt langer Sätze

Ein Romananfang

„In Front des schon seit Kurfürst Georg Wilhelm von der Familie Briest bewohnten Herrenhauses zu Hohen-Cremmen fiel heller Sonnenschein auf die mittagsstille Dorfstraße, während nach der Park- und Gartenseite hin ein rechtwinklig angebauter Seitenflügel einen breiten Schatten erst auf einen weiß und grün quadrierten Fliesengang und dann über diesen hinaus auf ein großes, in seiner Mitte mit einer Sonnenuhr und an seinem Rande mit Canna indica und Rhabarberstauden besetztes Rondell warf."

(Aus: Effi Briest von Theodor Fontane)

Ob der große Schriftsteller Fontane bei diesem Satz auch an seine Leser gedacht hat? Im Nebensatz ("während ...") stehen 36 Wörter zwischen Subjekt („ein rechtwinklig angebauter Seitenflügel") und Prädikat („warf.")! Solche Sätze zu lesen verlangt vom Leser Ausdauer, Übung – und Zeit. Lange Sätze muss man oft mehr als einmal lesen, um alle Informationen aufnehmen zu können, denn am Satzende angelangt hat man bereits vergessen, was am Satzanfang stand. Beim alltäglichen Schreiben sollten wir auf einen derart schwierigen Satzbau verzichten. Denn nicht nur das Lesen, sondern auch das Schreiben solcher Sätze erfordert Aufwand.

Immer wieder haben Sprachwissenschaftler untersucht, was denn überhaupt ein kurzer oder langer Satz ist. Statistische Auswertungen ergaben, dass die Sätze in deutschen Zeitungs- und Sachbuchtexten durchschnittlich aus dreizehn bis sechzehn Wörtern bestehen. Eine Faustregel, wie lang ein Satz sein soll, gibt es allerdings nicht.

Wer keinen kunstvollen, sondern einen vor allem verständlichen Text verfassen möchte, sollte und darf in kurzen und übersichtlichen Sätzen schreiben. Kein Leser wird sich darüber beklagen! Laut der Deutschen Presseagentur (dpa) sind **neun Wörter im Satz genug**, denn hier liegt die Obergrenze der optimalen Verständlichkeit. Wem dies zu knapp bemessen erscheint, der

STIL
Satzaufbau und Satzarten

sollte aber dennoch spätestens nach fünfzehn Wörtern einen Punkt setzen. Beispiele:

Nicht so: Ich hatte am letzten Freitag, was seit Längerem geplant war, vor, nach Neustadt zu fahren, wo meine Oma seit drei Jahren im Seniorenheim wohnt.

Sondern so: Ich hatte am letzten Freitag vor, nach Neustadt zu fahren. Meine Oma wohnt dort seit drei Jahren im Seniorenheim. Die Fahrt war seit Längerem geplant.

→ siehe auch R 155

Nicht so: Als Anna hastig die Treppe hinaufgesprungen war, nachdem sie im Keller ein seltsames Quietschen gehört hatte, begann sie zitternd vor Angst in ihrer Handtasche nach dem Wohnungstürschlüssel zu suchen.

Sondern so: Anna hörte im Keller ein seltsames Quietschen und sprang hastig die Treppe hinauf. Zitternd vor Angst begann sie in ihrer Handtasche nach dem Wohnungstürschlüssel zu suchen.

Auf Nebensätze braucht man beim Schreiben nicht zu verzichten. Die Regel sollte aber sein: **Ein Nebensatz pro Hauptsatz genügt.** Verschlungene Sätze, sogenannte Schachtelsätze, sollten vermieden werden.

→ siehe auch R 155

> 💡 Ein Wechsel zwischen kürzeren und längeren Sätzen wirkt kurzweilig und verleiht dem Text einen angenehmen Rhythmus.
>
> Nachdem sie wieder die ganze Nacht wach gelegen hatte, wurde ihr bewusst, dass die Probleme mit ihrem Vater ihr mehr zu schaffen machten, als sie wahrhaben wollte, und sie musste jetzt etwas dagegen unternehmen.

STIL
Satzaufbau und Satzarten

→ Sie hatte wieder die ganze Nacht wach gelegen. Offensichtlich machten ihr die Probleme mit ihrem Vater mehr zu schaffen, als sie wahrhaben wollte. Jetzt musste sie etwas dagegen unternehmen.

155 Zu weite Satzklammern auflösen

Prädikatsanfang sucht Prädikatsende

Der amerikanische Autor Mark Twain hat nicht nur die Abenteuer von Tom Sawyer und Huckleberry Finn geschildert. Auch in das Abenteuer, Deutsch zu sprechen und zu schreiben, hat er sich gestürzt. In einem Aufsatz seines Buches „Bummel durch Europa" schildert er „Die Schrecken der deutschen Sprache" unter anderem so und gibt Ratschläge zur Vereinfachung des Satzbaus:

"Ich würde bloß die Sprachmethode – die üppige weitschweifige Konstruktion – zusammenrücken; die ewige Parenthese unterdrücken, abschaffen, vernichten; die Einführung von mehr als dreizehn Subjekten in einem Satz verbieten; das Zeitwort so weit nach vorne rücken, bis man es ohne Fernrohr erkennen kann ... Ich möchte gern das trennbare Zeitwort auch ein bisschen reformieren. Ich möchte niemand tun lassen, was Schiller getan: Der hat die ganze Geschichte des Dreißigjährigen Krieges zwischen die zwei Glieder eines trennbaren Zeitwortes eingezwängt. Das hat sogar Deutschland selbst empört; und man hat Schiller die Erlaubnis verweigert, die Geschichte des Hundertjährigen Krieges zu verfassen – Gott sei's gedankt."

Wenn ein Prädikat aus mehreren Teilen besteht, entsteht eine sogenannte Satzklammer. Dies ist bei den zusammengesetzten Zeiten, bei Verben mit trennbarem Zusatz und beim Passiv der Fall:

⎡————————Satzklammer————————⎤
Wir **haben** unserem Brief einen Lageplan **beigefügt**. (Perfekt)

STIL
Satzaufbau und Satzarten

⌜――――Satzklammer――――⌝
Er **nahm** sich immer zuerst den schwierigen Teil **vor**. (trennbares Verb)

⌜――――――Satzklammer――――――⌝
Montags **wird** aus den Speiseresten vom Sonntag ein Eintopf **gekocht**. (Passiv Präsens)

Besonders bei Satzgefügen mit Haupt- und Nebensätzen können Satzklammern sehr weit werden. Ein Beispiel:

⌜―――――――Satzklammer―――――――⌝
Die Räuber **hatten**,   **fallen lassen**
      nachdem sie schreckliche Geräusche
      gehört hatten, alles

⌜――――Satzklammer――――⌝
und **waren**,   **gerannt**.
  ohne sich noch einmal umzusehen,
  in den Wald

Solche langen und schwer zu lesenden Sätze (sogenannte Schachtelsätze) kann man vermeiden, indem man **Nebensätze ausklammert**. Dann wird der Hauptsatz nicht mehr durch den Nebensatz unterbrochen, sondern der Nebensatz wird komplett vor oder hinter den Hauptsatz gesetzt:

⌜―――――Satzklammer―――――⌝
Die Räuber **hatten**   alles   **fallen lassen**,
nachdem sie schreckliche Geräusche gehört hatten, und

⌜――Satzklammer――⌝
waren   in den Wald   **gerannt**, ohne sich noch einmal umzusehen.

Also nicht: Sie waren, als die Mitteilung über den Lottogewinn kam, gerade in Urlaub.

Sondern besser: Sie waren gerade in Urlaub, als die Mitteilung über den Lottogewinn kam.

STIL
Satzaufbau und Satzarten

Man kann einen **Satz** auch **umformulieren**, um ihn leichter lesbar zu machen:
Wenn die Abrissarbeiten nicht bis zum Monatsende, obwohl Sie zugesagt haben, diesen Termin einzuhalten, ausgeführt sind, werde ich ein anderes Unternehmen damit beauftragen.

→ Wenn die Abrissarbeiten nicht, wie zugesagt, bis zum Monatsende ausgeführt sind, werde ich ein anderes Unternehmen damit beauftragen.

Wenn Sie merken, dass Ihnen ein **Satzgefüge aus Haupt- und Nebensatz** mit weiter Satzklammer zu lange gerät, machen Sie lieber **zwei Hauptsätze** daraus:

Satzgefüge aus Haupt und Nebensatz:
Zwei Zwölfjährige **haben** gestern einen Großeinsatz, bei dem Polizei und Feuerwehr vier Stunden lang die Umgebung absuchten, **ausgelöst**.
Schon nach wenigen Tagen **reisten** wir, weil es uns in dem von Touristen überlaufenen Ort viel zu laut war, enttäuscht wieder **ab**.

Zwei Hauptsätze:
Zwei Zwölfjährige **haben** gestern einen Großeinsatz **ausgelöst**. Vier Stunden suchten Polizei und Feuerwehr die Umgebung ab.
In dem von Touristen überlaufenen Ort war es uns viel zu laut. Schon nach wenigen Tagen **reisten** wir enttäuscht wieder **ab**.

Mit der Ausklammerung können wir auch in **Sätzen mit trennbaren Verben** die Teile des Prädikats enger zusammenrücken und so das Lesen erleichtern:
Die Tochter **hilft** häufig im Lokal, das ihre Eltern gepachtet haben und allein führen, **mit**.
→ Die Tochter **hilft** häufig im Lokal **mit**, das ihre Eltern gepachtet haben und allein führen.

Schon nach wenigen Tagen **reisten** wir, weil es uns in dem von Touristen überlaufenen Ort zu laut war, wieder **ab**.
→ Schon nach wenigen Tagen **reisten** wir wieder **ab**, weil es uns in dem von Touristen überlaufenen Ort zu laut war.

> 💡 Eine Satzklammer kann auch dadurch vermieden werden, dass man auf ein anderes Verb ausweicht.
>
> Stundenlang **suchten** hundert Polizisten und Feuerwehrleute die Umgebung **ab**.
> → Stundenlang **durchkämmten** hundert Polizisten und Feuerwehrleute die Umgebung.

Hauptsachen gehören in Hauptsätze

Ein Gedanke – ein (Haupt-)Satz

„Das Atom ist aber nach heutiger Kenntnis nicht ein kleines, den Raum gleichmäßig erfüllendes Klümpchen, sondern es hat eine innere Struktur. Es besteht aus einem Kern und einer Hülle. Der Kern ist noch einmal, dem Durchmesser nach, 10 000-mal kleiner als das Atom im Ganzen. Fast der ganze Raum des Atoms wird eingenommen von der Hülle. Diese jedoch darf man sich nicht kompakt vorstellen. Sie besteht ihrerseits aus einer Anzahl von Teilchen, den sogenannten Elektronen."

Diese Beschreibung eines Atoms ist ein schönes Beispiel für eine klare Formulierung in Hauptsätzen, geschrieben von Carl Friedrich von Weizsäcker.

Selbstverständlich kann nicht ein gesamter Text so aufgebaut werden. Die „gerade" Wortstellung über längere Strecken hin würde den Leser auch ermüden. Dennoch sollte bei jedem Satz entschieden werden, wo der Schwerpunkt der Aussage liegt. Der Satzbau entspricht dann dem Gewicht des gedanklichen Inhalts.

Die Bezeichnungen **Hauptsatz** und **Nebensatz** beziehen sich auf die grammatische Bauform der Sätze. Zugleich steckt dahinter aber auch eine inhaltliche Unterscheidung. Hauptsätze sind unabhängige Sätze. Sie geben in der Regel unabhängige Gedanken wieder. In Nebensätzen stehen erklärende

STIL
Satzaufbau und Satzarten

Zusätze. Das bedeutet: Was nur ausgedrückt werden kann, wenn zugleich noch etwas anderes gesagt wird, kann inhaltlich nicht selbstständig sein. Will man einen Gedanken in allen wesentlichen Einzelheiten präzise in schriftliche Form bringen, dann sollte dies in einem Hauptsatz geschehen. Die „gerade" Wortstellung eines Hauptsatzes eignet sich am besten dazu, Argument an Argument zu reihen, die eigenen Ideen Schritt für Schritt zu entwickeln, von Bekanntem zu Neuem zu schreiten.

Beim Schreiben gilt also: **Wichtiges gehört in Hauptsätze, Untergeordnetes in Nebensätze**:

Nicht so: Es ist bekannt, dass die Zeitunterschiede bei weiten Flügen den biologischen Rhythmus durcheinanderbringen können.
Sondern so: Bekanntlich können die Zeitunterschiede bei weiten Flügen den biologischen Rhythmus durcheinanderbringen.

Nicht so: Alle Fluggäste waren an Bord, und die Maschine konnte pünktlich starten.
Sondern so: Da alle Fluggäste an Bord waren, konnte die Maschine pünktlich starten.

Die **bloße Aneinanderreihung von Hauptsätzen** kann aber zu einer gewissen Eintönigkeit führen. Hier helfen bestimmte Adverbien, sogenannte **Konjunktionaladverbien**, die Aussagen der Hauptsätze sinnvoll zu verknüpfen:

Ohne Verknüpfung: Sie will studieren. Sie holt an der Abendschule das Abitur nach.
Verknüpft: Sie will studieren. **Deshalb / Deswegen / Daher** holt sie an der Abendschule das Abitur nach.

Ohne Verknüpfung: Sie holt an der Abendschule das Abitur nach. Sie will studieren.
Verknüpft: Sie holt an der Abendschule das Abitur nach. Sie will **nämlich** studieren. / **Denn** sie will studieren.

STIL
Satzaufbau und Satzarten

Mehr Spannung im Text – durch Doppelpunkt und Hauptsatz statt Nebensatz

In § 81 der amtlichen Rechtschreibregeln heißt es: *„Mit dem Doppelpunkt kündigt man an, dass etwas Weiterführendes folgt."*
Stilistisch geschickt eingesetzt vermag der Doppelpunkt aber mehr: Er kann beim Leser eine Erwartungshaltung aufbauen. Der Leser wird zum kurzen Innehalten veranlasst. Zugleich wird seine Neugier geweckt auf das, was jetzt folgt.

Normales Satzgefüge:
Endlich hatte sie Ihren Traumjob gefunden, den sie all die Jahre gesucht hatte.
Für großen Wirbel sorgten zwei Zwölfjährige, die von zu Hause ausgerissen waren.

Mit Doppelpunkt:
Endlich hatte sie gefunden, was sie all die Jahre gesucht hatte: ihren Traumjob.
Für großen Wirbel sorgten zwei Zwölfjährige: Sie waren von zu Hause ausgerissen.

> **Zu viele Doppelpunkte** können den Leser jedoch eher verwirren als seine Spannung steigern. Man sollte dieses Stilmittel also sparsam verwenden. Der Text darf auch nicht „zertrümmert" werden. Wo der Doppelpunkt den Satzfluss hemmt, ist ein Nebensatz immer besser.
>
> Bei der Untersuchung kam heraus: Seit zwölf Jahren schon hatte der Prokurist Firmengelder auf sein Konto umgebucht.
> (Die Art der Formulierung des Hauptsatzes lässt den Leser einen Nebensatz mit der Konjunktion *dass* erwarten.)

STIL
Satzaufbau und Satzarten

> **Besser:** Bei der Untersuchung kam heraus, dass der Prokurist schon seit zwölf Jahren Firmengelder auf sein Konto umgebucht hatte.
>
> Wir vermuten: Sie hat die Unterlagen nicht an sich genommen. Fest steht: Nur sie hatte Zugang zum Aktenschrank.
>
> **Besser:** Wir vermuten, dass sie die Unterlagen nicht an sich genommen hat. Es steht aber fest, dass nur sie Zugang zum Aktenschrank hatte.

158 Fragesätze statt Aufforderungssätze – Wie man sich fragend höflicher ausdrücken kann

Sowohl in der gesprochenen als auch in der geschriebenen Sprache verwendet man statt eines Aufforderungssatzes häufig einen Fragesatz. Das wirkt **weniger streng** und klingt **höflicher** (und mit einem zusätzlichen „bitte" noch angenehmer):

Antworten Sie mir bitte so schnell wie möglich?
(Statt: Antworten Sie mir so schnell wie möglich!)

Kommt ihr bitte zukünftig pünktlich?
(Statt: Kommt zukünftig pünktlich!)

Ein Fragesatz mit den **Modalverben *können*** oder ***dürfen*** wirkt noch freundlicher:

Kannst du mir bitte sofort Bescheid geben?
Dürfen wir Sie bitten, uns die Unterlagen bis Ende der Woche zuzusenden?

→ R 169 (höfliche Aufforderungen)

Noch höflicher klingt eine Bitte mit dem **Konjunktiv II** von *können* und *dürfen*, allerdings wirkt gerade bei dem Verb *dürfen* der Konjunktiv II inzwischen sehr geziert:

STIL
Satzaufbau und Satzarten

Könnten Sie uns die Liste faxen?
Könnten Sie mir bitte so schnell wie möglich antworten?
Dürfte ich bitte so schnell wie möglich eine Antwort haben?

Auch mit einer Form von *würde* klingt eine Aufforderung höflicher:

Würden Sie bitte den Brief heute noch schreiben? (Statt: Schreiben Sie den Brief heute noch!)

> 💡 Im Geschäftsbrief klingen Formulierungen wie *„Schicken Sie uns bitte ..., Lassen Sie uns bitte wissen ..."* zwar höflich. Aber ein zu häufiges bitte kann in einem Brief einen herablassenden Unterton erzeugen. Stattdessen können Sie Ihre **Bitte als Frage formulieren**.
>
> **Nicht:** Wenn bereits eine detaillierte Mängelliste vorliegt, faxen Sie sie uns bitte.
> **Sondern:** Haben Sie bereits eine detaillierte Mängelliste erstellt? Wenn ja, können Sie uns diese Liste faxen?

Machen Sie einen Punkt – Ausrufezeichen sparsam verwenden 〔159〕

Nach Wunsch- und Befehlssätzen sowie nach Ausrufesätzen steht im Allgemeinen ein **Ausrufezeichen**. Der Satz erhält so einen **besonderen Nachdruck**. Auch nach Gruß- oder Höflichkeitsformeln und nach Glückwünschen setzt man häufig ein Ausrufezeichen:

Komm sofort her!
Geben Sie mir sofort das Buch zurück!
Was für ein schönes Bild!
Wärst du damals doch hier gewesen!
Tschüs!
Schöne Feiertage!

STIL
Satzaufbau und Satzarten

Bis morgen!
Petri Heil!
Grüß Gott!

Man sollte mit diesem Zeichen aber sparsam umgehen. Bei höflichen Aufforderungen oder Befehlen, denen **kein besonderer Nachdruck** verliehen werden soll, genügt es, einen **Punkt** zu setzen:

Schreiben Sie es bitte auf.
Stellt euch im Kreis auf und fasst euch an den Händen.
Siehe dazu auch die Tabelle auf Seite 345.
Vgl. die Abbildung auf der folgenden Seite.
Kreuzen Sie jeweils nur eine Antwort an.

Dies gilt besonders für die **geschäftliche Korrespondenz**. Auch dort, wo man nachdrücklich auf einen Sachverhalt hinweisen möchte, muss nicht nach jedem Aussagesatz ein Ausrufezeichen stehen. Sehr leicht fühlt sich jemand, der diesen Brief liest, durch die Häufung von Ausrufezeichen „angebrüllt". Hier genügt **meist ein Punkt**. Das wirkt **höflicher** und nicht minder nachdrücklich. Im Gegenteil: Wer zu viele Ausrufezeichen setzt, schwächt ihre Wirkung ab, und zwei Ausrufezeichen hintereinander sagen auch nicht mehr als eines:

Auch Ihre letzte Lieferung Kopiererpapier müssen wir reklamieren!! Die gelieferte Menge war nicht korrekt! Mehrere Kartons waren stark beschädigt! ...

Wenn auch die Reklamation berechtigt ist, liest sie sich doch besser so:

Leider müssen wir auch dieses Mal Ihre Lieferung Kopiererpapier reklamieren. Sie haben uns nicht die gewünschte Menge geliefert, zudem waren mehrere Kartons stark beschädigt. ...

Nach der **Anrede in privaten und geschäftlichen Briefen** setzt man heute ein Komma, kein Ausrufezeichen. Ebenso stehen **Schlussformeln** am Ende eines Briefes ohne Ausrufezeichen:

STIL
Satzaufbau und Satzarten

Hallo(,) liebe Judith, ich habe lange nichts mehr von dir gehört ...
Sehr geehrte Frau Knoll, ich danke Ihnen für Ihre ausführlichen
Informationen ...

Mit freundlichen Grüßen   Liebe Grüße

Paul Müller   *Anke*

Grußformeln am Ende eines Briefes, die einen Wunsch ausdrücken, erhalten jedoch ein Ausrufezeichen:

Für die neue Jagdsaison   Für deine Prüfung
ein kräftiges Halali!   toi, toi, toi!

Paul Müller   *Anke*

Was soll das?! – Kombination aus Frage- und Ausrufezeichen [160]

Eine Frage kann auch gleichzeitig **Ausdruck der Verwunderung** oder des Erstaunens sein. Dann setzt man **nach dem Fragezeichen** zusätzlich **ein Ausrufezeichen**:

Wie, du rauchst noch immer?!
Ausgerechnet ihm soll ich helfen?!
Was fällt Ihnen ein?!

Mit der Kombination Fragezeichen + Ausrufezeichen kann man auch verdeutlichen, dass man etwas gar nicht infrage stellt, sich einer Sache sicher ist, die **Frage eher rhetorisch gemeint** ist:

Der Kredit wurde gewährt, obwohl das Unternehmen vor dem Konkurs stand. Und das will in der Bank niemand gewusst haben?!

Diese Gelegenheit wird sie sich nicht entgehen lassen. Wetten, dass?!

STIL
Textgliederung

Textgliederung

TESTEN SIE IHR WISSEN

1 Ordnung muss sein ⋮ 162
Erstellen Sie für diese Abschnitte, untergeordneten Abschnitte und Unterabschnitte eine Gliederung mit Abschnittsnummern (1, 1.1, 1.1.1, 2.1 usw.) sowie eine Gliederung mit lateinischen Großbuchstaben und Abschnittsnummern:

Das Komma – Das Komma zwischen Satzteilen – Das Komma bei Aufzählungen – Das Komma bei herausgehobenen Satzteilen – Das Komma bei Einschüben und Zusätzen – Das Komma bei Partizipial- und Infinitivgruppen – Partizipialgruppen – Infinitivgruppen – Das Komma zwischen Sätzen – Das Semikolon

2 Laterne, Laterne ... ⋮ 161 ⋮ 164
Hier sind die Sätze ziemlich durcheinandergeraten. Bringen Sie sie wieder in die richtige Reihenfolge, dann haben Sie auch was zu lachen.

a) Der liegt ein paar Meter unter der Erde. **b)** Verdammt! Im ganzen Leben habe ich nie an Nudelsuppe gedacht. **c)** Warten Sie bis wir eine klare Vollmondnacht haben. **d)** Und jetzt geht mir die Nudelsuppe nicht mehr aus dem Kopf! **e)** Max will seine Zukunft erfahren und geht deshalb zu einer Wahrsagerin. **f)** Plötzlich wirft er den Spaten weg und flucht: **g)** Sie schaut lange in eine Kugel und sagt dann zu Max: **h)** In der ersten Vollmondnacht fängt er an zu graben. **i)** Sie werden reich sein, wenn Sie genau das tun, was ich sage. **j)** Wenn Sie beim Graben aber an Nudelsuppe denken, finden Sie nichts. **k)** Max freut sich auf den Schatz und kauft sich einen Spaten.
l) Nehmen Sie einen Spaten mit und graben Sie nach einem Schatz.
m) Gehen Sie dann um Mitternacht auf den alten Friedhof.

STIL
Textgliederung

LÖSUNGEN

1 a) Gliederung mit Abschnittsnummern:

1	Das Komma
1.1	Das Komma zwischen Satzteilen
1.1.1	Das Komma bei Aufzählungen
1.1.2	Das Komma bei herausgehobenen Satzteilen
1.1.3	Das Komma bei Einschüben und Zusätzen
1.2	Das Komma bei Partizipial- und Infinitivgruppen
1.2.1	Partizipialgruppen
1.2.2	Infinitivgruppen
1.3	Das Komma zwischen Sätzen
2	Das Semikolon

b) Gliederung mit lateinischen Großbuchstaben und Abschnittsnummern:

A	Das Komma
1	Das Komma zwischen Satzteilen
1.1	Das Komma bei Aufzählungen
1.2	Das Komma bei herausgehobenen Satzteilen
1.3	Das Komma bei Einschüben und Zusätzen
2	Das Komma bei Partizipial- und Infinitivgruppen
2.1	Partizipialgruppen
2.2	Infinitivgruppen
3	Das Komma zwischen Sätzen
B	Das Semikolon

2 Richtige Reihenfolge: e, g, i, c, m, l, a, j, k, h, f, b, d

STIL
Textgliederung

161 Alles der Reihe nach! – Idee → Konzept → Text

Erst denken, dann schreiben

Heinrich von Kleists Ausführungen *„Über die allmähliche Verfertigung der Gedanken beim Reden"* sind sicherlich lesens- und beachtenswert.

Für das Schreiben gilt jedoch, dass die Götter vor den erfolgreichen Text den Schweiß eines guten Konzepts gesetzt haben. Je schlüssiger dieses Konzept ist und je strenger es einer geraden Linie folgt, desto strukturierter ist der produzierte Text.

Soll das Geschriebene dem Leser „sonnenklar" sein, orientieren Sie sich am Aufbau eines Wetterberichts. Hier erhält man zuerst einen Überblick („Wetterlage"), dann folgt die Vorhersage für morgen und als Abrundung die Aussichten für die nächsten Tage. Eine deutlich sichtbare Dreiteilung also: Einleitung – Hauptteil – Schluss.

Zum Glück müssen wir nicht bei jedem Text ausführlich überlegen, wie er zu gestalten ist. Wir können auf Muster zurückgreifen, die uns vertraut sind und deren Strukturen wir in der Regel kennen: Lebenslauf, Bewerbungsschreiben, Protokoll, Geschäftsbrief. Bei Bedarf hilft auch ein gedruckter Ratgeber mit Musterbriefen, Textbausteinen und Tipps für die private und geschäftliche Korrespondenz.

Wer zu einem festgelegten Thema selbstständig einen Text erstellt, wird mit einer **Stoffsammlung** beginnen. Hierfür kann man das Thema in die Mitte eines Blattes schreiben und um diesen Schlüsselbegriff herum sammeln, was einem spontan dazu einfällt („Cluster"). Informationsmaterial zu dieser Stoffsammlung bieten Fachbücher, Zeitschriften und Zeitungen, Lexika, das Internet und Datenbanken.

Diese Methode, Gedanken in Form von Schlagwörtern oder auch Bildern aufzuzeichnen, zu sammeln, zu ordnen und zu gliedern, bezeichnet man als **Mind-Mapping** (englisch *mind mapping* = das Gedankenaufzeichnen), eine

STIL
Textgliederung

auf diese Weise erstellte Gedankensammlung als Mind-Map. Mithilfe dieser Methode können Sachtexte organisiert, Arbeitsschritte geplant und das Schreiben des zusammenhängenden Textes vorbereitet werden.

Hier ein paar Hinweise für die **Erstellung einer Mind-Map**:
- Papier im Querformat benutzen
- Thema in der Mitte platzieren, wenn möglich als Zeichnung
- jeden Unterpunkt als Linie (oder „Zweig") in einer anderen Farbe zeichnen und beschriften
- Symbole (z. B. ein Ausrufezeichen für „wichtig") benutzen

In der Schreibpraxis gibt es zwar keine Patentrezepte für alle Textsorten, die folgenden drei **Grundregeln** sind aber vom Grundsatz her zu beachten:
- Ein Text hat ein **Thema**, stellt also einen Sachverhalt oder einen Gegenstand dar.
- Ein Text hat eine **innere Logik**. Er schreitet weiter von Gedanke zu Gedanke. Seine einzelnen Sätze stehen in inhaltlicher Verbindung.
- Ein Text hat eine **Form**. Diese Form entspricht der Aussageabsicht des Schreibers. Ein Brief hat also eine andere Form als ein Protokoll oder eine Erzählung.

Struktur der Gedanken – Überschriften und Gliederung   162

Für eine Reihe von Texten ergeben sich **Überschriften** von selbst, man muss sie nicht eigens erfinden. Dazu gehören z. B. Lebenslauf, Zeugnis, Protokoll, Kaufvertrag. Bei einem Geschäftsbrief entspricht die Betreffzeile einer Überschrift und der Briefempfänger weiß sofort, worum es in dem Brief geht.

Andere Textarten verlangen vom Schreiber jedoch, dass er in knapper Form beim Leser das Interesse für den Text weckt. Das ist z. B. bei Zeitungsartikeln, aber auch bei Buchtiteln der Fall.

Dann ist eine gute Überschrift vonnöten, die den Leser neugierig macht. Aber wann ist eine Überschrift gut und welche Varianten gibt es? Ein Beispiel:

STIL
Textgliederung

Eine **neutrale Überschrift** für einen Text, der die neuen Steuerrichtlinien erklärt, wäre z. B.:

Neue Steuerrichtlinien für 2010

Diese Überschrift entspricht einer ganz knappen Inhaltsangabe des nachfolgenden Textes. Aber klingt sie besonders reizvoll? Eher nicht. Sie kann sogar den Eindruck erwecken, dass der nachfolgende Text schlecht verständlich, fachsprachlich ist.

Statt einer ganz neutralen Überschrift haben Sie auch **andere Möglichkeiten**, z. B.:

1. Verwenden Sie **Bilder**:
   So halten Sie Ihr Steuersäckchen auch im Jahr 2010 klein.

2. Formulieren Sie eine Überschrift **als Frage**:
   Was muss ich bei der Steuer ab 2010 beachten?

3. Formulieren Sie eine Überschrift **als Befehl**:
   Steuer 2010 – Verschenken Sie keinen Cent!

4. Stellen Sie eine der **Hauptaussagen** des nachfolgenden Textes **in die Überschrift**:
   So sparen Sie Geld im Steuerjahr 2010.

Wer umfangreichere Texte erstellt, z. B. Aufsätze, wissenschaftliche Arbeiten, oder sogar Sach- und Fachbücher, kommt nicht umhin, den Text noch weiter zu strukturieren, zu gliedern und diese **Gliederung** deutlich zu machen.

Die Grobgliederung vieler Texte besteht aus Einleitung, Hauptteil und Schluss. Diesen Grobstrukturen werden die arabischen Zahlen 1, 2 und 3 zugeordnet. Sie stehen ohne Punkt linksbündig am linken Zeilenrand. (1. Stufe). Untergeordnete Abschnitte werden mit fortlaufenden Nummern versehen (2. Stufe). Sie können ihrerseits in beliebig viele Unterabschnitte aufgefächert werden (3. Stufe, 4. Stufe usw.).

STIL
Textgliederung

> (!) Zwischen den einzelnen Abschnittsnummern wird ein Punkt gesetzt, die jeweils letzte Zahl steht aber ohne Punkt – siehe Beispiele unten.

> (!) Verwenden Sie nicht nur Abschnittsnummern, sondern überlegen Sie sich zu jeder Abschnittsnummer auch eine Überschrift. Achten Sie auch darauf, dass die Gliederung übersichtlich bleibt. Mehr als zwei Unterabschnitte sind nach Möglichkeit zu vermeiden.

Beispiel für ein **Gliederungsschema**:

1   Einleitung (Sinnabschnitt 1)
1.1   Untergeordneter Sinnabschnitt 1
1.1.1 Gesichtspunkt 1
1.1.2 Gesichtspunkt 2
2   Hauptteil (Sinnabschnitt 2)
2.1   Untergeordneter Sinnabschnitt 2
2.1.1 Gesichtspunkt 1
2.1.2 Gesichtspunkt 2
2.2   Untergeordneter Sinnabschnitt 2
2.2.1 Gesichtspunkt 1
2.2.2 Gesichtspunkt 2
3   Schluss (Sinnabschnitt 3)

Statt durchgehend zu nummerieren, können die Hauptteile durch **lateinische Großbuchstaben** gekennzeichnet werden:

A Einleitung (Sinnabschnitt 1)
   1   Untergeordneter Sinnabschnitt 1
   1.1   Gesichtspunkt 1
   1.2   Gesichtspunkt 2

STIL
Textgliederung

B Hauptteil (Sinnabschnitt 2)
   1 Untergeordneter Sinnabschnitt 2
   1.1 Gesichtspunkt 1
   1.2 Gesichtspunkt 2
C Schluss

(163) Textformatierung

Schriftart

Verwenden Sie für ihre Texte – geschäftliche Korrespondenz, Aufsätze, wissenschaftliche Arbeiten u. Ä. eine gut lesbare Schrift. Als „leserfreundlich" sind Serifenschriften wie **Times New Roman** und **Garamond** zu empfehlen oder serifenlose Schriften wie **Arial, Verdana** oder **Tahoma**. Ausgefallene Schriftarten (z. B. Schreibschriften) sind zu vermeiden.
→ R 199 („So schreibt man heute Briefe")

Schriftgröße (Schriftgrad)

Für die geschäftliche Korrespondenz liegen die sogenannten **Lesegrößen** der Schrift bei **11 oder 12 Punkt** (pt), je nach gewählter Schriftart. Der Text ist so für den Lesenden schnell und leicht erfassbar. Für wissenschaftliche Arbeiten (Referate, Diplomarbeiten usw.) wählt man für den Text eine Schriftgröße von 12 Punkt, für Fußnoten 10 Punkt.

Die sogenannten **Schaugrößen** mit **14 Punkt** und mehr heben Textteile hervor. Diese Größen können z. B. für Überschriften auf Deckblättern eingesetzt werden. Schriften für Kapitelüberschriften werden in einer Größe von 14 Punkt geschrieben. Ist ein Text in Kapitel und Unterkapitel (Hauptabschnitte und Unterabschnitte; siehe oben) gegliedert, entsteht eine Rangordnung auch in Bezug auf die Schriftgröße. Überschriften von Unterkapiteln dürfen nicht in derselben Schriftgröße wie die Überschriften der Hauptkapitel erscheinen, sondern müssen kleiner geschrieben werden.

Zeilenabstand

Die Lesbarkeit eines Textes ist nicht nur von der gewählten Schriftart und von der Schriftgröße abhängig, sondern auch vom gewählten **Zeilenabstand** (= Abstand von einer Schriftlinie zur nächsten). Dieser Zeilenabstand sollte 130 Prozent der Schriftgröße nicht überschreiten. Bei einer Schriftgröße von 10 Punkt müssten Sie also z. B. im Textverarbeitungsprogramm MS-Word über das Menü FORMAT das Dialogfenster ABSATZ aufrufen und dort im Register EINZÜGE UND ABSTÄNDE im Listenfeld „Maß" einen Zeilenabstand von 13 Punkt einstellen. In der Regel ist ein einzeiliger Abstand vorgegeben, in Abhängigkeit von der gewählten Schriftgröße berechnet das Programm den jeweiligen Zeilenabstand.

> Nach DIN 5008 gilt für Geschäftsbriefe ein einzeiliger Zeilenabstand. Bei besonderen Schreiben (Gutachten, Berichte u. Ä.) darf ein größerer Zeilenabstand verwendet werden.

Blocksatz und Flattersatz

Für **wissenschaftliche Texte** wird der **Blocksatz** bevorzugt, er ist schließlich auch die klassische Form für das Layout einer Buchseite. Ein wirklich gutes Erscheinungsbild eines Texts im Blocksatz setzt aber ein ausgereiftes Silbentrennungsprogramm voraus. Denn sonst wird das Schriftbild durch übermäßig große Lücken zwischen den Wörtern zerrissen und wirkt unruhig.

Sowohl in der **privaten** wie in der **geschäftlichen Korrespondenz** wird im Allgemeinen der sogenannte **Flattersatz** bevorzugt. Hier sind die einzelnen Zeilen im Vergleich zum Blocksatz ungleichmäßig lang, sie „flattern" am rechten Textrand.

Durch die Verwendung des Flattersatzes
- erhält der Text mehr Spannung durch unterschiedlich lange Zeilen,
- wirken Briefe individueller und lebendiger,
- werden ungleichmäßige Wortzwischenräume vermieden,

STIL
Textgliederung

- kann die Zeilenlänge durch Silbentrennung selbst bestimmt und damit zusätzlich variiert werden.

Will man innerhalb eines mit Flattersatz geschriebenen Texts bestimmte **Textpassagen hervorheben** (z. B. Zitate aus vorangegangenem Schriftwechsel, Vertragspassagen, Paragrafen aus Gesetzen usw.), kann man diese Texte als **eingerückte oder zentrierte Absätze im Blocksatz** schreiben:

Wenn Sie einen **Leserbrief an eine Zeitung** schreiben wollen, haben Sie zumeist dieselben Regeln zu beachten, die auch für einen formellen Brief gelten. Folgendes sollte jedoch bedacht werden:

> Es ist sinnvoll, den Brief auf nur ein einziges Thema zu beschränken, also z. B. auf eine ganz bestimmte Kritik an einem Artikel oder einen Vorschlag zur Verbesserung der Zeitung. Dies ist auch hilfreich, um die Wortzahlbeschränkung einzuhalten (PONS Richtig gut! Texte schreiben. Englisch [1. Auflage 2008]. Stuttgart: PONS, S. 97).

Schreiben Sie den Brief so, als ob Sie den Herausgeber der Zeitung ansprechen und nicht die Leserschaft.

Dieser Absatz kann eine weitere Hervorhebung dadurch erfahren, dass man die gewählte Schriftart **um einen Punkt verkleinert**. Man könnte ihn auch kursiv setzen. Bei einer kürzeren Passage wäre auch eine Hervorhebung durch Fettdruck denkbar.

💡 Mit diesen technischen Möglichkeiten, die die Texterfassungsprogramme bieten, sollte man aber sehr **behutsam und sparsam** umgehen. Das Schriftbild kann sonst zu unruhig wirken und das Lesen eher behindern als erleichtern. Zu viele Hervorhebungen können die beabsichtigte Wirkung auch ins Gegenteil verkehren, weil der gewünschte Effekt sich auf Dauer selbst aufhebt.

STIL
Textgliederung

Der rote Faden – inhaltlicher Aufbau

164

> **Schreiben ist organisierte Spontanität (Martin Walser)**
>
> Das gesprochene Wort wirkt unmittelbar auf den oder die Angesprochenen, es ist aber auch flüchtig und leicht vergänglich. Schriftliche Texte hingegen sind „haltbarer", sie sind auch stets „kontrollierbar", da man sie sich immer wieder vor Augen führen kann. Darum sollte man sie sorgfältiger formulieren, als dies normalerweise im mündlichen Sprachgebrauch geschieht. Wer schreibt, muss seine Gedanken in eine sprachliche Form bringen. Er muss wissen, wie er seinen Text aufbaut, wie er anfangen kann, wie das Thema darzustellen ist (Wer liest diesen Text?) und wie er aufhören kann. Im Text müssen Ordnung und Übersichtlichkeit herrschen. Der Leser soll sich leicht zurechtfinden, seine Aufmerksamkeit soll auf Wichtiges gelenkt werden, er soll die Botschaft des Schreibers nicht nur empfangen, sondern sie auch verstehen.

Wer schreibt, schickt seine Gedanken an einen Leser. Sie kommen nur unversehrt an, wenn der Text nicht nur durch passende und anschauliche Wortwahl glänzt, sondern auch **gut strukturiert** ist.

Schriftliche Texte wenden sich – außer in persönlichen Briefen – nicht an ein direktes Gegenüber. **Der Adressat kann nicht zurückfragen.** Oft kennt ihn der Verfasser nicht einmal, kennt auch nicht dessen Sprachgebrauch. Als Verfasser muss man deshalb sehr gut überlegen, wie man den Leser anspricht, und darauf achten, dass man nicht zu spezielle Fragen erörtert oder in eine zu spezielle Ausdrucksweise verfällt.

→ siehe auch Tipp „Textüberprüfung" in R 185

Schriftliche Texte sollen in der **Standardsprache** formuliert sein. Nur so ist gewährleistet, dass sie leicht gelesen werden können. Die Standardsprache hat feste Regeln für die Rechtschreibung, die Grammatik und den Wortgebrauch. Sie ist die in der Öffentlichkeit (Fernsehen, Rundfunk) gesprochene Sprache.

STIL
Textgliederung

Schriftliche Texte können im Unterschied zur gesprochenen Sprache weder Betonung noch klangliche Nuancen einsetzen. Hier muss mit geschickt gewählter **Wortstellung** und kluger Verwendung von **Satzzeichen** „optisch" die Aufmerksamkeit des Lesers erregt werden.

→ Kapitel „Satzaufbau und Satzarten", R 153 - 160

Schriftliche Texte haben in vielen Fällen Vorbilder, nach denen man sich richten kann. Für vieles, was geschrieben wird, gibt es **Muster**, die festlegen, was ein Text enthalten soll und wie er aufzubauen ist. Im Einzelnen ist die Form von der jeweiligen Textsorte abhängig (Geschäftsbrief, Lebenslauf, Protokoll, Vertrag u. Ä.).

→ R 199 („So schreibt man heute Briefe")

Fragen, die man an seinen Text stellen sollte

- Habe ich wirklich geschrieben, was ich mitteilen wollte und sollte? Trifft der Text die Sache?

- Hat der Text einen roten Faden? Kann der Leser meinem Gedankengang von Anfang bis Ende folgen?

- Kann ich dem Leser das Verständnis durch Satzzeichen (Klammern, Gedankenstriche), Hervorhebungen (fette Schrift, Unterstreichungen), stärkere Untergliederung (Abschnitte) erleichtern?

STIL
Das Verb im Satz

° Das Verb im Satz

TESTEN SIE IHR WISSEN

1 Brauchbares ∴ 165
Sind hier *brauchen* und *gebrauchen* richtig gebraucht? Unterstreichen Sie.
a) Ich könnte Hilfe *gebrauchen / brauchen*.
b) Die Kleine *braucht / gebraucht* dringend neue Schuhe.
c) Der ICE Sprinter *gebraucht / braucht* vier Stunden bis Berlin.

2 Aktivitäten ∴ 166
Sätze wie der folgende klingen meist besser, wenn sie im Aktiv stehen. Versuchen Sie, ihn umzuformen (vier Möglichkeiten):

Die Aufgabe konnte leicht gelöst werden.

_____

_____

_____

_____

3 Bei Nichtbeachtung erfolgt Abmahnung ∴ 167
In diesem Satz sind zu viele Nominalisierungen. Können Sie ihn besser formulieren?

Machen Sie bitte Mitteilung, ob eine Gewährleistung für eine pünktliche Lieferung möglich ist.

_____

_____

STIL
Das Verb im Satz

4 Schreck, lass nach!
Was ist richtig? Unterstreichen Sie bitte.

Sie *erschreckte / erschrak / erschreckte sich*, als sie das Chaos im Kinderzimmer sah.

5 Die lieben Kollegen
Was ist an folgendem Satz falsch? Können Sie ihn korrigieren?

Frau Maier bestreitet, dass sie ihren Kollegen nicht beschimpft hat.

___

6 Wer zu spät kommt ...
Kreuzen Sie die richtige Version an.

Als er gestern Abend nach Hause kam,

a) ist sie schon ins Bett gegangen gewesen.
b) war sie schon ins Bett gegangen.

LÖSUNGEN

1 a) gebrauchen/brauchen, **b)** braucht, **c)** braucht • **2** Die Aufgabe war leicht zu lösen. / Man konnte die Aufgabe leicht lösen. / Die Aufgabe ließ sich leicht lösen. / Die Aufgabe war leicht lösbar. • **3** Teilen Sie uns bitte mit, ob Sie eine pünktliche Lieferung gewährleisten können. • **4** Sie erschrak, als sie das Chaos im Kinderzimmer sah. • **5** Frau Maier bestreitet, dass sie ihren Kollegen beschimpft hat. • **6** b)

> **STIL**
> Das Verb im Satz

165 Wer *brauchen* ohne *zu* gebraucht ... – ... gebraucht *brauchen* standardsprachlich nicht korrekt

Das Vollverb **brauchen** gilt in einem gewissen Sinne auch als **Modalverb** (→ siehe R 141 und 142). Es steht dann immer mit der **Negation** *nicht* oder einer einschränkenden Partikel (z. B. nur, bloß) und entspricht in der Bedeutung verneintem oder eingeschränktem *müssen*:

Wir brauchen heute nicht zu arbeiten.
Du brauchst nur zu rufen, und ich komme sofort.
Sie brauchte nicht lange zu warten.
Du brauchst erst um 10 Uhr zu kommen.

In der Standardsprache steht hier ein *zu* vor dem nachfolgenden Infinitiv. Die Verwendung von **brauchen** ohne *zu* gilt (noch immer) als **umgangssprachlich**.

Also nur: Du brauchst heute nicht *zu* kommen.
Und nicht: ~~Du brauchst heute nicht kommen.~~

> 💡 Schwierigkeiten bereitet häufig die korrekte Verwendung von **brauchen** und **gebrauchen**. Hier ist zu beachten:
>
> - Das Verb **gebrauchen** bedeutet ausschließlich *benutzen, verwenden*:
>   Er gebraucht zu viele Fremdwörter.
>   Den alten Rasenmäher kann ich noch gut gebrauchen.
>
> - Das Verb **brauchen** hat zum einen die Bedeutung *nötig haben, benötigen*:
>   Ich brauche Geld. Sie braucht neue Schuhe.
>   Zum anderen bedeutet es *benutzen, verwenden*:
>   Er braucht zu viele Fremdwörter.
>   Den alten Rasenmäher kann ich noch gut brauchen.

Im Sinne von *benutzen, verwenden* sind also **brauchen** und **gebrauchen** austauschbar:

Er braucht / gebraucht zu viele Fremdwörter.
Den alten Rasenmäher kann ich noch gut brauchen /gebrauchen.

Falsch ist es aber, wenn man **gebrauchen** im Sinne von *nötig haben* einsetzt. Man kann also nicht sagen:

Sie ~~gebraucht~~ (richtig: braucht) dringend neue Schuhe.
Bis Frankfurt ~~gebrauchen~~ (richtig: brauchen) wir etwa eine Stunde.

In Verbindung mit **können** ist aber wiederum beides möglich und hat den gleichen Sinn:

Kannst du meine Hilfe gebrauchen / brauchen?
Mein Auto könnte eine gründliche Reinigung brauchen /gebrauchen.

Das Passiv sollte zurückhaltend verwendet werden – Häufiger im Aktiv schreiben

166

Ein Geschehen kann man aus **zwei Blickrichtungen** beschreiben:

Das Erdbeben überraschte sie im Schlaf. (Aktiv = Tatform)
Oder: Sie wurden von dem Erdbeben im Schlaf überrascht. (Passiv = Leideform)

Das Passiv kann durchaus ein Mittel bei der abwechslungsreichen Formulierung eines Texts sein. Bei übermäßiger Verwendung des Passivs verliert ein Text jedoch leicht an Lebendigkeit. Er wird schwerfällig, distanziert, wirkt amtlich oder wissenschaftlich. Die mit **werden** gebildeten Passivformen lassen den Satz wegen der Satzklammer auch grammatisch komplizierter erscheinen.

→ R 155 (Satzklammer)

STIL
Das Verb im Satz

> 💡 Sätze klingen wesentlich besser, wenn sie **im Aktiv** stehen. Sie sind dann meist kürzer.

Einen passivischen Satz wie

Das Haus **ist** preisgünstig **renoviert worden**.

kann man auf verschiedene Arten in einen aktivischen Satz umwandeln:

mit *man*: **Man** hat das Haus preisgünstig renoviert.
mit *sein* **+ zu + Infinitiv:** Das Haus **war** preisgünstig **zu** renovieren.
mit *sich lassen* **+ Infinitiv:** Das Haus **ließ sich** preisgünstig renovieren.

Abhängig von Inhalt und Satzbau gibt es noch weitere Möglichkeiten, eine passivische Verbform zu vermeiden:

- **Adjektiv auf -*lich*:**
  Es kann nicht verziehen werden, dass ...
  → Es ist nicht **verzeihlich** (oder: unverzeihlich), dass ...

- **Adjektiv auf -*bar*:**
  Dieser Grundstückspreis kann von uns nicht bezahlt werden.
  → Dieser Grundstückspreis ist für uns nicht **bezahlbar / unbezahlbar**.

- **Gerundiv:**
  Der Text, der korrigiert werden muss, liegt auf deinem Schreibtisch.
  → Der **zu korrigierende** Text liegt auf deinem Schreibtisch.

- **Partizip Perfekt:**
  Die Gelder, die eingespart wurden, werden wir in neue Fertigungsanlagen investieren.
  → Die **eingesparten** Gelder werden in neue Fertigungsanlagen investiert.

STIL
Das Verb im Satz

> 💡 In **Sach- und Fachtexten** sind Passivsätze durchaus vertretbar. Hier stehen allgemein gültige Sachverhalte im Vordergrund, es kommt weniger auf handelnde Personen an:
>
> Eine Tagesdosis von 200 mg darf nicht überschritten werden.
>
> Das Passiv ist auch dort angebracht, wo der Handelnde, der „Täter" selbstverständlich oder völlig unbedeutend ist. Hier würde es sogar oft komisch wirken, ihn trotzdem zu nennen:
>
> Das Museum wird um 17 Uhr geschlossen.
> (Nicht: Der Hausmeister schließt das Museum um 17 Uhr.)

Bei Nichtbeachtung der Vorschriften kommt folgende Regel zur Anwendung – Verben sind oft besser als Nomen

167

Nominalisierungen nur im Notfall!

„Das Voranstellen der Erhaltung des Lebens hat gerade in der Unfallchirurgie die Bedeutung der Beachtung der Elementargefahr durch Störung des Kreislaufs und der Atmung."

Haben Sie den Inhalt dieses Satzes gleich beim ersten Lesen verstanden? Herzlichen Glückwunsch! Aber sicherlich werden Sie zustimmen:

Sätze wie dieser gelten zu Recht als stilistisch unschön; denn sie sind mit Nomen überladen und werden deshalb oft erst nach mehrmaligem Lesen verständlich.
Warum nicht einfach so:
Die Lebenserhaltung voranzustellen bedeutet gerade in der Unfallchirurgie: Vorrangig auf Kreislauf und Atmung achten!

Bei Sätzen im so genannten **Nominalstil** (Hauptwortstil) werden übermäßig viele Nomen und nominalisierte Verben verwendet. Sie kommen leider immer noch häufig im Amtsdeutsch und in wissenschaftlichen Texten vor.

STIL
Das Verb im Satz

Durch zu viele Nomen wirkt ein Text jedoch eintönig, schwerfällig und wird obendrein schwer verständlich.

> 💡 **Nominalisierungen** entstehen, wenn
> - der Infinitiv eines Verbs als Nomen benutzt wird:
>   das Halten einer Rede, das Vereinbaren eines Termins ...
> - von einem Verb ein Nomen auf **-ung** abgeleitet wird:
>   beachten → Beachtung; stören → Störung; bearbeiten → Bearbeitung ...

Sätze im Nominalstil lassen sich leicht vermeiden, wenn man Tätigkeiten mit der ihnen eigenen Wortart ausdrückt, nämlich mit Tätigkeitswörtern = Verben! Statt Nomen und Nominalisierungen verwendet man **Verben**, wo es um verbale Vorgänge geht.

Also nicht: Die Nichtbeachtung dieser Vorschrift zieht eine Bestrafung nach sich.
Sondern einfach: Wer diese Vorschrift nicht beachtet, wird bestraft.

In einem Text, der flüssig und anschaulich geschrieben ist, haben deshalb die folgenden schwerfälligen Bildungen nichts zu suchen:

Außerachtlassung, Außerbetriebsetzung, Betätigung, Bezugnahme, Hintansetzung, Hinzunahme, Inangriffnahme, Inanspruchnahme, Inauftragnahme, Inaugenscheinnahme, Inaussichtstellung, Inbetriebnahme, Nichtbefolgung, Vergegenwärtigung, Zuhilfenahme, Zurruhesetzung ...

Nominalisierungen kann man außerdem häufig **umwandeln in Nebensätze**:

Nicht: Ausweise sind auf Verlangen vorzuzeigen.
Sondern: Ausweise sind vorzuzeigen, wenn es verlangt wird.

Nicht: Die Beherzigung dieser Regeln fördert besseres Schreiben.
Sondern: Wenn man diese Regeln beherzigt, schreibt man besser.

STIL
Das Verb im Satz

Typisch für den Nominalstil sind auch die so genannten **Funktionsverbgefüge** (Streckformen), feste Verbindungen aus bestimmten Verben (Funktionsverben wie kommen, bringen, stehen, stellen, gelangen) mit Nomen (z. B. zum Ausdruck bringen statt ausdrücken).
Bei Funktionsverbgefügen ist die ursprüngliche Bedeutung des Verbs weitgehend verblasst. Es hat eigentlich nur noch eine grammatische Funktion: Es ist notwendig, damit ein vollständiger Satz zustande kommt.

Die folgenden umständlich und steif wirkenden Wendungen lassen sich häufig vermeiden, indem man auf ein einfaches Verb zurückgreift:

Umständlich:	**Einfacher geht's so:**
in Abrede stellen	bestreiten
zum Abschluss bringen	abschließen
zum Abschluss gelangen	abgeschlossen werden
in Anrechnung bringen	anrechnen
in Anspruch nehmen	beanspruchen
Anwendung finden	angewendet werden
sich im Aufbau befinden	aufgebaut werden
zum Ausdruck bringen	ausdrücken
zur Ausführung gelangen	ausgeführt werden
Ausführungen machen	ausführen
zur Auszahlung kommen	ausgezahlt werden
Beachtung finden	beachtet werden
Berücksichtigung finden	berücksichtigt werden
unter Beweis stellen	beweisen
Bezug nehmen (auf)	sich beziehen
zur Entfaltung kommen	sich entfalten
in Erfahrung bringen	erfahren
in Erwägung ziehen	erwägen
Erwähnung finden	erwähnt werden
Folge leisten	folgen
Gültigkeit besitzen	gelten
zum Halten bringen	anhalten

STIL
Das Verb im Satz

Hilfe leisten	helfen
zur Kenntnis bringen	bekannt geben
Mitteilung machen	mitteilen
in Rechnung stellen	berechnen
zur Sprache bringen	an-, besprechen
Unterstützung finden	unterstützt werden
Untersuchungen anstellen	untersuchen
Veränderungen erfahren	verändert werden
Verbesserungen erfahren	verbessert werden
zum Versand kommen	versendet werden
das Versprechen geben	versprechen
zur Verteilung gelangen	verteilt werden
in Verwahrung nehmen	verwahren
Verzicht leisten	verzichten
in Vorschlag bringen	vorschlagen
in Wegfall kommen	wegfallen
sich zur Wehr setzen	sich wehren
in Zweifel ziehen	bezweifeln

(!) **Funktionsverbgefüge** und die entsprechenden einfachen Verben sind allerdings **nicht immer** gegen ein einzelnes Verb **austauschbar**. Manchmal gibt es Unterschiede in der Bedeutung und im Gebrauch. Beispiele:

sich in Bewegung setzen (beginnen, sich zu bewegen) ≠ sich bewegen

Anklage erheben (einen Antrag auf gerichtliche Untersuchung stellen) ≠ anklagen

STIL
Das Verb im Satz

Nicht immer „*würde-los*" – die erlaubte *würde*-Umschreibung des Konjunktivs II

> **Die Gedanken sind frei – aber bitte im Konjunktiv II**
>
> *„Wenn ich ein Vöglein wär, flög ich zu dir."* Hier haben wir es, wie unschwer zu erkennen, mit einem Gedankenspiel zu tun, das fernab der Wirklichkeit ist. Den Gedanken darf man auch ruhig freien Lauf lassen, denn was nicht Realität, sondern nur Vorstellung, eben nur Gedachtes oder Gewünschtes ist, drückt im Deutschen der Konjunktiv II aus. Er ist der Modus des Ungewissen, des Unwirklichen, der Gedankenspiele.

Es ist der **Wechsel der Stammvokale *a, o, u*** zu den umgelauteten Formen ***ä, ö*** und ***ü***, der den Konjunktiv II Präteritum der starken Verben oft ungewöhnlich und veraltet wirken lässt (begänne, schwömme, hülfe). Auch Konjunktive wie kennte oder nennte wirken auf manch einen befremdlich. Deshalb weicht man heute meist auf die **Umschreibung mit *würde* + Infinitiv** aus. (→ R 133)

> ⚠ ***Ich würde sagen ...*** – diese Redewendung ist keineswegs falsch, sie wird nur meist falsch benutzt. Auf die Frage *Was würden Sie an meiner Stelle sagen?* kann man durchaus antworten: Ich würde sagen ... (Sie würden das sagen, wenn Sie an der Stelle des Fragers wären).
>
> Zur dummen Floskel wird diese Wendung aber, wenn jemand mit „ich würde sagen" beginnt und dann wirklich etwas sagt, was er auch so meint, wie er es sagt.

STIL
Das Verb im Satz

> Will man ausdrücken, dass man sich der Subjektivität seiner Aussage bewusst ist, oder will man seine Meinung „diplomatisch" äußern, stehen viel bessere Wendungen zur Verfügung:
>
> Ich glaube / meine / bin der Ansicht ...
> oder: Dazu kann ich nur sagen ...
> oder: Meiner Meinung nach / So, wie ich das sehe, ...

Weil sie nicht häufig gebraucht werden, kommt es bei einer Reihe von Verben bei den **Konjunktiv-II-Formen** zu Unsicherheiten. Es treten nämlich **zwei verschiedene Umlautformen** auf, von denen eine seltener vorkommt als die andere, beide aber als korrekt gelten, z. B. befähle/beföhle, stände, stünde.

Für Verben mit Doppelformen im Konjunktiv II → siehe R 134

169 Sagen Sie nicht immer *wollen*, wenn Sie etwas *möchten* – Aufforderungen höflich ausdrücken

Zum Ausdruck eines **Wunsches** wird oft auch das **Modalverb *wollen*** verwendet:

Ich **will** sofort eine Antwort.
Wir **wollen**, dass er uns hilft.

Aufforderungen mit dem Modalverb wollen wirken oft sehr umgangssprachlich. In bestimmten Situationen wirken sie sogar bestimmend und schroff:

Herr Ober, ich **will** noch einen Kaffee!

Im behördlichen und auch geschäftlichen Schriftverkehr wird gelegentlich eine Aufforderung durch ***wollen* + Infinitiv** ausgedrückt:

Sie **wollen** sich bitte am Mittwoch, dem 18.07.2007, um 10 Uhr in der Geschäftsstelle Neustadt der Bundesagentur für Arbeit einfinden.

STIL
Das Verb im Satz

Ihr Antragsformular **wollen** Sie bitte baldmöglichst in der für Sie zuständigen Bezirksverwaltung abholen.

Diese Ausdrucksweise wird heute aber nicht mehr als höflich, sondern eher als abgemilderte Befehlsform empfunden.

Besser, moderner und eindeutig ist zum Beispiel die **Imperativform +** *bitte*:

Bitte kommen Sie am Mittwoch, dem 18.07.2007, um 10 Uhr in die Geschäftsstelle Neustadt der Bundesagentur für Arbeit.

Bitte holen Sie Ihr Antragsformular möglichst bald in der für Sie zuständigen Bezirksverwaltung ab.

> **Wünsche** können Sie auch äußern, ohne gleich sprachlich mit dem Fuß aufzustampfen, wie es kleine Kinder manchmal tun (Mama, ich will jetzt ein Eis!). Das **Modalverb** *mögen* ist hier die richtige Wortwahl. In Wunschsätzen tritt es im Allgemeinen nur im Konjunktiv II auf, wird aber wie ein Indikativ Präsens verwendet. Wünsche und Bitten kommen dann in höflichem Gewande so daher:
>
> Ich möchte (statt: ich will) noch einen Kaffee.
> Wir möchten (statt: wir wollen) jetzt nicht gestört werden.

Erschrecken Sie sich nicht – Erschrecken Sie einfach   170

Das Verb *erschrecken* bereitet manchem sowohl aus grammatischer als auch aus stilistischer Sicht Schrecken. Was ist richtig:

Bin ich erschreckt oder erschrocken?
Erschreckst oder erschrickst du ihn?

Hier gilt:
Im Sinne von **jemanden in Schrecken versetzen** – also beim transitiven Ge-

STIL
Das Verb im Satz

brauch – ist erschrecken ein **schwaches** Verb mit regelmäßigen Formen:

Der Hund **erschreckt** den Einbrecher. – Der Hund **erschreckte** den Einbrecher. – Der Hund **hat** den Einbrecher **erschreckt**.

Gerät man selbst in Schrecken, wird das Verb ohne Akkusativobjekt gebraucht und wird **stark** konjugiert:

Der Einbrecher **erschrickt** vor dem Hund. – Der Einbrecher **erschrak** vor dem Hund. – Der Einbrecher **ist** vor dem Hund **erschrocken**.

> (!) Der **reflexive Gebrauch** des schwachen Verbs *erschrecken* ist immer umgangssprachlich und sollte im Schriftlichen nicht benutzt werden. Also:
>
> Ich bin furchtbar erschrocken.
> **Nicht:** Ich habe mich furchtbar erschrocken.

Das einfache Verb *schrecken* kommt heute nur selten vor. Transitiv wird es in gehobener Sprache im Sinne von *in Schrecken versetzen* oder *aufschrecken* verwendet und dann als regelmäßiges Verb schwach konjugiert:

Geräusche aus dem Keller hatten sie **geschreckt**.
Das **schreckt** mich nicht!
Wie soll ich hier arbeiten, das Telefon **schreckt** mich immer wieder aus meinen Gedanken.

In der **Jägersprache** wird mit *schrecken* das Ausstoßen von Schrecklauten bei Rehen und Hirschen bezeichnet:

Die Ricke **schreckte** kurz, um ihr Kitz zu warnen.

Jetzt sollten Sie aber nicht „vor Schreck hochfahren", auch wenn *schrecken* zusätzlich auch noch diese Bedeutung hat und in diesem Fall sowohl schwach als auch stark konjugiert werden kann. Häufiger als das einfache

Verb sind die Zusammensetzungen **auf-, hoch-, zurück-, zusammenschrecken**. Sie werden heute meist schwach gebeugt:

Als die Tür zufiel, **schreckte** (schrak) sie aus dem Schlaf.
Warum **schreckst** (schrickst) du immer zurück?

Verneinen Sie *niemals nicht* doppelt, sonst bejahen Sie!

> **Sag niemals nicht nie!**
>
> „Kein Feuer, keine Kohle kann brennen so heiß, wie heimliche Liebe von der niemand nichts weiß." Die doppelte Verneinung in diesem Volkslied stammt noch aus einer Zeit, in der eine mehrfache Verneinung eine Verstärkung darstellte. Diese Verwendungsweise hat sich zum Teil in den Dialekten und in der landschaftlichen Umgangssprache gehalten. So glaubt man heute noch jemandem in Bayern, der sagt, er habe „nie nichts davon gewusst", dass er wirklich gar nichts weiß.

Wo das Zusammenwirken **mehrerer Verneinungen** (Negationen) zu Missverständnissen führen kann, ist Wachsamkeit gefordert. Besonders dort, wo Verneinungen in Verbindung mit Verben auftreten, die bereits eine Verneinung ausdrücken. Treten diese Verben in einem Hauptsatz auf, darf der nachfolgende **Nebensatz nicht zusätzlich verneint** werden. Zu diesen Verben gehören z. B. die beiden folgenden:

abraten	Die Ärztin hat ihm abgeraten, ~~nicht~~ weiter zu rauchen.
warnen	Die Polizei warnt davor, wegen der winterlichen Straßenverhältnisse ~~nicht~~ zu schnell zu fahren.

Eine Reihe von Verben drückt aus, dass **eine Handlung unterlassen oder verhindert** wird. Ein bestimmter Sachverhalt tritt dadurch nicht ein. Auch

STIL
Das Verb im Satz

hier darf ein nachfolgender Nebensatz nicht verneint werden. Zu solchen Verben gehören z. B.:

ausbleiben	Bei diesem nasskalten Wetter konnte nicht ausbleiben, dass ich mich ~~nicht~~ erkältete.
bewahren	Wir haben ihn davor bewahrt, ~~keine~~ Fehler zu machen.
sich enthalten	Sie hat sich enthalten, dazu ~~nicht~~ ihre Meinung zu sagen.
verhindern	Nur ihre schnelle Reaktion verhinderte, dass es ~~nicht~~ zum Zusammenstoß kam.
vermeiden	Durch die schnelle Regulierung konnten wir vermeiden, dass Geschädigte einen (nicht: ~~keinen~~) Mietwagen beansprucht hat.
sich versagen	Sie versagte es sich, ihn ~~nicht~~ auf seinen Fehler hinzuweisen.
verweigern	Die Chefin verweigerte ihr die Erlaubnis, am Montag ~~nicht~~ in Urlaub zu gehen.

Auch bei den **Verben des Leugnens und Bezweifelns** muss man aufpassen:

absprechen	Ich möchte ihm nicht absprechen, dass er sich ~~nicht~~ jahrelang für eine Verbesserung der Situation eingesetzt hat.
bestreiten	Er bestritt, am Unfall ~~nicht~~ beteiligt gewesen zu sein.
bezweifeln	Die Richterin bezweifelte, dass der Zeuge in diesem Punkt ~~nicht~~ die Wahrheit sagte.
leugnen	Sie leugnete, diesen Brief ~~nicht~~ geschrieben zu haben.
verneinen	Die Zeugin hat verneint, den Angeklagten ~~nicht~~ am Tatort gesehen zu haben.
zweifeln	Ich zweifle daran, dass sie ~~nicht~~ kommt.

(!) Besonders wenn man solche Verben verneint, sollte man sicher gehen, dass man nicht aus Versehen das genaue Gegenteil zum Ausdruck bringt:

STIL
Das Verb im Satz

> Ich kann nicht verneinen, dass mich bei diesem Anblick kein Grausen packte.
>
> Hat es hier nun jemanden gegraust oder nicht? – **Verneinen** bedeutet *nein sagen* → **nicht verneinen** = *ja sagen*. → Dieser Person hat es also gar nicht gegraust, selbst wenn der Satz ganz grausig klingt.

Zwei weitere Wendungen, über die man stolpern könnte:

nicht umhinkönnen (nicht umhinkommen), etwas zu tun

etwas abtun

Mit den **Konjunktionen *bevor, bis, ehe*** wird kenntlich gemacht, dass zuerst das Geschehen im Nebensatz eintreten muss, bevor die Handlung des Hauptsatzes stattfinden kann. Nebensätze mit diesen Konjunktionen haben also nicht nur eine temporale (zeitliche), sondern auch eine konditionale (Bedingung stellende) Bedeutung. In diesem Fall kann man die Aussage des Nebensatzes als verneint ansehen. Diese Konjunktionen dürfen dann nicht verneint werden.

bevor	Es wird keine neue Besprechung geben, bevor eine (nicht: ~~keine~~) Zusage aller Teilnehmer vorliegt.
bis	Sie will keine Entscheidung treffen, bis sie ~~nicht~~ mit der Chefin gesprochen hat.
ehe	Ich lasse dich nicht gehen, ehe du ~~nicht~~ unterschrieben hast.

Die **zusätzliche Verneinung** ist aber erlaubt, wenn der Nebensatz dem Hauptsatz vorangeht:

Bevor nicht eine Zusage aller Teilnehmer vorliegt, wird es **keine** neue Besprechung geben.

STIL
Das Verb im Satz

> Bis sie nicht mit der Chefin gesprochen hat, trifft sie **keine** Entscheidung.
> Ehe du nicht unterschrieben hast, lasse ich dich **nicht** gehen.

172 · *Als er in die Bar kam, ist sie schon gegangen gewesen –* Vorsicht beim Gebrauch des Doppelperfekts

Um auszudrücken, dass eine Handlung in der Vergangenheit noch vor einer anderen stattfand (Vorzeitigkeit), benutzt man das Plusquamperfekt für die Handlung, die noch früher stattfand als die andere.

Handlung in der Vergangenheit	Handlung, die noch früher in der Vergangenheit stattfand
Als er in die Bar kam,	war sie bereits gegangen.
Als er von der Toilette zurückkam,	hatte sie die Rechnung schon bezahlt.
Sie nahm ein Taxi,	nachdem sie das Lokal verlassen hatte.

Das Plusquamperfekt wird gebildet aus dem Präteritum von *haben* oder *sein* + Partizip Perfekt:

Sie **hatte** die Rechnung schon **bezahlt**, sie **war** bereits **gegangen**.

Standardsprachlich falsch ist jedoch, das Plusquamperfekt noch mit *gehabt* oder *gewesen* zu erweitern. Beispiele:

Also bitte niemals so:	Sondern nur so:
Als sie nach Hause gekommen ist, hat er schon die Wäsche gebügelt gehabt.	Als sie nach Hause kam, **hatte** er schon die Wäsche **gebügelt**.

STIL
Das Verb im Satz

Hier hast du deine 50 Euro wieder. Ich habe das gestern ganz vergessen gehabt.	Hier hast du deine 50 Euro wieder. Ich **hatte** das gestern ganz **vergessen**.
Sie kam gestern Morgen zu spät, weil die Lokführer gestreikt gehabt hatten.	Sie kam gestern Morgen zu spät, weil die Lokführer **gestreikt hatten**.
Als er in die Bar kam, war sie gerade gegangen gewesen.	Als er in die Bar kam, **war** sie gerade **gegangen**.
Ich war noch nicht eingeschlafen gewesen, als du gestern Nacht nach Hause gekommen bist.	Ich **war** noch nicht **eingeschlafen**, als du gestern Nacht nach Hause kamst.

💡 Korrekt sind *gehabt* und *gewesen* aber bei der Bildung des Plusquamperfekts, wenn *haben* und *sein* als Vollverben gebraucht werden:

Ich **habe / hatte** Glück **gehabt**.
Sie **ist / war** als Entwicklungshelferin in Afrika **gewesen**.

STIL
Adjektive, Adverbien, Pronomen, Artikel und Konjunktionen richtig verwenden

Adjektive, Adverbien, Pronomen, Artikel und Konjunktionen richtig verwenden

TESTEN SIE IHR WISSEN

1 Farbenfroh :· 173

Über Geschmack kann man nicht streiten, aber auch nicht darüber, dass hier nicht alle Farbadjektive gebeugt werden dürfen. Unterstreichen Sie, welche. Auf welche anderen Möglichkeiten kann man hier ausweichen?

Dieses *pinke* Top, das du zu der *lilanen* Jeans trägst, passt gar nicht zu deinen *grünen* Augen, den *türkisenen* Ballerinas und deinen *roten* Haaren.

2 Seien Sie unmäßig! :· 174

Stilmäßig sind diese Sätze alles andere als gut. Verwandeln Sie sie deshalb in gutes Deutsch.

a) Bei ihm sieht es geldmäßig gar nicht gut aus.
b) Jobmäßig kann ich mich nicht beklagen.
c) Anbaggertechnisch war ich ja noch nie gut.
d) Du könntest dich kochtechnisch noch verbessern.

3 Übertriebene Freundschaftsdienste :· 175

Das folgende Verhalten ist zwar sehr löblich, der Satz aber grammatisch nicht korrekt. Formulieren Sie richtig.

Er wollte seinen *einzigsten* Freund in *keinster* Weise vor den Kopf stoßen und behandelte ihn mit *vollendetster* Höflichkeit.

STIL
Adjektive, Adverbien, Pronomen, Artikel und Konjunktionen richtig verwenden

4 Trübe Aussichten
Versuchen Sie, den folgenden Satz stilistisch gut zu formulieren.

Der *zeitweise* Aufschwung ist erlahmt, und nun ist mit *teilweisem* Rückgang der Beschäftigung und *stufenweisem* Anstieg der Kurzarbeit zu rechnen.

5 Bürokommunikation
In gutem Deutsch hört sich das Folgende anders an. Wie?

a) Die Unterlagen geben Sie bitte *bei der Frau Müller* ab.
b) Wie *mit dem Herrn Meier* besprochen, schicken wir Ihnen eine Kopie des Vertrags.

6 Fitnesstraining
Seien Sie auch stilistisch fit und formulieren Sie den Nebensatz standardsprachlich korrekt.

Ich fahre jeden Tag 30 Kilometer mit dem Rad, **außer es regnet.**

LÖSUNGEN

1 pink, lila, türkis; Alternativen: pinkfarbene/-farbige Top/Top in Pink; lilafarbenen/-farbigen Jeans/Jeans in Lila; türkisfarbenen/-farbigen Balerinas/Ballerinas in Türkis • **2 a)** Bei ihm sieht es finanziell nicht gut aus. **b)** Über meinen Job kann ich mich nicht beklagen. **c)** Im Anbaggern war ich ja noch nie gut. **d)** Was das Kochen betrifft, könntest du dich ... • **3** seinem einzigen Freund – in keiner Weise – mit vollendeter Höflichkeit • **4** der zeitweilige Aufschwung – mit einem Teilrückgang –und allmählichem Anstieg der Kurzarbeit • **5** Ohne Artikel: bei Frau Müller, mit Herrn Meier. • **6** ..., außer wenn es regnet

STIL
Adjektive, Adverbien, Pronomen, Artikel und Konjunktionen richtig verwenden

173 *Pinkes* Top mit *lilaner* Hüfthose? – Vergessen Sie die Deklination!

Viele **Farbadjektive** wurden aus anderen Sprachen übernommen, z. B.

rosa (lateinisch; *rosa – die Rose*)
beige (französisch; *beige – ungefärbt, sandfarben*)
türkis (*blaugrün*, abgeleitet vom französischen Namen für einen Schmuckstein: *turquoise – Türkis*)
lila (altindisch/persisch: *lilak, nilas – Flieder, schwärzlich, bläulich*)

Solche Farbadjektive werden nicht dekliniert, sie sind **indeklinabel**. Formen wie ein rosa(n)es Kleid, eine lilane Bluse gehören der **Umgangssprache** an. Zu diesen Farbadjektiven, die ungebeugt bleiben, gehören z. B.:

aubergine:	französisch – rötlich violett wie eine Aubergine
bleu:	französisch, *bleu* = blau – im Deutschen mit der Bedeutung bläulich
bordeaux:	französisch – dunkelrot wie Bordeauxwein
chamois:	französisch, *chamois* = Gämse – gamsfarben, gelbbräunlich
cognac:	französisch – cognacfarben, goldbraun
creme:	französisch, *crème* = Sahne – gelblich wie die Sahne auf der Milch
mauve:	französisch, *mauve* = Malve – rosa/blasslila wie die Blüten der Malve
mint:	englisch, *mint* = Minze; blass blaugrün
ocker:	italienisch, *ocra* – gelbliche Tonerde
oliv:	olivgrün, bräunlich gelbgrün
orange:	französisch – orangefarben
pensee:	französisch, *pensée* = Stiefmütterchen – dunkellila
petrol:	englisch, *petrol* = Benzin; – benzinfarben, dunkel blaugrün
pink:	englisch, *pink* = grellrosa
reseda:	resedagrün, hell gelbgrün
taupe:	französisch, *taupe* = Maulwurf – maulwurfgrau, schwarzgrau

Zu dieser Gruppe fremdsprachlicher Adjektive gehören auch **beige** und **orange**. Im Unterschied zu den anderen Bildungen ist hier jedoch in der gegenwärtigen Standardsprache die Beugung nicht mehr verpönt. Gebeugte

STIL
Adjektive, Adverbien, Pronomen, Artikel und Konjunktionen richtig verwenden

Formen wie **ein beiges Kleid, ein oranger** (nicht: ~~orangener~~) **Pullover** sind heute anerkannt.

💡 Man kann bei all diesen Adjektiven aber flektierte Formen vermeiden, indem man auf Zusammensetzungen mit **-farben** oder **-farbig** ausweicht:

eine **lila / lilafarbene / lilafarbige** Bluse

Die Farbbezeichnung kann auch als Verbindung aus **in + Nomen** nachgestellt werden:

eine Bluse **in Lila**, eine Hose **in Oliv**, ein Pulli **in Petrol** ...

Zu weiteren indeklinablen Adjektiven wie *extra*, *trendy* → siehe R 109

Sind Sie *adjektivtechnisch* und *stilmäßig* gut drauf? – Adjektive auf *-mäßig* und *-technisch* möglichst vermeiden

> **Kürzer ist nicht immer besser**
>
> „Jobmäßig, geldmäßig, leutemäßig und wohnungstechnisch läuft bei mir im Moment gar nichts. Deswegen ist auch tussimäßig tote Hose, aber anbaggertechnisch war ich ja noch nie gut drauf."
>
> Sprachökonomisch ist dieses Klagelied ohne Zweifel, doch hier ist Geiz „nicht geil", sondern einfach schlechter Stil. Kürze geht hier auf Kosten der Vielfalt im Ausdruck und wirkt auf Dauer langweilig.

In zusammengesetzten Adjektiven drückt **-mäßig** normalerweise aus, dass etwas einer bestimmten Sache entspricht oder das etwas so ist, wie es eine bestimmte Sache verlangt:

STIL
Adjektive, Adverbien, Pronomen, Artikel und Konjunktionen richtig verwenden

planmäßig, rechtmäßig, zweckmäßig ...

Auch Adjektivbildungen mit *-technisch* sollten nur dort verwendet werden, wo sie die Bedeutung „eine bestimmte Technik betreffend, zu einem bestimmten technischen Bereich gehörend, ihn kennzeichnend" haben:

elektrotechnisch, bergbautechnisch, verkehrstechnisch ...

Heute jedoch werden *-mäßig* und *-technisch* vor allem in der Umgangssprache im Sinne von „betreffend, bezüglich, hinsichtlich" verwendet, oft aus reiner Bequemlichkeit. Man braucht dann nicht präzise zu formulieren und vertraut darauf, dass das Gemeinte sich aus dem Zusammenhang erkennen lässt. Anstelle dieser Zusammensetzungen verwendet man besser eine **Präposition + Nomen** oder wählt eine Umschreibung.

Also bitte nicht so:	Sondern so:
Jobmäßig kann ich mich nicht beklagen.	Über meinen Job kann ich mich nicht beklagen.
Bei ihm sieht es geldmäßig gar nicht gut aus.	Bei ihm sieht es finanziell gar nicht gut aus.
Wir liegen zeitmäßig im Plan.	Wir liegen zeitlich im Plan.
Fertigprodukte stehen exportmäßig an erster Stelle.	Fertigprodukte stehen im Export an erster Stelle.
Erholungsmäßig hat mir das Wochenende nichts gebracht.	Erholt habe ich mich am Wochenende gar nicht.
Wettermäßig hätte es in unserem Urlaub besser sein können.	Das Wetter hätte in unserem Urlaub besser sein können.
Das Bauvorhaben ist kostenmäßig wenig durchdacht.	Das Bauvorhaben ist in Bezug auf die Kosten wenig durchdacht.
Der Vortrag behandelte schwerpunktmäßig die Herstellungstechniken der Porzellanmanufakturen in Preußen.	Der Vortrag behandelte hauptsächlich / vor allem die Herstellungstechniken der Porzellanmanufakturen in Preußen.

STIL
Adjektive, Adverbien, Pronomen, Artikel und Konjunktionen richtig verwenden

Die Änderung der Vereinssatzung ist beschlussmäßig abgedeckt.	Die Änderung der Vereinssatzung ist durch einen Beschluss abgedeckt.
Für diese platzmäßig nicht ausreichende Wohnung zahlst du viel zu viel Miete.	Dafür dass diese Wohnung so wenig Platz bietet, zahlst du viel zu viel Miete.
Der neue Kollege hat ja flirttechnisch einiges drauf.	Was das Flirten anbelangt, hat der neue Kollege ja einiges drauf.
Der Neueinkauf muss sich dribbeltechnisch noch verbessern.	Der Neueinkauf muss sich im Dribbeln noch verbessern.
Ich würde dich gern mal einladen, aber ich weiß nicht, ob ich kochtechnisch deine Ansprüchen erfüllen kann.	Ich würde dich gern mal einladen, aber ich weiß nicht, ob meine Kochkenntnisse deinen Ansprüchen genügen.
Auch seine dritte Ehe ist jetzt in die Brüche gegangen, er ist eben beziehungstechnisch ein Versager.	Auch seine dritte Ehe ist jetzt in die Brüche gegangen, er ist eben, was Beziehungen angeht, ein Versager.

Zu Adjektivbildungen mit *-fähig* (*tragfähig, lenkfähig*) → siehe R 249

Mit Sicherheit nicht die *optimalste* Lösung – Verwenden Sie hier bitte keinen Superlativ (175)

Die Wörter **optimal, einzig, kein, ideal** oder **vollendet** drücken bereits eine Höchststufe aus. Sie sind also nicht mehr steigerbar. Es lassen sich zwar grammatikalisch korrekte Komparativformen (*der vollendetere Teil, die idealere Lösung*) und Superlativformen bilden; inhaltlich jedoch sind solche Formen unsinnig.

Sie hat die ~~idealsten~~ idealen Voraussetzungen, seine Nachfolgerin zu werden.
Fünf Prozent Rabatt, das ist das ~~Maximalste~~ Maximale, was wir anbieten können.
Er begrüßte seine Gäste mit ~~vollendetster~~ vollendeter Höflichkeit.

STIL
Adjektive, Adverbien, Pronomen, Artikel und Konjunktionen richtig verwenden

Weitere Beispiele:

absolut, dreifach, ehemalig, einzig, endgültig, ganz, golden, halb, hölzern, ideal, leblos, ledig, maximal, minimal, mittlere, mündlich, nackt, rund, schwanger, sterblich, viereckig, stumm, tot, ultimativ, voll, wörtlich, zehnteilig

> (!) Die folgenden beiden Beispiele liest (und hört) man besonders häufig:
>
> ein ~~einzigster~~ Teilnehmer, in ~~keinster~~ Weise
>
> Richtig ist aber auch hier nur:
>
> ein **einziger** Teilnehmer, in **keiner** Weise

Manche eigentlich nicht steigerbare Adjektive können in übertragener Bedeutung ausnahmsweise Vergleichsformen bilden, z. B.:

Wörtlicher Gebrauch, nicht steigerbar	Übertragener Gebrauch, steigerbar
Das Tier ist lebendig.	Sein Musikvortrag wirkte am lebendigsten.
Der Behälter ist leer.	Das Sportstadion war gestern leerer als heute.
Im Raum war es still.	Die stilleren Schüler werden oft übersehen.

176 Der *kiloweise* Preis für die *insgesamte* Ernte war niedrig – Adverbien nicht wie Adjektive verwenden

Adverbien kennzeichnen die Umstände, unter denen eine Handlung stattfindet. Sie beziehen sich auf ein Verb, ein Adjektiv, ein anderes Adverb oder auf einen Satz. Auch auf ein Nomen können sie sich beziehen, sie werden

STIL
Adjektive, Adverbien, Pronomen, Artikel und Konjunktionen richtig verwenden

aber **grundsätzlich nicht dekliniert**. Dennoch werden bestimmte Adverbien immer häufiger wie Adjektive verwendet und in deklinierter (gebeugter) Form vor ein Nomen gestellt. Das geschieht besonders bei zusammengesetzten Bildungen, deren zweiter Bestandteil als selbstständiges Adjektiv vorkommt. Die Beugung ist hier standardsprachlich jedoch nicht korrekt:

die ~~sogleiche~~ sofortige Erledigung
die ~~insgesamte~~ gesamte Ernte
die ~~bislangen~~ bisherigen Ergebnisse
~~mit zutiefster Enttäuschung~~ zutiefst enttäuscht
~~ein beinaher Zusammenstoß~~ es kam beinahe zu einem Zusammenstoß
der ~~neuliche~~ Stromausfall vor Kurzem
ein ~~extraes~~ zusätzliches Geschenk
der ~~kiloweise~~ Preis je Kilo

(!) In der **Umgangssprache** werden *ab, auf, zu* oft wie Adjektive verwendet und vor Nomen gebeugt. Das ist nicht korrekt:

der ~~abe~~ abgegangene Knopf
das ~~aufe~~ offene Fenster
~~zu[n]e~~ geschlossene Türen ...

Eine Ausnahme bilden die **Adverbien auf -weise**. Sie können wie Adjektive verwendet werden, wenn sie von einem Nomen abgeleitet worden sind. Das Nomen, auf das sie sich beziehen, muss ein Geschehen oder eine Tätigkeit ausdrücken, also ein so genanntes Verbalsubstantiv sein:

Also korrekt:

Der Betriebsrat stimmte der probeweisen Einführung (Verb: *einführen*) von Zeiterfassungsgeräten zu.

Der Finanzminister strebt einen schrittweisen Abbau (Verb: *abbauen*) der Verschuldung an.

STIL
Adjektive, Adverbien, Pronomen, Artikel und Konjunktionen richtig verwenden

Der tonnenweisen Vernichtung (Verb: *vernichten*) von Lebensmitteln in der EU muss Einhalt geboten werden.

Das Medikament sorgt für eine zeitweise Linderung (Verb: *lindern*) der Schmerzen.

Die Künstlerin stimmte einer auszugsweisen Veröffentlichung (Verb: *veröffentlichen*) ihrer geplanten Memoiren zu.

Aber:

Die Zeitung veröffentlichte ~~einen auszugsweisen Brief des Ministers~~ auszugsweise einen Brief des Ministers.

~~Zeitweiser Nebel behinderte die Sicht.~~ Nebel behinderte zeitweise die Sicht.

(Die Nomen *Brief* und *Nebel* drücken weder ein Geschehen noch eine Tätigkeit aus.)

> (!) Auch wenn einige der **Adverbien auf -weise** wie Adjektive dekliniert werden dürfen, sollten Sie solche Konstruktionen vermeiden. Deshalb:
>
> Stückverkauf (statt: stückweiser Verkauf)
> Teilrückgang (statt: teilweiser Rückgang)
> allmählicher Abbau / Abbau in Stufen (statt: stufenweiser Abbau)
> zeitweiliger Aufschwung (statt: zeitweiser Aufschwung)

STIL
Adjektive, Adverbien, Pronomen, Artikel und Konjunktionen richtig verwenden

selbst oder *selber*?

> **Was macht fett: selber oder selbst essen?**
>
> Das ist in der Tat die Frage. Es hilft in diesem Fall aber wenig, „dem Volk aufs Maul zu schauen", wie Luther es getan hat. Denn aus dem Volksmund erfährt man zwar, dass selber essen fett mache, man bekommt aber andererseits den Hinweis: Selbst ist der Mann! Also heißt es hier, selbst überlegen, wie man es selber mit diesem Wörtchen halten soll.

Ein Blick in die Wörterbücher zeigt, dass **selbst** und **selber** dieselbe Bedeutung haben. Dennoch spüren wir, dass beide nicht derselben Stilschicht angehören. Folgen wir ruhig unserem Gefühl. Auch heute noch gilt *selber* eher als umgangssprachlich, wenngleich es in allen Medien immer öfter zu lesen und zu hören ist.

Also besser: Du hast es doch selbst so gewollt.
Und nicht: Du hast es selber so gewollt.

(!) Wenn **selbst** im Sinne von **auch, sogar** verwendet wird, darf es niemals durch *selber* ersetzt werden. Man erkennt diese Verwendungsweise daran, dass in diesem Fall das Bezugswort stets nachgestellt ist:

Selbst die Lehrerin hat den Fehler nicht gefunden.
Das solltest **selbst** du besser wissen!

Das gilt auch für Nebensätze, die mit wenn eingeleitet sind:

Sie kann dir die Erlaubnis nicht geben, **selbst** wenn sie es wollte.
Selbst wenn er noch so bettelt, er darf heute nicht früher gehen.

STIL
Adjektive, Adverbien, Pronomen, Artikel und Konjunktionen richtig verwenden

178 Eigennamen bitte ohne Artikel!

Ursprünglich eine Eigenheit des Süddeutschen, hat sich die Unart, den Artikel vor Personennamen zu stellen, in den letzten Jahrzehnten im gesamten deutschen Sprachraum verbreitet.

„Hallo, ich bin **der** Pascal und du bist sicher **die** Jasmin, wenn mir **der** Herr Meyer das richtig gesagt hat."

Dabei benötigen Personennamen (Vornamen wie Familiennamen) kein Artikelwort. Sie beziehen sich in einer konkreten Situation immer auf eine bestimmte Person, die bekannt ist. Sie sprechen also „aus sich heraus".

Vor Vornamen steht kein Artikel:

Hallo, ich bin Pascal und du bist sicher Jasmin.
Karin hielt Alexander die Tür auf.

Auch vor **Frau** oder **Herr** mit folgendem Nachnamen steht **kein Artikel**:

Die Unterlagen geben Sie bitte bei ~~der~~ Frau Müller ab.
Wie mit ~~dem~~ Herrn Meier besprochen, schicken wir Ihnen eine Kopie des Vertrags.

Ausnahme: Wenn vor dem Vornamen noch ein Adjektiv steht, steht der Artikel.

Wir alle lieben **den** kleinen Benjamin.
Dies also war **die** entzückende Sarah.

> ⚠️ Auch bei **Besitzverhältnissen** sollten Sie die Konstruktion mit dem Artikel vermeiden. Hier benutzt man eher ein **vorangestelltes Genitivattribut**:
>
> Frau Müllers / Herrn Kunzes Auto
> (statt: das Auto der Frau Müller / des Herrn Kunze)

Die Konstruktion mit **von + Dativ** (*das Auto von Frau Müller / von Herrn Kunze*) ist umgangssprachlich und sollte im Schriftlichen nicht verwendet werden!

Ausgesprochen **unhöflich** ist die Verwendung des bestimmten Artikels in Verbindung mit Familiennamen ohne Herr bzw. Frau.

Also nicht: Das hat mir der Meier gesagt. – Ich weiß es von der Neubauer.
Sondern: Das hat mit Herr Meier gesagt. – Ich weiß es von Frau Neubauer.

Auch die Namensnennung ohne Artikel und ohne *Herr / Frau* ist unhöflich:

Nicht: Müller hat bei der vergangenen Besprechung angekündigt, dass Schmidt bald eine neue Führungsaufgabe übernehmen soll.
Sondern: Frau Müller hat bei der vergangenen Besprechung angekündigt, dass Herr Schmidt bald eine neue Führungsaufgabe übernehmen soll.

Es gibt nichts Gutes, *außer* man tut es – die Präposition außer auf dem Weg zur Konjunktion

(179)

Als **Präposition** steht *außer* meist mit dem Dativ:

alle außer mir, alles außer den Stühlen, außer Frage stehen …

Wenn das Bezugswort vor *außer* im Nominativ, Genitiv oder Akkusativ steht, ist es im gegenwärtigen Deutsch möglich, das *außer* folgende Nomen in den gleichen Kasus zu setzen. Außer ist dann keine Präposition mehr, sondern **Konjunktion** mit restriktiver (= einschränkender) Funktion:

Niemand (Nominativ) kam außer ich (Nominativ) selbst.
Die Polizei konnte sich der entflohenen Häftlinge (Genitiv) wieder bemäch-

STIL
Adjektive, Adverbien, Pronomen, Artikel und Konjunktionen richtig verwenden

tigen außer eines einzigen (Genitiv).
Ich trage keine Schuhe (Akkusativ) außer diese (Akkusativ).

Satzeinleitend wird in der gesprochenen Sprache *außer* häufig als **nebenordnende Konjunktion** gebraucht, wobei das Verb wie in einem Hauptsatz an zweiter Stelle nach dem ersten Satzglied steht. Diese Verwendungsweise von *außer* als Konjunktion gilt jedoch als **umgangssprachlich**. In der **Standardsprache** verwendet man hier besser die zusammengesetzte Konjunktion *außer wenn*:

Ich fahre jeden Tag 30 Kilometer mit dem Rad, **außer** es **regnet**.
Besser: …, **außer wenn** es regnet.

Du bist bettlägerig krankgeschrieben, du darfst also das Haus nicht verlassen, **außer** du **gehst** zum Arzt.
Besser: …, **außer wenn** du zum Arzt **gehst**.

Sie erscheint immer zur Arbeit, **außer** sie **ist** wirklich krank.
Besser: …, **außer wenn** sie wirklich krank **ist**.

Ich gehe montags immer schwimmen, **außer** ich **habe** Stammtisch.
Besser: …, **außer wenn** ich Stammtisch **habe**.

Es gibt nichts Gutes, **außer** man **tut** es (Erich Kästner).
Besser: …, **außer wenn** man es **tut**.

Als Konjunktion kann *außer* auch vor einem **Infinitiv mit zu** stehen. Dieser wird dann durch **Komma** abgetrennt:

Du bist krankgeschrieben, du darfst also nichts machen, **außer** einkaufen **zu gehen**.
Außer sich zu beklagen, hat er weiter noch nichts getan.
Außer einzukaufen, hat er auch noch gekocht und die Fenster geputzt.

Steht *außer* vor einem **bloßen Infinitiv**, setzt man **kein Komma**:

Wir können nichts tun **außer abwarten**.
Außer lange **schlafen** habe ich nichts am Wochenende gemacht.

STIL
Adjektive, Adverbien, Pronomen, Artikel und Konjunktionen richtig verwenden

Dieser Gebrauch von *außer* gilt standardsprachlich als korrekt. Man kann hier aber auch die zusammengesetzte Konjunktionen ***außer dass*** + Nebensatz verwenden:

Außer dass er eingekauft hat, hat er auch noch gekocht und die Fenster geputzt.
Außer dass ich lange geschlafen habe, habe ich nichts am Wochenende gemacht.

STIL
Bezug und Rückbezug – Auf die richtigen Anschlüsse achten

Bezug und Rückbezug – Auf die richtigen Anschlüsse achten

TESTEN SIE IHR WISSEN

1 Alles ist relativ :↦ 180
Wie können Sie im Folgenden die Häufung gleichlautender Formen vermeiden?

a) Der Verlust, *der der* Firma entstanden ist, geht in die Hunderttausende.
b) Die Zahl der Bürger, *die die* Wirtschaftspolitik kritisieren, wächst ständig.

a) _____ b) _____

2 Kennen Sie Kino? :↦ 181
Welcher Satz ist korrekt?

a) Dieser Roman ist eines der ersten Bücher von Böll, *das* verfilmt wurde.
b) Dieser Roman ist eines der ersten Bücher von Böll, *die* verfilmt wurden.

3 Wo sind sie geblieben? :↦ 182
Welche Sätze sind richtig?

a) Das Geld, wo er verdient, spart er.
b) Jetzt, wo wir fertig sind, kommst du und willst helfen.
c) Das Labor, wo der Nobelpreisträger gewirkt hatte, war geschlossen.
d) Der Nachbar, der wo so freundlich ist, ist gestern verhaftet worden.
e) Die Frau, wo gestern hier war, glich seiner Schwester.

4 Haben Sie die richtigen Beziehungen? :↦ 183
Welches Pronomen ist das richtige? Unterstreichen Sie es.

a) Den Antrag bekommen Sie bei Frau Müller oder *deren / ihrer* Vertreterin.
b) Das Handy gehört Alex oder *dessen / seinem* Bruder.

STIL
Bezug und Rückbezug – Auf die richtigen Anschlüsse achten

5 Noch eine Beziehungskiste ⁚ (183)
Alex hat einen Freund. Der wiederum hat einen Bruder. Und nur dieser Bruder kann Ihnen helfen. Wenn Sie das richtige Pronomen unterstreichen!

a) Fragen Sie doch mal Alex oder **seinen** Freund oder **seinen** Bruder.
b) Fragen Sie doch mal Alex oder **seinen** Freund oder **dessen** Bruder.

6 Einer trage des anderen Last! ⁚ (184)
Welcher Satz ist falsch?

a) Sie cremten *einander* den Rücken ein.
b) Sie wuschen sich *einander gegenseitig* die Haare.
c) Sie zupften sich *gegenseitig* die Augenbrauen.

LÖSUNGEN

1 a) ...Verlust, welcher der Firma ..., **b)** ...Bürger, welche die Wirtschaftspolitik ... • **2** ... eines der ersten Bücher ..., die ... • **3** b), c) • **4 a)** ihrer Vertreterin, **b)** seinem Bruder • **5** b) seinen + dessen (Bruder des Freundes = *dessen* Bruder) • **6** b)

STIL
Bezug und Rückbezug – Auf die richtigen Anschlüsse achten

180 — der / welcher, die / welche – Welches Relativpronomen soll verwendet werden?

Das Relativpronomen **welcher, welche, welches** wird in der gesprochenen Sprache kaum benutzt. Im Text sollten Sie *welcher, welche, welches* nur verwenden, wenn das Relativpronomen *der, die, das* direkt mit einem gleichlautenden Artikel zusammentrifft. Beispiele:

Die Blumen, **die die** Nachbarin mir mitgebracht hatte, sind noch immer schön.
Der Wagen, **der der** Polizei aufgefallen war, hatte ein Berliner Kennzeichen.

Besser klingt es so:
Die Blumen, **welche die** Nachbarin mir mitgebracht hatte …
Der Wagen, **welcher der** Polizei aufgefallen war, hatte …

181 — Eines der schönsten Bilder, *die* ich je sah – Kongruenz im Relativsatz

Das Relativpronomen steht üblicherweise im gleichen Numerus (Singular bzw. Plural) wie die Person oder die Sache, auf die es sich bezieht.

→ R 151

Wenn im Hauptsatz eine einzelne Person oder Sache aus einer Vielzahl gleicher Personen oder Dinge herausgehoben wird, bezieht sich das Relativpronomen nicht auf das hervorgehobene Wort im Singular, sondern auf die Vielzahl und steht im Plural:

Paul war der netteste aller Teilnehmer, die je an diesem Kurs teilgenommen haben. (**Nicht:** …, der je an diesem Kurs teilgenommen hat.)
Der Relativsatz bezieht sich auf die Teilnehmer (im Plural) und nicht auf Paul!

Dies ist eine der modernsten Techniken, die heutzutage angewendet werden. (Nicht: ... die ... angewendet wird.)
Der Relativsatz bezieht sich auf die Techniken im Plural und nicht nur auf die eine.

Sie war eine der ersten Frauen, die einen Weltraumspaziergang gemacht haben. (**Nicht:** ..., die ... gemacht hat.)

Deutschland ist eines der wenigen Länder auf der Welt, in denen es keine Geschwindigkeitsbegrenzung auf der Autobahn gibt. (**Nicht:** ..., in dem ...)

Jetzt, *wo* wir fertig sind, kommst du – Wann darf man „*wo*" benutzen, wann nicht?

Das **Adverb *wo*** wird in Relativsätzen als Relativadverb hauptsächlich **für Ortsangaben** benutzt. Man spricht dann von einem Lokalsatz:

Wir gingen ins Nebenzimmer, **wo** nur wenige Gäste saßen.
Das Labor, **wo** der Nobelpreisträger lange Jahre gewirkt hatte, wird jetzt zum Museum ausgestaltet.
Sie kamen in eine enge Gasse, **wo** Händler ihre Tische aufgestellt hatten.

Benutzen Sie *wo* aber nicht bei Relativsätzen mit zeitlichem Bezug (Temporalsätzen). Verwenden Sie in solchen Fällen besser eine Präposition + Relativpronomen oder einen temporalen Nebensatz. Beispiele:

Zeitlicher Bezug mit *wo*:	**Besser:**
Der Tag, wo er sie wiedersehen würde, war nicht mehr fern.	Der Tag, **an dem** (Präposition + Relativpronomen) er sie wiedersehen würde, war nicht mehr fern.
In der Zeit, wo er im Krankenhaus lag, hat sie das Geschäft geführt.	In der Zeit, **als** er im Krankenhaus lag (temporaler Nebensatz), hat sie das Geschäft geführt.

STIL
Bezug und Rückbezug – Auf die richtigen Anschlüsse achten

In den Jahren, wo die Gewinne hoch waren, hätten Rücklagen gebildet werden müssen.	In den Jahren, **in denen** (Präposition + Relativpronomen) die Gewinne hoch waren, hätten Rücklagen gebildet werden müssen.
Schon während des Studiums, wo er noch bei seinen Eltern wohnte, hatte er sich eine eigene Wohnung gewünscht.	Schon während des Studiums, **als** er (temporaler Nebensatz) noch bei seinen Eltern wohnte, hatte er sich eine eigene Wohnung gewünscht.

Erlaubt ist die Verwendung von *wo* **in bestimmten festen Verbindungen**, in denen sich *wo* auf ein Nomen oder ein Adverb bezieht, das einen Zeitpunkt bezeichnet. Dieser Gebrauch findet sich z. B. auch bei Hermann Hesse und Thomas Mann. Stilistisch schöner sind hier aber ebenfalls die oben aufgezeigten Alternativen:

In dem **Augenblick, wo** (besser: in dem oder als) du kamst, fing er an zu lächeln.
Zu dem **Zeitpunkt, wo** (besser: zu dem oder als) die Stadt gegründet wurde, war hier noch viel Wald.
Jetzt, wo wir fertig sind, kommst du und willst helfen.

Statt des Adverbs *wo* mit temporalem Bezug wurde früher das **Relativadverb *da*** verwendet, das aber heute als veraltet gilt:

In dem Augenblick, **da** du kamst, fing er an zu lächeln.
Zu dem Zeitpunkt, **da** die Stadt gegründet wurde, war hier noch viel Wald.

Bei **Bezug auf ein Nomen**, das eine Person oder eine Sache bezeichnet, darf *wo* niemals gebraucht werden, sondern nur das entsprechende Relativpronomen:

STIL
Bezug und Rückbezug – Auf die richtigen Anschlüsse achten

Die Frau, ~~wo~~ die gestern hier war, glich seiner Schwester.
Das Geld, ~~wo~~ das er bei seinem Ferienjob verdient, spart er für den Führerschein.
Der Wagen, ~~wo~~ der zur Flucht benutzt worden war, hatte ein Kölner Kennzeichen.
Diejenigen, ~~wo~~ die den Vorfall beobachtet haben, werden gebeten, sich bei der nächsten Polizeidienststelle zu melden.

Der doppelte relativische Anschluss, den man manchmal im süddeutschen Raum hört, ist standardsprachlich nicht korrekt:

Die Kuh, die ~~wo~~ am meisten Milch gibt, ist schon zehn Jahre alt.
Der Nachbar, der ~~wo~~ immer so freundlich ist, ist gestern verhaftet worden.

ihrer oder *deren*, *seiner* oder *dessen*? – Klare Bezüge herstellen (183)

Wo die Possessivpronomen **ihr** und **sein** nicht eindeutig erkennen lassen, welche Person gemeint ist, verwendet man an ihrer Stelle die Genitivformen **deren** oder **dessen** des Demonstrativpronomens:

Nicht eindeutig mit *ihr / sein*:	**Eindeutig mit *deren / dessen*:**
Viele Grüße von Kathrin, ihrer Mutter und ihrer Freundin. (Wer grüßt hier, Kathrins Freundin oder die Freundin der Mutter?)	Viele Grüße von Kathrin, ihrer Mutter und **deren** Freundin. (Auch die Freundin der Mutter sendet Grüße.)
Bei Fragen wenden Sie sich bitte an den Bezirksleiter, seinen Stellvertreter oder seine Sekretärin. (Wer ist zuständig: die Sekretärin des Stellvertreters oder des Bezirksleiters?)	Bei Fragen wenden Sie sich bitte an den Bezirksleiter, seinen Stellvertreter oder **dessen** Sekretärin. (Man soll sich an die Sekretärin des Stellvertreters wenden.)

STIL
Bezug und Rückbezug – Auf die richtigen Anschlüsse achten

> (!) Verwenden Sie nicht **deren** und **dessen**, wenn Missverständnisse ausgeschlossen sind:
>
> Viele Grüße von Kathrin und ihrer (**nicht:** deren) Freundin.
> Bei Fragen wenden Sie sich bitte an den Bezirksleiter oder seine (**nicht:** dessen) Sekretärin.

184 Wir helfen *einander gegenseitig* – Stolperfallen beim Rückbezug

Wo unklar ist, ob sich das Reflexivpronomen **sich** nur auf das Subjekt (wer?) zurückbezieht oder einen wechselseitigen Bezug (Reziprozität) zwischen mehreren Personen ausdrückt, verstärkt man das Reflexivpronomen durch das Wort **gegenseitig**. Beispiele:

Die Mädchen wuschen sich die Haare. (jedes die eigenen oder gegenseitig?)
Eindeutig: Die Mädchen wuschen sich gegenseitig die Haare.

Wir zupften uns die Augenbrauen. (die eigenen oder gegenseitig?)
Eindeutig: Wir zupften uns gegenseitig die Augenbrauen.

Anstelle des Reflexivpronomens + *gegenseitig* kann man auch **einander** verwenden. *Einander* klingt gehobener.

Sie wuschen einander die Haare.

Gegenseitig wird häufiger als *einander* benutzt, wenn es um negative Aussagen geht:

Sie beschuldigten sich gegenseitig.
Sie machten sich gegenseitig Vorwürfe.

STIL
Bezug und Rückbezug – Auf die richtigen Anschlüsse achten

(!) Nicht korrekt ist die Verwendung von ***einander gegenseitig***. Hier handelt es sich um einen Pleonasmus, den Sie vermeiden müssen.

Sie cremten sich einander ~~gegenseitig~~ den Rücken ein.
Sie beschuldigten sich einander ~~gegenseitig~~.
Zwei einander ~~gegenseitig~~ abwechselnde Krankenschwestern saßen Tag und Nacht an seinem Bett.

→ R 187 (Dopplungen)

STIL
Textüberprüfung

Textüberprüfung

TESTEN SIE IHR WISSEN

1   Das Leben ist kurz ... :· (185)
... in jedem Fall zu kurz, um sich immer mit umständlichen Formulierungen aufzuhalten. Streichen Sie, was sich streichen lässt.

Eine behördliche Genehmigung dafür, ob die bauliche Veränderung ausgeführt werden darf oder nicht, wird hier nicht benötigt.

2   Zahlenspiele? :· (186)
Was ist hier vorzuziehen, die Schreibweise in Ziffern oder in Buchstaben? Unterstreichen Sie.

a) Meine Oma wäre gestern *99 / neunundneunzig* geworden.
b) Gestern konnte der *2 000 000ste /Zweimillionste* Besucher der Ausstellung begrüßt werden.
c) Deutschland hat rund *82 000 000 /82 Millionen / zweiundachtzig Millionen* Einwohner.

3   Doppelt genäht ... :· (187)
... hält nicht immer besser! Streichen Sie unnötige Wörter in folgendem Text einfach durch.

„Ich muss mich nochmals wiederholen: Wenn Sie mit der Untersuchung nicht weiter fortfahren und die Zeit nutzlos vergeuden, muss ich Sie leider zu meinem Bedauern vorläufig suspendieren, was eine seltene Ausnahme in dieser Amtsstelle wäre und das Arbeitsklima zunehmend kälter werden ließe."

STIL
Textüberprüfung

4 Am falschen Platz gespart
Was ist an diesen Sätzen falsch? Können Sie sie korrigieren?
a) Sie warf ihm einen wütenden Blick und dann die Tür zu.
b) Die Uhr schlug zwölf und er sich zwei Eier in die Pfanne.
c) Er hat wenig Geld und eine fünfköpfige Familie zu versorgen.

5 Goldwaage
In den folgenden Sätzen sind die äußeren Unterschiede der Adjektive klein, die inhaltlichen dafür umso größer. Unterstreichen Sie die richtigen Formen.
a) Die **psychische / psychologische** Belastung am Arbeitsplatz nimmt immer stärker zu.
b) Es war **psychologisch / psychisch** nicht sehr geschickt, vor den Kindern zu streiten
c) Seine Entscheidung zu kündigen lässt sich nicht **rational / rationell** begründen.
d) Mit der neuen Fertigungsstraße kann das Werk wesentlich **rationeller / rationaler** produzieren.
e) Unsere Ansichten **differieren / differenzieren** in diesem Punkt.

LÖSUNGEN
1 Der Umbau bedarf keiner behördlichen Genehmigung. • **2 a)**, **b)**: Schreibweise in Buchstaben, **c)** 82 Millionen / zweiundachtzig Millionen • **3** Ich muss mich nochmals wiederholen: Wenn sie mit der Untersuchung nicht weiter fortfahren und die Zeit nutzlos vergeuden, muss ich Sie leider zu meinem Bedauern vorläufig suspendieren, was eine seltene Ausnahme in dieser Abteilung wäre und das Arbeitsklima zunehmend kälter werden ließe. • **4 a)** Sie warf ihm einen wütenden Blick zu, und warf (besser: schlug) dann die Tür zu. **b)** Die Uhr schlug zwölf, und er schlug sich zwei Eier in die Pfanne (besser: briet sich zwei Eier). **c)** Er hat wenig Geld und hat (besser: muss) eine fünfköpfige Familie versorgen.
• **5 a)** psychische, **b)** psychologisch, **c)** rational, **d)** rationeller, **e)** differieren

STIL
Textüberprüfung

185 Überflüssiges streichen!

> „Wer mit 20 Wörtern sagt, ...
>
> ... was man auch mit 10 Wörtern sagen kann, ist auch zu allen anderen Schlechtigkeiten fähig."
>
> Recht hat er, der italienische Schriftsteller und Nobelpreisträger Giosuè Carducci, mit seiner Forderung nach Kürze beim Schreiben. Damit nicht erst der Leser merkt, dass weniger Wörter die Aussageabsicht des Schreibers prägnanter dargestellt hätten, sollte man sich stets an folgende Regel halten:
>
> So wenig wie möglich – so viel wie nötig!

→ siehe auch R 167 (Nominalisierung), R 187 (Dopplungen) sowie R 196

Sachliche Kürze ist keine eigentliche Stilfrage. **Kürze im Stil** hingegen bedeutet **Leserfreundlichkeit**. Ein weitschweifiger Text enthält nicht mehr Informationen, der Empfänger muss aber mehr lesen. Auch für gutes Schreiben gilt das wirtschaftliche Minimalprinzip, das gegebene Ziel mit möglichst wenigen Mitteln zu erreichen, d. h. hier: mit wenigen (aber den richtigen!) Worten viel zu sagen. Prüfen Sie also Ihren Text daraufhin, was sich streichen lässt.

STIL
Textüberprüfung

Wenn Sie diese Tipps beherzigen, werden Sie mit Sicherheit

nicht so formulieren:	sondern so formulieren:
Was die in Ihrem Brief geäußerte Beanstandung betrifft, dass die gelieferten Paletten nicht von unserem Fahrer abgeladen worden sind, müssen wir Ihnen sagen, dass es laut Liefervertrag Sache des Empfängers ist, die Gebinde vom Lkw abzuladen.	Sie beanstanden, dass unser Fahrer die gelieferten Paletten nicht abgeladen hat. Laut Liefervertrag muss aber der Empfänger die Ware selbst abladen.
Eine behördliche Genehmigung dafür, ob die bauliche Veränderung ausgeführt werden darf oder nicht, wird hier nicht benötigt.	Der Umbau bedarf keiner behördlichen Genehmigung.
Es handelt sich bei der Autorin um eine der bekanntesten amerikanischen Schriftstellerinnen.	Die Autorin ist eine der bekanntesten amerikanischen Schriftstellerinnen.
Anlässlich einer Schulaufführung lenkte seine Begabung die Aufmerksamkeit der Intendantin des Stadttheaters auf ihn.	Bei einer Schulaufführung wurde die Intendantin des Stadttheaters auf seine schauspielerische Begabung aufmerksam.
Der Verlust belief sich auf eine weit höhere Summe, als wir sie ursprünglich angenommen hatten.	Der Verlust war weit höher als von uns angenommen.

(!) Oft werden auch **zu viele Adjektive** verwendet, z. B. in formelhaften Verbindungen. Streichen Sie diese Wörter, in Ihrem Text gehen dabei weder Anschaulichkeit noch wichtige Informationen verloren: ~~reiner~~ Zufall, ~~bitterer~~ Ernst, die ~~nackte~~ Wahrheit ...

Manche beklagen vielleicht, mit dieser anzustrebenden Kürze gehe alles Persönliche verloren. Ist das wirklich so? Hier noch zwei Texte zur Auswahl:

STIL
Textüberprüfung

Wir wären Ihnen sehr verbunden, wenn Sie uns freundlicherweise mitteilen würden, ob Sie sich mit unserem Vorschlag einverstanden erklären können.

Oder besser: Sind Sie mit unserem Vorschlag einverstanden?

Eher unpersönlich wirkt doch die verschnörkelte „Kanzleiformulierung", oder nicht?

> **Textüberprüfung:** Wer einen Text schreibt, der von anderen gelesen werden soll, sollte ihn nochmals anhand folgender Fragenliste überprüfen:
>
> - **Vollständigkeit:** Enthält mein Text alle wichtigen Punkte?
> - **Sachliche Kürze:** Beschränkt sich mein Text auf das Wesentliche?
> - **Kürze im Stil:** Habe ich meine Gedanken mit dem geringsten Wortaufwand ausgedrückt?
> - **Wortwahl:** Kann ich bestimmte Wörter durch treffendere ersetzen und damit mehr Ausdrucksstärke und Genauigkeit erreichen? Enthält mein Text Fachbegriffe oder Fremdwörter, die ich erklären bzw. ersetzen sollte?
> - **Satzlänge:** Sind meine Sätze zu lang oder zu kurz?

186 Soll man Zahlen in Ziffern oder Buchstaben schreiben?

Vor allem im Druckgewerbe galt früher die Regel, dass Ziffern und Zahlen von 1 bis 12 in Buchstaben und die Zahlen von 13 an in Ziffern zu schreiben waren. Heute können grundsätzlich alle Zahlen sowohl in Ziffern als auch in Buchstaben geschrieben werden. Es empfiehlt sich aber, die nachstehenden Hinweise zu beachten.

STIL
Textüberprüfung

Ein- und zweisilbige Zahlwörter schreibt man besser **in Buchstaben**. Beispiele:

Insgesamt **dreißig** Autofahrer waren unterwegs, ohne den vorgeschriebenen Sicherheitsgurt angelegt zu haben.
Weitere **siebzehn** Fahrer wurden angehalten, weil sie mit dem Handy telefonierten.
Zudem wurden **zehn** Radfahrer verwarnt.

Auch die **Zahlen von 13 an** sollten ausgeschrieben werden, wenn sie übersichtlich sind. Das gilt für Kardinalzahlen und Ordnungszahlen. Beispiele:

Sie wäre gestern 98 **achtundneunzig** geworden.
Die Geschäftsräume der Firma sind im 17. **siebzehnten** Stockwerk des Bürohauses.
Er verdient rund 2 000 **zweitausend** Euro im Monat.

Schreibt man **Zahlen in Buchstaben**, sind folgende Regeln für die Zusammen- und Getrenntschreibung zu beachten:

Man schreibt die Kardinalzahlen **in einem zusammenhängenden Wort**, wenn der Gesamtwert weniger als eine Million beträgt:

Die Schule hat nur **sechshundertzwölf** Schülerinnen und Schüler.

Die **Zahlen über einer Million** schreibt man getrennt, Million muss als Nomen großgeschrieben werden:

Die Stadt hat rund **fünf Millionen dreihunderttausend** Einwohner.

Auch Zahlenangaben mit ***Million, Milliarde*** und größeren Einheiten schreibt man außerhalb von wissenschaftlichen und technischen Texten besser in Buchstaben:

Das Land hat etwa **achtzig Millionen (nicht:** 80 000 000) Einwohner.
Ein Lichtjahr sind mehr als **neun Billionen (nicht:** 9 000 000 000 000) Kilometer.

STIL
Textüberprüfung

187 · Zukunftsprognosen für *Einzelindividuen* – Hüten Sie sich vor (stilistisch unschönen) Dopplungen!

> „Doppelt genäht hält besser."

Das Sprichwort mag für den Alltag gelten, für einen guten Stil trifft es mit Sicherheit nicht zu. Inhaltlich überflüssige Zusätze bei Wörtern (Pleonasmen) machen einen Text nicht verständlicher, sondern blähen ihn nur auf. Nur dort, wo man ohne eine solche zusätzliche Angabe erst überlegen müsste, welche genaue Bedeutung ein Wort im Textzusammenhang hat, sind verdeutlichende Zusätze erlaubt.

So sind z. B. heute die *vollendeten Tatsachen*, die *lautlose Stille* oder die *eigenen Augen* als stilistisch korrekt anerkannt.

Wo Zusätze aber völlig überflüssig sind, lässt man sie weg, wie z. B. bei *Einzelindividuum* (weil ein *Individuum* schon ein Einzelwesen bezeichnet) oder bei *Zukunftsprognose* (weil eine *Prognose* bereits eine Voraussage ist, sich also auf Kommendes bezieht).

Inhaltlich überflüssige Zusätze sind **Doppelaussagen**, sie gehören damit in den Bereich der Wiederholungen. Wird ein Thema ausführlich abgehandelt, sind Wiederholungen unvermeidlich. Auch wäre ein allgemeines „stilistisches Verbot" von Wiederholungen unsinnig. Es hätte zwangsläufig Sprachkapriolen zur Folge, würde in wissenschaftlichen Texten oft sogar Unheil anrichten.

In literarischer Prosa und in Alltagstexten haben bestimmte Formen der Wiederholung ebenfalls ihre Berechtigung. Sprachwissenschaft und Rhetorik teilen Doppelaussagen in zwei Gruppen ein und sprechen von **Pleonasmus** (griechisch *pleonasmós* = *Überfluss*) und **Tautologie** (griechisch *tautología* = *das Dasselbe-Sagen*).

Jeder inhaltlich überflüssige Zusatz, also z. B. das Adjektiv *weiß* im berühmten *weißen Schimmel*, ist ein Pleonasmus, denn ein Schimmel ist per definitionem ein weißes Pferd. Gleiches gilt auch für die Zusammenset-

STIL
Textüberprüfung

zung Einzelindividuum. Der Zusatz *einzel-* ist hier überflüssig (und damit inhaltsleer), denn *Individuum* ist die Bezeichnung für den Menschen als Einzelwesen.

Pleonasmen sind in der Regel **keine bewusst eingesetzten Stilfiguren.** Sie entstehen oft unabsichtlich und meist aus der Unkenntnis der korrekten Bedeutung der verwendeten Wörter. Das gilt sowohl für den Fremdwortgebrauch (Gesichtsmimik) als auch für die Verwendung deutscher Wörter (nutzlos vergeuden). → R 188

Tautologien hingegen dienen meist der **bewussten Bedeutungs- oder Ausdrucksverstärkung,** die Aussage wird nachdrücklicher, gewichtiger und einprägsamer. Mehr über dieses Stilmittel in → R 189

Pleonasmus 188

Pleonasmen, also die inhaltlich überflüssige Wiederholung eines Bedeutungsmerkmals treten in folgenden Formen auf:

- **unnötige vorangestellte Wörter bei Verben**

  ~~nutzlos~~ vergeuden, ~~weiter~~ fortfahren, ~~nochmals~~ wiederholen, neu renovieren, ~~vorläufig~~ suspendieren, ~~weiter~~ fortfahren …

  Hier ist mit den Verben der Sachverhalt eindeutig ausgedrückt.

- **Aneinanderreihung von Wörtern mit gleicher oder ähnlicher Bedeutung**

  ~~bereits~~ schon, leider ~~zu unserem Bedauern~~, ~~höchstens~~ nur, ~~ebenso~~ auch, ~~einander~~ gegenseitig, ~~lediglich~~ nur, nicht ausreichend ~~genug~~, zusätzlich ~~auch noch~~ …

  Hier genügt ein Bestandteil der Aussage völlig.

STIL
Textüberprüfung

> 💡 Einen Satz mit **und** zu beginnen, wird heute nicht mehr als Stilfehler gesehen.
> Sogar der Satzbeginn mit **und auch** ist inzwischen gang und gäbe, obwohl es hier zu einer unglücklichen Dopplung kommt. Das *und* soll den Satz an den vorigen anschließen, das *auch* stellt eine Verbindung zu einem Objekt oder Subjekt im vorigen Satz her. Lassen Sie das *und* einfach weg.
> Sein Schreibtisch war ein einziges Chaos. ~~Und~~ Auch sein Besprechungstisch glich einem Schlachtfeld.

- **Fügungen aus Adjektiv + Nomen**

  eine ~~seltene~~ Ausnahme, der ~~einschlägige~~ Fachhandel, ein ~~kleines~~ Detail, eine ~~mehrfache~~ Multimillionärin (oder: eine mehrfache Millionärin) …

  Hier enthält das Adjektiv bereits ein charakteristisches Merkmal des Nomens.

- ***zunehmend* + Adjektiv im Komparativ**

  Es wird für Hacker ~~zunehmend~~ einfacher, in gut geschützte Datenbanken einzudringen.
  Gegen Abend wurde es ~~zunehmend~~ kälter.
  Sein Gesundheitszustand wird ~~zunehmend~~ besser.

  Hier ist das adverbiell gebrauchte *zunehmend* ein unnötiger Zusatz. Der Komparativ drückt bereits aus, dass die im Adjektiv genannte Eigenschaft dabei ist, eine Steigerung zu erfahren.

> 💡 Wenn Sie auf das Wort **zunehmend** nicht verzichten wollen, dann sollten Sie das nachfolgende Adjektiv nicht in den Komparativ setzen:
> Die Bedienung der Fernsehgeräte wird **zunehmend kompliziert**.

STIL
Textüberprüfung

- **Zusammensetzung mit einem verstärkenden Verbzusatz**

  ~~ab~~klären, ~~ab~~mildern, ~~an~~mieten, ~~auseinander~~trennen, ~~hinzu~~addieren, ~~zusammen~~addieren ~~auf~~oktroyieren, ~~ein~~suggerieren, ~~zusammen~~sammeln, ~~herab~~mindern, ~~los~~lösen, ~~nach~~verfolgen, ~~vor~~programmieren, ~~hoch~~vergrößern, ~~runter~~verkleinern ...

  Die verstärkenden Partikeln (Verbzusätze) sind allesamt überflüssig, weil das einfache Verb den Sachverhalt ausreichend beschreibt (z. B. addieren = zusammenzählen).

  Dies gilt auch für einige Nomen und Verben, die mit **Rück-** zusammengesetzt sind, z. B.: ~~Rück~~antwort, ~~Rück~~erinnerung, ~~Rück~~erstattung, ~~Rück~~versicherung, sich ~~rück~~versichern, da hier die Grundwörter bereits den Begriff *(zu)rück* enthalten.

- **in Sätzen mit Modalverben**

  Hier kommt es zu einer pleonastischen Ausdrucksweise, wenn die modifizierende Bedeutung dieser Verben durch eine zusätzliche Angabe verstärkt wird:

  ~~Es kann möglich sein~~, dass ich sie gestern Abend gesehen habe.
  Richtig: Es kann sein, ... Oder: Es ist möglich, ...

  Sie sah sich gezwungen, ihm das Geld ~~geben zu müssen~~
  Richtig: ... ihm das Geld zu geben.

  Er soll ~~angeblich~~ mit der Frau des Chefs im Kino gesehen worden sein.
  Richtig: Er soll mit der Frau ... Oder: Er ist angeblich ... gesehen worden.

  Wir dürften ~~vermutlich~~ in zwanzig Minuten landen.
  Richtig: Wir dürften in zwanzig Minuten ... Oder: Wir landen vermutlich ...

  Die Bank hält es für möglich, dass der Wechsel ~~platzen könnte~~.
  Richtig: Die Bank hält es für möglich, dass der Wechsel platzt.

Nicht nur einen überflüssigen Zusatz, sondern sogar einen **Widerspruch** in sich enthalten Verbindungen wie z. B.:

STIL
Textüberprüfung

Er kommt in der Regel ~~immer~~ um acht ins Büro. Aber wie es ~~offenbar~~ scheint, kommt er heute später.

Die Fügung *in der Regel* bedeutet *erfahrungsgemäß so häufig, dass Ausnahmen selten sind; fast regelmäßig*; sie kommt also der Bedeutung von *immer* sehr nahe. *Offenbar* steht kürzer für *wie es scheint*.
Verzichten Sie auf einen Teil in diesen Verbindungen, am besten auf den längeren! Also:

Er kommt immer um acht ins Büro. Aber offenbar kommt er heute später.

189 Tautologie

Während der Pleonasmus nur Überflüssiges, weil Selbstverständliches, hinzufügt, dient eine Tautologie dazu, eine Aussage nachdrücklicher zu formulieren. Sie ist damit eine sogenannte **rhetorische Figur**, also eine in Stilistik und Rhetorik beabsichtigt (manchmal aber auch unbeabsichtigt) verwendete Abweichung vom normalen Sprachgebrauch.

Von einer Tautologie spricht man dann, wenn zur **Ausdrucks- oder Bedeutungsverstärkung** ein Wort wiederholt wird (Verbindung mit *und*):

Die Situation hat sich **nach und nach** entspannt.
Er hat Schulden **noch und noch**.
Ich habe ihn **wieder und wieder** ermahnt.

Wenn die beiden Elemente einer Tautologie mit demselben Buchstaben beginnen, spricht man von **Alliterationen** (Stabreime) (→ R 195).

nie und **n**immer
mit **M**ann und **M**aus ...

Besonders die formelhafte Verwendung zweier mit *und* verbundener Wörter derselben Wortart, die jedes für sich genommen weitestgehend synonym sind, ist häufig:

STIL
Textüberprüfung

Da kannst du **bitten und flehen**, so viel du willst, er lässt sich nicht erweichen.
Sie hat sich **voll und ganz** hinter seine Entscheidung gestellt.
Das ist doch keine **Art und Weise**, so mit jemandem umzugehen!
Sie standen in **Reih und Glied**.

Ein Sonderfall der Tautologie ist das ebenfalls der Ausdrucksverstärkung dienende **Hendiadyoin** (seltener: **Hendiadys**; griechisch *hen dia dyoin = eins durch zwei*). Es ist eine feste Verbindung zweier meist synonymer (gleichbedeutender) Substantive, Adjektive, seltener auch Verben (**Wortpaar, Zwillingsformel**), die gemeinsam (und hierin liegt der Unterschied zur Tautologie) einen **neuen Begriff** ergeben *(Leib und Leben)*. Ein Bestandteil des Wortpaares oder auch beide sind oftmals veraltet und werden nur noch in dieser Verbindung verwendet:

samt und sonders, mit Fug und Recht, Kind und Kegel, Lug und Trug ...

Hier eine Liste der **am häufigsten benutzten tautologischen Wortpaare**, die in dieser Form stilistisch korrekt verwendet werden können:

Adjektiv- und Adverbpaare	Nomenpaare	Verbpaare
angst und bange (sein/werden)	mit Ach und Krach	ächzen und stöhnen
frank und frei	Angst und Bange (machen)	bitten und flehen
nie und nimmer	Art und Weise	erwägen und bedenken
einzig und allein	in Bausch und Bogen	jammern und klagen
frank und frei	mit Fug und Recht	schalten und walten
ja und amen (sagen)	im Großen und Ganzen	
auf immer und ewig	mit Hangen und Bangen	
klipp und klar	Haus und Hof	
kurz und knapp	Hilfe und Beistand	

STIL
Textüberprüfung

nackt und bloß	in Hülle und Fülle
rank und schlank	Ja und Amen (sagen)
recht und billig	Kind und Kegel
samt und sonders	Lust und Laune
still und leise	mit Mann und Maus
voll und ganz	in Saus und Braus
	mit Schimpf und Schande
	Schutz und Schirm
	Sinnen und Trachten
	Tür und Tor
	mit Weh und Ach
	Wind und Wetter
	mit Zittern und Zagen

190 Ungewollte Komik bei der Ersparung von Redeteilen vermeiden

Die gemeinsamen Satzteile von aneinandergereihten Hauptsätzen können bis auf eines ausgespart werden. Man spricht von **Auslassungssätzen** oder **Ellipsen**:

Er schreibt [die Texte] und sie korrigiert die Texte.
Mein Mann nahm einen Erdbeerbecher und ich [nahm] ein Bananensplit.

Haben jedoch zwei **gleichlautende Verbformen** unterschiedliche Bedeutung, dürfen sie normalerweise nicht ausgespart werden. Beispiele:

Falsch: Sie warf ihm einen wütenden Blick und dann die Tür zu.
Das Verb *zuwerfen* tritt hier in unterschiedlichen Bedeutungen auf: *zu jemandem hinwerfen* und *laut und heftig schließen*.
Richtig: Sie warf ihm einen wütenden Blick zu, und warf dann die Tür zu.

STIL
Textüberprüfung

Falsch: Die Uhr schlug zwölf und er so laut gegen die Haustür, dass die Nachbarn wach wurden.
Richtig: Die Uhr schlug zwölf, und er schlug so laut gegen die Haustür, dass die Nachbarn wach wurden.
Falsch: Bitte stellen Sie die richtige Sitzposition und das Rauchen ein.
Richtig: Bitte stellen Sie die richtige Sitzposition ein und stellen Sie das Rauchen ein.

Besser ist in solchen Fällen, zwei verschiedene Verben zu benutzen, z. B.: Sie warf ihm einen wütenden Blick zu und schlug die Tür zu.

Wenn ein Verb **unterschiedliche Ergänzungen** verlangt, darf es im Satz nicht ausgespart werden.

Falsch: Ich danke für Ihr Kommen und allen, die diese Feier vorbereitet haben.

Das Verb *danken* wird hier einmal mit der Präposition *für* + Objekt (Präpositionalobjekt) verbunden (*danken für*), im weiteren Verlauf des Satzes folgt dem Verb danken ein reines Dativobjekt (*jemandem danken*).

Richtig: Ich danke für Ihr Kommen und danke allen, die diese Feier vorbereitet haben.
Falsch: Er klagte über die schlechte Bezahlung und seinem Freund sein Leid.
Richtig: Er klagte über die schlechte Bezahlung und klagte seinem Freund sein Leid.

Verben, die **in festen Verbindungen** stehen (z. B. in Funktionsverbgefügen) dürfen aus diesem Zusammenhang nicht herausgelöst werden. Beispiele:

Falsch: Die Vorstandsvorsitzende nahm den Bericht des Finanzreferenten zur Kenntnis und dann eine Kopfschmerztablette.

In diesem Satz wird einmal die feste Verbindung *zur Kenntnis nehmen* gebraucht und dann das einfache Verb *nehmen* im Sinne von „einnehmen". Die Aussparung einer Verbform ist hier nicht erlaubt.

Richtig: Die Vorstandsvorsitzende nahm den Bericht des Finanzreferenten zur Kenntnis und nahm dann eine Kopfschmerztablette.

STIL
Textüberprüfung

Falsch: Nehmen Sie Abschied vom Alltagsstress und ein erfrischendes Bad im hoteleigenen Hamam.
Richtig: Nehmen Sie Abschied vom Alltagsstress und nehmen Sie ein erfrischendes Bad im hoteleigenen Hamam.

(!) Auch **haben, werden** und **sein** dürfen nicht ausgespart werden, wenn sie in einem Satzteil als Vollverb und im anderen als Hilfsverb stehen.

Falsch: Sie ist Ärztin in Hamburg und gestern mit dem Zug angekommen.
Hier ist *ist* im vorderen Teil des Satzes Vollverb mit Gleichsetzungsnominativ (Prädikatsnomen): *Sie ist Ärztin;* im hinteren Teil des Satzes bildet *ist* als Hilfsverb zusammen mit dem Partizip *angekommen* das Perfekt: *Sie ist angekommen.* → In diesem Satz darf *ist* nicht ausgespart werden.
Richtig: Sie ist Ärztin in Hamburg und ist gestern mit dem Zug angekommen.

Falsch: Ich hatte Geld und lange genug gearbeitet, also machte ich erst mal Urlaub.
Richtig: Ich hatte Geld und hatte lange genug gearbeitet, also machte ich erst mal Urlaub.

(💡) Manchmal werden **Aussparungen** dieser Art im Text auch bewusst **als besonderes Stilmittel** eingesetzt, um eine Pointe zu erzeugen. Auf diese Wirkung zielte auch der zum geflügelten Wort gewordene Werbeslogan einer Mineralölfirma:

Nimm dir Zeit und nicht das Leben – dein Benzin: Gasolin!

Der Fachbegriff für eine bewusste Auslassung lautet **Zeugma**.

STIL
Textüberprüfung

Schärfe im Ausdruck – Treffendere Wörter verwenden

Geschrieben steht: „Im Anfang war das Wort!"

„Hier stock' ich schon! Wer hilft mir weiter fort? ... Ich muss es anders übersetzen, wenn ich vom Geiste recht erleuchtet bin. Geschrieben steht: Im Anfang war der Sinn ... Es sollte stehn: Im Anfang war die Kraft! ... Schon warnt mich was, dass ich dabei nicht bleibe ... Auf einmal seh ich Rat und schreibe getrost: Im Anfang war die Tat!"

Die Texte, die wir schreiben, lassen uns wohl kaum so um das rechte Wort ringen, wie Goethes Faust bei der Übersetzung des Johannesevangeliums. Aber oft fordern auch unsere Texte Sorgfalt bei der Wortwahl. Besonders dann, wenn wir Eindrücke, Empfindungen oder Urteile wiedergeben, müssen wir darauf achten, dass das Wort im Text dem entspricht, was wir dem Leser zu verstehen geben wollen.

Beim Verfassen eines Texts besteht die Aufgabe darin, mit den richtigen Wörtern auszudrücken, was wir meinen. Wir benutzen dabei immer wieder die Wörter und Wendungen, die sich bei den Schreibanlässen des Alltags bewährt haben. Gerade bei längeren Texten aber sollte der benutzte Wortschatz dem Leser genügend Abwechslung bieten. Die richtige Wortwahl ist allerdings nicht immer einfach.

Synonyme nennt die Sprachwissenschaft sinn- oder sachverwandte Wörter. Übersetzt handelt es sich hier um „Gleichnamige", was aber nicht wörtlich genommen werden darf. Denn verschiedene Wörter haben fast immer auch unterschiedliche Bedeutungen, man spricht daher auch von **bedeutungsähnlichen Wörtern**. Die Wahl zwischen verschiedenen Synonymen hilft, das treffende Wort zu finden, das es uns ermöglicht, eine gedankliche Nuance auch sprachlich auszudrücken.

Wenn wir beispielsweise in einem Text das Verb **gehen** durch andere angemessene Bewegungsverben ersetzen oder in der Bedeutung abtönen

STIL
Textüberprüfung

möchten, stünden uns mindestens die folgenden zur Verfügung:
hinken, marschieren, schleichen, schlendern, schlurfen, schreiten, spazieren, stampfen, stapfen, stelzen, stöckeln, stolzieren, tappen, taumeln, tippeln, torkeln, trippeln, trippeln, trotten, wandeln, waten, watscheln, zockeln, zotteln ...

Das sieht nach Arbeit aus? Stimmt, aber das Ergebnis entschädigt für die Mühe. Anregungen finden sich auch in Synonymwörterbüchern, also in Zusammenstellungen sinn- und sachverwandter Wörter. Und mit zunehmender Übung vergrößert sich der aktive Wortschatz.

Hier eine kleine Synonymenliste zu häufig benutzten Wörtern:

anschauen	ansehen, begutachten, besichtigen, betrachten, blicken
ärgern	aufziehen, reizen, provozieren, stören
aufmerksam	ganz bei der Sache, gespannt, konzentriert, wachsam
aufschreiben	notieren, protokollieren, schriftlich festhalten
befragen	interviewen, verhören, zurate ziehen
bemerken	beobachten, erkennen, registrieren
berichten	aussagen, erzählen, vortragen
beschädigen	demolieren, verwüsten, zerstören
beschuldigen	anklagen, belasten, verdächtigen
glatt	glitschig, rutschig, schmierig
hinfallen	ausgleiten, stolpern, stürzen
interessant	anregend, aufschlussreich, bereichernd, reizvoll, unterhaltsam
Interesse	Anteilnahme, Aufmerksamkeit, Teilnahme
klug	begabt, clever, gescheit, gewitzt, intelligent, schlau, weise
lebhaft	aufgeweckt, temperamentvoll, vital
lügen	flunkern, schwindeln, die Unwahrheit sagen
sagen	antworten, behaupten, berichten, mitteilen, zu verstehen geben
schicken	senden, zukommen lassen, zustellen
schnell	flink, rasant, rasch, temporeich
still	friedlich, lautlos, leise, ruhig, tonlos
überarbeitet	abgespannt, überfordert, überlastet

STIL
Textüberprüfung

verbessern	berichtigen, korrigieren, richtigstellen
verletzen	lädieren, verwunden, kränken

Die richtige Wortwahl, also die Suche nach geeigneten Synonymen, ist in der Schreibpraxis immer dann nötig, wenn der Text folgende **Anforderungen an den Schreiber** stellt:

- stilistisch abwechslungsreiche Ausdrucksweise:
  Es ist sicher von Vorteil für die Kunden, wenn die Geschäfte sonntags öffnen dürfen, aber kleinere ~~Geschäfte~~ Läden bekommen sicher Personalprobleme.

- sachliche Differenzierung im Text:
  Die Sachverständige soll den Unfallschaden ~~ansehen~~ begutachten. Sie beantragt ~~einen freien Tag~~ einen Tag Dienstbefreiung / einen Tag Urlaub.

- genauere Charakterisierung:
  Unser alter Lehrer war ein ~~komischer~~ wunderlicher Typ.

- Verdeutlichung der persönlichen Einstellung zu einem Sachverhalt:
  Ihm das klarzumachen ist eine ~~schwierige~~ heikle Angelegenheit.

- Ersatz eines nur regional verwendeten Wortes durch ein standardsprachliches:
  Ich hatte Kopfschmerzen und konnte deshalb gestern nicht ins ~~Geschäft~~ Büro kommen.

- Ersatz eines umgangssprachlichen Ausdrucks durch einen dem Text angemessenen standardsprachlichen:
  Die hohen Ladenmieten in der Innenstadt trugen dazu bei, dass viele kleine Geschäfte ~~Pleite machten~~ Konkurs anmelden mussten.

Sorgfalt beim Formulieren wird allerdings nicht immer nur verwendet, um deutlich zu machen, was man meint. Manchmal wird auch nach einem „treffenden" Wort gesucht, das einen **Sachverhalt verschleiern** oder beschönigen soll. Man umschreibt etwas Unangenehmes oder gar Anstößiges mit einem **Euphemismus** (Hüllwort oder verhüllende Fügung), z. B.:

STIL
Textüberprüfung

Müllwerker	→ Entsorgungsfachkraft
entlassen	→ freisetzen
gestorben	→ heimgegangen
teuer	→ hochpreisig
Arbeitskräfte	→ Humanressourcen
koitieren	→ Liebe machen
bei Militäraktionen in Kauf genommener Tod von Zivilisten	→ Kollateralschaden
Stillstand	→ Nullwachstum
Preiserhöhung	→ Preisanpassung
arm	→ sozial schwach
dick	→ vollschlank
Toilette	→ wo der Kaiser zu Fuß hingeht

192 Sprachliche Bilder können Farbe in den Text bringen

So blöd bin ich doch nicht, ich kauf euch das nicht ab!

Werbung kommt an, manchmal aber anders als vom Werbenden geplant. Der Slogan macht's hier, könnte man in Abwandlung eines solchen („Die Milch macht's") glauben. Zumindest scheinen es Unternehmen und Werbebranche auf ihre Fahnen geschrieben zu haben. Wer den Trend erkannt hat (oder glaubt, dass er ihn erkannt hat, oder will, dass ein Trend erkannt werden soll), klopft Sprüche. Wurde in den letzten Jahren stets auf Englisch geklopft, ist jetzt auffallend, dass Werbetexter immer öfter auf die gute alte deutsche Muttersprache zurückgreifen. Kommt das daher, dass Kunden vielleicht die englische Werbebotschaft miss- oder gar nicht verstanden und beispielsweise Angst davor bekamen, zwar in einen Laden hineinzufinden, den Weg nach draußen aber nicht mehr? Muss wohl so gewesen sein, wäre sonst der Slogan eines großen Duftmarkensetzers

STIL
Textüberprüfung

"Come in and find out" von der Werbebildfläche verschwunden und durch den Hinweis ersetzt worden, dass das Kaufen von Düften „das Leben schöner" macht?

"The trend is your friend" hat ein großer Manager eines ebenso großen deutschen Fußballclubs uns einmal wissen lassen. Und wer in der Branche den Trend erkannt hatte, klopft von nun an deutsche (Werbe-)Sprüche. Und so wurde der Geiz geil und wir alle mit der Erkenntnis konfrontiert: Unterm Strich zähl ich. Aber Hand aufs Herz, war es da nicht schöner, englisch umschwärmt zu werden: We love to entertain you?

Wer die **Botschaft seines Textes anschaulich vermitteln** will, muss die richtigen Worte finden. Aber nicht nur mit der Wortwahl lässt sich Anschaulichkeit erreichen. Für wirklich „anschauliches" Schreiben steht eine große Auswahl weiterer Mittel zur Verfügung. Ihre Wirkung besteht darin, dass nicht einfach das treffende Wort verwendet wird, sondern die Bedeutung dieses Wortes durch einen „übertragenen Ausdruck" im wahrsten Sinne bildlich dargestellt wird.

Die Abgeordnete vertrat auf dem Parteitag unbeirrt von Zwischenrufen ihre Meinung.

Dieser Satz ist zweifellos gut verständlich. Will man die Rolle dieser Frau besonders hervorheben oder sogar seine Bewunderung für das Verhalten der Abgeordneten ausdrücken, könnte man diese nüchterne Aussage in ein **sprachliches Bild** kleiden:

Die Abgeordnete war auf dem Parteitag der Fels in der Brandung.

Oft werden auch in Überschriften von Zeitungsartikeln Bilder verwendet, z. B. Bürger bieten Militär die Stirn statt der neutralen Formulierung Großdemonstration gegen die Militärregierung.

Sprachbilder sind Wörter oder Wortgruppen, die aus ihrem ursprünglichen Bedeutungszusammenhang auf einen anderen übertragen werden. Zwischen dem ersetzten Ausdruck und dem verwendeten Bild besteht eine reale Beziehung, die dem Leser oder Hörer als etwas Sichtbares, Hörbares,

STIL
Textüberprüfung

Riechbares oder Schmeckbares vermittelt wird. Sprachbilder sprechen also unsere Sinne an. Mit solchen „sinnlichen" Ausdrücken werden Gedanken gleichsam greifbar gemacht.

193 | Farben in Texte bringen – die Metapher

Das bekannteste Sprachbild ist die **Metapher**, ein bildhafter Vergleich, der darauf beruht, dass die Elemente der Metapher eine bestimmte **Ähnlichkeit** aufweisen. Im Gegensatz zu einem gewöhnlichen Vergleich werden Metaphern ohne die Vergleichspartikel *wie* gebildet:

Vergleich mit *wie*: Haare wie Gold
Metapher: das Gold ihrer Haare

Wem es beim Fingerhakeln gelingt, den anderen „über den Tisch zu ziehen", der hat gewonnen. Wem das Gleiche mit einem Geschäftspartner gelingt, der hat diesen übervorteilt. Der Ausdruck jemanden über den Tisch ziehen wird also **aus einem Kontext in einen anderen übertragen** und so zur Metapher.

Hier eine kleine Auswahl treffender Metaphern, die Farbe in einen Text bringen können:

Konkret	Metapher
sich selbst Schaden zufügen	sich ins eigene Fleisch schneiden
vergeblich warnen/Warnungen nicht beachten	in den Wind reden / Warnungen in den Wind schlagen
die eigenen Leistungen oder Fähigkeiten [nicht] aus Bescheidenheit verbergen	sein Licht [nicht] unter den Scheffel stellen
in plumper Weise kränken, verletzen	vor den Kopf stoßen
keine sichere Grundlage haben	auf tönernen Füßen stehen
ohne rechte innere Beteiligung	mit halbem Herzen

STIL
Textüberprüfung

Gedanken und Gefühle offen aussprechen	aus seinem Herzen keine Mördergrube machen
anspornen, beflügeln	Flügel verleihen
sich untätig verhalten	die Hände in den Schoß legen
sich nicht mehr anstrengen	sich auf seinen Lorbeeren ausruhen
ein Ärgernis für jemanden sein	jemandem ein Dorn im Auge sein
einen Fehler wiedergutmachen	eine Scharte auswetzen
die Lage falsch / richtig eingeschätzt haben	aufs falsche / richtige Pferd gesetzt haben
jemanden moralisch verurteilen	den Stab über jemanden brechen
für jemanden oder etwas entschieden eintreten	eine Lanze für jemanden / etwas brechen
aufgrund einer großen Leistung in der Erinnerung anderer weiterleben	sich ein Denkmal setzen
Wesentliches nicht verschweigen	mit etwas nicht hinter dem Berg halten
etwas treffend bemerken	den Nagel auf den Kopf treffen
zusammenhalten	am selben Strang ziehen

Farben in Texte bringen – die Metonymie

(194)

Eine weitere Möglichkeit, Texte lebendiger zu formulieren, ist die Verwendung der **Metonymie**. Sie drückt eine Zusammengehörigkeit oder Verwandtschaft zwischen dem eigentlichen und dem verwendeten Wort:

Die Person steht für die Sache:
Ich habe gestern im Kino den neuesten Tarantino gesehen.
Mein Großvater kann seinen Homer noch auswendig.
Er hat drei Picassos und einen Dali im Salon hängen.

Der Grund steht für die Folge:
Sie schrieb ihm einen ärgerlichen Brief.

STIL
Textüberprüfung

Sie hat ihm eine CD mit weihnachtlichen Klängen geschenkt.
Sie arbeitet in der väterlichen Praxis.

Ein Körperteil steht für eine Eigenschaft:
Er fasste sich ein Herz.
Sie hat Köpfchen.
Für so etwas hat sie eine Nase.

Das Gefäß steht für den Inhalt:
Nach dem Kegeln trinken wir immer noch ein Gläschen.
Auf dem Oktoberfest rinnt so manche Maß durch die Kehlen.
In seiner Jugend konnte er einen gehörigen Stiefel vertragen.
Er hat die ganze Packung gegessen.

Eine geografische Bezeichnung steht für die Gesamtheit der Bewohner:
Halb Berlin lag an diesem Hochsommertag am Wannsee.
Am 14. Juli feiert Frankreich seinen Nationalfeiertag.
Das ganze Dorf war auf dem Sommerfest.

Ein Symbol steht für das Gemeinte:
Der Finanzminister hat den Rotstift angesetzt.
Die Tenniskönigin und der Popstar haben die Ringe getauscht.
Nach zehnjährigem Streit um die Grundstücksgrenze hat er jetzt endlich mit seinem Nachbarn die Friedenspfeife geraucht.

Eine Institution, eine Gruppenbezeichnung o. Ä. steht für eine Gruppe von Einzelwesen:
Die ganze Firma gratulierte ihr zur Beförderung.
Heute fehlt die halbe Klasse.
Die Universität feiert ihr 400-jähriges Bestehen.

Das Abstraktum steht für das Konkrete:
Sie versteht es, auf die Jugend zuzugehen.
Die Armut in diesem Land wirkt bedrückend auf Besucher.
Das einzige, was heute zählt, ist Leistung.

Das Material steht für das daraus gefertigte Produkt:
Der Stürmer wuchtete das Leder über die Latte.

STIL
Textüberprüfung

Sie hat schon dreimal olympisches Gold gewonnnen.
Seit er Abteilungsleiter ist, sieht man ihn nur noch in feinem Zwirn.

Eine Metonymie **in quantitativer Hinsicht** liegt vor, wenn der eigentliche Begriff durch einen engeren oder weiteren ersetzt wird. Diese Art des Sprachbilds heißt **Synekdoche**:

Der Teil steht für das Ganze:
Dafür zahle ich keinen Cent.
Er hat endlich wieder ein Dach über dem Kopf.
Das Gericht entschied streng nach dem Buchstaben des Gesetzes.
Das Restaurant hat eine ausgezeichnete Küche.

Das Spezielle steht für das Allgemeine:
Es waren zwanzig Mann an Bord.
Unser täglich Brot gib uns heute.
Nicht alle Kriege gewinnt man mit dem Schwert.

Farben in Texte bringen – weitere Stilmittel

Allegorie	personifizierendes Bild	Justitia (Gerechtigkeit), Amor (Liebe); Adonis (gut aussehender junger Mann); Dulzinea (Freundin, Geliebte)
Alliteration	Wiederholung des Anfangsbuchstabens von Wörtern	Die **M**ilch **m**acht's. **P**leiten, **P**ech und **P**annen. **G**eiz ist **g**eil.
Anapher	Wiederholung eines oder mehrerer Wörter an Satzanfängen	Er **kennt** nicht Freund, er **kennt** nicht Feind, er **kennt** nur die Gerechtigkeit.
Euphemismus	beschönigende Umschreibung	entschlafen (sterben); freisetzen (entlassen) → R 191

STIL
Textüberprüfung

Hyperbel	oft groteske Übertreibung	himmelhoch; wie Sand am Meer; ein Meer von Blumen
Litotes	ironische Untertreibung	Wir haben **nicht wenig** (= sehr) gelacht; eine **nicht unbeträchtliche** (= hohe) Summe
Oxymoron	Verbindung zweier Vorstellungen, die sich ausschließen	**Beredtes Schweigen** auf seine Frage zeigte ihm, dass er einen wunden Punkt berührt hatte. Sie hing mit einer Art **Hassliebe** an ihm. **Eile** mit **Weile**!
Paradoxon	Scheinwiderspruch	Es ist ein **offenes Geheimnis**, dass sie sich von ihm trennen will. Er eilte **stehenden Fußes** ins Büro. Das Gemälde zeigt die Göttin in **liegender Stellung**.
Personifikation (Vermenschlichung)	Belebung „toter" Sachen	Die Sonne lacht. Die Pumpen arbeiteten unermüdlich. Die Nacht hüllte die Landschaft ein.

Auch der **mit *wie* gebildete Vergleich**, bei dem Personen und/oder Sachen in Beziehung gesetzt werden, wird häufig als sprachliches Bild verwendet:

Der Koffer ist schwer **wie Blei**.
Er schnarcht **wie ein Walross**.
Er war blau **wie ein Veilchen**.
Meine Chefin ist stur **wie ein Panzer**.
Sie lächelte geheimnisvoll **wie Mona Lisa**.
Er ist eitel **wie ein Pfau**.
Sie saßen da, stumm **wie die Fische**.
Er ist störrisch **wie ein Esel**.

STIL
Textüberprüfung

Der Chef brüllte **wie ein Löwe**.
Er schrie **wie am Spieß**.

Bei Sprachbildern muss man sich aber davor hüten, nicht Zusammengehörendes zu vermengen. Es kommt dann leicht zu **schiefen Vergleichen** oder zum **Bildbruch**:

Wenn der Minister noch einen Funken Rückgrat hat, tritt er zurück.
(Vermischung aus: *einen Funken Ehrgefühl haben* und *Rückgrat haben*.)

Die Firma steuert auf den Konkurs zu, aber das Management erhöht sich noch die Bezüge: Das schlägt dem Fass die Krone ins Gesicht!
(Vermischung aus: *das schlägt dem Fass den Boden aus* und *einer Sache die Krone aufsetzen* und *einer Sache ins Gesicht schlagen*.)

Manchmal werden Vermischungen dieser Art auch bewusst als besonderes Stilmittel eingesetzt, um eine Pointe zu erzeugen. Der Fachbegriff für eine solche Vermischung lautet **Katachrese**.

(K)ein Thema: Wörter und Wendungen, die Sie vermeiden sollten (196)

Der Stil mancher Texte, insbesondere in der geschäftlichen Korrespondenz, kann leicht verbessert werden, wenn man die „**Papierwörter**" weglässt. Solche Wörter werden zwar (noch) im Schriftlichen benutzt, aber so gut wie nie in normaler Redeweise. Sie stammen hauptsächlich aus der alten Büro- und Verwaltungssprache und lassen Texte oft „bürokratisch" wirken (Papierdeutsch oder Amtsdeutsch). Meist können diese „Papierwörter" durch lebendigere Formulierungen mühelos ersetzt werden. Oder lassen Sie sie einfach weg!

Also bitte nicht:	**Sondern:**
anlässlich	bei …, zu …, aus Anlass …
baldmöglichst	möglichst bald

STIL
Textüberprüfung

betreffs	wegen, zu, was … betrifft
beziehungsweise	oder; vielmehr; genauer / besser gesagt
dieserhalb	deswegen
gegebenenfalls	eventuell
hiermit	(ersatzlos streichen!)
in Bälde	bald, in / innerhalb kurzer Zeit
Mühewaltung	Bemühungen
nebst	und; [zusammen] mit
obig	oben genannt, erwähnt o. Ä.
seitens	von, durch
zwecks	wegen, zu

Andererseits sollten viele Wörter und Wendungen aus der gesprochenen Sprache nicht in einem stilistisch ausgefeilten Text auftauchen. Dazu gehören alle Modewörter und **Floskeln**, die einen Text unnötig aufblähen. Floskeln sind formelhafte Wörter oder Redewendungen, die wenig oder gar nichts aussagen. Man nennt sie auch **Sprachhülsen**. Lassen Sie alles, „was man so sagt", weg oder formulieren Sie es stilistisch besser:

Hier eine Liste aus der Fülle der **unnötigen „Sprachschlampereien"**:

Also bitte nicht:	Sondern:
alldieweil	weil
ansonsten	sonst
auch und gerade	auch oder gerade
Befindlichkeit	Zustand, Befinden
Bingo!	Richtig geraten! Vollkommen richtig! Du hast recht!
ein Stück weit	nur benutzen, wenn man jemanden auf seinem Weg begleitet; sonst aber: zum Teil
ernsthaft bestreiten	bestreiten
etwaig	möglich, eventuell

STIL
Textüberprüfung

händisch	von Hand, mit Händen, manuell
im Endeffekt	letzten Endes, letztlich
im Vorfeld	vor, vor Beginn, zu Anfang
in Folge	hintereinander, auch: ohne Unterbrechung
in etwa	ungefähr, in gewisser Hinsicht
kein Thema	[das ist] selbstverständlich
kommunizieren	bekannt geben, öffentlich machen, veröffentlichen, mitteilen
nachhaltig	dauerhaft, anhaltend, beständig
nachvollziehen können	verstehen, eine vernünftige Erklärung dafür haben
nackte Wahrheit	die Wahrheit, der wirkliche Sachverhalt
Räumlichkeiten	Räume
reiner Zufall	Zufall
schlicht und ergreifend	schlicht oder ganz einfach
Thematik	Thema
thematisieren	zur Sprache bringen, ansprechen
ureigenes Interesse	eigenes Interesse
vollinhaltlich	inhaltlich, völlig
zwischenzeitlich	inzwischen, unterdessen

> **(!)** **Verstärkungen von Adjektiven oder Verben** mit den Wörtern
> einfach, echt, ehrlich, irre, irrsinnig, kolossal, riesig, sagenhaft, schrecklich, super, tierisch, total, unheimlich, wahnsinnig
> sind umgangssprachlich und sollten in der Geschäftskorrespondenz nicht benutzt werden.

Auch Wörter und Fügungen wie eigentlich, irgendwie, auf jeden Fall, wie gesagt sind sehr oft Äußerungen, die wenig oder gar nichts aussagen. Sie sollten in gutem Deutsch weggelassen werden.

STIL
Textüberprüfung

Kennst du ~~eigentlich~~ die Malerin Frieda Kahlo?

Das ist doch ~~irgendwie~~ lustig, dass dein Freund und ich am gleichen Tag Geburtstag haben.

Er muss ~~auf jeden Fall~~ zuerst seine Hausaufgaben machen.

Der Gegner hatte nur eine Torchance, die er gnadenlos genutzt hat, und wir haben ~~wie gesagt~~ unglücklich verloren.

197 Überflüssige Anglizismen und unnötige Fremdwörter

> **Mein Leben ist eine giving-story**
>
> „Ich habe verstanden, dass man contemporary sein muss, das future-Denken haben muss. Meine Idee war, die hand-tailored-Geschichte mit neuen Technologien zu verbinden. Und für den Erfolg war mein coordinated concept entscheidend, die Idee, dass man viele Teile einer collection miteinander combinen kann. Aber die audience hat das alles von Anfang an auch supported. Der problembewusste Mensch von heute kann diese Sachen, diese refined Qualitäten mit spirit eben auch appreciaten. Allerdings geht unser voice auch auf bestimmte Zielgruppen. Wer Ladyisches will, searcht nicht bei Jil Sander. Man muss Sinn haben für das effortless, das magic meines Stils."
>
> So beschreibt die Modemacherin Jil Sander ihre Arbeit. Erreicht dieser Text einen Leser ohne Englischkenntnisse? Und wie wirkt er auf Sie?

So schlimm wie im Jil-Sander-Zitat kommt es zum Glück nur selten. Aber auch dort, wo auf den ersten Blick kein Fremdwort zu erkennen ist, verbirgt sich Englisches hinter einer **Lehnübersetzung** oder **Lehnwendung**. Es liegt dann ein Anglizismus vor. Viele dieser Wörter und Wendungen werden inzwischen für feste Bestandteile des Deutschen gehalten. Das folgende Beispiel könnte man durchaus in einem Gespräch hören oder in einem Interview in einer Wirtschaftszeitung lesen:

STIL
Textüberprüfung

Sie muss realisieren, dass es wichtig für sie ist, ein Netzwerk aufzubauen. Denn wenn auch für den Moment ihr Vorgehen als Einzelkämpferin noch Sinn macht, auf Dauer wird sie nicht notwendigerweise damit Erfolg haben. Ich denke aber, dass sie noch in 2008 die richtigen Connections aufgebaut haben wird.

Neben dem leicht zu erkennenden englischen *Connections* für „Beziehungen" enthält dieser kleine Text sieben **Anglizismen**, auf die man in gutem Deutsch leicht verzichten kann:

realisieren	Hier liegt eine Lehnbedeutung nach englisch to *realize* – „wahrnehmen, erkennen" vor, die *realisieren* zusätzlich bekommen hat. In gutem Deutsch: **Sie muss erkennen** ... Das Verb *realisieren* bedeutet verwirklichen.
Netzwerk	Englisch *network* heißt *Netz* und bezeichnet ein vielfältig verflochtenes System von (persönlichen) Verbindungen. Um dies im Deutschen auszudrücken, reicht **Netz** völlig aus.
für den Moment	Für diese wörtliche Wiedergabe von englisch *for the moment* sagt man in gutem Deutsch **im Augenblick**.
Sinn machen (auch: keinen oder wenig Sinn machen)	Englisch *it makes sense* (oder verneint: *it doesn't make sense*) liegt dieser Lehnwendung zugrunde. Sie gilt als umgangssprachlich. In der Standardsprache steht hierfür das zwar alte, aber stilistisch noch immer bessere **es hat einen / keinen Sinn** ... oder kürzer: **es ist sinnvoll / sinnlos** ...
nicht notwendigerweise	Englisch *not necessarily* wird korrekt ins Deutsche mit **nicht unbedingt** übersetzt. Die Übersetzung „notwendigerweise" für *necessarily* (die ohne *not* ja auch korrekt ist!) ist umständlich.
ich denke	Nach englischem Vorbild wird *denken* hier mit einem Objektsatz verbunden. Wer es stilistisch (und grammatisch) besser weiß, sagt: **Ich glaube/ich bin der Meinung, dass** ...
in 2008	Standardsprachlich ist nur die Jahreszahl ohne Präposition, **2008**, oder die Fügung **im Jahr 2008** korrekt.

STIL
Textüberprüfung

Hier eine weitere kleine Auswahl von **Anglizismen**, die man im Deutschen eigentlich nicht braucht und deshalb auch nicht gebrauchen sollte:

nicht wirklich	Entspricht *not really*; besser ist jedoch: **eigentlich nicht**
Ich sehe dich / Sie später.	Direkt übersetzt aus dem englischen *see you later*. Besser ist jedoch: **Bis später!**
willkommen zurück	Mit *welcome back* begrüßt der Showmaster (den es im Englischen übrigens gar nicht gibt! Dort heißt er *compère*, im Amerikanischen *emcee*) seine Zuschauergilde nach dem Werbeblock. Im Deutschen schlichter und stilistisch besser: **Schön, dass du wieder da bist.**
einmal mehr	Statt der Lehnübersetzung des englischen *once more* ist stilistisch besser: **wieder einmal, noch einmal** oder **wiederum**.
Das / Es macht keinen Unterschied.	Für das englische *that makes no difference* sagt man in gutem Deutsch: **Das/Es ist kein Unterschied …**, oder noch besser: **Das / Es ist unerheblich …**

Auch die folgenden im *Smalltalk* (oder besser: *im belanglosen Gespräch, beim Plaudern*) gerne gebrauchten englischen **Fremdwörter** lassen sich leicht **durch deutsche Wörter ersetzen**:

briefen	informieren, in Kenntnis setzen, unterrichten
checken	prüfen; auch: verstehen
committen	sich verpflichten
cool	ruhig, sachlich; als Ausruf: sehrgut!, großartig!
Date	Verabredung
down	niedergeschlagen, bedrückt, völlig am Boden
easy	lässig, locker; leicht
Event	Veranstaltung, Ereignis; Erlebnis
groovy	mitreißend; sehr gut, sehr schön, großartig
Highlight	Höhepunkt, Glanzpunkt, Glanzlicht
Kids	Kinder, Jugendliche

STIL
Textüberprüfung

Meeting	Zusammenkunft, Treffen, Besprechung
Mindmap	Stichwortsammlung, Stichwortliste
News	Nachrichten; Neuigkeiten
relaxed	gelöst, entspannt; zwanglos
relaxen	sich entspannen, sich erholen
Statement	Stellungnahme, Aussage
stylish	stilvoll
trendy	modisch; dem Trend entsprechend
User	Benutzer, Nutzer

→ siehe auch R 236 - 240 (Anglizismen und ihre Verwendung)

Fremdwörter müssen keine Glückssache sein

Beim Fremdwort scheiden sich die Geister. Die einen sind strikt dagegen, die anderen kümmern sich nicht darum und nehmen die Wörter, wie sie kommen. Fremdwörter, die allgemeines Sprachgut geworden sind, dürfen wir jedoch unbedenklich verwenden. Wir können uns damit oft kürzer und verständlicher ausdrücken als mit umständlichen Übersetzungen. Wer Fremdwörter allerdings treffenden deutschen Ausdrücken ständig vorzieht und damit das Textverständnis unnötig erschwert, gerät schnell in den Verdacht, ein „Bildungsprotzer" zu sein.

Wer Fremdwörter benutzt, sollte sichergehen, dass er die richtigen benutzt. Vorsicht ist deshalb bei den folgenden **leicht verwechselbaren Fremdwörtern** geboten:

aktuell = bedeutsam für die unmittelbare Gegenwart
Aus aktuellem Anlass ändern wir unser Programm.
akut = unmittelbar
Es besteht akute Ansteckungsgefahr.

STIL
Textüberprüfung

antiquarisch = aus dem Antiquariat; gebraucht
Ich habe das Buch antiquarisch gekauft.

antiquiert = veraltet, altmodisch
Unser Chef hat ein sehr antiquiertes Frauenbild.

differieren = voneinander abweichen
Unsere Ansichten differieren in diesem Punkt.

differenzieren = genau unterscheiden
Wir müssen stärker zwischen Alt- und Neukunden differenzieren.

effektiv = wirkungsvoll; tatsächlich
Der effektivste Sonnenschutz ist der Verzicht auf Sonnenbaden.

effizient = wirksam und wirtschaftlich
Wir müssen effizienter produzieren, wenn wir im Markt bestehen wollen.

formal = die äußere Form betreffend
Der Text ist formal fehlerlos.

formell = den Vorschriften nach
Ein „Hochachtungsvoll" am Briefschluss ist viel zu formell.

human = menschenwürdig
Die Demonstranten forderten humanere Haftbedingungen für die Gefangenen.

humanitär = menschenfreundlich
Nach der Erdbebenkatastrophe braucht das Land sofort die unbürokratische Hilfe humanitärer Organisationen.

STIL
Textüberprüfung

ideal = vollkommen; vorbildlich
Die Wohnung ist geradezu ideal gelegen.
idealistisch = an Ideale glaubend
Lehrer müssen eine idealistische Einstellung zu ihrem Beruf haben.
ideell = geistig; gedanklich
Das Unternehmen fördert die Jugendarbeit der Stadt sowohl ideell als auch materiell.

legal = gesetzlich
Raubkopien sind nicht legal.
legitim = rechtmäßig
Sie hat einen legitimen Anspruch auf das Erbe.

opportun = von Vorteil
Wenn du mehr Gehalt willst, ist es wenig opportun, in der Firma so viel von deiner Erbschaft zu erzählen.
opportunistisch = angepasst, auf Vorteile bedacht
Der Chefin nie zu widersprechen ist sehr opportunistisch.

psychisch = seelisch
Die psychische Belastung am Arbeitsplatz nimmt immer stärker zu.
psychologisch = die Lehre von der Psychologie betreffend
Es war psychologisch nicht sehr geschickt, vor den Kindern zu streiten.

rational = verstandesmäßig
Seine Entscheidung zu kündigen lässt sich nicht rational begründen.
rationell = zweckmäßig, wirtschaftlich
Mit der neuen Fertigungstrasse kann das Werk wesentlich rationeller produzieren.

STIL
Textüberprüfung

real = wirklich, tatsächlich

Der Aufstieg in dieser Saison ist für den Verein beim derzeitigen Tabellenstand kein reales Ziel mehr.

realistisch = wirklichkeitsnah, auf Tatsachen beruhend

Eine realistische Betrachtungsweise schützt vor unangenehmen Überraschungen.

reell = redlich, ehrlich

Es war nicht reell, den Unfallschaden dem Käufer des Wagens zu verschweigen.

speziell = besonders

Eine spezielle Mischung verschiedener asiatischer Gewürze gibt der Suppe ihre eigene Note.

spezifisch = typisch

Eisbein mit Sauerkraut gilt als spezifisch deutsches Essen.

STIL
Das Wichtigste zur äußeren Form von Briefen, E-Mails und Protokollen

Das Wichtigste zur äußeren Form von Briefen, E-Mails und Protokollen

TESTEN SIE IHR WISSEN

1 Sehr geehrte Damen und Herren :· (199)
Was stimmt in den folgenden Beispielen aus Korrespondenzen nicht?
Merken Sie die Fehler unter dem jeweiligen Beispiel an.

a) Dagmar Kleinert
   Hauptsraße 17

   01234 Neustadt

b) Müller & Kluge
   Bürobedarf
   z. Hd. Frau Götz

   01234 Neustadt

c) Betreff: Ihre Mail vom 11.12.09

d) Sehr geehrte Frau Prof. Neu,

2 Alles zu seiner Zeit :· (199)
Welche Schreibweisen des Datums in einem Brief sind korrekt?

a) 05.09.2010
b) 05.09.10
c) 5. September 2010
d) 5. Sept. 2010
e) 2010-09-05

3 Und tschüs! :· (199)
Was sind klassische Grußformeln am Ende eines Briefes?

a) Hochachtungsvoll
b) Mit freundlichen Grüßen
c) Freundliche Grüße
d) Mit vorzüglicher Hochachtung

STIL
Das Wichtigste zur äußeren Form von Briefen, E-Mails und Protokollen

4 Zeigen Sie auch mal Gefühl!
Ordnen Sie die folgenden Emoticons ihrer Bedeutung zu.

1) ☺ :-) :) :>   a) Überraschung oder Erschrecken
2) ☹ :-(:(:<   b) Trauer; Enttäuschung oder Ärger
3) ;-) ;) ;>   c) Lächeln, Lachen
4) :-o :o :O   d) Augenzwinkern

5 Wir geben zu Protokoll
Ein Protokoll wird üblicherweise in einer von drei Arten angefertigt. Nennen Sie sie.

a) _____   b) _____   c) _____

LÖSUNGEN

1 a) keine Leerzeile zwischen Straße und Ort, **b)** ohne Angabe z. Hd., **c)** ohne Angabe Betr.:, **d)** Der Titel „Professor(in)" wird in der Anrede ausgeschrieben. • **2** Alle fünf Datumsformen sind korrekt. • **3** b), c); a) und d) sind veraltet. • **4** 1 c, 2 b, 3 d, 4 a • **5** Kurzprotokoll, Ergebnisprotokoll, Verlaufsprotokoll

STIL
Das Wichtigste zur äußeren Form von Briefen, E-Mails und Protokollen

199 So schreibt man heute Briefe

Damit ein Brief oder eine E-Mail beim Empfänger einen guten Eindruck hinterlässt, sollten nicht nur Inhalt und Formulierung stimmen, sondern auch die äußere Form.

Im Folgenden einige Tipps und Hinweise zum äußeren **Aufbau von Briefen**, orientiert an den Empfehlungen der DIN 5008-2005, Schreib- und Gestaltungsregeln für die Textverarbeitung.

Briefkopf
Den Briefkopf, in dem Ihr Name (und Ihre Firma) und Ihre Kontaktdaten (Anschrift, Telefon, E-Mail etc.) angegeben sind, können Sie individuell gestalten. Sie sollten aber darauf achten, dass er zum Gesamtbild des Briefes passt:

Dagmar Kleinert
Hauptstraße 17
01234 Neustadt
Tel.: 01576 12345

Damit die Adresse des Empfängers nicht zu weit nach unten rutscht, ist es oft besser, den Briefkopf einzeilig zu schreiben. Zwischen die einzelnen Bestandteile kann man zum Beispiel einen „Punkt auf Mitte" setzen:

Dagmar Kleinert · Hauptstraße 17 · 01234 Neustadt · Tel.: 01576 12345

Anschrift des Briefempfängers
Zusätze wie *An, An die Firma* werden heute nicht mehr geschrieben, auch die Angabe z. H. lässt man inzwischen weg. Zwischen Straße und Ort wird keine Leerzeile gesetzt wird. Die Postleitzahl wird nicht ausgerückt, der Bestimmungsort wird nicht unterstrichen.
Maße und Positionen des Anschriftenfeldes sind für Geschäftsbriefe in DIN 676, Geschäftsbrief – Einzelvordrucke und Endlosvordrucke, festgelegt. Für die private Korrespondenz gilt als Faustregel, dass die Empfängeranschrift so positioniert werden sollte, dass sie im Adressenfenster eines

STIL
Das Wichtigste zur äußeren Form von Briefen, E-Mails und Protokollen

Umschlags gelesen werden kann (also etwa 50 mm vom oberen Blattrand entfernt und maximal 40 mm hoch).

Möglichkeiten der Namensnennung in der Anschrift bei Ehepaaren:

Bei gemeinsamem Familiennamen	Bei Doppelnamen
Gaby und Jochen Müller	Gaby Knauss-Müller
	Jochen Müller
Jochen und Gaby Müller	Jochen Müller
	Gaby Knauss-Müller
Frau Gaby und Herrn Jochen Müller	Frau Gaby Knauss-Müller und Herrn Jochen Müller
Herrn Jochen und Frau Gaby Müller	Herrn Jochen Müller und Frau Gaby Knauss-Müller

Namensnennung bei mehreren Personen in Firmen, Kanzleien, Praxen u. Ä.:

Frau Dr. Sylke Schiefler
Herrn Paul Potter
Rechtsanwälte

Dres.* Mia Paul und Zoe Brod
Fachärztinnen für Radiologie
(* = Doctores, Plural von Doktor)

Frau Doro Neuber
Frau Dr. Dr. Mia Beuss
Rechtsanwältinnen

Auslandsanschriften
Bestimmungsort und -land werden in Großbuchstaben geschrieben – der Ort, wenn möglich, in der Landessprache und das Land in deutscher Sprache.

STIL
Das Wichtigste zur äußeren Form von Briefen, E-Mails und Protokollen

Betreffzeile
In dieser Zeile informieren Sie den Empfänger stichwortartig über den Inhalt Ihres Briefes. Das Leitwort *Betreff* (oder die Abkürzung *Betr.:*) wird nicht mehr geschrieben. Die Betreffzeile steht mit zwei Leerzeilen Abstand über der Anrede. Hier sollten Sie auch immer Aktenzeichen, Rechnungsnummer o. Ä. angeben. Der Wortlaut des Betreffs darf nach DIN 5008 durch Fettschrift und /oder Farbe hervorgehoben werden. Das erste Wort des Betreffs wird großgeschrieben, am Ende der (letzten) Betreffzeile steht kein Schlusspunkt.

Anrede
Üblich ist die Anrede Sehr geehrte Frau X, Sehr geehrter Herr X, oder Sehr geehrte Damen und Herren, wenn der Name nicht bekannt ist.
Zum Namen gehört auch ein Titel der/des Angeredeten, z. B. Professor(in), Doktor. Während in der Anschrift hier die Abkürzungen Prof., Dr. verwendet werden, wird in der Anrede nur Dr. abgekürzt. Der Titel Professor(in) wird immer ausgeschrieben:

Sehr geehrte Frau Professor / Professorin
Sehr geehrter Herr Professor

oder mit Namen: Sehr geehrte Frau Professorin / Professorin Kleinert
Sehr geehrter Herr Professor Großmann

Wer den Empfänger näher kennt, kann auch persönlicher mit Liebe Frau X, oder Guten Tag, [liebe] Frau X, beginnen.

Werden mehrere Personen angeredet, darf ein in der Anrede verwendetes Adjektiv sich nicht nur auf eine Person beziehen.

Also nicht:	Sondern:
Sehr geehrte Frau und Herr Neuber,	Sehr geehrte Frau Neuber,
	sehr geehrter Herr Neuber,
Liebe Mama und Papa,	Liebe Mama, lieber Papa,

> Meine lieben Dora und Mia,   Meine liebe Dora, meine liebe Mia
> Liebe Frau Apel und Ingo,   Liebe Frau Apel, lieber Ingo,

Nach der Anrede folgt der Brieftext mit einer Leerzeile Abstand.

→ zu den korrekten Verbformen im weiteren Brieftext siehe R 147
→ zum Komma nach der Anrede siehe R 79

Grußformel
Klassische Schlussformeln sind:

Mit freundlichen Grüßen   Mit freundlichem Gruß
Freundliche Grüße

(aber immer ohne Komma dahinter!).

Kennt man den Empfänger, kann man persönlichere Grüße formulieren:

Mit besten Grüßen   Beste Grüße
Herzliche Grüße   Viele Grüße

Die Schlussformel *Hochachtungsvoll* oder gar *Mit vorzüglicher Hochachtung* ist veraltet.

→ zum Ausrufezeichen in Schlussformeln siehe R 159

Datum
Für die Schreibweise des Datums gibt es folgende Möglichkeiten:

05.09.2009   05.09.09
5. September 2009   5. Sept. 2009
2009-09-05

Das Datum steht normalerweise rechtsbündig in derselben Zeile, in der die Anschrift des Empfängers beginnt.

Unterschrift
Unterschreiben Sie stets von Hand. Bei Privatbriefen ist es nicht nötig, den Namen nochmals in gedruckter Form unter die Unterschrift zu setzen, denn

STIL
Das Wichtigste zur äußeren Form von Briefen, E-Mails und Protokollen

Ihr Name geht eindeutig aus der Absenderangabe im Briefkopf hervor.

Gestaltung des Briefs
Die DIN 5008 gibt für die geschäftliche Korrespondenz nur die Empfehlung, zu kleine Schriftgrößen (unter 10 Punkt) und ausgefallene Schriftarten zu vermeiden. In der allgemeinen Schreibpraxis hat sich hier aber eine recht fest gewordene Praxis herausgebildet, nach der man sich beim Abfassen eines Briefes richten sollte.

Schriftart und Schriftgröße
Exotische Schriftarten und Schreibschriften sind zu vermeiden, üblich sind Schriften mit oder ohne Serifen, je nach Schriftart und Textumfang wird in einer Schriftgröße von 10 bis 12 Punkt (pt) geschrieben.

     n ohne Serifen   n mit Serifen

Empfohlene Schriften mit Serifen (10 pt):
Times New Roman: PONS-Verlag
Garamond: PONS-Verlag

Empfohlene Schriften ohne Serifen (10 pt):
Arial: PONS-Verlag
Verdana: **PONS-Verlag**
Tahoma: PONS-Verlag

Seitenränder
Für die Seitenränder empfehlen sich folgende Einstellungen:

Oben: 2,5 cm   Unten: 2,4 - 3,0 cm
Links: 2,4 - 2,5 cm   Rechts: 2,5 - 3,0 cm

→ siehe auch Textformatierung, R 163

STIL
Das Wichtigste zur äußeren Form von Briefen, E-Mails und Protokollen

Musterbrief, hier eine Stellenbewerbung

Dagmar Kleinert   16.10.2008
Hauptstraße 17
01234 Neustadt   *Briefkopf*
Tel.: 01576 12345

GLOBALTEC GmbH
Personalabteilung   *Anschrift des Briefempfängers*
Frau Pia Müller
Westbahnhofstraße 28
01235 Altdorf

Bewerbung als Sachbearbeiterin im Einkauf   *Betreffzeile*
Ihre Anzeige in der Neustadter Morgenpost vom 24.10.2008

Sehr geehrte Frau Müller,   *Anrede*

Ihr Unternehmen sucht zum 01.01.2009 eine Sachbearbeiterin für den Einkauf. Ich bewerbe mich auf diese Stelle, weil mich die Arbeit im Einkauf interessiert und ich mir sicher bin, für diese Stelle alle erforderlichen Voraussetzungen mitzubringen.

Nach meiner Ausbildung zur Industriekauffrau bei den Oberpfälzischen Metallwerken in Neudorf wurde ich dort als Sachbearbeiterin

STIL
Das Wichtigste zur äußeren Form von Briefen, E-Mails und Protokollen

im Einkauf, im Verkauf und in der Rechnungsabteilung eingesetzt. Während meiner dreijährigen Tätigkeit in diesen verschiedenen betrieblichen Abteilungen ist mir deutlich geworden, dass meine Fähigkeiten und Neigungen besonders im Einkauf liegen.

Zu meiner beruflichen Weiterbildung besuche ich seit 1. September 2007 bei der Industrie- und Handelskammer den Lehrgang „Betriebswirtschaftliche Qualifizierung", der im Sommer 2009 mit einer Prüfung zur Betriebswirtin abschließt. Die hier erworbenen Kenntnisse werden mir als Sachbearbeiterin im Einkauf sehr nützlich sein.

Die gewünschten Unterlagen in meiner Bewerbungsmappe informieren Sie über meinen schulischen und beruflichen Werdegang. Ich freue mich auf Ihre Einladung zu einem Vorstellungsgespräch.

Mit freundlichen Grüßen   Grußformel

Dagmar Kleiner

Anlagen
Lebenslauf mit Foto, Zeugnisse

200 E-Mails und ihre formale und inhaltliche Gestaltung

E-Mails sind in der schriftlichen Kommunikation kaum noch wegzudenken. Sie sind weniger aufwendig als ein Brief und bieten gegenüber einem Telefonat den Vorteil eines schriftlichen Belegs. Sie lassen sich problemlos an mehrere Empfänger gleichzeitig versenden und erreichen ihre Empfänger innerhalb kürzester Zeit.

Allerdings verleitet das schnelle Schreiben einer Mail auch zu Nachlässigkeiten. Auf korrekte Rechtschreibung wird oft wenig Wert gelegt, der Stil driftet häufig ins Saloppe oder Umgangssprachliche ab und kann zu unangenehmen Missverständnissen und Verstimmungen führen.

Gerade weil E-Mails mehr und mehr die alte Briefpost ersetzen, werden in Bezug auf Form und Inhalt in zunehmendem Maße die gleichen Anforderungen an den elektronischen Brief gestellt wie an die bisher gewohnte briefliche Korrespondenz. Dies gilt besonders dann, wenn eine E-Mail im geschäftlichen Bereich verfasst wird oder wenn Sie eine Bewerbung auf elektronischem Wege abgeben. Sie sollten daher folgende Tipps beachten, unter Eingeweihten auch **Netiquette** genannt (aus englisch *net* = *Internet* und englisch *etiquette* = *Etikette*).

→ zu den Formalien siehe auch R 199

- Verwenden Sie stets eine **Anrede** – auch bei privaten Mails
- **Emoticons** (aus englisch *emotion* = Gefühl und *icon* = grafisches Symbol, z. B. ein Smiley ☺) gehören ausschließlich in private Mails, aber auch dort nur dann, wenn Sie sicher sind, dass sie verstanden werden.
  (→ siehe Tipp weiter unten)
- Auch **Kürzel** aus Buchstaben + Zahlen sollte man in geschäftlichen Mails vermeiden, denn nicht jeder kann beispielsweise CUL8er als das englische *See you later* (= Bis später; tschüs) entschlüsseln.
- **Korrektheit**: Formulieren Sie orthografisch, grammatisch und stilistisch korrekt.
- Schließen Sie stets mit einem **Gruß**, „klassisch" oder persönlich, je nach Schreibanlass und Empfänger.
- **Betreffzeile**: Geben Sie das Thema, den Betreff der E-Mail, möglichst genau an, damit der E-Mail-Empfänger sofort weiß, worum es geht. Außerdem finden Sie so auch später Ihre selbst verfassten E-Mails schneller wieder im Ablageordner Ihres E-Mail-Kontos. Achten Sie jedoch darauf, dass der Text im Betreff nicht zu lange gerät, denn meistens wird beim

STIL
Das Wichtigste zur äußeren Form von Briefen, E-Mails und Protokollen

E-Mail-Empfang nur eine bestimmte Anzahl von Zeichen angegeben.
- **Signatur**: Viele E-Mail-Programme bieten die Möglichkeit, eine persönliche Signatur einzurichten, die dann am Ende aller verschickten E-Mails automatisch oder nach Wunsch hinzugefügt wird. In dieser Signatur kann man – wie bei einer Visitenkarte – seinen Namen, seine Postanschrift, Telefon etc. angeben. Viele Unternehmen schreiben ihren Mitarbeiter(inne)n vor, eine solche Signatur einzurichten, die dann alle Angaben enthält, die auch auf einem Firmenbriefpapier angegeben werden müssen.

Achtung: Bei privatem E-Mail-Verkehr möchte man nicht unbedingt immer alle privaten Daten freigeben. Deshalb ist es in jedem Fall besser, dort die Signatur so einzurichten, dass das Programm jedes Mal vor dem Abschicken der E-Mail danach fragt, ob die Signatur hinzugefügt werden soll.

Emoticons entstanden etwa Mitte der 1980er Jahre. Seitdem haben sie sich über die ganze Welt ausgebreitet und werden heute häufig im privaten E-Mail-Verkehr und beim Versenden von SMS auf dem Handy benutzt. Die am häufigsten benutzten Emoticons sind:

:-) :)   : > = Lächeln, Lachen
^ ^ ^ ^ ^   = Kichern, Lachen
:-(: (: < = trauriges Gesicht, Ausdruck von Enttäuschung oder Ärger
;-) ;)   ; > = Augenzwinkern, ironischer Ausdruck, nicht ernst gemeint
:-o : o   : O = Überraschung oder Erschrecken
:-P : p   = Ätsch! (herausgestreckte Zunge)

Allerdings werden Emoticons nicht einheitlich von allen benutzt. Es gibt sehr viele Abweichungen in der Darstellung und mitunter können deshalb auch Emoticons zu Missverständnissen führen.

STIL
Das Wichtigste zur äußeren Form von Briefen, E-Mails und Protokollen

Muster für eine E-Mail

An:	arge.ausbildung@t-online.de
Cc:	
Bcc:	
Betreff:	Informationen zum Kurs Buchhaltung

Sehr geehrte Damen und Herren,

auf Ihrer Internetseite habe ich Ihr Angebot zum berufsbegleitenden Seminar „Buchhaltung" gefunden.

Bitte senden Sie mir ausführliche Informationen über diesen Kurs zu (Voraussetzungen, Kursdauer, Kursgebühr).

Recht herzlichen Dank im Voraus und
freundliche Grüße

Senja Baumann
Frankfurter Allee 21
12345 Berlin ⎫
⎬ Signatur
Telefon: 030 734566
Telefax: 030 734567
E-Mail: senja.baumann@t-online.de ⎭

STIL
Das Wichtigste zur äußeren Form von Briefen, E-Mails und Protokollen

201 Protokolle richtig schreiben

Das Protokoll ist eine Form des Berichts. Es informiert sachlich, knapp und genau über Ablauf und Inhalt einer Veranstaltung, z. B. einer Diskussion, Versammlung, einer Besprechung, einer Sitzung oder einer Konferenz.

Ein Protokoll dient vor allem
- **der Dokumentation**
  Protokolle sind Dokumente, sie können nachträglich als Beweis dienen.
- **der Information**
  Nichtteilnehmer werden informiert.
- **der Kontrolle**
  Die Umsetzung von Beschlüssen kann anhand des Protokolls überprüft werden.

Protokolle können je nach Erfordernis in folgenden Arten angefertigt werden:

Protokollart	Inhalt
Kurzprotokoll	Zusammenfassung der wichtigsten Argumente, die zum Ergebnis geführt haben
Ergebnisprotokoll	Knappe Zusammenfassung der Zwischenergebnisse;
	Wiedergabe der endgültigen Beschlüsse oder Ergebnisse;
	Redebeiträge werden nicht erfasst
Verlaufsprotokoll	Informiert über den genauen Ablauf der Diskussion, des Gesprächs usw.;
	Auflistung eventueller Tagesordnungspunkte (TOPs);
	genaue Wiedergabe aller wichtigen Redebeiträge und Anträge in korrekter zeitlicher Reihenfolge;
	Beschlüsse und Ergebnisse

Beim Anfertigen eines Protokolls hat sich die Schreiberin / der Schreiber (die Protokollantin / der Protokollant) an bestimmte Vorgaben zu halten.

STIL
Das Wichtigste zur äußeren Form von Briefen, E-Mails und Protokollen

Als sogenannter Protokollrahmen gehören in jedes Protokoll als **Protokollkopf**:
- der Titel der Veranstaltung
- der Ort der Veranstaltung
- das Datum und die Zeit
- die Anwesenden (Teilnehmer/-innen)
- das Thema
- der Name der Protokollantin / des Protokollanten (Protokollführung)

Beispiel für die formale Gestaltung eines **Ergebnisprotokolls**

Titel der Veranstaltung:	....
Ort:	....
Datum und Zeit:	....
Anwesende:	....
Thema:	....
Protokollführung:	....
Zwischenergebnisse:	....
Ergebnisse, Beschlüsse:	....
	1. ....
	2. ....
	3. ....
Unterschrift Protokollant/-in:	....

STIL
Das Wichtigste zur äußeren Form von Briefen, E-Mails und Protokollen

Beispiel für die formale Gestaltung eines **Verlaufsprotokolls**

Titel der Veranstaltung: ....
Ort: ....
Datum und Zeit: ....
Anwesende: ....
Thema: ....
Protokollführung: ....
Tagesordnung: TOP 1 ....
　　　　　　　　 TOP 2 ....
　　　　　　　　　..

Verlauf: ....
1. Redner(in)　(Name)　..　⎫
2. Redner(in)　(Name)　..　⎬　„Rednerköpfe"
... Redner(in)　(Name)　..　⎭
Ergebnisse, Beschlüsse: ....
　　　　　　　　　　1. ....
　　　　　　　　　　2. ....
　　　　　　　　　　3. ....

Unterschrift Protokollant/-in: ....

STIL
Das Wichtigste zur äußeren Form von Briefen, E-Mails und Protokollen

💡 Im **Protokoll** wird in der Regel als Zeitform das **Präsens** verwendet, seltener auch das **Präteritum**.

Im **Verlaufsprotokoll** werden die **Beiträge** der einzelnen Teilnehmer/-innen **in indirekter Rede** wiedergegeben.

Frau Dr. Knoll führt aus, sie **habe** sich schon früher gegen derartige Vorgehensweisen **ausgesprochen**, **sei** deshalb aber immer als zu konservativ **dargestellt worden**. Nun **müsse** aber endlich gehandelt werden und klar definierte Richtlinien **müssten** geschaffen werden. Andernfalls **würden** alle Anstrengungen wirkungslos verpuffen und eine Neukonzeption **bliebe** ein bloßer Wunsch.

→ siehe R 139 (Konjunktiv in der indirekten Rede)

WORTBILDUNG UND WORTBEDEUTUNG

° Deutscher Wortbaukasten – die Wortbausteine im Überblick

TESTEN SIE IHR WISSEN

1 Der kleine Unterschied :· (202)
Unterstreichen Sie in diesen Reihungen die Phoneme:

lesen – legen – leben; Frage – Sage – Klage; Kost – Post – Most

2 Kreativitätstraining, Teil 1 :· (203)
Bilden Sie mithilfe von Suffixen Ableitungen zu diesen Wörtern:

a) heizen: _____   e) Freund: _____

b) brauen: _____   f) Reformer: _____

c) dumm: _____   g) Blech: _____

d) Teig: _____   h) Mensch: _____

3 Kreativitätstraining, Teil 2 :· (202)
Bilden Sie mithilfe von Zirkumfixen aus folgenden Wörtern neue:

a) rennen, stöhnen: Bilden Sie Nomen.

b) gerade, schön: Bilden Sie Verben.

c) widerstehen, sagen: Bilden Sie Adjektive.

WORTBILDUNG UND WORTBEDEUTUNG
Deutscher Wortbaukasten – die Wortbausteine im Überblick

4 Kompositionen :· 204

Unterstreichen Sie in diesen Zusammensetzungen

a) die Bestimmungswörter: Türrahmen, Hausmeister, Autoschlüssel
b) die Grundwörter: Dosenöffner, Tischbein, Treibhaus

5 Das gibt's nur einmal :· 204

Die folgenden Wörter sind auch Zusammensetzungen, jedoch kommt ein Bestandteil in der heutigen Sprache nicht mehr selbstständig vor:
a) Unterstreichen Sie in diesen Wörtern die nicht mehr produktiven Elemente.

Himbeere, Unflat, Samstag, Bernstein, zimperlich

b) Wie nennt man diese Elemente?

LÖSUNGEN

1 lesen – legen – leben; Frage – Sage – Klage; Kost – Post – Most • **2 a)** Heizung, **b)** Brauer, **c)** Dummheit, **d)** teigig, **e)** freundlich, **f)** reformerisch, **g)** blechern, **h)** menscheln • **3 a)** Gerenne, Gestöhne, **b)** begradigen, beschönigen, **c)** unwiderstehlich, unsäglich • **4 a)** Türrahmen, Hausmeister, Autoschlüssel, **b)** Dosenöffner, Tischbein, Treibhaus • **5 a)** Himbeere, Unflat, Samstag, Bernstein, zimperlich, **b)** unikale Einheiten

WORTBILDUNG UND WORTBEDEUTUNG
Deutscher Wortbaukasten – die Wortbausteine im Überblick

202 Phoneme, Morpheme und Lexeme

Phoneme sind die kleinsten bedeutungsverändernden Bausteine der Sprache, meist einzelne Laute. Ein einziges Phonem kann schon die Bedeutung des Wortes verändern:

leben – **g**eben, i**m** – i**h**m, jag**t** – Jag**d** ...

Morpheme sind die kleinsten bedeutungstragenden Einheiten der Sprache. Dazu gehören Wortstämme, die auch als Wort vorkommen: wort, bau, stein, hand, geh. Andere tragen eine Bedeutung, weil sie den Wörtern vorangestellt oder angehängt werden:

Vorwort, **Be**bauung, stein**ig**, Händ**ler**, ge**hen** ...

Lexeme sind Bausteine, die als fertige Wörter bestehen und in Wörterbüchern vorkommen:

Haus, oft, viel, wachsen, gelb ...

203 Präfixe, Suffixe, Infixe, Zirkumfixe, Konfixe

Präfixe (lat. *prae* = vor) werden vereinfachend auch **Vorsilben** genannt, gehen Morphemen und Lexemen also voran. Bei Nomen und Adjektiven modifizieren sie die Bedeutung des Basisworts:

Unwort, **Un**sinn, **Vor**garten, **Über**gang; **ur**komisch, **de**zentral, **erz**konservativ ...

→ R 205 – 216 (Präfixe)

Das Präfix **ge-** dient bei den meisten Verben zur Bildung des Partizips II. Es ist das einzige Präfix, das die grammatischen Eigenschaften von Verben verändert (Flexionspräfix):

sagen – sie sagt – **ge**sagt
kommen – wir kommen – **ge**kommen

WORTBILDUNG UND WORTBEDEUTUNG
Deutscher Wortbaukasten – die Wortbausteine im Überblick

→ R 212 (Partizip Perfekt)

Suffixe (lat *suf-* = unten) werden vereinfachend auch **Nachsilben** genannt. Sie werden an Morpheme und Lexeme angehängt. Man unterscheidet **Flexionssuffixe**, die zur Bildung der Wortformen dienen, und **Ableitungssuffixe**, die zur Wortbildung verwendet werden:

Flexionssuffixe:

-e:	Freund**e**, Hund**e**, komm**e**
-en:	Fra**uen**, Tür**en**, komm**en**
-t:	komm**t**, gebau**t**

Ableitungssuffixe:

-ung:	Wart**ung**
-er:	Wärt**er**
-ig, -lich-, -isch:	herz**ig**, welt**lich**, kind**isch**
-heit, -keit:	Schön**heit**, Ehrlich**keit**
-ern:	gläs**ern**, eis**ern**
-eln:	fremd**eln**, blöd**eln**

Infixe (lat. *in* = innerhalb) sind Wortbildungselemente, die in ein Wort eingefügt wurden. Sie kommen im Deutschen streng genommen nicht vor. Zwar kann man im Verb ver**un**sichern das **-un-** als Infix bezeichnen, das in das Verb *versichern* eingefügt worden ist. Man kann diesen Vorgang aber auch anders sehen: Das Präfix *-un* wurde dem Adjektiv sicher vorangestellt und diese Basis wurde mithilfe eines Präfixes, nämlich *ver-*, zum Verb *verunsichern* gemacht.

Zirkumfixe (lat. *circum* = um ... herum) sind zweiteilige Elemente, die eine Basis umgeben. Bei Nomen gibt es das Zirkumfix *ge ... e* wie in **Ge**red**e**, **Ge**sing**e**, **Ge**lauf**e**. Bei Adjektiven verwendet man *ge ... ig* wie in ge**läuf**ig, **ge**schwätz**ig**, **ge**schmeid**ig** oder *un ... lich* wie in **un**glaub**lich**, **un**austeh**lich**. Verben entstehen durch Anfügen von **be ... igen**: **be**grad**igen**, **be**schleun**igen**, **be**herz**igen** ...

WORTBILDUNG UND WORTBEDEUTUNG
Deutscher Wortbaukasten – die Wortbausteine im Überblick

Konfixe (lat. *con-* = mit) sind (in der Regel aus dem Griechischen oder Lateinischen) entlehnte Wortbausteine, die als bedeutungstragende Morpheme auftreten. Sie kommen nicht selbstständig, sondern nur in Kombination mit anderen Bausteinen – meist als linke, seltener auch als rechte Einheit – vor. Dazu gehören z. B.: bio-, geo-, öko-, -thek, therm-.

Biogemüse, **geo**politisch, **Öko**sprit, Video**thek**, **Thermo**schicht ...

→ vgl. auch R 205 (Präfixe) sowie R 217 (Suffixe)

204 zusammengesetzte Wörter: Komposita

In der deutschen Sprache lassen sich Wörter so vielseitig zu neuen Wörtern zusammensetzen wie wohl in kaum einer anderen Sprache.

Diese zusammengesetzten Wörter bestehen immer aus **Basiswörtern** (Grundwörtern) und **Bestimmungswörtern**:

Dachfenster → *Dach* (Bestimmungswort) + *Fenster* (Basiswort).

Man spricht auch von linken (*Dach*) und rechten Einheiten (*Fenster*).

Basiswörter geben den Gesamtwortgebilden ihre grammatischen Eigenschaften; sie legen z. B. fest, ob es sich um Nomen, Adjektive oder Verben handelt.

das Schraub**gewinde**, himmel**blau**, fertig**stellen** ...

Bei Nomen bestimmen sie auch das Geschlecht des Gesamtwortes.

die Wachs**kerze**, **der** Wachs**flecken**, **das** Wachs**bild** ...

Bestimmungswörter verleihen den Basiswörtern eine genauere, speziellere Bedeutung, verstärken sie oder schwächen sie ab.

Holz → **Tannen**holz; flüssig → **dick**flüssig; laufen → **weg**laufen ...

→ R 224 (Komposition)

WORTBILDUNG UND WORTBEDEUTUNG
Deutscher Wortbaukasten – die Wortbausteine im Überblick

Unikale Einheiten

Unikale Einheiten zählen nicht zu den Wortbildungsmitteln. Sie sind Relikte aus vergangenen Zeiten, die nur in einzelnen Wörtern vorkommen und deren Herkunft weitgehend vergessen ist. Einige Beispiele:

Schornstein, **Brom**beere, Nacht**gall**, Bräuti**gam**, **Sint**flut

→ R 235

Fugenelemente

Fugenelemente sind nur für die Wortbildung wichtig, sie kleben Wörter zusammen, aber sie beeinflussen nicht deren Bedeutung. Sie verbessern die Sprechbarkeit zusammengesetzter Wörter. Diese Fugenelemente gibt es: *s, t, e, es, en, ens, n, er*.

Arbeit**s**zimmer, Eis**es**kälte, Straß**en**ei, Schmerz**ens**geld, sonne**n**baden …

→ R 234

WORTBILDUNG UND WORTBEDEUTUNG
Die Wortbausteine am Wortanfang: Präfixe

° Die Wortbausteine am Wortanfang: Präfixe

TESTEN SIE IHR WISSEN

1 Vertrauen ist gut   :· (211)
In welchen Sätzen ist die Verbform korrekt gebildet? Kreuzen Sie an.

a) Er überversicherte sein Haus.
b) Er versicherte sein Haus über.
c) Ich vertraue ihm meine Probleme an.
d) Ich anvertraue ihm meine Probleme.

2 Aufschlussreich   :· (212)
Welcher Satz ist richtig? Kreuzen Sie an.

a) Ich habe nur schlussgefolgert.
b) Ich habe nur geschlussfolgert.

3 Nur zu!   :· (213)
In welchen Sätzen sind die Infinitivformen korrekt gebildet? Kreuzen Sie an.

a) Es macht Spaß zu wetteifern.
b) Es macht Spaß wettzueifern.
c) Denk du auch daran, deinen Virenschutz zu upgraden.
d) Denk du auch daran, deinen Virenschutz upzugraden.

4 Was haben eine Furt und der Marianengraben gemeinsam?   :· (213)
Wenn Sie es wissen, dann fällt Ihnen die Beantwortung dieser Frage nicht schwer: Was bedeutet das Nomen „Untiefe"?

a) eine seichte, flache Stelle im Wasser
b) eine Stelle von sehr großer Wassertiefe

WORTBILDUNG UND WORTBEDEUTUNG
Die Wortbausteine am Wortanfang: Präfixe

5 Der Geist, der stets verneint ⸪ 213
Bilden Sie mithilfe deutscher Präfixe das Gegenteil.

a) Beachtung: _____

b) Ehrlichkeit: _____

c) Behagen: _____

6 Negieren Sie antik! ⸪ 214 ⸪ 215
Bilden Sie mithilfe lateinischer und griechischer Präfixe das Gegenteil.

a) aktiv: _____

b) interessiert: _____

c) Harmonie: _____

d) Funktion: _____

7 Hydrokulturen für Hypnotiseure ⸪ 215
Was bedeuten die Präfixe? Ordnen Sie zu.

1) hybrid-   a) Wasser-
2) hydro-   b) doppel-, mehrfach-
3) hyper-   c) schlaf-
4) hypno-   d) unter-
5) hypo-   e) über-

LÖSUNGEN

1 a), c) und d) • **2** b) • **3** a), d) • **4** a) und b), "Untiefe" hat beide Bedeutungen, kann in doppeltem Sinn verwendet werden • **5 a) Miss**achtung, **b) Un**ehrlichkeit, **c) Un**behagen, **Miss**behagen • **6 a) in**aktiv, **b) des**interessiert, **c) Dis**harmonie, **d) Dys**funktion • **7** 1 b), 2 a), 3 e), 4 c), 5 d)

WORTBILDUNG UND WORTBEDEUTUNG
Die Wortbausteine am Wortanfang: Präfixe

205 Was sind denn eigentlich Präfixe?

Präfixe sind Vorsilben (von lat. *praefigere* = vorstecken, vorne anfügen). Sie bestehen meist aus einer Silbe, werden Nomen, Verben und Adjektiven vorangestellt und bilden gemeinsam mit ihnen neue Wörter. Die Bedeutung des ursprünglichen Wortes, des Basiswortes, wird durch das Präfix verändert = modifiziert. Beispiele:

Nomen	Verben	Adjektive
Vordach	**ver**walten	**un**schön
Mitverantwortung	**ent**wässern	**miss**trauisch
Abfluss	**be**deuten	**zer**brechlich

206 Was können Präfixe bewirken?

Präfixe können die **syntaktische Qualität eines Verbs verändern**, d. h. seine spezifische Valenz und damit seine Fähigkeit, den Aufbau eines Satzes zu bestimmen. Beispiel:

Das Verb ***gehen*** ist ein intransitives Verb, kann also kein Akkusativobjekt (Wen oder was?) bei sich haben (*ich gehe die Wohnung* oder *ich gehe Unrecht* kann man nicht sagen), und es kann kein persönliches Passiv bilden (*ich werde gegangen* kann man nicht sagen).

Mit dem Präfix **be-** wird aus gehen das Verb ***begehen***, und dies ist ein transitives Verb:

Der Angeklagte hat großes Unrecht **begangen**.
(Was hat der Angeklagte begangen?)

Wir werden die neue Wohnung morgen **begehen**.
(Was werden wir morgen begehen?)

WORTBILDUNG UND WORTBEDEUTUNG
Die Wortbausteine am Wortanfang: Präfixe

Jetzt ist auch ein persönliches Passiv möglich:

Durch den Angeklagten **war** großes Unrecht **begangen worden**.
Die Wohnung **muss** von beiden Mietparteien **begangen werden**.

Präfixe **beeinflussen die Bedeutung**.

Bei **Nomen** verändern Präfixe die grammatischen Eigenschaften der Wörter nicht. Sie verändern aber die Bedeutung des Grundworts. Beispiel:

Schlag: Dieses Nomen kann mit sehr vielen Präfixen verbunden werden und es ergibt sich immer eine neue Bedeutung:

Abschlag, **An**schlag, **Auf**schlag, **Aus**schlag, **Be**schlag, **Durch**schlag, **Ein**schlag, **Gegen**schlag, **Nach**schlag, **Um**schlag, **Ver**schlag, **Vor**schlag, **Zu**schlag ...

Dies gilt auch bei Verben, z. B. bei *schlagen*:

abschlagen, **an**schlagen, **auf**schlagen, **aus**schlagen, **be**schlagen ...

Mark Twain und die deutsche Sprache
....

Das Wort *Schlag* selbst hat auch ohne jeden Zusatz schon eine Vielzahl von Bedeutungen. Mark Twain, der sich über die Wunderlichkeiten der deutschen Sprache so seine Gedanken machte, schrieb zu diesem Thema:

"Das Wort „Schlag" kann Hieb, Stoß, Streich, Rasse, Haus (z. B. für Tauben), Lichtung, Feld, Enttäuschung, Portion, rasche Folge (wenn es zu „Schlag auf Schlag gedoppelt wird), sodann einen Anfall, eine unangenehme Wirkung des Schicksals, eine ebensolche des elektrischen Stroms und wahrscheinlich noch einiges mehr bedeuten ..."

Ähnliche Bedeutungsunterschiede, die durch Präfixe hervorgerufen werden, gibt es auch bei **Adjektiven**, allerdings in geringerem Umfang.

Bei Adjektiven dienen Präfixe meistens der **Umkehrung ins Gegenteil oder der Steigerung**. Beispiele:

WORTBILDUNG UND WORTBEDEUTUNG
Die Wortbausteine am Wortanfang: Präfixe

schön	→ **un**schön	akzeptabel	→ **in**akzeptabel
glücklich	→ **über**glücklich	schnell	→ **vor**schnell
klein	→ **super**klein	alt	→ **ur**alt

207 Präfixe bei Verben

Manche Präfixe, und zwar die **echten Präfixe** (→ R 208), sind mit dem Verb **immer ganz fest verbunden**: im Infinitiv, bei den Partizipien und in allen konjugierten Formen. Beispiel:

Infinitiv: **ver**stehen
Partizip Präsens: **ver**stehend
Partizip Perfekt: **ver**standen

Präsens: ich **ver**stehe
Perfekt: ich habe **ver**standen
Imperativ: **ver**steh!
Nebensatz: Ich weiß, dass er es nicht **ver**steht.

Unechte Präfixe gehen dagegen **nur bei den infiniten Formen** (= im Infinitiv, Partizip Präsens und Partizip Perfekt) eine **feste Bindung** mit dem Verb ein oder wenn das Verb am Ende eines Nebensatzes steht.
In allen anderen Fällen tritt das Präfix, sobald das Verb konjugiert wird, hinter das Verb, es ist also gar kein Präfix mehr. Unechte Präfixe werden auch **Präverbien** genannt. Es gibt sehr viele unechte Präfixe (→ R 209). Beispiel:

Infinitiv: **mit**gehen
Partizip Präsens: **mit**gehend
Partizip Perfekt: **mit**gegangen
Nebensatz: Ich weiß, dass sie **mit**geht.

Aber:
Präsens: Ich gehe **mit**.
Präteritum: Ich ging **mit**.
Imperativ: Mach **mit**!

WORTBILDUNG UND WORTBEDEUTUNG
Die Wortbausteine am Wortanfang: Präfixe

Viele **Präpositionen und Adverbien** können als unechte Präfixe (→ R 209) benutzt werden, z. B.:

abdrehen (sie drehte sich ab)
anfassen (er fasste sie an)
ausmisten (er mistet aus)
durcharbeiten (er arbeitete durch)
weggehen (sie ging weg)

> 💡 Alle Verben mit unechtem Präfix werden auch **trennbare Verben, Verben mit trennbarem Verbzusatz** oder **Partikelverben** genannt.
> → R 209

Welche echten Präfixe gibt es bei Verben?

Es gibt **sieben echte Präfixe** – also mit dem Verb auch in allen konjugierten Formen fest verbundene Präfixe. Sie kommen nicht als selbstständige Wörter vor. Beim Sprechen sind sie immer unbetont. Ausnahme: die **Vorsilbe miss-** wird manchmal betont.

be-, ent-, er-, ge-, miss-, ver-, zer-

Diese Präfixe **verändern die Bedeutung der Verben** in bestimmter Weise:

be- bewirkt, dass die im Basisverb genannte Tätigkeit sich auf ein Objekt richtet, das im Akkusativ steht: bearbeiten, bestrahlen, bereisen, bestreiten, beweinen ...

Wir **be**reisten Irland drei Wochen lang.

ent- drückt aus, dass etwas rückgängig gemacht, entfernt oder ein Zustand verändert wird: entfernen, entladen, entgiften, enttabuisieren ...

Als der Lehrer erschien, **ent**spannte sich die Situation.

WORTBILDUNG UND WORTBEDEUTUNG
Die Wortbausteine am Wortanfang: Präfixe

Manchmal drückt *ent-* das Gegenteil von *be-* aus: **be**waffnen → **ent**waffnen, **be**laden → **ent**laden ...

Oft wird durch *ent-* die Bedeutung eines Verbs ins Gegenteil gekehrt. Beispiele:

stören → **ent**stören, schärfen → **ent**schärfen

Auch ein einsetzender, sich verstärkender Vorgang kann mit *ent-* ausgedrückt sein: entbrennen, entfachen, sich entladen ...

Es **ent**brannte eine heftige Debatte. (→ siehe Tipp in R 245)

er- drückt aus, dass die Handlung, die das Verb ausdrückt, zum Erfolg geführt wird, es wird ein positives Ergebnis erzielt: erarbeiten, erschwindeln, erleben, ertasten ...

Er hat sich seine Position hart **er**arbeitet.

ge- bedeutet ursprünglich den Beginn oder Abschluss des im Basisverb genannten Vorgangs, z. B. bei gebären: das althochdeutsche Wort *beran*, aus dem sich *gebären* entwickelt hat, bedeutet *tragen*, das Ende des Tragens ist dann eben *gebären*. Ähnliches gilt für gefrieren und geleiten. Bei den meisten anderen Verben mit *ge-* ist die ursprüngliche Bedeutung nicht mehr erkennbar: gehören, gebieten, gefährden, sich gedulden, gerinnen, genießen ...

Diese Obstbaumreihe **ge**hört dem Nachbarn.

ver- drückt oft aus, dass eine Tätigkeit oder ein Vorgang langsam zu einem im Verb genannten Zustand führt: verkommen, verschwinden, verrosten, verblöden, verdrahten ...

Im Laufe der Zeit wird der Fleck auf der Tapete **ver**schwinden.

Manchmal drückt *ver-* aus, dass die durch das Verb ausgedrückte Tätigkeit unangemessen ausgeführt wird: verschleudern, verplanen, vertelefonieren ...

Er hat seine Zeit schon weit im Voraus **ver**plant.

WORTBILDUNG UND WORTBEDEUTUNG
Die Wortbausteine am Wortanfang: Präfixe

Oder es wird durch *ver-* eine Intensivierung ausgedrückt: verbessern, verstärken, verdoppeln, vernähen, vermodern, verspüren ...

Sie **ver**spürte ein deutliches Gefühl der Abneigung.

zer- drückt eine Intensivierung der Handlung aus, die das Objekt des Satzes beeinträchtigt: zerlegen, zerreißen, zerschneiden, zerreden, zergehen, zerlassen ...

Die Kritiker **zer**redeten den eigentlichen Kern des Theaterstücks.

miss- kehrt die Bedeutung des Verbs in ihr Gegenteil: missachten, missdeuten, missfallen, missgönnen, misstrauen ...

Sie **miss**gönnt ihm seinen Erfolg.

Es gibt auch **zwei Präpositionen**, die als **echte Präfixe** benutzt werden können: *wider* und *hinter*.

wider- bedeutet *gegen*, meint also eine gegenläufige Handlung zu der vom Basisverb ausgedrückten: widerlegen, widersprechen, widerstreben, sich widersetzen ...

Er sprach intensiv über seine Pläne und niemand **wider**sprach ihm.

Ausnahme: Bei *widerhallen* ist die Vorsilbe trennbar und wird beim Sprechen entsprechend betont:

Der Donner **hallte** von den Bergen **wider**.

hinter- kann einen verborgenen Vorgang ausdrücken, kann aber auch die Bedeutung von *zurück* haben: hintergehen, hintertreiben, hinterziehen, hinterlassen, hinterlegen ...

Steuern zu hinterziehen wird manchmal teurer als Steuern zu zahlen.

Oder es bedeutet den Versuch, etwas zu ergründen: hinterfragen

Er hinterfragte die Strategie zu keinem Zeitpunkt.

→ siehe R 212 (Partizip Perfekt)

WORTBILDUNG UND WORTBEDEUTUNG
Die Wortbausteine am Wortanfang: Präfixe

209 Was sind unechte Präfixe bei Verben?

Dabei handelt es sich vor allem um die Vielzahl der **Präpositionen und Adverbien**, die einem Verb vorangestellt werden, aber doch keine feste Verbindung halten können. **Unechte, also vom Verb trennbare Präfixe sind im Infinitiv immer betont.**

Beispiel: *nehmen*
abnehmen, **auf**nehmen, **an**nehmen, **entgegen**nehmen, **dran**nehmen, **durch**nehmen, **fort**fahren, **heraus**nehmen, **mit**nehmen, **vor**nehmen, **weg**nehmen, **zu**nehmen, **dazwischen**nehmen ...

Sobald das Verb jedoch konjugiert wird, treten diese Präfixe hinter das Verb:

Er **nahm** auch die Kinder **mit**.
Stolz **nahmen** wir den Beifall **entgegen**.
Ich **nehme** schon **zu**, wenn ich das Essen nur sehe.

Ausnahme: Die Bindung bleibt fest, wenn das Verb im Präsens oder Präteritum **am Ende eines Nebensatzes** steht.

Ich war eingeschlafen und merkte nicht, dass er heimlich **wegfuhr**.

Auch **Nomen und Adjektive** können den Verben als unechte Präfixe vorangestellt werden.

Verben mit Nomen als unechtem Präfix gibt es nicht viele:

eislaufen	→ ich laufe eis
kopfstehen	→ ich stehe kopf
leidtun	→ es tut mir leid
nottun	→ es tut not
preisgeben	→ ich gebe preis
stattfinden	→ es findet statt
stattgeben	→ ich gebe statt
statthaben	→ ich habe statt
teilhaben	→ ich habe teil

WORTBILDUNG UND WORTBEDEUTUNG
Die Wortbausteine am Wortanfang: Präfixe

teilnehmen → ich nehme teil
wundernehmen → es nimmt mich wunder

→ siehe auch R 211 (Verben mit mehreren Präfixen)

Beispiele für **Verben mit Adjektiven als unechtem Präfix**:

fernsehen → ich sehe fern
hochrechnen → ich rechne hoch
schönfärben → ich färbe schön
kaltstellen → ich stelle kalt

→ siehe auch R 212 (Partizip Perfekt)

Manche Präfixe können echt und unecht sein! (210)

In Verben wie durchbrechen, durchschwimmen, durchlaufen, übernehmen, übersetzen, übertreten, unternehmen ist die Verbindung stabil. Nicht das Präfix, sondern das Basisverb ist im Infinitiv betont.

Wir **durch**schwammen den Fluss, ohne nachzudenken.
Die Klasse **unter**nimmt nächste Woche einen Tagesausflug.
Sie **über**zog ihr Konto immer wieder.
Er **über**trat ständig die Regeln.
Sie **über**setzt aus dem Deutschen ins Englische.

Die Präpositionen *durch-, unter-, über-* zählen in diesen Fällen also zu den **echten Präfixen** (→ R 208).

In durchbrechen, durchstarten, überziehen, übersetzen, übertreten, untertauchen allerdings sind nicht die Basisverben betont, sondern die Präfixe. Hier sind die **Präfixe unecht** (→ R 209). Sie stehen in den konjugierten Formen hinter dem Verb:

Das Flugzeug **startete durch**.
Wir **zogen** schnell die Badesachen **über**, sprangen ins Wasser und **tauchten unter**.

WORTBILDUNG UND WORTBEDEUTUNG
Die Wortbausteine am Wortanfang: Präfixe

Er **tritt** wohl bald zur anderen Partei **über**.
Er **setzte** mit seinem Boot zum anderen Ufer **über**.

Zu den Präfixen, die **echt und unecht** sein können, gehören auch **um-** und **wieder-**:

Er **umging** lange das Problem, **ging** aber mit der Situation insgesamt gut **um**.
Sie **kam wieder** und **wiederholte** ihren Fehler.
Er **umfuhr** gerade noch das Straßenschild; aber dann **fuhr** er den Strommasten **um**.

→ siehe R 212 (Partizip Perfekt)

211 *Erkenne ich ihn an oder anerkenne ich ihn?* **– verflixte Verben mit mehr als einem Präfix**

Ins Schleudern kann man geraten bei **Verben, die nicht nur ein, sondern mehrere Präfixe** haben. Da diese Verben alle auf der ersten Silbe betont sind, könnte man sie alle als Verben mit trennbarem Präfix ansehen. Tatsächlich sind jedoch **nicht alle trennbar**.

Untrennbar sind z. B.: überbeanspruchen, überbelasten, überbetonen, überbewerten, übererfüllen, unterbewerten, unterversichern, vorverurteilen

Die Medien **vorverurteilten** den Angeklagten.

Trennbar sind dagegen z. B.: nachversteuern, sich vorbehalten, vorenthalten, vorherbestimmen, vorverlegen

Er **enthielt** mir Informationen **vor**.

→ Übersicht in R 28

WORTBILDUNG UND WORTBEDEUTUNG
Die Wortbausteine am Wortanfang: Präfixe

💡 Bei den Verben *aberkennen, anerkennen* und *anvertrauen* dürfen Sie **wahlweise trennen oder nicht**:

Ich **aberkenne** ihm nicht seine Verdienste. / Ich **erkenne** ihm seine Verdienste nicht **ab**.
Ich **anerkenne** ihn als Chef. / Ich **erkenne** ihn als Chef **an**.
Ich **vertraue** ihm meine Probleme **an**. / Ich **anvertraue** ihm meine Probleme.

→ Übersicht in R 28

Erst *weggelaufen*, dann *genachtwandelt* – Wie bildet man das Partizip Perfekt bei Verben mit Präfix?

212

Das Partizip Perfekt (Mittelwort der Vergangenheit) braucht man, wenn man zusammengesetzte Zeitformen im Aktiv, z. B. das **Perfekt** (vollendete Gegenwart) bilden möchte:

Gestern hat es **geregnet**.
Deshalb sind wir zu Hause **geblieben**.

Auch alle Zeitformen des **Passivs** benötigen ein Partizip Perfekt:

Ich bin nicht **gesehen** worden.
Sie wurde heftig **ausgeschimpft**.

Normalerweise wird das Partizip Perfekt gebildet durch **Voranstellen der Silbe *ge-* und Anhängen von *-(e)t*** bei schwachen (= regelmäßigen) Verben bzw. *-en* bei starken (unregelmäßigen) Verben:

	Verbstamm		
ge-	spiel	-t	→ gespielt
ge-	arbeit	-et	→ gearbeitet

WORTBILDUNG UND WORTBEDEUTUNG
Die Wortbausteine am Wortanfang: Präfixe

ge-	fund	-en	→	gefunden
ge-	sproch	-en	→	gesprochen

Wir haben bis morgens um eins **gearbeitet**.
Wir haben nur wenig dabei **gesprochen**.

Hat das Verb allerdings ein **echtes Präfix** (→ R 208), wird auf die Silbe *ge-* verzichtet, egal, ob das Verb schwach oder stark konjugiert wird:

Präfix	Verbstamm			
ver-	spiel	-t	→	verspielt
be-	arbeit	-et	→	bearbeitet
be-	fund	-en	→	befunden
ver-	sproch	-en	→	versprochen

Er hat seine letzte Chance **verspielt**, weil er den Fall nicht ordentlich **bearbeitet** hat.
Man weiß, dass er sich in einem Dilemma **befunden** hat, aber er hatte es **versprochen**.

Bei **Verben mit unechten Präfixen** (→ R 209) wird der Zusatz *ge-* zwischen das Präfix und den Verbstamm geschoben:

Präfix		Verbstamm			
vor-	**ge-**	spiel	-t	→	vorgespielt
nach-	**ge-**	arbeit	-et	→	nachgearbeitet
vor-	**ge-**	fund	-en	→	vorgefunden
ab-	**ge-**	sproch	-en	→	abgesprochen

Sie hat die Diät **durchgehalten** und tatsächlich zehn Kilo **abgenommen**.
Der Antrag wurde einfach **abgeschmettert**.

Das gilt auch, wenn dem Verb ein **Nomen als untrennbares Präfix** vorangeht:

bergsteigen, du **berg**steigst → berg**ge**stiegen

Ebenso: **lob**preisen, **lob**singen, **not**landen …

→ Übersicht in R 28

WORTBILDUNG UND WORTBEDEUTUNG
Die Wortbausteine am Wortanfang: Präfixe

Aber auch bei Verben, denen ein **Nomen oder Adjektiv als trennbares Präfix** vorangeht, wird der Zusatz *ge-* eingeschoben:

preisgeben, du gibst **preis** → preis**ge**geben

Ebenso: **kopf**stehen, **wert**schätzen, **fern**sehen, **klein**reden …

→ Übersicht in R 28

Bei einigen Verben, vor allem wenn sie aus zwei zusammengesetzten Nomen abgeleitet sind, ist das **Nomen bei der Konjugation nicht trennbar**. Es wurde zum untrennbaren Präfix. Deshalb steht das Präfix *ge-* beim Partizip Perfekt vorne:

Aus Wetteifer entsteht wetteifern → gewetteifert (**nicht:** ~~wettgeeifert~~);

Ebenso: bergsteigen, brandmarken, handhaben, liebedienern, maßregeln, nachtwandeln, schlafwandeln, schlussfolgern, traumwandeln, wetterleuchten …

→ siehe auch R 28

💡 Bei den Verben *gewährleisten* und *staubsaugen* sind **zwei Partizipien möglich**, da diese Verben sowohl als trennbar als auch nicht trennbar benutzt werden dürfen. Achten Sie aber auf die richtige Schreibung!

ich gewährleiste etwas / ich leiste für etwas Gewähr → ich habe etwas gewährleistet / ich habe für etwas Gewähr geleistet

ich sauge Staub / ich staubsauge → ich habe gestaubsaugt / ich habe Staub gesaugt

Beim Verb ***danksagen*** gibt es dagegen nur ein Partizip, auch wenn es in den einfachen Zeiten Präsens und Präteritum als trennbares und untrennbares Verb benutzt werden kann:

ich sage Dank / ich danksage → ich habe dankgesagt

→ Übersicht in R 28

WORTBILDUNG UND WORTBEDEUTUNG
Die Wortbausteine am Wortanfang: Präfixe

Eingedeutschte englische Verben mit Präfix bilden das Partizip Perfekt meist, indem der Zusatz **ge-** vor das Verb gesetzt wird. Die Endung **-(e)t** wird angehängt:

downloaden	→ down**ge**loadet
upgraden	→ up**ge**gradet
einscannen	→ ein**ge**scannt

Wenn jedoch ein **Nomen als Präfix** steht, wird *ge-* nach vorne gezogen:

brainstormen	→ **ge**brainstormt
snowboarden	→ **ge**snowboardet
netsurfen	→ **ge**netsurft
kidnappen	→ **ge**kidnappt
earmarken	→ **ge**earmarkt (= akzeptiert)

Bei diesen Verben ist das Verfahren aber leider nicht immer einheitlich. Manchmal gibt es auch andere Lösungen:

windsurfen → Er hat lange auf dem See wind**ge**surft.

→ siehe auch R 28

213 *Urzeit* und *Untiefe* – Präfixe bei Nomen und Adjektiven

Präfixe, die Verben einleiten (→ R 207 bis R 211), können auch bei Nomen und Adjektiven auftreten, da sich die Wörter ja meist voneinander ableiten. Einige Präfixe jedoch kommen nur bei Nomen und Adjektiven vor:

Präfix	Kommentar	Beispiele
Un-	drückt das Gegenteil des Basisnomens aus	Unbehagen, Unordnung, Unrecht, Unverstand, Unsinn
	oder stellt den Inhalt des Basisnomens in Frage	Unperson, Unwort, Untoter (Vampir)

WORTBILDUNG UND WORTBEDEUTUNG
Die Wortbausteine am Wortanfang: Präfixe

	oder bezeichnet im Gegensatz zum Basisnomen etwas Falsches, Schlechtes	Ungeist, Unsitte, Untat, Unmensch, Unkultur
	oder verstärkt Mengenbezeichnungen	Unmasse, Unmenge, Unsumme, Unzahl
un-	verneint den Inhalt des Basisadjektivs	unattraktiv, unbürokratisch, unehrlich, unfair, unsozial

Das Nomen *Untiefe* kann in doppeltem Sinn verwendet werden. Es kann eine seichte, flache Stelle im Wasser bedeuten oder eine Stelle von sehr großer Wassertiefe, also das genaue Gegenteil!

In den Augen der Betriebswirtschaftler handelt es sich bei den **Unkosten** um ein „Unwort", da es nur „Kosten", aber nicht „Nicht-Kosten" geben kann. Das Wort ist also in fachsprachlichen Texten nicht zulässig, hat aber in der Allgemeinsprache seinen festen Platz gefunden und dies nicht zu Unrecht.

Bei *Unkosten* hat das Präfix **un-** nämlich keineswegs verneinenden Sinn (wie etwa in Unruhe, Unfähigkeit, Untreue), es handelt sich also gar nicht um „Nicht-Kosten".

Hier liegt eine in der älteren Sprache häufig verwendete **Verstärkung** eines Wortes vor, wie sie z. B. im veralteten Wort Ungewitter (= böses, schlimmes Wetter) oder in Untier (= böses, schlimmes Tier) vorliegt. So wurde auch der Begriff *Unkosten* noch im 19. Jahrhundert im Sinne von „schlimme, unangenehme Kosten" verwendet. In neuerer Sprache wurden solche Verstärkungen insbesondere mit Mengenbezeichnungen gebildet und drücken eine emotionale Verstärkung aus: Unmasse, Unmenge, Unsummen.

→ siehe auch R 241 (Antonyme)

WORTBILDUNG UND WORTBEDEUTUNG
Die Wortbausteine am Wortanfang: Präfixe

Ur-	betrachtet den Inhalt des Basisnomens von den Anfängen her:	Ureinwohner, Urfehde, Urtrieb, Urzustand, Urlaut
	bezeichnet etwas Erstes, Originales:	Uraufführung, Urfassung, Urschrift
	nennt Verwandtschaftsgrade:	Urenkel, Urgroßmutter, Ururgroßvater
	drückt die lange Beziehung einer Person zu etwas aus:	Urkölner, Urmitglied, Urvieh (umgangssprachlich für origineller Mensch)

(!) Verwechseln Sie nicht die **Urzeit** (Wir sind seit Urzeiten befreundet.) mit der **Uhrzeit** (Meine Uhr zeigt nie die genaue Uhrzeit.)!

ur-	verstärkt das Basisadjektiv	uralt, urkomisch, urgemütlich, urdeutsch
	oder bezeichnet etwas als lange zurückliegend, am Anfang liegend	urverwandt, urtümlich, uranfänglich
Erz- **erz-**	verstärkt den Inhalt des Basiswortes, oft mit negativem Nebensinn (entlehnt aus dem Griechischen, über das Lateinische ins Althochdeutsche erzi = Ober-, Haupt- ...)	Erzfeind, Erzlügner, Erzrivale; Erzbischof, Erzdemokrat; erzkonservativ, erzreaktionär, erzfaul, erzsolide
Ge...(e)	drückt oft abwertend lästige, wiederholte Tätigkeiten aus	Getue, Gesinge, Getöne, Gelaufe;
		zuweilen auch ohne -e: Gebrüll, Gebell, Gezeter, Gezappel, Geschwätz, Gemisch, Gespräch,
	drückt auch positive oder neutrale Vorgänge aus	Gebärde, Gebet, Gefühl

WORTBILDUNG UND WORTBEDEUTUNG
Die Wortbausteine am Wortanfang: Präfixe

> 💡 **Die Silbe *ur-*** als Präfix stammt aus dem Indogermanischen und bedeutet ursprünglich *aus, heraus*. Heute bezeichnet sie den Anfangszustand oder das erste Exemplar einer Spezies.

> ❗ Viele **aus einem echten Präfix + Nomen zusammengesetzte Nomen können keinen Plural bilden**. Wenn Sie trotzdem Plurale bilden wollen, müssen Sie sich mit Ersatzformulierungen behelfen. Beispiele:
>
> Wenn Sie Betrug in die Mehrzahl setzen wollen, können Sie Betrugsfälle sagen.
>
> Eine mögliche Pluralformulierung für Ersatz wäre Ersatzlieferungen oder -leistungen.
>
> Als Mehrzahl für Zerfall könnten Sie Zerfallserscheinungen verwenden.

Präfix	Wörter ohne Pluralformen
be-	Befall, Begehr(en), Begier, Besitz, Betrug, Behagen, Bewuchs …
ent-	Entfall, Entzug, Entsetzen, Entzücken, Entsatz …
er-	Erhalt, Ersatz …
ver-	Verderb, Verbleib, Verlass, Verbiss, Verzug, Versatz …
zer-	Zerfall …
miss-	Missachtung, Missbehagen, Missbrauch, Missfallen, Missgunst, Misskredit, Missmut, Misstrauen, Misswuchs …
wider-	Widerhall, Widerschein, Widersinn, Widerwille …

suboptimale Leistung – Lateinische Präfixe und ihre Bedeutung 〔214〕

Lateinische Präfixe kommen fast immer **gebunden an ein lateinisches Basiswort** vor. Es geht hier also fast ausschließlich um Fremdwörter. La-

WORTBILDUNG UND WORTBEDEUTUNG
Die Wortbausteine am Wortanfang: Präfixe

teinische Präfixe gehen auf lateinische Präpositionen zurück, die – ähnlich wie im Deutschen – Verben vorangestellt wurden, um deren Bedeutung zu modifizieren.

Einige der wichtigsten Präfixe:

ad- bedeutet *an-, zu-*: Advokat (Anwalt, „der Herbeigerufene"), adverbial (zum Verb gehörend), adaptieren (anpassen), adäquat (angemessen) ... Das Präfix kann auch zu *a-* verkürzt werden. Dann wird **der folgende Konsonant oft verdoppelt**: Addition (Hinzufügung), Affekt (Angespanntheit), Akkord (Zusammenklang), Assimilation (Angleichung), akzeptabel (annehmbar), Alimente (Zahlung zum Unterhalt) ...

ab- bedeutet *un-, nicht-*: abstrus (verworren, unverständlich), absent (abwesend), Absolutismus (uneingeschränkte, „losgelöste" Herrschaftsform), absorbieren (aufsaugen, beanspruchen) ...
Auch dieses Präfix kann zu *a-* verkürzt werden: asozial (außerhalb der Gesellschaft lebend), ahistorisch (ungeschichtlich), amusisch (ohne Kunstverständnis), Asymmetrie (Ungleichmäßigkeit), alignieren (vermessen, Linien abstecken), amputieren (vom Körper abtrennen) ...
Bei Wörtern dieser Art wird **der auf *a-* folgende Vokal nie verdoppelt**.

in- kommt ebenfalls in zwei unterschiedlichen, gegensätzlichen Bedeutungen vor:
ein-, an-: Infiltration / infiltrieren (Einsickern / einsickern), Indiz / indizieren (Anzeichen / anzeigen), Infektion / infizieren (Ansteckung / anstecken), Initiative (Antrieb), Inserat / inserieren (Anzeige / eine Anzeige aufgeben), Infusion (Flüssigkeitszufuhr durch eine Spritze) ...
un-, nicht: inaktiv (nicht aktiv), indiskret (taktlos), Individualität (Unverwechselbarkeit), Intoleranz (Abneigung), inhuman (unmenschlich) ...
in- wird oft mit dem Anfangsbuchstaben des Basisworts zu ***im-, il-, ir-*** verschliffen: Immobilität, immigrieren, illegal, Illusion, irrelevant, irritieren ...

WORTBILDUNG UND WORTBEDEUTUNG
Die Wortbausteine am Wortanfang: Präfixe

ex- bedeutet *aus, heraus, weg, ent-*: Export (Ausfuhr), extrem (äußerst), expandieren (sich ausdehnen) ...
Zusammen mit einer Personenbezeichnung bedeutet *Ex-*, dass die Person früher das war, was die Bezeichnung aussagt: Exkanzler, Exfreundin, Exfußballer. Manchmal empfiehlt sich aus Lesbarkeitsgründen die **Schreibung mit Bindestrich**: Statt Exstasileute schreibt man besser Ex-Stasileute.
Oft wird das Präfix zu *e-* verkürzt: emigrieren (auswandern), effektiv (wirklich, tatsächlich), Evolution (Entwicklung der Lebewesen) ...

kon-, ko-, auch in den verschliffenen Formen *kol-, kom-, kor-*, bedeutet *mit-, zusammen-*: Konferenz (Zusammenkunft), kohärent (zusammenhängend), Kollaps (Zusammenbruch), Kollege (Mitarbeiter), Kommission (Gremium von Fachleuten), Kommunion (gegenseitige Verständigung), korrodieren (zerstören, „zusammennagen"), Korrespondenz (Briefwechsel) ...

Weitere lateinische Präfixe:

Präfix	Bedeutung	Beispiele
de-	ab-, ent-, weg-	dekodieren, Demission
des-	etw. rückgängig machen	desinfizieren
dis-	Gegenteil von etwas	Disharmonie
e-, ex-	aus ... heraus	Evakuierung, exportieren
inter-	zwischen-, miteinander-	international, Interjektion
per-	durch, hindurch	Perforation
post-	hinter-, nach-	posttraumatisch, postmodern
prä-	vor-	Präsident, Prädikat
pro-	vor-, für-	Produkt, Projekt, Prolog
re-	zurück-, wieder-	Reflex, repetieren
semi-	halb-	Semikolon, Semifinale
sub-	unter-	Subkontinent, subkutan
super-, supra-	über-, oberhalb	supermodern, Supraleiter
trans-	quer durch, jenseits	Transaktion, transalpin

WORTBILDUNG UND WORTBEDEUTUNG
Die Wortbausteine am Wortanfang: Präfixe

215 *Hydrokultur* bei Pflanzen? – Griechische Präfixe und ihre Bedeutung

Die griechischen Präfixe sind **zahlreicher als die lateinischen**, aber sie kommen im Deutschen nicht so oft vor wie die lateinischen, weil der Austausch zwischen den beiden Sprachen nicht so intensiv war. Einige wurden vom Lateinischen aus dem Griechischen übernommen und erscheinen heute als lateinisch.
Griechische Präfixe lassen sich auch mit deutschen, englischen oder lateinischen Basiswörtern verbinden:

Antidrogenprogramm, **Auto**mobil, **Chrono**meter, **Hypo**funktion ...

Manche Präfixe klingen sehr ähnlich, sind also in Zusammensetzungen leicht zu verwechseln. Dazu gehören:

Präfix	Bedeutung	Beispiele
ana-	hinauf-, gemäß	Anabolikum (Wirkstoff, der den Aufbaustoffwechsel fördert)
andro-	mann-	Androide (künstlicher Mensch)
anthropo-	mensch-	Anthropologie (Wissenschaft vom Menschen)
anti-	gegen-	Antiblockiersystem
apo-	von-, weg-, ab-	Apostroph (Auslassungszeichen)
astro-	stern-	Astronomie (Sternkunde)
auto-	selbst-	Autobiografie (Beschreibung des eigenen Lebens)
endo-	innen-	Endoskop (med. Untersuchungsinstrument)

WORTBILDUNG UND WORTBEDEUTUNG
Die Wortbausteine am Wortanfang: Präfixe

ergo-	arbeit-	Ergonomie (Lehre von den Leistungsmöglichkeiten arbeitender Menschen)
epi-	darauf-, darüber-, hinzu-	Epidermis (äußere Zellschicht der Haut), Epilog, Episode
ero-	liebe-	Erotismus (Überbetonung des Erotischen)
exo-	außen-	exotisch (fremdartig wirkend)
hybrid-	doppel-, mehrfach-	Hybridantrieb (Antrieb mit zwei Energiequellen)
hydro-	wasser-	Hydrosphäre (Wasserhülle der Erde)
hyper-	über-	Hypertonie (Hochdruck, z. B. des Blutes)
hypno-	schlaf-	Hypnose (schlafähnlicher Zustand)
hypo-	unter-	Hypothek (finanzielle Belastung eines Grundstücks, „Unterpfand"), Hypotonie (Unterdruck, z. B. des Blutes)

Weitere griechische Präfixe in der Übersicht:

Präfix	Bedeutung	Beispiele
dys-	übel, krankhaft	Dysfunktion (gestörte Funktion)
geo-	Erde, Land	Geologie (Lehre von Aufbau, Entstehung und Entwicklung der Erde), geografisch (erdkundlich)
iso-	ähnlich, gleich, entsprechend	Isobare (Verbindungslinie zwischen Orten gleichen Luftdrucks)
makro-	groß, hoch, weit	Makrokosmos (Weltall)

WORTBILDUNG UND WORTBEDEUTUNG

Die Wortbausteine am Wortanfang: Präfixe

mikro-	klein	Mikroskop (Vergrößerungsgerät), Mikrobiologie (Lehre von den kleinsten Lebewesen)
mono-	einzeln, allein	Monogamie (Leben mit nur einem Partner)
öko-	Natur-, Umwelt-	Ökologie (Wissenschaft von den Lebewesen in ihrer Umwelt)
ortho-	gerade, richtig	Orthografie (Rechtschreibung)
päd-	Kind-	Pädagogik (Erziehungslehre), Pädiatrie (Kinderheilkunde)
paläo-	alt, aus früher Zeit	Paläozoologie (Lehre von den Lebewesen vergangener Entwicklungsstufen)
phil-	freundlich, lieb	Philosoph, bibliophil (Bücher liebend)
physio-	Natur, Wuchs	Physiologie (Wissenschaft von den Lebensvorgängen im Organismus)
poli-	Stadt-	Politik (Gestaltung des öffentlichen Lebens)
pseudo-	falsch, unecht	Pseudonym (Deck-, Künstlername)
psych-	Seele	Psychiater (Facharzt für seel. Störungen)
tele-	fern	Telepathie (Gedankenübertragung)

216 *Gigabyte* und *Nanometer* – Griechische Präfixe bei Maßangaben

Von den **Maßeinheiten** sind meist nur die gängigsten (z. B. *Kilo, Tonne, Zentimeter*) bekannt. Deshalb hier eine vollständige Übersicht auch über die größten und die kleinsten Maßeinheiten.

exa-	eine Trillion	Exabecquerel (eine Trillion Becquerel)
peta-	eine Billiarde	Petameter (eine Billiarde Meter)
tera-	eine Billion	Terabyte (eine Billion Byte)
giga-	eine Milliarde	Gigahertz (eine Milliarde Hertz)

WORTBILDUNG UND WORTBEDEUTUNG
Die Wortbausteine am Wortanfang: Präfixe

mega-	eine Million	Megatonne (eine Million Tonnen)
kilo-	tausend	Kilowatt (tausend Watt)
hekto-	hundert	Hektoliter (hundert Liter)
deka-	zehn	Dekagramm (zehn Gramm)
dezi-	Zehntel	Dezimeter (ein zehntel Meter)
zenti-	Hundertstel	Zentigramm (ein hundertstel Gramm)
milli-	Tausendstel	Millisekunde (eine tausendstel Sekunde)
mikro-	Millionstel	Mikrometer (ein Millionstel Meter)
nano-	Milliardstel	Nanofarad (ein Milliardstel Farad)
piko-	Billionstel	Pikofarad (ein Billionstel Farad)
femto-	Billiardstel	Femtofarad (ein Billiardstel Farad)
atto-	Trillionstel	Attometer (ein Trillionstel Meter)

Einige dieser Präfixe werden auch **in anderen Zusammenhängen** verwendet:

Megafon (Sprachrohr)	**Mega**hit (Verkaufsschlager)	**Mega**star (Weltstar)
hektografieren (vervielfältigen)	**Deka**n (Leiter einer Fakultät)	**Deka**log (die zehn Gebote)
Dekameron (Boccaccios Erzählungen)	**Milli**onär (Besitzer eines Millionenvermögens)	**Mikro**skop (optisches Vergrößerungsgerät)
Mikrochirurgie (Operieren unter dem Mikroskop)	**Nano**technologie (Herst. extrem kleiner Bauteile)	**Nano**somie (Zwergwuchs)

WORTBILDUNG UND WORTBEDEUTUNG
Die Wortbausteine am Wortende: Suffixe

° Die Wortbausteine am Wortende: Suffixe

TESTEN SIE IHR WISSEN

1 Ableitung statt Umleitung ⋮ (219)
Bilden Sie mithilfe von Suffixen Verben zu folgenden Nomen und Adjektiven.

a) Loch: _____   e) krank: _____

b) Glied: _____   f) kurz: _____

c) Bündel: _____   g) rot: _____

d) Eifer: _____   h) schmal: _____

2 Wundersame Heilung ⋮ (221)
Unterstreichen Sie die passende Form.

a) Es geht mir schon viel besser, ich fühle mich nur noch ein wenig *krank / kränklich*.
b) Ich hatte die *vierteljährige / vierteljährliche* Kontrolluntersuchung versäumt.
c) Um gesund zu werden, ist nun eine Diät *nötig / notwendig*.
d) Eigentlich finde ich das alles ein bisschen *kindisch / kindlich*.

3 Sind Sie transportabel und kompatibel? ⋮ (222)
Welches der folgenden Adjektive wird mit dem Suffix *-abel*, welches mit *-ibel* gebildet?

a) akzept_____   e) repräsent_____

b) flex_____   f) dispon_____

c) oper_____   g) toler_____

d) intellig_____   h) irrevers_____

WORTBILDUNG UND WORTBEDEUTUNG
Die Wortbausteine am Wortende: Suffixe

4 Variationen ⇢ (222)
Welche Variante ist richtig? Unterstreichen Sie.

a) Die Bürgermeisterin hat eine *Delegierung / Delegation* aus der Partnerstadt empfangen.
b) Die Abwässer sind ungeklärt in die *Kanalisierung / Kanalisation* gelangt.
c) Diese private Stiftung bemüht sich um die *Resozialisierung / Resozialisation* straffällig gewordener Jugendlicher.

5 Steile Karriere: erst Praktikant, dann Diplomand ⇢ (222)
Unterstreichen Sie bei den folgenden Nomen das korrekte Suffix.

Intrig**ant** / Intrig**and**, Promov**ent** / Promov**end**, Rehabilit**ant** / Rehabilit**and**, Refer**end** / Refer**ent**, Rever**end** / Rever**ent**

6 Endung gut, alles gut ⇢ (223)
Erklären Sie kurz die Bedeutung der folgenden Suffixe. Nennen Sie ein mit dem Suffix gebildetes Nomen.

a) -archie: _____

b) -grafie: _____

c) -ismus: _____

d) -logie: _____

LÖSUNGEN

1 a) löchern, **b)** gliedern, **c)** bündeln, **d)** eifern, **e)** kränkeln, **f)** kürzen, **g)** röten, **h)** schmälern • **2 a)** krank, **b)** vierteljährliche, **c)** notwendig, **d)** kindisch • **3 a)** akzeptabel, **b)** flexibel, **c)** operabel, **d)** intelligibel, **e)** repräsentabel, **f)** disponibel, **g)** tolerabel, **h)** irreversibel • **4** Delegation, Kanalisation, beides korrekt • **5** Intrigant, Promovend, Rehabilitand, Referent, Reverend • **6 a)** Herrschaft, z. B. *Monarchie*, **b)** Aufzeichnung, z. B. *Biografie*, **c)** geistige, kulturelle Ausrichtung, z. B. *Modernismus*, **d)** Wissenschaft, z. B. *Biologie*

WORTBILDUNG UND WORTBEDEUTUNG
Die Wortbausteine am Wortende: Suffixe

217 Was sind denn eigentlich Suffixe?

Suffixe (abgeleitet aus dem lateinischen *suffigere* = hinten anheften) werden auch Nachsilben genannt. Allerdings ist „Nachsilbe" keine ganz korrekte Bezeichnung, denn viele Suffixe sind keine richtigen Silben, sondern **Wortanhängsel**, die aus mehr als einer Silbe bestehen oder nur aus wenigen Buchstaben.

Suffixe werden **an Wortstämme, Nomen, Adjektive und Verben**, manchmal aber auch an andere Wortarten, z. B. **Adverbien, angehängt** und lassen auf diese Weise neue Wörter entstehen. Beispiele:

Suffixe werden angehängt an ...			
Nomen → sie werden zu neuen Nomen:	**Adjektive** → sie werden zu Nomen:	**Verbstämme** → sie werden zu Nomen:	**andere Wörter** → sie werden zu Adverbien:
Mann → Mannschaft	schön → Schönling schlau → Schlauheit	wachsen → Wachstum stauen → Stauung lehren → Lehrer	mein → meinerseits
Adjektiven:	Verben:		Adjektiven:
Welt → weltlich Kind → kindisch	bereit → bereiten		sofort → sofortig oben → obig
Verben:			Nomen:
Tanz → tänzeln			bald → in Bälde

→ vgl. auch R 220 (Suffixe für Nomen) sowie R 221 (Suffixe für Adjektive)

WORTBILDUNG UND WORTBEDEUTUNG
Die Wortbausteine am Wortende: Suffixe

Verschiedene Suffixe sind auch **miteinander kombinierbar**:

Welt → welt**lich** → Weltlich**keit**
Aus dem Nomen *Welt* wurde ein Adjektiv und dann ein neues Nomen.

ganz → Ganz**heit** → ganzheit**lich**
Aus dem Adjektiv *ganz* wurde ein Nomen und dann ein neues Adjektiv.

nicht → nicht**ig** → Nichtig**keit**
Aus der Negationspartikel *nicht* wurde ein Adjektiv und dann ein Nomen.

Was können Suffixe? 218

Suffixe **legen die Wortart fest**.

Während Präfixe (→ R 205 - 216) nur die Bedeutung von Wörtern verändern, bestimmen Suffixe die **grammatischen Eigenschaften der Wörter**:

Wird ein Suffix an ein Wort angehängt, verändert sich häufig die Wortart. Aus Adjektiven werden Nomen oder Verben, aus Verben werden Adjektive usw. Suffixe können also ihre **Basiswörter in andere Wortarten überführen**. Diesen Vorgang nennt man *transponieren* (abgeleitet vom lateinischen *transponere* = an einen anderen Ort versetzen). Beispiele:

Das Suffix *-ig* macht z. B. aus einer Kratzbürste ein Adjektiv: kratzbürst**ig**.
Das Suffix *-ieren* zeigt an, dass plaston**ieren** ein Verb sein muss, obwohl es gar nicht existiert.

Bei Nomen legt das Suffix häufig auch das **Genus** (Geschlecht) fest (→ R 220). Zum Beispiel bestimmt das Suffix *-heit*, dass das Wort ein feminines (weibliches) Nomen ist: die Schön**heit**, die Dumm**heit**, die Frei**heit** …

Wird jedoch ein **Adjektiv als Basiswort mit** *-lich* verbunden, bleibt es ein Adjektiv, auch wenn das Wort eine neue Bedeutung erhält:

blau → bläu**lich** (= kein reines Blau)
krank → känk**lich** (= nicht richtig krank, aber auch nicht gesund)
schwer → schwer**lich** (= kaum, fast unmöglich, Adverb) → R 221

WORTBILDUNG UND WORTBEDEUTUNG
Die Wortbausteine am Wortende: Suffixe

Suffixe geben Wörtern eine bestimmte Bedeutung.

Das Adjektiv schön lässt sich durch Anhängen des Suffixes *-heit* in das passende Nomen Schön**heit** verwandeln. Die inhaltliche Bedeutung des Adjektivs *schön* ändert sich nicht. Hängt man an *schön* allerdings das Suffix *-ling*, erhält das Nomen eine eher abwertende Bedeutung: Ein Schön**ling** ist ein Mann, der gerne durch Schönheit auffällt.

Manche Suffixe verursachen bei den Basiswörtern eine **Umlautung des Stammvokals**: Aus *a* wird *ä*, aus *o* wird *ö*, aus *u* wird *ü*, aus *au* wird *äu*. Beispiele:

Karte	→ Kärtchen	Stuhl	→ Stühlchen
verhalten	→ Verhältnis	Hut	→ hüten
Dorf	→ Dörfchen	Haus	→ häuslich
gut	→ gütlich		

219 Welche Suffixe gibt es zur Bildung von Verben?

Die meisten deutschen Verben enden im Infinitiv auf *-en*: gehen, frieren, speisen, leuchten ... Darüber hinaus gibt es noch die **Verbsuffixe *-ern*** und ***-eln***.

-ern kommt bei Verben vor, die **von Nomen abgeleitet** sind, die auf *-er* enden: Ärger → ärgern, Schimmer → schimmern, Stocher (Zahnstocher) → stochern, Jammer → jammern ...

Manchmal liegt dem Wort ein **Plural als Basiswort** zu Grunde: Loch → löchern, Glied → gliedern, Blatt → blättern, Rauch (veralteter Plural: *Räuche*) → räuchern ...

Selten werden am Basiswort **Endbuchstaben getilgt**: Wilderer → wildern

Manchmal wird ein **Basiswort gleichzeitig mit einem Präfix und *-ern*** versehen: bebildern, entvölkern, vergöttern ...

WORTBILDUNG UND WORTBEDEUTUNG
Die Wortbausteine am Wortende: Suffixe

-eln schwächt Vorgänge ab. Dabei wird der Stammvokal oft umgelautet: kochen → köcheln, lachen → lächeln, werken → werkeln, sausen → säuseln, tanzen → tänzeln, streichen → streicheln ...

Mit **Nomen als Basiswort**: Krise → kriseln, Hans → hänseln, Mensch → menscheln (ein noch recht neues Wort), Schlange → schlängeln ...

Ein Nomen als Basiswort kann auch bedeuten, dass etwas in eine bestimmte Form gebracht wird: Stück → stückeln, Haufen → häufeln ...

Basiswörter, die auf *-el* enden, werden zu **Verben mit *-eln*** transponiert: Säbel → säbeln, Zwiebel → zwiebeln, Ferkel → ferkeln ...

Kombination von **Präfix und *-eln*** bei einem Basiswort: verästeln, verschandeln ...

Mit **Adjektiv als Basiswort**: krank → kränkeln, schwach → schwächeln, fromm → frömmeln, blöd → blödeln ...

Welche Suffixe gibt es zur Bildung von Nomen? 〔220〕

Die Zahl der Suffixe, mit denen Nomen gebildet werden können, ist sehr groß:

-chen	-e	-ei	-er	-heit	-in
-keit	-le	-ler	-li	-ling	-ner
-nis	-schaft	-sel	-tum	-ung	

Viele dieser Suffixe werden an Nomen angehängt und es entstehen neue Nomen mit neuer Bedeutung. Das ursprüngliche Nomen hat eine **inhaltliche Modifizierung** erfahren. Beispiele:

Basisnomen	+ Suffix	neues Nomen	Bedeutung
		männlich	
Musik	+ er	= der Musiker	Person

WORTBILDUNG UND WORTBEDEUTUNG
Die Wortbausteine am Wortende: Suffixe

Schreiber	+ ling	= der Schreiberling	Abwertung
weiblich			
Mensch	+ heit	= die Menschheit	Gesamtheit
Polizist	+ in	= die Polizistin	feminine Form
Metzger	+ ei	= die Metzgerei	Ausweitung
Zeit	+ ung	= die Zeitung	Summe der Ereignisse
Freund	+ schaft	= die Freundschaft	Gesamtheit
sächlich			
Bürger	+ tum	= das Bürgertum	Gesamtheit

Bei bestimmten Suffixen wird der Stammvokal häufig umgelautet:

Schule	+ er	= Schüler	Person
Kunst	+ ler	= Künstler	Person
Sold	+ ner	= Söldner	Person

Es gibt auch Suffixe, die aus Nomen **Verkleinerungsformen** (Diminutiva) machen: **-chen, -(e)lein**. Bei diesen Formen werden manchmal aus Gründen der besseren Sprechbarkeit Buchstaben hinzugefügt (Bäum**e**lein) oder getilgt (Leute → Leutchen). Allen ist aber gemeinsam, dass sie **in der Verkleinerung** zu **neutralen (sächlichen) Nomen** werden.

der Wald → das Wäld**chen**
die Blume → das Blüm**chen**, das Blüm**elein**
der Engel → das Engel**chen**, das Engel**ein**
der Ring → das Ring**chen**, das Ring**lein**

WORTBILDUNG UND WORTBEDEUTUNG
Die Wortbausteine am Wortende: Suffixe

Besondere Formen der Verkleinerung findet man in Ableitungen wie Anzügelchen, Sächelchen, Jüngelchen, Ringelchen ...

Manche Dialekte haben eigene Suffixe für Verkleinerungsformen entwickelt:

das schwäbische Suffix **-le**:
Fladen → Flädle (= Pfannkuchen, in Streifen geschnitten), Spatz → Spätzle (eine Art frisch zubereiteter Nudeln) ...

das bayerisch-österreichische Suffix **-erl**, mit dem auch teilweise neue Wörter gebildet werden:
Hund → Hunderl; Schmankerl (= kleine Zutat, kleiner zusätzlicher Genuss) ...

das schweizerische Suffix **-li**:
Rippe → Rippli, Rübe → Rübli ...

Manche Suffixe lassen **Verbstämme zu Nomen** werden:

beachten	**+ ung**	= Beachtung
meckern	**+ ei**	= Meckerei
strecken	**+ e***	= Strecke
ergeben	**+ nis**	= Ergebnis
hacken	**+ sel**	= Häcksel

* Im neueren Sprachgebrauch findet man auch Ableitungen wie Abzocke, Anmache, Tanke. Sie gehören der Umgangssprache an und haben oft abwertende Bedeutung oder werden im Fachjargon benutzt wie z. B. Denke, Schreibe, Schalte.

WORTBILDUNG UND WORTBEDEUTUNG
Die Wortbausteine am Wortende: Suffixe

(!) Das Genus (grammatisches Geschlecht) der **Nomen auf -nis** kann **weiblich oder sächlich** sein.

Weibliche Ableitung z. B.: die Bedrängnis, Befugnis, Beschwernis, Besorgnis, Empfängnis, Erkenntnis, Erlaubnis, Erschwernis, Ersparnis, Kenntnis, Kümmernis, Verdammnis, Verderbnis ...

Sächliche Ableitung: das Ärgernis, Bedürfnis, Begräbnis, Bekenntnis, Besäufnis, Ergebnis, Erzeugnis, Gelöbnis, Hemmnis, Hindernis, Verhältnis, Verhängnis, Verzeichnis, Wagnis, Zerwürfnis, Zeugnis ...

Habseligkeiten

Zu den Wörtern auf -sel wie *Anhängsel*, *Gerinnsel* und *Überbleibsel* gehört auch das Wort *Habseligkeiten*. Der Innenteil des Wortes hat also nichts mit *selig* zu tun, sondern es sind die beiden Suffixe -sel und -ig in Kombination mit -keit. Deshalb müsste bei *Habseligkeiten* die Silbe -sel eigentlich kurz ausgesprochen werden.
Im Jahr 2004 wurde das Wort *Habseligkeiten* unter 22.838 Vorschlägen aus 111 Ländern zum schönsten deutschen Wort gewählt. In der Begründung führte die Jury an, das Wort verbinde zwei Bereiche des Lebens: den irdischen Besitz und die im irdischen Leben unerreichbare Seligkeit. Diese Spannung bringe den Leser dazu, dem Besitzer der Habseligkeiten positive Gefühle entgegenzubringen. Die Liebe zu den kleinen, wertlosen Dingen werde als Voraussetzung zum Glück aufgefasst ...

Viele Suffixe, die aus Verben Nomen machen, können auch **Adjektive in Nomen umwandeln**:

dumm → Dumm**heit**,   früh → Früh**chen**,
eigen → Eigen**tum**,   lecker → Lecker**li** (schweiz. Gebäck),
einig → Einig**keit**,   reich → Reich**tum**,
faul → Fäul**nis**,   tief → Tief**e** ...

WORTBILDUNG UND WORTBEDEUTUNG
Die Wortbausteine am Wortende: Suffixe

Mit welchen Suffixen werden Adjektive gebildet?

Es gibt viele Suffixe, mit denen aus anderen Wörtern oder Wortstämmen Adjektive entstehen:

-en	- erlei	- ern	- fach	- fähig	- haft	- ig
-isch	- istisch	- lich	- los	- mäßig	- sam	

Mithilfe mancher Suffixe entstehen aus **Adjektiven neue Adjektive mit abgewandelter Bedeutung.** Solche Suffixe sind zum Beispiel:

schwarz	+ lich	= schwärz**lich**
genial	+ isch	= genial**isch**
faul	+ ig	= faul**ig**
feudal	+ istisch	= feudal**istisch**
heil	+ sam	= heil**sam**
verschieden	+ erlei	= verschieden**erlei**
hundert	+ fach	= hundert**fach**

Die meisten Adjektive, die erst durch ein Suffix zum Adjektiv geworden sind, sind von Nomen abgeleitet. Einige der schon genannten Suffixe gelten auch hier:

Glück → glück**lich**, Sitte → sitt**sam**,
Kind → kind**isch**, Woche → wöch**ig** ...
Furcht → furcht**sam**,

> **(!)** Es ist ein Unterschied, ob eine Zahlung vierteljährlich erfolgt oder es sich um einen vierteljährigen Lehrgang handelt.
>
> Das **Suffix -lich** im Zusammenhang mit einer Zeitangabe bezeichnet die **Wiederholung eines Vorgangs** in bestimmten Abständen. Das **Suffix -ig** bezeichnet die **Dauer eines Vorgangs**.

WORTBILDUNG UND WORTBEDEUTUNG
Die Wortbausteine am Wortende: Suffixe

> Eine Zeitschrift erscheint also monat**lich**, eine Kündigungsfrist ist 3-monat**ig**. Man schreibt einen wöchent**lichen** Bericht und begibt sich auf eine dreiwöch**ige** Reise.

Je nachdem, mit welchen Suffixen Nomen verbunden werden, kann es zu **Verwechslungen** kommen, weil die so entstandenen Adjektive einander sehr ähnlich sehen, aber sich in ihrer Bedeutung stark unterscheiden. Hier eine Auswahl **leicht verwechselbarer Adjektive**:

bäuerlich = den Bauern betreffend Dies hier ist eine **bäuerliche** Gegend.	**bäu(e)risch** = grob, plump Er hat sich mal wieder **bäu(e)risch** benommen.
charakterlich = auf den Charakter bezogen Der neue Chef ist **charakterlich** wirklich in Ordnung.	**charakteristisch** = typisch Birkenwälder sind **charakteristisch** für diese Gegend.
farblich = die Farbe betreffend **Farblich** passt diese Krawatte gut zu deinem Anzug.	**farbig** = mit Farbe, mit mehreren Farben, von nicht weißer Hautfarbe **Farbige** Wäsche darf nicht so heiß gewaschen werden wie weiße.
sprachlich = auf die Sprache bezogen **Fremdsprachliche** Bildung ist heute wichtiger denn je.	**-sprachig** = eine Sprache sprechend / enthaltend An internationalen Schulen wird **mehrsprachiger** Unterricht erteilt, z. B. auf Englisch.
heimlich = geheim, diskret Sie hat wieder **heimlich** geraucht.	**heimisch** = wie zu Hause, heimatlich Wir fühlen uns hier **heimisch**.
kindlich = nach Art eines Kindes **Frühkindliche** Erfahrungen prägen für das Leben.	**kindisch** = albern Es war **kindisch** von ihm, einfach die Sitzung zu verlassen.

WORTBILDUNG UND WORTBEDEUTUNG
Die Wortbausteine am Wortende: Suffixe

löslich = in Flüssigkeit aufzulösen
Zucker ist in Wasser **löslich**.

lösbar = kann gelöst / erledigt werden
Dieses Problem ist leicht **lösbar**.

nervlich = die Nerven betreffend
Sie ist **nervlich** völlig am Ende.

nervig = unangenehm; sehnig
Der neue Kollege ist ein **nerviger** Typ.

nervös = gereizt, fahrig
Dass er nicht anruft, macht mich ganz **nervös**.

nördlich = im Norden
Kiel liegt **nördlich** von Hamburg.

nordisch = den Norden betreffend
Das **nordische** Klima ist geprägt von langen Wintern und kurzen Sommern.

nötig = für eine bestimmte Sache erforderlich
Dein Wagen hätte eine Wäsche **nötig**. Wir müssen die nötigen Ersatzteile besorgen.

notwendig = unvermeidlich, unbedingt erforderlich
Die **notwendigen** Maßnahmen wurden ergriffen. Der notwendige Verkauf des Grundstückes wurde durchgeführt.

seelisch = psychisch
Die **seelische** Belastung war für ihn enorm.

selig = glücklich, zufrieden
Sie ist ganz **selig**, weil sie eine Gehaltserhöhung bekam.

täglich = jeden Tag
Dieser Zug fährt **täglich**.

-tägig = Tage dauernd
Wir machen demnächst eine **mehrtägige** Reise an die Nordsee.
(→ Tipp vor der Tabelle)

verständlich = akustisch gut zu verstehen bzw. gut zu begreifen
Habe ich mich **verständlich** ausgedrückt?

verständig = einsichtig, vernünftig
Er zeigte sich sehr **verständig**, als ich ihm mitteilte, dass sein Vorschlag abgelehnt wurde.

widerlich = abstoßend, ekelerregend
Seine Bemerkung war **widerlich**.

widrig = ungünstig
Wir müssen mit **widrigen** Wetterverhältnissen rechnen.

WORTBILDUNG UND WORTBEDEUTUNG
Die Wortbausteine am Wortende: Suffixe

wunderlich = seltsam	wundersam = wie ein Wunder
Für mich eine **wunderliche** Entscheidung!	Dieser Kräutertrank hat angeblich **wundersame** Wirkung.

Weitere Suffixe lassen **Nomen zu Adjektiven** werden:

Erde, Gold	+ en	= ird**en**, gold**en**
Eisen, Silber, Stein	+ (er)n	= eiser**n**, silber**n**, stein**ern**
Einfall, Takt	(+ **Fugen-s**) + los	= einfalls**los**, takt**los**
Bruchstück, Herz	+ haft	= bruchstück**haft**, herz**haft**

Mithilfe von Suffixen können auch **aus Verbstämmen Adjektive entstehen**. Auch hier gelten viele der bisher genannten Suffixe:

misstrauen → misstrau**isch**, schweigen → schweig**sam**, abhängen → abhäng**ig**, wehren → wehr**haft** ...

Zwei besondere Suffixe werden nur an **Verbstämme** angehängt, um sie **zu Adjektiven** zu transponieren:

verwenden	+ bar	= verwend**bar**
brennen		= brenn**bar**
schlafen	+ rig	= schläf**rig**
kleben		= kleb**rig**

(💡) Die **Adjektive mit dem Suffix -*bar*** haben **immer eine passive Bedeutung**: Verwendbar ist etwas, wenn es verwendet werden kann; etwas ist brennbar, wenn es verbrannt werden kann.

Lösbar ist etwas, was gelöst werden kann: Das Rätsel ist leicht lösbar. **Aber** löslich ist etwas, das sich (auf)löst: Aquarellfarben sind in Wasser löslich.

WORTBILDUNG UND WORTBEDEUTUNG
Die Wortbausteine am Wortende: Suffixe

Das Suffix *-bar* wird jedoch nicht bei allen Ableitungen unmittelbar an den Verbstamm angefügt. Eine Ausnahme bilden hier die Verben, deren Wortstamm im Laufe der sprachgeschichtlichen Entwicklung vom Mittelhochdeutschen zum (Früh-)Neuhochdeutschen verkürzt worden ist. So hatten Verben wie **öffnen, ordnen, rechnen, (be)regnen, trocknen, zeichnen** im Mittelhochdeutschen die Formen *offenen, ordenen, rechenen, regenen, trockenen, zeichenen*. Ihre Verbstämme lauteten also *orden-, rechen-, regen-, trocken-, zeichen-*. Der alte Wortstamm findet sich heute noch als erster Bestandteil in zusammengesetzten Nomen wie **Rechen**buch, **Zeichen**unterricht. Wenn von diesen Verben Adjektivbildungen auf *-bar* sprachüblich sind, wird das Suffix an den alten Wortstamm angehängt, auch bei jüngeren Zusammensetzungen:

Diese Datei ist schreibgeschützt und nur mit Passwort **öffenbar (nicht: öffnenbar)**.

Seine Musik ist stilistisch schwer **einordenbar (nicht: einordnenbar)**.

Die Autorin ist keiner literarischen Richtung eindeutig **zuordenbar (nicht: zuordnenbar)**.

Die Aufgabe ist leicht **rechenbar (nicht: rechnenbar)**.

Die Wirkung dieser Aussage war im Voraus **berechenbar (nicht: berechnenbar)**.

Die Felder der landwirtschaftlichen Versuchsstation sind computergesteuert **beregenbar (nicht: beregnenbar)**.

Die neu aufgelegte Staatsanleihe ist ab 1. Januar **zeichenbar (nicht: zeichnenbar)**.

Einige Adverbien können **durch das Suffix *-ig* zu Adjektiven** werden. Beispiele:

Adverb + Suffix	bald	+ ig	= bald**ig**
Tilgung von -s	damals	+ ig	= damal**ig**
Tilgung von -e	heute	+ ig	= heut**ig**

WORTBILDUNG UND WORTBEDEUTUNG

Die Wortbausteine am Wortende: Suffixe

| Tilgung von -*en* | morgen | + ig | = morgig |

Weitere Beispiele: sofortig, dreimalig, jenseitig, rückwärtig, obig

222 Der *Imperator* beim *Diktat* – Suffixe lateinischen Ursprungs

Die deutsche Sprache enthält viele lateinische Suffixe, in der Regel zusammen mit einem Basiswort lateinischen Ursprungs. Die wichtigsten:

Suffix	Bedeutung des Suffixes	Beispiele
-abel	Adjektive auf -*abel* haben passive Bedeutung; sie sind von einem Verb auf -*ieren* abgeleitet.	akzept**abel** = kann akzeptiert werden, oper**abel** = kann operiert werden, transpor-t**abel** = kann transportiert werden
-ar	Nomen auf -*ar* sind beauftragte Personen	Kommiss**ar**, Bibliothek**ar**, Justizi**ar**
-at	Nomen auf -*at* deuten auf einen Vorgang oder dessen Ergebnis hin.	Dikt**at**, Antiquari**at**, Telefon**at**
-ibel	Fähigkeit	flex**ibel**, sens**ibel**, fung**ibel**
-ium, -um	Mit dem Suffix -*ium* bzw. -*um* werden Nomen von Verben abgeleitet.	stud**ieren** → Stud**ium**, abstrah**ieren** → Abstrakt**um**, optim**ieren** → Optim**um**
-ion	Das Suffix -*ion* deutet auf den Verlauf einer Handlung hin.	Akt**ion**, Funkt**ion**, Injekt**ion**
-or	Das durch das Suffix -*or* entstandene Nomen hat eine aktive, handelnde Bedeutung.	Auktiona**tor**, Akkumula-**tor**, Impera**tor**, Naviga**tor**, Ventila**tor**

WORTBILDUNG UND WORTBEDEUTUNG
Die Wortbausteine am Wortende: Suffixe

-isieren	zu etw. verwandeln	atom**isieren**, fanat**isieren**
	mit etw. versehen	automat**isieren**, harmon**isieren**
-zid	Das Suffix -zid bedeutet Tötung.	Sui**zid**, Pesti**zid**, Insekti**zid**
-ant / -ent → Tipp unten	Nomen auf -nt haben aktive Bedeutung; sind Träger einer Handlung.	Ped**ant**, Produz**ent**, Ag**ent**, Inform**ant**, Inser**ent**
-and / -end → Tipp unten	Nomen auf -nd haben passive Bedeutung; sie sind Objekt einer Handlung.	Doktor**and**, Multiplik**and**, Inform**and**, Konfirm**and**
-us	Das Suffix -us bildet Nomen, die den Verlauf einer Handlung oder einen Zustand bezeichnen.	Habit**us**, Stat**us**, Exit**us**, Kurs**us**, Bon**us**, Gen**us**, Rhyth**mus**, Ton**us**
-fizieren, -fikation	Die beiden Suffixe -fizieren und -fikation geben an, dass jemand oder etwas zu etw. gemacht wird.	identi**fizieren**, Identi**fikation**; quali**fizieren**, Quali**fikation**
-ieren	etw. mit dem Inhalt des Basiswortes versehen	intensiv**ieren**, optim**ieren**
-tät	Nominalbegriff einer Eigenschaft	Intimi**tät**, Anonymi**tät**, Agressivi**tät**, Produktivi**tät**

Die **Suffixe -ant** und **-ent** (siehe oben) signalisieren, dass es sich um **Personen** handelt, die etwas tun, also Träger einer Handlung sind. Beispiel: Ein Pedant ist jemand, der die Dinge übergenau erledigt. Ein Informant informiert andere. Ein Patient erträgt etwas geduldig. Dazu gehören auch Praktikant, Komödiant, Assistent, Dezernent.

Die **Suffixe -end** und **-and** zeigen an, dass die Person oder der Begriff **Objekt einer Handlung** ist, also etwas mit ihm geschieht. Ein Informand ist folglich jemand, der informiert wird. Ein Konfirmand ist ein

WORTBILDUNG UND WORTBEDEUTUNG
Die Wortbausteine am Wortende: Suffixe

Jugendlicher, der konfirmiert werden soll. Zu diesen Wörtern gehören auch Korrigend, Promovend, Minuend, Proband, Summand, Maturand (schweizerisch für: Abiturient), Diplomand.

(!) Die **Suffixe -ation** und **-ierung** liegen in ihrer Bedeutung eng beieinander.
Die mit diesen Suffixen gebildeten abstrakten Begriffe können deshalb weitgehend **ohne Bedeutungsunterschied** nebeneinander benutzt werden. Beispiel: Isolierung / Isolation: beide Wörter meinen sowohl den Vorgang als auch das Ergebnis des Isolierens.

Die Isolierung / Isolation der Gefangenen wurde aufgehoben.
Die Isolierung / Isolation der Heizleitungen war defekt.

Desgleichen: Konfrontierung / Konfrontation, Personifizierung / Personifikation, Realisierung / Realisation ...

Bei einigen dieser Wortpaare jedoch besteht ein **Unterschied in der Bedeutung**. Es ist zum Beispiel ein Unterschied, ob man von einer Identifikation (Ergebnis des Identifizierens) oder einer Identifizierung (Vorgang des Identifizierens) spricht:

Die Identifikation mit dem Unternehmen, für das man arbeitet, ist wichtig für die Motivation bei der Arbeit.
Die Identifizierung der Leiche ist noch nicht abgeschlossen.

Weitere Beispiele, bei denen man aufpassen sollte:

Vorgang (was sich abspielt)	**Ergebnis** (was am Ende da ist)
Infizierung = Eindringen von Erregern in den Körper	Infektion = Krankheitsbild einer Entzündung

WORTBILDUNG UND WORTBEDEUTUNG
Die Wortbausteine am Wortende: Suffixe

Kanalisierung = Bau von Kanalanlagen

Kanalisation = System der Abwasserleitungen

Reservierung = Aufbewahrung, Vormerkung, Zurückhalten für einen bestimmten Anlass oder einen späteren Kauf

Reservation = Vorbehalt, Verwahrung, Reservat

Sozialisierung = Verstaatlichung von privatem Eigentum

Sozialisation = Eingliederung in ein Sozialwesen / in die Gesellschaft

Ein *telegener Pessimist* – Suffixe griechischen Ursprungs

Griechische Wortbildungselemente, also auch Suffixe, finden sich in einer Vielzahl von Wörtern, insbesondere Fremdwörtern, die in den Wissenschaften, der Kunst und der Technik verwendet werden.

Hier eine Auswahl griechischer Suffixe:

Suffix	Bedeutung des Suffixes	Beispiele
-archie	Herrschaft	An**archie**, Mon**archie**
-ie, -ia	Endung eines abstrakten Nomens	Chem**ie**, Alex**ie**, Utop**ia**
-gen, -genese	entstanden aus, Entstehung	mono**gen**, Mono**genese**
-gen	für etwas geeignet	foto**gen**, tele**gen**
-gnose	Erkenntnis	Dia**gnose**, Pro**gnose**
-graf / graph	Aufzeichner	Tele**graf**, Bio**graf**, Foto**graf**
-grafie / graphie	Aufzeichnung	Bio**grafie**, Foto**grafie**

WORTBILDUNG UND WORTBEDEUTUNG
Die Wortbausteine am Wortende: Suffixe

Suffix	Bedeutung	Beispiele
-ik	Beschaffenheit, Eigenschaft, Gesamtheit	Hekt**ik**, Dogmat**ik**, Idyll**ik**, Mim**ik**, Romant**ik**, Anglist**ik**
-ismus	(oft einseitig) geistige, kulturelle Ausrichtung	Ideal**ismus**, Extrem**ismus**, Militar**ismus**
-ist	Anhänger / Ausübender eines -*ismus*;	Militar**ist**, Optim**ist**, Bass**ist**, Individual**ist**
	daraus abgeleitete Adjektive werden mit dem Suffix -*isch* gebildet	pazif**istisch**, militar**istisch**, individual**istisch**
-itis	Entzündung	Arthr**itis**, Bronch**itis**
	etwas zu oft Benutztes	Telefon**itis**, Konjunkt**ivitis**
-lexie	Wort, Rede	Dys**lexie**, Para**lexie**
-loge, -login	Wissenschaftler(in)	Bio**loge**, Geo**login**
-logie	Wissenschaft	Archäo**logie**, Bio**logie**
-ma, -em, -om (Pluralendung: -mata, -men, -me)	Endung für von griechischen Verben abgeleitete Nomen	Asth**ma**, The**ma**, Graph**em**, Probl**em**, Idi**om**, Melan**om**
-nomie	Lehre von etwas	Astro**nomie**, Öko**nomie**
-ode	Geschehen	Meth**ode**, Epis**ode**, Peri**ode**
-ose	degenerative, chronische Erkrankung	Arthr**ose**, Skler**ose**, Osteopor**ose**
-phil(ie)	lieb, wert; Freundschaft	biblio**phil**, Anglo**philie**
-phob(ie)	etwas ablehnend, Schrecken	Klaustro**phobie**
-phon, fon	Ton, Schall, Stimme	Tele**fon**, Saxo**fon**
-soph(ie)	Weisheit	Philo**sophie**, Kosmo**sophie**
-skop(ie)	sehen, optisches Gerät	Stetho**skop**, Endo**skopie**
-thek	(Räumlichkeit für eine) Sammlung, Zusammenstellung	Biblio**thek**, Media**thek**, Spielo**thek**
-typ(ie)	Form, Schlag, Letter	Mono**typie**, stereo**typ**

WORTBILDUNG UND WORTBEDEUTUNG
Wie werden Wörter zusammengesetzt? – die Komposition

° Wie werden Wörter zusammengesetzt? – die Komposition

TESTEN SIE IHR WISSEN

1 Damit Ihnen nicht langweilig wird ... ∴ (225)
... unterstreichen Sie hier bitte die richtige Form:

Aus lauter *Langerweile / Langeweile* begann er, sein Zimmer aufzuräumen.

2 Länderspiegel und Auslandsjournal ∴ (225)
Unterstreichen Sie die korrekte Form.

a) Ein bayrischer *Landmann / Landsmann* hat mir ganz deutlich erklärt, dass Schulpolitik *Landessache / Ländersache* ist.

b) Für ihre Koreareise hat sie nicht nur die *Ländersprache / Landessprache* gelernt, sondern sich auch *landeskundliche / länderkundliche* Kenntnisse angeeignet.

3 (Binde-)Stricheleien ∴ (228)
Welche Wörter schreibt man besser mit Bindestrich?

a) Kannbestimmung
b) Diplomatenwagenkolonne
c) Fitnesstraining
d) Steuervorteile
e) Sollbruchstelle
f) Kaffeepause
g) Teeernte
h) Möchtegerncasanova

4 Nur Mut! ∴ (229)
Unterstreichen Sie den richtigen Artikel.

a) *die / der* Edelmut
b) *die / der* Großmut
c) *die / der* Gleichmut
d) *die / der* Missmut

WORTBILDUNG UND WORTBEDEUTUNG
Wie werden Wörter zusammengesetzt? – die Komposition

5 Seien Sie auch bei Adjektiven mutig! ∶ (229)
Unterstreichen Sie die richtige Form.

a) kleinmütig / kleinmutig
b) schwermütig / schwermutig
c) unmütig / unmutig
d) wagemutig / wagemütig

6 Ins Blaue hinein ∶ (232)
Unterstreichen Sie die richtige Schreibweise.

a) Sarah hat *graublaue / grau-blaue* Augen.
b) An der Grenze zu Bayern stehen *weißblaue / weiß-blaue* Grenzpfähle.
c) Sein Bluterguss schimmerte *blaurot / blau-rot*.
d) Er trug eine *rotblaue / rot-blaue* Krawatte.

7 Die Kunst der Fuge ∶ (234)
Welche Wörter stehen mit, welche ohne Fugen-*s*? Unterstreichen Sie.

a) betriebsstörend / betriebstörend
b) Berufsstand / Berufstand
c) rechtsmäßig / rechtmäßig
d) Handelsstraße / Handelstraße
e) Glückssache / Glücksache
f) Essensmarke / Essenmarke

LÖSUNGEN

1 Langeweile • **2 a)** Landsmann, Ländersache **b)** Landessprache, landeskundliche • **3** a), b), e), g), h)
• **4 a)** der, **b)** die, **c)** die / der, **d)** der • **5 a)** kleinmütig, **b)** schwermütig, **c)** unmutig, **d)** wagemutig
• **6 a)** graublaue (Farbschattierung), **b)** weiß-blaue (zwei Farben unvermischt nebeneinander), **c)** blaurot (Farbmischung), **d)** rot-blaue (zwei Farben unvermischt nebeneinander) • **7 a)** betriebsstörend, **b)** Berufsstand, **c)** rechtmäßig, **d)** Handelsstraße, **e)** Glückssache, **f)** Essenmarke, Essensmarke

WORTBILDUNG UND WORTBEDEUTUNG
Wie werden Wörter zusammengesetzt? – die Komposition

224 Was bedeutet eigentlich Komposition?

Unter Komposition (lat. *componere* = zusammensetzen) versteht man in der Sprachwissenschaft die Zusammensetzung von selbstständig vorkommenden Wörtern, die gemeinsam ein neues Wort bilden.

Zusammengesetzte Wörter, also **Komposita**, bestehen grundsätzlich aus einer linken und einer rechten Einheit.

Jedoch nur die rechte Einheit legt die grammatischen Eigenschaften des neuen Wortes fest. Es ist das **Basiswort** (Grundwort).

Die linke Einheit bestimmt das rechte Wort nur näher, verstärkt den Inhalt, schwächt ihn ab oder modifiziert ihn auf andere Weise. Daher spricht man hier auch von **Bestimmungswörtern**.

Die linke Einheit kann selbst auch ein zusammengesetztes Wort sein (→ R 226).

An das Basiswort können auch **Suffixe** (→ Kapitel „Suffixe", R 217 - 223) angehängt werden. Beispiel:

linke Einheit	rechte Einheit		Wortart
	Basiswort	+ Suffix	
	Freund		maskulines Nomen
	Freund-	**-in**	feminines Nomen
Kinder	freund		maskulines Nomen
Kindergarten	freund		maskulines Nomen
	Freund-	**-schaft**	feminines Nomen
	freund-	**-lich**	Adjektiv
un-	freund-	**-lich**	antonymes Adjektiv
be-	freund-	**-en**	Verb

Verwendet werden auch wortähnliche Elemente, die nur gebunden – also nicht selbstständig – in der Sprache vorkommen, sogenannte **Konfixe** (lat. *configere* = anheften) wie ***schwieger-, stief-, zimper-***.

WORTBILDUNG UND WORTBEDEUTUNG
Wie werden Wörter zusammengesetzt? – die Komposition

→ siehe R 203

> 💡 Nicht jede Zusammensetzung kann „logisch" aufgelöst werden nach dem Prinzip „Türschloss = Schloss einer Tür" oder „Bahnhofsvorplatz = Vorplatz eines Bahnhofs".
> Wäre dies ein generelles Kompositionsprinzip, müssten Zusammensetzungen wie Lichtjahr, Kernkraftwerk oder gar Ladenpreis aus unseren Wörterbüchern gestrichen werden. Hier gilt der sprachliche Grundsatz, dass eine Zusammensetzung eine komplexe Bedeutung haben kann, die daraus resultiert, das ihre linke Einheit (das **Bestimmungswort**) **einer umfangreicheren syntaktischen Konstruktion entspricht**.

Bestimmungswörter stehen also nicht immer nur für einen bestimmten Gegenstand, der zu bezeichnen ist. Sie stehen in vielen Fällen zusammenfassend für so genannte syntaktische Fügungen aus Präposition + Nomen, Adjektiv + Nomen oder sogar für komplette (Neben-)Sätze.

Beispiele:

Zukunftshoffnung	= Hoffnung **auf die Zukunft**
Südfrucht	= Frucht **aus dem Süden**
Winterlandschaft	= **winterliche** Landschaft
Adventsstimmung	= **adventliche** Stimmung
Bisswunde	= Wunde, **die von einem Biss herrührt**
Verlustgeschäft	= Geschäft, **das ein Verlust ist**

> 💡 Auch die bei Fachleuten verpönte Zusammensetzung **Stundenkilometer** ist von der Wortbildung her durchaus korrekt. Sie darf keineswegs aufgelöst werden als „Kilometer einer Stunde", denn hier steht die linke Einheit „Stunden-" für die syntaktische Konstruktion „(Kilometer,) die in einer Stunde bei gleicher Geschwindigkeit gefahren werden".

WORTBILDUNG UND WORTBEDEUTUNG
Wie werden Wörter zusammengesetzt? – die Komposition

225 Der Hund hat *Bandwürmer* – Deklination der rechten Einheit

Bei zusammengesetzten Nomen dekliniert man nur die rechte Einheit, also das Basiswort, die **linke Einheit bleibt immer unverändert**:

Der Hund hat einen Bandwurm. Der Hund ist von **Bandwürmern** befallen.
(**Nicht:** ~~Bänderwürmer~~)

(!) Es wird **immer nur die rechte Einheit dekliniert**, auch wenn links ein Adjektiv steht wie in Langeweile:

Aus lauter Langeweile (**nicht:** ~~Langerweile~~) schälten wir Kartoffeln.

Vergleichen Sie auch die beiden folgenden Beispiele:

Die **Hohe Straße** führt von der Goethe- zur Schillerstraße.
Ich wohne in der **Hohen Straße**.
(Hier wird das Adjektiv *hoch* dekliniert, weil der Straßenname aus zwei Wörtern besteht.)

Aber:
Die **Hohestraße** führt von der Goethe- zur Schillerstraße.
Ich wohne in der **Hohestraße**.
(ein zusammengesetztes Wort → nur die rechte Einheit wird dekliniert: *Straße*.)

Nicht immer jedoch steht das Bestimmungswort (linke Einheit) in der Grundform. Beispiel:

Landwirtschaft, Landmann, Landgut, Landhaus …
Aber: Ländersache, Landessprache, Landsmann, Landeskunde, Länderkunde …

→ siehe auch R 234 (Fugenelemente)

WORTBILDUNG UND WORTBEDEUTUNG
Wie werden Wörter zusammengesetzt? – die Komposition

> (!) Verwechseln Sie nicht die Bedeutung der folgenden Wörter, die sehr ähnlich klingen:
>
> Landmann (Plural: Landleute): veraltetes Wort für *Landwirt*;
> **aber:** Landsmann: jemand, der aus demselben Land wie man selbst stammt
>
> Landeskunde: ein Unterrichtsthema im Fremdsprachenunterricht;
> **aber:** Länderkunde: weitergreifender als Landeskunde; ein Wissenschaftsfach

---

Die Semmelknödel oder die Semmelnknödeln?

Das Deklinationsverbot der linken Einheit gilt auch für das bayerische Wort *Semmelknödel*, auch wenn Karl Valentin anderer Meinung war: „*Semmelknödel sagt man zu EINEM – aber zu mehreren sagt man Semmelnknödeln. Semmel ist die Einzahl, das musst Ihnen merken, und Semmeln ist die Mehrzahl, das sind also mehrere einzelne zusammen. Die Semmelnknödeln werden aus Semmeln gemacht, also aus mehreren Semmeln; du kannst nie aus einer Semmel Semmelnknödeln machen. (...)*"
(zitiert nach Wikipedia)

Pflaumenmusglas und *Datenhandschuh* – links- und rechtsverzweigte Komposita

226

Wenn die linke oder die rechte Einheit eines zusammengesetzten Wortes aus zwei oder mehreren Teilen besteht, spricht man von **Verzweigung**.

Links verzweigt: Das Pflaumenmusglas ist zweifellos ein Glas, ebenso ist ein Pflaumenmusglas|deckel in jedem Fall ein Deckel. Da die linke Einheit jeweils aus mehreren Teilen besteht (*Pflaumen + Mus → Pflaumenmus +*

WORTBILDUNG UND WORTBEDEUTUNG
Wie werden Wörter zusammengesetzt? – die Komposition

Glas), ist sie verzweigt. Die rechte Einheit besteht aus einem einzelnen Wort, nämlich *Deckel*.

Weitere Beispiele:
Blaumeisen|kasten, Schreibtisch|lampe, Sonnenschein|dauer ...

Rechts verzweigt: Der Daten|handschuh ist dagegen keinesfalls ein *Schuh*, der zu einer *Datenhand* gehört, sondern ein *Handschuh*, der *Daten* steuert*. Hier ist also das Bestimmungswort (linke Einheit) ein Einzelwort, das Basiswort (rechte Einheit) ist verzweigt, besteht also aus mehreren Wörtern.

*Erläuterung: Durch die Bewegungen der Hand und der Finger werden Daten in einen Computer eingegeben, deren Auswirkungen der Benutzer im Datenhelm beobachten kann.

Weitere Beispiele: Betriebs|krankenkasse, Tisch|fußball, Wechselgeld|fach ...

💡 Eine Zusammensetzung kann **sowohl links- als auch rechtsverzweigt** sein. In dem Wort Edelstahlwalzwerk befindet sich die Hauptfuge zwischen *Edelstahl-* und *-walzwerk*, weil es sich um ein *Walzwerk* handelt, in dem *Edelstahl* verarbeitet wird; nicht etwa um ein *Stahlwalzwerk*, das besonders edel eingerichtet ist.

Links verzweigte Zusammensetzungen scheinen beliebter zu sein als rechtsverzweigte, weil die rechte Einheit so schön einfach und damit leicht verständlich ist:

Bei einer Armbanduhr handelt es sich um eine Uhr. Eine Strauchtomatensuppe ist in erster Linie eine Suppe, und niemand käme auf den Gedanken, darin eine Tomatensuppe zu sehen, die man am Strauch zu suchen hätte. Ebenso abwegig wäre es anzunehmen, ein Bärlauchpesto wäre ein Lauchpesto, das von Bären bevorzugt wird.

Die Nomen Elektrorasenmäher und Lehrlingswerkstück sind da schon komplizierter, denn hier handelt es sich um rechtsverzweigte Begriffe. Die rechte

WORTBILDUNG UND WORTBEDEUTUNG
Wie werden Wörter zusammengesetzt? – die Komposition

Einheit besteht aus zwei Teilen: *Rasen + Mäher*. Es ist also ein Rasenmäher, der elektrisch betrieben wird. Entsprechend ist ein Lehrlingswerkstück ein Werkstück (*Werk + Stück*), das von einem Lehrling hergestellt wird.

(!) Die Verzweigung ist nicht immer auf Anhieb eindeutig zu klären.

Was z. B. ist das Nationalparkhaus, das in der norddeutschen Stadt Husum steht? Handelt es sich um ein nationales Parkhaus? Oder doch eher um ein Haus, das mit einem Nationalpark zu tun hat? Letzteres ist der Fall, weshalb man im norddeutschen Städtchen Husum die Schreibung NationalparkHaus vorfindet.

Ist eine Diplomatenwagenkolonne eine Kolonne aus Diplomatenwagen oder eine Wagenkolonne, die Diplomaten befördert?

Wenn Sie in Ihren Texten bei unübersichtlichen Komposita für **Eindeutigkeit** sorgen wollen, greifen Sie zur **Schreibung mit Bindestrich**. Schreiben Sie also:

Die Diplomatenwagen-Kolonne setzte sich langsam in Bewegung.

Noch besser ist es, wenn Sie eine unübersichtliche Zusammensetzung auflösen:

Die Wagenkolonne mit den Diplomaten setzte sich in Bewegung.

Aber übertreiben Sie's nicht. **Bei übersichtlichen Komposita** sollte man **auf den Bindestrich verzichten** – auch wenn man vor allem in der Werbung inzwischen häufig leider den anderen Trend feststellt. Also:

Kaffeehaus (nicht: ~~Kaffee-Haus~~)
Fitnesstraining (nicht: ~~Fitness-Training~~)
Messeaktion (nicht: ~~Messe-Aktion~~)
Steuervorteile (nicht: ~~Steuer-Vorteile~~)

→ siehe R 65 und 66 (Bindestrich)

WORTBILDUNG UND WORTBEDEUTUNG
Wie werden Wörter zusammengesetzt? – die Komposition

227 *Magerquark* gegen *Doppelkinn* – Nomen verbinden sich mit Adjektiven

Die Adjektive in solchen Verbindungen behalten meist ihren attributiven Charakter, das heißt, das **Adjektiv** als erster Teil des Kompositums **beschreibt** lediglich die Beschaffenheit, **die Eigenschaft des nachfolgenden Nomens**. So bedeutet Altbau, dass der Bau alt ist. Ein Magerquark ist ein Quark, der besonders wenig Fett enthält. Eine Tiefgarage ist eine Garage, die tief, also im Boden liegt.

Nicht immer jedoch ist auf Anhieb der attributive Aspekt der Adjektive zu erkennen, weil es sich um **übertragene Bedeutungen** handelt. Einige Beispiele:

Süßholz (raspeln)	schmeichelnde Worte (sagen); das Holz bleibt Holz.
Schwarzmarkt	illegaler Handelsplatz; der Markt bleibt ein Markt.
Weißbuch	„weißes" Buch; Dokumentensammlung zu einer Vorgehensweise; das Buch bleibt ein Buch.

Bei anderen Zusammensetzungen ist etwas völlig anderes gemeint, als das Basiswort vermuten lässt. Dabei entstehen oft sehr **bildhafte, metaphernartige Wörter**:

Rotschwanz	nicht nur ein roter Schwanz, sondern ein Singvogel mit roten Schwanzfedern
Blaubart	kein blauer Bart, sondern der Name eines Frauenmörders, nach einem französischen Märchen
Langfinger	kein langer Finger, sondern ein Mensch, der gewohnheitsmäßig stiehlt
Schlaukopf	intelligenter Mensch

WORTBILDUNG UND WORTBEDEUTUNG
Wie werden Wörter zusammengesetzt? – die Komposition

Die Begleitumstände des Istzustands – Verben hängen sich vor Nomen

228

Häufig haben aus Verb + Nomen zusammengesetzte Nomen **aktiven Charakter**:

Ein Folgeschaden ist ein Schaden, der auf einen anderen folgt.
Ein Rollcontainer ist ein Container, der rollen kann.
Ein Gefrierschrank friert Lebensmittel ein.

Weitere Beispiele:
Kehrmaschine, Spülwagen, Schließmuskel ...

Andere Wörter dieser Art bezeichnen **passive Vorgänge**:

Ein Schreibtisch ist ein Tisch an dem geschrieben wird, der aber nicht selbst schreibt.
Ein Warteraum ist ein Raum in dem gewartet wird.

Ähnliches gilt für Speisewagen, Liegestuhl, Hörgerät, Schweigeminute, Liefertermin ...

Im Allgemeinen verwendet man die Verbstämme, um sie mit Nomen zu verbinden:

stehen → **Steh**café, **sitz**en → **Sitz**möbel, **rasier**en → **Rasier**spiegel ...

Oft wird das **Fugenelement -e-** eingefügt:

Bind**e**mittel, Les**e**buch, Häng**e**partie, Wag**e**mut, Färb**e**mittel ...

→ R 234 (Fugenelemente)

Bei **Modal- und Hilfsverben** werden statt des Verbstamms häufig konjugierte Verbformen für Zusammensetzungen verwendet:

der Istbestand, die Iststärke, die Kannbestimmung, die Kannvorschrift, der Möchtegernrennfahrer, die Mussvorgabe, die Mussanforderung, der Sollbestand, die Sollbruchstelle ...

WORTBILDUNG UND WORTBEDEUTUNG
Wie werden Wörter zusammengesetzt? – die Komposition

Diese Wörter kann man der besseren Lesbarkeit wegen mit Bindestrich schreiben:

die Kann-Bestimmung, die Soll-Bruchstelle ...

229 *Die* oder *der Langmut*? – Nomen auf *-mut* mal männlich, mal weiblich

Zusammensetzungen mit *-mut* haben entweder **männliches oder weibliches** Geschlecht. Diese scheinbare Unregelmäßigkeit ist wortgeschichtlich bedingt. Nomen mit weiblichem Genus sind nicht selbst als Nomen entstanden, sondern in der Regel aus entsprechenden Adjektiven rückgebildet worden. In einigen Fällen ist der heutige Wortgebrauch an spätere Bedeutungen eines Adjektivs angelehnt worden und dadurch sozusagen im Nachhinein eine Rückbildung entstanden.

männlich	weiblich
der Edelmut, der Frohmut, der Gleichmut (selten: die Gleichmut), der Hochmut, der Kleinmut, der Missmut, der Übermut, der Unmut, der Wagemut, der Wankelmut ...	die Anmut, die Demut, die Großmut, die Langmut, die Sanftmut, die Schwermut, die Wehmut ...

Bei den **Adjektiven** heißt es übrigens manchmal *-mutig*, aber meistens *-mütig*:

-mütig:	-mutig
demütig, edelmütig, einmütig, gleichmütig, großmütig, hochmütig, kleinmütig, langmütig, sanftmütig, schwermütig, übermütig, wankelmütig ...	anmutig, missmutig, unmutig, wagemutig ...

WORTBILDUNG UND WORTBEDEUTUNG
Wie werden Wörter zusammengesetzt? – die Komposition

Stocknüchtern eislaufen – **Zusammengesetzte Adjektive und Verben**

Bei Adjektiven und Verben gilt entsprechend wie bei anderen Komposita: Ist das Basiswort, also das Wort rechts, ein Adjektiv, bleibt das ganze Kompositum ein Adjektiv. Ist das Basiswort ein Verb, bleibt auch das Kompositum ein Verb.

Erster Wortteil (Bestimmungswort)	Adjektiv	Verb
Nomen	zuckersüß, blutarm	eislaufen, katzbuckeln, standhalten
Adjektiv	böswillig, dickflüssig	schönreden, großschreiben
Verb	lerneifrig, laufruhig	kennenlernen, schwingschleifen
Adverb	immergrün, nimmersatt	gernhaben, entgegenkommen
Numerale (Zahlwort)	viertelvoll	vierteilen
Präposition	überreif, hinterhältig	untertreiben, beisetzen

Bedenken Sie, dass alle **Adjektive und Verben** auch **zu Nomen** (nominalisiert, substantiviert) werden können. Dann schreibt man sie groß, obwohl sie manchmal gar kein Nomen enthalten:

das Dickflüssige, das Entgegenkommen, ein ganz Hinterhältiger, beim ersten Kennenlernen …

WORTBILDUNG UND WORTBEDEUTUNG
Wie werden Wörter zusammengesetzt? – die Komposition

231 · *Kopfüber*, aber nicht *Land unter* – komponierte Adverbien

Es gibt einige Adverbien, die durch Zusammensetzung anderer Wortarten mit Präpositionen entstanden sind. Beispiele:

- **-über:** darüber, herüber, hierüber, hinüber, kopfüber, querüber, tagsüber, vornüber ...
- **-unter:** dahinunter, herunter, hierunter, hinunter, kopfunter, mitunter, worunter ...
- **-auf:** bergauf, hellauf, hierauf, landauf, vollauf, wohlauf ...
- **-gegen:** dagegen, dahingegen, hingegen, wo(hin)gegen, zugegen ...
- **-bei:** anbei, dabei, herbei, hierbei, nahebei, nebenbei, vorbei ...

232 · *Weißgrau* ist noch lange nicht *weiß-blau* – zusammengesetzte Farbadjektive

Zusammengesetzte Adjektive wie grauweiß drücken Farbabstufungen aus.

Im Hintergrund sah man eine **grauweiße** Wand.

Grauweiß bedeutet hier: Die Wand ist im Grunde weiß, aber auch gleichzeitig grau, vielleicht weil sie schmutzig geworden ist. Sie ist nicht reinweiß.

Sarah hat **graugrüne** Augen.
→ Sarahs Augen sind grün, aber das Grün hat etwas Graues an sich, sodass sich eine Farbschattierung ergibt.

Der Bluterguss an seinem Arm schimmerte **blaurot**.
→ Farbmischung aus Blau und Rot

In solchen Fällen erfolgt **immer Zusammenschreibung**.

→ siehe auch R 16 (zusammengesetzte Adjektive)

WORTBILDUNG UND WORTBEDEUTUNG
Wie werden Wörter zusammengesetzt? – die Komposition

Bei weiß-blau ist die Sache anders. Es handelt sich um zwei verschiedene, unvermischte Farben, die nebeneinander auftreten:

An der Grenze zu Bayern stehen **weiß-blaue** Grenzpfähle.
→ Die Grenzpfähle tragen also nebeneinander die Farben Weiß und Blau.

Zebras tragen ein **schwarz-weißes** Fell.
→ Das Fell ist sowohl schwarz als auch weiß, beide Farben sind nebeneinander vorhanden, also nicht gemischt.

Er trug eine **blau-rote** Krawatte.
→ Die Krawatte besteht aus blauen und roten Farbelementen.

> (!) Machen Sie bei Adjektiven durch **Zusammenschreibung oder Bindestrichschreibung** klar, was Sie meinen.
>
> Wenn Sie aber immer auf der sicheren Seite sein wollen, schreiben Sie zusammen, denn das ist erlaubt. Schwarz-weiß-Fernseher ist richtig, Schwarzweißfernseher auch.
>
> Bei umfangreicheren Zusammensetzungen sollten Sie die Schreibung mit Bindestrichen wählen, schon um der besseren Lesbarkeit willen:
>
> Sein **grün-weiß-schwarzes** Kabrio fiel sofort auf.

Ruckzuck im *Holterdiepolter* – Reduplikation

Man spricht von Reduplikation (lat. *reduplicare* = verdoppeln), wenn durch **Wiederholung eines Wortes ein neues Wort gebildet** wird. Solche Wörter sind manchmal bewusste Anlehnungen an die **Kindersprache** oder gehören der gehobenen Umgangssprache an. Zuweilen sind sie aber auch hochsprachlich akzeptiert; in vielen Fällen ist eine abwertende Bedeutung nicht zu übersehen.

WORTBILDUNG UND WORTBEDEUTUNG
Wie werden Wörter zusammengesetzt? – die Komposition

Häufig erfolgt in Reduplikativa ein **Vokalwechsel von *i* zu *a***:

plitschplatsch, zickzack, Mischmasch, Krimskrams, Ritscheratsche, Wirrwarr, Zilpzalp (ein Singvogel) ...

Deutlich ist an diesen Beispielen, dass sie **lautmalende Elemente** haben. Im Falle des *Zilpzalps* z. B. ahmt das Wort den Ruf des Vogels nach.

In anderen Fällen findet ein **Konsonantenwechsel** am Beginn des wiederholten Wortes statt:

Rambazamba, Schickimicki, ruckzuck ...

Es gibt aber auch Beispiele, bei denen die Wiederholung **unverändert** bleibt:

Mau-Mau (ein Kartenspiel), Dumdum (Geschoss), Blabla (Gerede) ...

> Jede Wiederholung der **Verwandtschaftsbezeichnung *ur-*** wie in Urururenkel hat eine eigene Bedeutung, denn jedes *ur-* meint eine weitere Generation. Der Urururenkel ist also drei Generationen vom entsprechenden Großvater entfernt.

234 *Schafskälte* ist nicht *sonnenwarm* – Welche Fugenelemente gibt es und was bedeuten sie?

Unter Fugenelementen versteht man **Buchstaben, die an der Stelle eingefügt werden, wo Wörter zusammengesetzt sind**. Diese Elemente sind ohne eigene Bedeutung und beeinflussen die Bedeutung der beteiligten Wörter nicht.

Das am häufigsten verwendete Fugenelement ist das ***-s-***, z. B. in:

Schafskälte, gebrauchsfertig, Staatsraison

WORTBILDUNG UND WORTBEDEUTUNG
Wie werden Wörter zusammengesetzt? – die Komposition

Dieses sogenannten **Fugen-s** ist sprachhistorisch aus dem Genitiv-s der starken männlichen und sächlichen Nomen hervorgegangen (*Königskrone* = des Königs Krone, *Schafsmilch* = Milch des Schafs). Fest ist dieses Fugenelement **nach linken Einheiten** (Bestimmungswörtern), **die mit den Suffixen -heit, -ling, -keit, -schaft, -tum, -ung, -ion, -(i)tät enden**:
wahrheit**s**gemäß, Frühling**s**anfang, Dankbarkeit**s**bezeugung, Vaterschaft**s**klage, Eigentum**s**wohnung, bedeutung**s**los, Passion**s**blume, Stabilität**s**prüfung ...

Kein Fugen-s haben einsilbige weibliche Nomen als Bestimmungswörter (Nachtstunde, Jagdpächter), die meisten männlichen Nomen auf **-er** (Fleischerladen, Fahrersitz) sowie die weiblichen Nomen auf **-er** und **-el** (Leberschaden, Federhalter; Angelschnur, Nadelöhr).

Bei vielen Bestimmungswörtern stehen auch Formen **mit und ohne Fugen-s** nebeneinander (Auftragsannahme, Auftraggeber; Werk[s]feuerwehr). Wer hier Zweifel hat, ob eine Zusammensetzung mit oder ohne das Fugenelement *s* üblich ist oder wer eine neue Zusammensetzung bildet, sollte in einem Wörterbuch nachschlagen, ob es analoge Bildungen gibt, nach denen man sich richten kann.

Weitere Fugenelemente:

- **-e-:** Lieg**e**stuhl, Anleg**e**stelle, Lös**e**geld ...
- **-es-:** Tag**es**mutter, spaß**es**halber, Grab**es**ruhe ...
- **-n-:** Sonne**n**wärme, Pfanne**n**gericht, linie**n**treu, elfe**n**gleich, Breite**n**sport ...
- **-o-:** kommt bei Fremdwörtern griechischen Ursprungs vor: Therm**o**meter, End**o**skop, Gramm**o**phon ...
- **-t-:** hoffen**t**lich, gelegen**t**lich, versehen**t**lich ..., aber: morgen**d**lich

In Wörtern wie Ärztekalender, Gästeliste, Pferdesalbe, Männermagazin, tagelang gelten die linken Einheiten als Pluralbildungen. Hier liegen also keine Fugenelemente vor. Diese Lesart wird auch durch die Umlautungen nahegelegt.

WORTBILDUNG UND WORTBEDEUTUNG
Wie werden Wörter zusammengesetzt? – die Komposition

(!) **Wenn das Basiswort mit einem s beginnt**, wird die Frage, ob ein Fugen-*s* steht oder nicht, besonders wichtig, weil man das *s* nicht immer heraushören kann. Achten Sie deshalb bei den folgenden Wörtern darauf, dass Sie keinen Buchstaben zu viel oder zu wenig schreiben:

Immer ohne Fugen-s:

betriebstörend, Geschmacksache

geschmackvoll / -los, Glückwunschkarte, liebevoll, Liebediener(in), rechtmäßig, rechtgläubig, Mehrwertsteuer ...

Immer mit Fugen-s:

Berufsstand, berufslos, Betriebsstörung, Ansichtssache, geschmacksneutral, Hilfssheriff, Glückssache, Glücksspiel, Handelsspanne, Handelsstraße, Willensstärke, liebestoll, Liebesszene, Rechtsstaat, Übungsstück, Verkehrssteuer, Vertrauenssache ...

Aber hier haben Sie die freie Wahl: Bezug**(s)**schein, Bezug**(s)**stoff, Betrieb**(s)**stätte, Einkommen**(s)**steuer, Essen**(s)**marke, Grunderwerb**(s)**steuer (Amtlich werden die verschiedenen Steuerarten aber stets ohne Fugen-*s* geschrieben.)

(💡) Bei der **lateinischen Silbe *trans*** (= hinüber, hindurch) stehen **immer zwei s**, wenn das Basiswort mit einem *s* beginnt, da die Silbe *trans* eben auf *s* endet:

Tran**s**silvanien, Tran**s**sibirische Eisenbahn, Tran**s**sexualität ...

235 Als *Bräutigam* noch ledig? – Einzeln vorkommende Worteinheiten

Manche Zusammensetzungen enthalten Elemente, die man heute nicht mehr kennt, weil sie nur noch in einzelnen Wörtern vorkommen, aber ansonsten ausgestorben sind.

WORTBILDUNG UND WORTBEDEUTUNG
Wie werden Wörter zusammengesetzt? – die Komposition

Beispiel Nachtigall: Das Wort besteht aus den Elementen *Nacht - i - gall*. Das *i* ist ein altes Fugenelement, *-gall* bedeutet Sänger, abgeleitet vom mittelhochdeutschen Wort *galen* = singen. Also handelt es sich um einen Singvogel, der in der Nacht singt.

Hier eine kleine Auswahl weiterer Beispiele:

Zusammensetzung	Wurzel
Bräuti**gam**	althochdeutsch *gomo*: Mann
Brombeere	mittelhochdeutsch *bromo*: Dornenstrauch
Bahn**gleis**	althochdeutsch *leisa*: Wagenspur
Sintflut	germanisch *sin*: groß, immerwährend, umfassend
ent**led**igen	althochdeutsch *lid*: Teil
Schornstein	althochdeutsch *scorren*: herausragen

💡 Zur **Entwicklung der deutschen Sprache**: Sie beginnt mit dem Indogermanischen, aus dem bis ca. 500 vor Christus das Germanische entstand. Mit Beginn der Völkerwanderung (375 n. Chr.) geriet die germanische Welt in Unordnung.

Nachdem die Völker ihre neue Heimat gefunden hatten, gab es auch eine neue Sprache: das **Althochdeutsche** (ca. 800 - 1100 n. Chr.). Die **mittelhochdeutsche** Zeit ging einher mit dem Mittelalter (ca. 1100 - 1600 n. Chr.).

Mit Martin Luthers Bibelübersetzung und der Ausbreitung der Reformation, dann auch der Erfindung des Buchdrucks durch Johannes Gutenberg entstand das **Neuhochdeutsche**, das – mit immer wieder neuen Veränderungen – auch jetzt noch die Grundlage der heutigen deutschen Sprache ist.

WORTBILDUNG UND WORTBEDEUTUNG
Was sind Anglizismen und wie geht man mit ihnen um?

Was sind Anglizismen und wie geht man mit ihnen um?

TESTEN SIE IHR WISSEN

1 Unser tägliches Englisch … :‣ (237)
Unterstreichen Sie die richtige Bedeutung:

1. E-Commerce: a) Eillieferung
    b) elektronischer Handel
    c) Europakommune
2. CD: a) Central Data
    b) Cash Deal
    c) Compact Disc
3. updaten a) aktivieren
    b) akzeptieren
    c) aktualisieren

2 Perfect Englisch required :‣ (238)
Kennen Sie die englischen Entsprechungen für diese „deutschen"
Begriffe? Unterstreichen Sie die korrekte Form.

1. Showmaster: a) host
    b) Master of Ceremonies
    c) show maker
2. Handy: a) handphone
    b) mobile phone
    c) handshaking
3. Chef a) manager
    b) boss
    c) director

WORTBILDUNG UND WORTBEDEUTUNG
Was sind Anglizismen und wie geht man mit ihnen um?

3 Wo Deutsch draufsteht, ist nicht immer Deutsch drin :‧ (239)
Unterstreichen Sie die im folgenden Text versteckten Anglizismen und „übersetzen" Sie sie.

Es machte nach unserer Einschätzung durchaus Sinn, wenn die Geschäftsleitung in Zukunft ihre Entscheidungen frühzeitiger kommunizieren würde. In 2009 ist das so nicht wirklich gehandhabt worden, und einmal mehr müssen wir befürchten, dass sich hieran so schnell nichts ändern wird.

_____

_____

_____

_____

4 Wer solche Freunde hat ... :‧ (240)
... hat „falsche Freunde", zumindest sprachlich. Denn:

a) ein *Briefcase* ist keine Brieftasche, sondern

_____

b) *Cornflakes* sind keine Körnerflocken, sondern

_____

c) *Silicon* bedeutet im Englischen nicht Silikon, sondern

_____

LÖSUNGEN

1 1 b), 2 c), 3 c) • **2** 1 a), 2 b), 3 b) • **3** *Es machte* nach unserer Einschätzung durchaus *Sinn* = **Es wäre ... sinnvoll**, wenn die Geschäftsleitung in Zukunft ihre Entscheidungen frühzeitiger *kommunizieren* = **bekannt geben** würde. *In 2009* = **Im Jahr 2009** ist das *nicht wirklich* = **nicht richtig / gar nicht** gehandhabt worden, und *einmal mehr* = **wiederum** müssen wir befürchten, dass sich hieran so schnell nichts ändern wird. • **4 a)** eine Aktentasche (Brieftasche = *wallet*), **b)** werden aus Mais hergestellt (*corn* = Mais), **c)** Silizium (chem. Element; Silikon = *silicone*)

WORTBILDUNG UND WORTBEDEUTUNG
Was sind Anglizismen und wie geht man mit ihnen um?

236 Was sind denn eigentlich Anglizismen?

Unter Anglizismen versteht man Wörter oder Phrasen, die aus dem Englischen in die deutsche Sprache übernommen werden. Dies kann durch den direkten Gebrauch des englischen Wortes geschehen oder durch Lehnübersetzung oder Lehnübertragung (→ R 239). Anglizismen sind in fast allen Lebensbereichen vertreten, besonders in den Sparten

- Computer/ EDV: User, E-Mail, Internet, surfen, chatten, downloaden ...
- Medien: News, Late-Night-Show, Talkshow, Casting, zappen ...
- Sport: Trainer, Team, Match, Fan, joggen, skaten, biken, walken ...
- Gesellschaft: Mobbing, Loser, Event, High Society ...
- Wirtschaft: Manager, Outsourcing, E-Commerce, Jobsharing ...
- Jugendsprache: cool, chillen, beamen, eingelasert ...

Anglizismen in der deutschen Sprache – Wohltat oder Übel?

Der Einzug englischer Wörter in andere Sprachen bedeutet nicht unbedingt etwas Negatives, sondern kann eine Sprache (und zwar nicht nur die deutsche!) bereichern. Aber es wird problematisch, wenn englische Wörter nicht mehr gleichrangig neben deutschen stehen, sondern die deutschen Begriffe verdrängen. Deshalb sehen manche Kritiker die deutsche Sprache in Gefahr. Außerdem wird die Kommunikation zumindest erschwert, wenn die Menschen eines Sprachgebietes unterschiedlich sprechen, wenn z. B. Alt und Jung einander fremd werden, weil die Jungen einen schwer verständlichen Deutsch-Englisch-Mix (auch das Wort *Mix* ist ein Anglizismus!) bevorzugen.

Auch die Fachsprache wird zusehends von englischen Wörtern durchsetzt. Eine Fachdozentin für Marketing sagte einmal zu ihren Studenten während einer ihrer Vorlesungen: *„Der Consumer ist heutzutage so low-involved, dass es schon eines Reminders bedarf, um die Brandawareness zu gewährleisten."* Wäre es da nicht sinnvoller, das Seminar ganz auf Englisch zu halten?

WORTBILDUNG UND WORTBEDEUTUNG
Was sind Anglizismen und wie geht man mit ihnen um?

Killer oder *Bodyguard*? – Welche Abweichungen muss man beim Gebrauch englischer Wörter beachten?

237

Die einfachste Form des Anglizismus ist die **direkte Übernahme englischer Wörter** in die deutsche Sprache. Häufig gibt es keine zwingende Notwendigkeit für einen solchen Vorgang, weil sehr wohl deutsche Entsprechungen für solche Wörter zur Verfügung stehen. Trotzdem greifen deutsche Sprecher und Schreiber gerne zu Anglizismen, vielleicht, weil sie oft kürzer sind.

→ vgl. R 197 (überflüssige Anglizismen)

Wenn man englische Wörter im Deutschen benutzt, muss man einige Regeln beachten:

- **Groß- und Kleinschreibung**: Englische Nomen schreibt man groß:
  der **A**irbag, das **M**eeting, die **N**o-**F**uture-**G**eneration ...
  Verben, Adjektive und andere schreibt man klein:
  chillen, **c**hecken, **c**ool, **l**ive ...

- **Pluralbildung**: Meistens wird ein **s** angehängt:
  die Caravan**s**, die Coach**s** (engl. coaches), die Team**s**, die CD**s** (Compact Discs) ...
  Das gilt auch für Nomen auf -y:
  die Bod**ys**, die Gull**ys** ...
  Bei Nomen auf -er entfällt eine Pluralendung:
  die Flyer, die Loser, die Surfer, die Trainer, die Broker ...

- **Genitiv-s**: In der Regel wird an männliche und sächliche Nomen ein **s** ohne Apostroph angehängt:
  des Bodyguard**s**, des Drink**s**, des Flop**s**, des Hearing**s**, des Cover**s** ...
  Bei weiblichen Nomen entfällt das s:
  die Konsistenz der Cream, die Thronrede der Queen ...
  Bei manchen Begriffen kann das Genitiv-s entfallen:
  des Casting**(s)**, des Go-in**(s)**, Sit-in**(s)**, Facelifting**(s)** ...
  Bei Wörtern, die auf einen s-Laut enden, entfällt das Genitiv-s:
  des Service, des E-Commerce, des Space ...

WORTBILDUNG UND WORTBEDEUTUNG
Was sind Anglizismen und wie geht man mit ihnen um?

Zur Konjugation eingedeutschter englischer Verben → siehe R 52
→ siehe auch R 28 (Infinitiv mit *zu*), R 212 (Partizip Perfekt) sowie R 105 (Plural bei Fremdwörtern)
→ siehe auch R 125 (starke und schwache Verben)

Schreibung mit Bindestrich:

- Substantive, die aus **Verb + Partikel** gebildet sind, schreibt man mit großem Anfangsbuchstaben und Bindestrich:
das Check-in, das Make-up, das Drive-in-Restaurant ...
Zusammenschreibung ähnlicher Begriffe ist dann erlaubt, wenn die Lesbarkeit gewährleistet ist:
das Back-up / Backup, das Come-back / Comeback, der Knock-out-Sieg / Knockoutsieg (Kurzform: K.-o.-Sieg) ...

- Zusammensetzungen aus **Nomen + Nomen** werden zwar zusammengeschrieben, aber auch die Schreibung mit Bindestrich ist zur Verdeutlichung der Bestandteile möglich:
das Desktop-Facelift / Desktopfacelift, das Release-Center / Releasecenter, die Science-Fiction / Sciencefiction ...

Kleine Auswahl englischer Wörter, die fast unverändert im Deutschen benutzt werden:

Anglizismus	Bedeutung	deutsche Entsprechung
Airbag, der		Aufprallkissen
Bodyguard, der		Leibwächter
Boom, der	plötzliche starke Nachfrage	Hochkonjunktur
canceln	z. B. einen Flug absagen	streichen, annullieren
checken		kontrollieren, aber auch verstehen
Coach, der	Trainer	Berater, Betreuer

WORTBILDUNG UND WORTBEDEUTUNG
Was sind Anglizismen und wie geht man mit ihnen um?

Controller, der	Sachbearbeiter für Kostenrechnung, Steuer-, Regeleinrichtung	Finanzplaner, Revisor; Regler, Steuergerät
Cover, das	Deckel, Abdeckung	Titelseite; Tonträgerhülle
Cream, die		Creme, Salbe, Sahne
Cup, der	Wettkampf, Siegestrophäe	Pokal
Drink, der		Getränk
Flop, der	Sache, die keinen Anklang findet	Misserfolg
Flyer, der		Flugblatt, Handzettel
Headphones, die		Kopfhörer
Hearing, das	öffentl. Befragung von Experten	Anhörung
Hightech, das/die	Kunstwort: high style technologie	Spitzentechnologie
live	zeitgleiche Übertragung, original	direkt, persönlich
Master, der	akademischer Grad	Magister (lateinisch)
Meeting, das		Gesprächsrunde
Mix, der		Mischung
mobben	jdn. beruflich benachteiligen	schikanieren, intrigieren
Model, das		Mannequin, Fotomodell
Monster, das		Ungeheuer, Scheusal
Outdoor, das	Freizeitsport im Freien	Freiluftsport
Party, die		private Feier
Safe, der		Geldschrank
Service, der	Kundenbetreuung	Kundendienst

WORTBILDUNG UND WORTBEDEUTUNG
Was sind Anglizismen und wie geht man mit ihnen um?

Set, das / der	1. das Set: zusammengehörende Gegenstände	Serie, Garnitur
	2. das Set: Deckchen unterm Gedeck	Platzdeckchen
	3. der Set: Szenerie der Filmaufnahme	Drehort
Shop, der		Laden, Geschäft
Song, der		Lied
Spoiler, der	„Störklappe"	Luftleitblech
sponsern	zu Werbezwecken finanziell unterstützen	materiell fördern
Stunt, der	akrobatische Aktion im Film	Sensationsdarsteller
Ticket, das		Eintrittskarte
Trend, der	erkennbare Entwicklungsrichtung	Entwicklung

→ vgl. auch R 197 (überflüssige Anglizismen)

(238) *topfit* mit *Handy* – Welche Wörter sind gar kein echtes Englisch?

Einige Wörter haben sich im Deutschen angesiedelt, die im Englischen entweder gar nicht existieren oder eine andere oder engere Bedeutung haben. Hier die häufigsten:

Scheinanglizismus	Bedeutung im Deutschen	Bedeutung im Englischen bzw. englische Entsprechung
Beamer, der	digitaler Projektor	*data projector*
Body, der	einteiliges, eng anliegendes Wäschestück	*bodysuit* (*body* allein bedeutet *Körper*)

WORTBILDUNG UND WORTBEDEUTUNG
Was sind Anglizismen und wie geht man mit ihnen um?

checken	verstehen (im Sinne von *prüfen* gibt es allerdings das entsprechende englische Verb to check)	*understand*
CityNightLine, der/die	Nachtreisezug	*night train*
Flipper, der	elektronisches Spielgerät mit Kugeln	*pinball machine*
Fotoshooting, das	professioneller Fototermin	*photo shoot, photo session*
Funsport, der	spaßbringende Sportart	*(existiert nicht)*
Handy, das	Mobiltelefon	*mobile phone, cellphone*
Hometrainer, der	Fitnessgerät, Ergometer	*fitness machine, exercise machine*
Pullunder, der	ärmelloser Pullover	*tank top*
Service Point, der	Auskunftsschalter	*information desk*
Showmaster, der	Moderator einer Show	*show host*
Spleen, der	Marotte, Eigenheit	*strange habit*
Talkmaster, der	Leiter einer Talkshow	*talk show host*
topfit	körperlich leistungsfähig	*in a good shape*

nicht wirklich *gefeuert* – aus dem Englischen übersetzt

Manchmal werden Wörter oder Phrasen aus dem Englischen direkt und wortgetreu ins Deutsche übersetzt und verändern so die ursprüngliche Bedeutung der herkömmlichen deutschen Wörter. Dann spricht man von einer **Lehnübersetzung**:

Wegen seiner ständigen privaten Telefongespräche während der Arbeitszeit wurde er fristlos **gefeuert**.

WORTBILDUNG UND WORTBEDEUTUNG

Was sind Anglizismen und wie geht man mit ihnen um?

Gemeint ist, er wurde unverzüglich aus dem Arbeitsverhältnis entlassen. Das englische Verb *to fire* wird durch *feuern* exakt übersetzt.

Übersetzungen, die nicht ganz wörtlich vorgenommen werden, nennt man **Lehnübertragung**:

Frankfurt ist die Stadt der **Wolkenkratzer**.

Das englische Ausgangswort lautet *skyscraper*. *To scrape* heißt zwar *kratzen*, aber *sky* bedeutet Himmel. Die genaue Übersetzung wäre also *Himmelskratzer* und nicht *Wolkenkratzer*; deshalb spricht man hier von einer Lehnübertragung.

Weitere Beispiele von Lehnübersetzungen und Lehnübertragungen:

Anglizismus	Kommentar
Ich **erinnere** (engl.: *to remember something*) die Besprechung von voriger Woche noch sehr gut.	Die transitive Form verwendet man im Deutschen nur in Bezug auf Personen: *jemanden an etwas erinnern*. Im Deutschen gilt sonst immer noch nur *sich an etwas erinnern* als korrekt.
Das letzte Mal trafen wir uns **in 2005**.	Im Deutschen braucht man das Wort *in* vor der Jahreszahl nicht: *... trafen wir uns 2005*. Oder man sagt *im Jahr 2005*.
Du hast die Vokabeln **nicht wirklich** (engl. *not really*) gelernt.	Die Phrase schwächt die direkte Verneinung mit *nicht* ab. Mögliche Alternativen: *nicht richtig, gar nicht*
Es würde **Sinn machen** (engl.: *to make sense*), schnellstens nach Hause zurückzukehren.	Mögliche Alternativen: *Es wäre sinnvoll* oder *es hätte Sinn*
Der Punkt ist (engl.: *to make a point*), dass wir sie schon einmal abgemahnt haben.	Die Bedeutung von *point* = Argument steht im Vordergrund. Alternative: umformulieren: *Wir haben sie ...*

WORTBILDUNG UND WORTBEDEUTUNG
Was sind Anglizismen und wie geht man mit ihnen um?

Unser Chef **kommunizierte** (von engl. *to communicate something*) seine Einwände sehr deutlich.	Hier werden die Verben *mitteilen*, *bekanntgeben* durch das Fremdwort ersetzt, das nun transitiv verwendet wird. Bisher war im Deutschen das Verb *kommunizieren* nur in der Wendung *miteinander kommunizieren* gebräuchlich.
Das Spiel fand am späten Abend unter **Flutlicht** (von engl. *floodlight*) statt.	Lehnübersetzung
Wird ein Dateisystem unsachgemäß behandelt, endet dies häufig in **Datenkorruption** (engl.: *data corruption*).	Damit meint man einen partiellen Datenverlust. *Korruption* bedeutet im Deutschen *Bestechung*, *Bestechlichkeit*, die hier nicht vorliegt.
Ohne moderne **Datenverarbeitung** (von engl. *data processing*) kann man heute keinen Betrieb mehr führen.	Lehnübersetzung

Besser falsche Freunde als gar keine? – Missverständliche englische Wörter

(240)

Manche Wörter englischen Ursprungs werden im Deutschen falsch verwendet, weil sie deutschen Wörtern ähnlich sehen. Aber sie haben eine andere Bedeutung. Man nennt sie deshalb **false friends** – falsche Freunde. Beispiel:

Ein Controller ist in der Wirtschaftssprache kein Kontrolleur, sondern jemand, der für Kostenkalkulation und -planung zuständig ist.

Einige weitere Begriffe, die zuweilen in der deutschen Sprache benutzt werden:

all day	Ein *All Day English Breakfast* ist kein alltägliches Frühstück, sondern eines, das den ganzen Tag über serviert wird (z. B. auf den britischen Kanalfähren)

WORTBILDUNG UND WORTBEDEUTUNG

Was sind Anglizismen und wie geht man mit ihnen um?

brand	Man spricht von *Brand* oder *Branding*, wenn man Markennamen meint oder ihre Entwicklung. Mit Feuer hat es insofern zu tun, als das englische *brand* es auch *Brandzeichen* heißt.
briefcase	Ein *Briefcase* ist eine Aktentasche, aber keine Brieftasche. Die heißt auf Englisch *wallet*.
Bush Administration	Darunter versteht man die Regierung des Präsidenten Bush. Sonst bedeutet *administration* unter anderem *Behörde*, *Verwaltung*.
checken	*Checken* heißt im Englischen nur *kontrollieren*, aber niemals *verstehen*, *kapieren*.
Chef	Ein *Chef* ist im englischen Sprachgebrauch ein Koch oder Küchenchef im Restaurant. Ein Chef im deutschen Sinne, also ein Vorgesetzter, ist im Englischen ein *boss*.
Congress	Das ist kein beliebiger Kongress, sondern das US-amerikanische Parlament.
Cornflakes	*Cornflakes* sind keine Getreide- oder Körnerflocken, sondern werden aus Mais hergestellt; *corn* ist die englische Bezeichnung für *Mais*. Ein *Getreidekorn* ist ein *grain*. Übrigens: Der *Korn*, den man trinkt, heißt auf Englisch *corn schnapps*.
dome	Ein *Dome* ist eine Kuppel wie der Kölner Musical Dome, nicht zu verwechseln mit dem Kölner Dom, einer Kathedrale.
engaged	*Engaged* kann leicht mit *engagiert* verwechselt werden, bedeutet aber *verlobt*. Es wird auch benutzt, um zu sagen, wenn gerade eine Telefonleitung besetzt ist: *The line is engaged*. Wenn man engagiert ist, sagt man im Englischen *committed* oder *involved in*.
figures	*Figures* sind nicht in erster Linie Figuren, sondern Zahlen, technische Daten, Umsätze etc.
gift	Das Wort taucht in der Formulierung *Free Gift* auf und bedeutet *Werbegeschenk*. Garantiert nicht giftig!
gym(nasium)	Mit *gym(nasium)* ist im Englischen eine Turn- oder Gymnastikhalle gemeint, kein Gymnasium im Sinne von *Oberschule*.

WORTBILDUNG UND WORTBEDEUTUNG
Was sind Anglizismen und wie geht man mit ihnen um?

handy	Das „deutsche" *Handy* heißt im Englischen *mobile phone* oder *cell(ular) phone*. Im Englischen ist *handy* ein Adjektiv und bedeutet *handlich, praktisch*.
High School	Die *High School* in den USA ist eine Sekundarschule ab Klasse 7, keinesfalls eine Hochschule oder Universität (diese heißen *college, university*) Man lässt den Begriff am besten unübersetzt.
old-timer	Mit *Old-timer* meint man einen älteren Menschen, einen „alten Hasen". Ein *Oldtimer* als Auto nennt man *vintage car*.
stadium	Ein *stadium* ist ein Sportstadion. Das *Stadium* im Sinne von *Entwicklungsphase* heißt auf Englisch *stage* oder *state*.
sensible	Das englische *sensible* bedeutet *bewusst* oder *vernünftig*, aber nicht empfindsam, feinfühlig. Das deutsche Wort *sensibel* bedeutet im Englischen *sensitive*.
silicon	*Silicon* bedeutet *Silizium*. Das ist ein chemisches Element, das man zur Herstellung von Computerchips benötigt (→ *Silicon Valley*). Das deutsche *Silikon* (englisch: *silicone*), das unter anderem auch Silizium enthält, sollte damit nicht verwechselt werden.
Undertaker	Ein *Undertaker* ist zwar ein Unternehmer, aber einer der besonderen Art, nämlich ein *Bestatter*.
Warehouse Warehousing	Unter *warehouse* versteht man im Englischen ein Warenlager oder Lagerhaus. Der Begriff wird vor allem im Zusammenhang mit Daten verwendet: *Data-Warehousing* ist der Gesamtprozess der Datenbeschaffung, Verwaltung und Auswertung.
Website	Der Begriff *website* umfasst den gesamten Inhalt, der unter einer URL abgelegt ist. Das englische Wort *site* bedeutet *Ort, Stelle*, aber nicht *Seite*. Die *Website* besteht meist aus mehreren Seiten, die man *pages* nennt.

WORTBILDUNG UND WORTBEDEUTUNG
Wörter, die das Gegenteil ausdrücken: Antonyme

Wörter, die das Gegenteil ausdrücken: Antonyme

TESTEN SIE IHR WISSEN

1 Gegenteiliges ∴ 243
Kennen Sie die Antonyme (Gegenteile) zu folgenden Wörtern?

a) Teilnahme: _____

b) hoch: _____

c) reaktionär: _____

2 Feine Unterschiede ∴ 244
Bilden Sie die Antonyme zu folgenden Wörtern.

a) Stille: _____

b) Absicht: _____

c) fundiert: _____

3 Umgekehrt wird auch ein Schuh daraus ∴ 245
Bilden Sie mit Hilfe einer Vorsilbe das Gegenteil dieser Wörter:

a) eskalieren: _____

b) These: _____

c) Ladung: _____

d) aktiv: _____

e) relevant: _____

f) Wirkung: _____

g) günstig: _____

h) möglich: _____

i) mobil: _____

WORTBILDUNG UND WORTBEDEUTUNG
Wörter, die das Gegenteil ausdrücken: Antonyme

4 Tendenziell trivial

:- (246)

Bringen Sie hier kompetent Licht ins Antonymendunkel und nennen Sie die möglichen Gegenbildungen.

a) absolut: _____

b) kompetent: _____

c) tendenziell: _____

d) tendenziös: _____

e) trivial: _____

f) ideell: _____

g) real: _____

h) profan: _____

LÖSUNGEN

1 a) Abwesenheit, Gleichgültigkeit, **b)** tief, niedrig, **c)** aufgeschlossen, modern • **2 a)** Lärm, Geräusch, Gerede, **b)** Versehen, Unachtsamkeit, **c)** grundlos, unbegründet, oberflächlich • **3 a) de**eskalieren, **b) Anti**these, **c) Ent**ladung, **d) in**aktiv, **e) ir**relevant, **f) Gegen**wirkung, **g) un**günstig, **miss**günstig, **h) un**möglich, **i) im**mobil • **4 a)** bedingt, relativ, **b)** inkompetent, unfähig, nicht zuständig, **c)** nicht entwicklungsmäßig, gegenläufig, **d)** objektiv, unvoreingenommen, **e)** ausgefallen, tiefgründig, **f)** materiell, stofflich, **g)** irreal, unwirklich, **h)** religiös, kirchlich, bemerkenswert

WORTBILDUNG UND WORTBEDEUTUNG
Wörter, die das Gegenteil ausdrücken: Antonyme

241 Was sind eigentlich Antonyme?

Unter einem Antonym (aus dem Griechischen: *Gegenwort*) versteht man das Gegenteil zu einem vorliegenden Begriff. Gegensätze sind ein ständiger Bestandteil sprachlichen Denkens, denn **durch sein Gegenteil gewinnen viele Begriffe erst ihre Bedeutung**. Das Wort Reichtum wäre völlig ohne seine soziale Dimension, wenn es nicht auch Armut gäbe, die den Menschen an die Grenzen seiner Existenz drängen kann.

242 *Anfang* und *Ende* – einfache Gegensatzpaare

Manche Wörter haben kein Gegenteil, weil sie konkrete Sachen bezeichnen wie *Stuhl*, *Uhr* und *Computer*. Antonyme gibt es in der Regel für **abstrakte Nomen** (Liebe – Hass), Adjektive (richtig – falsch), **Verben** (frieren – schwitzen), **Adverbien** (immer – nie) und **Präpositionen** (mit – ohne).

Weitere Beispiele:

Stärke	– Schwäche	Licht	– Dunkel	Stille	– Lärm
dick	– dünn	wahr	– unwahr	stark	– schwach
öffnen	– schließen	lieben	– hassen	starten	– landen
selten	– oft	herein	– hinaus	nur	– auch
auf	– unter	vor	– hinter	nahe	– fern

243 *Dick* und *dünn* oder *mager*? – Antonyme von Bedeutungsvarianten

Bei genauerem Hinsehen wird deutlich, dass Wörter oft in unterschiedlichen Zusammenhängen und mit unterschiedlichen **Bedeutungsvarianten** verwendet werden. In solchen Fällen gibt es nicht nur ein Antonym, sondern mindestens eines für jede Bedeutungsvariante. Beispiele:

WORTBILDUNG UND WORTBEDEUTUNG
Wörter, die das Gegenteil ausdrücken: Antonyme

Begriff	Antonyme
Teilnahme	
Die Teilnahme ist verbindlich.	Die *Abwesenheit* wird vermerkt.
Seine (An)Teilnahme war sehr tröstlich.	Seine *Gleichgültigkeit* ist empörend.
Seine Teilnahme grenzt an Begeisterung.	Seine *Interesselosigkeit* stört uns.
warten	
Wir warten schon lange auf dich.	Wir *sind in Eile* und brechen auf.
Sie warten den Fahrstuhl halbjährlich.	Sie *vernachlässigen* den Fahrstuhl seit Jahren.
dick	
ein dicke Scheibe Wurst	eine *dünne* Scheibe Wurst
ein dicker Mensch	ein *schlanker, magerer, hagerer* Mensch
eine dicke Suppe	eine *dünne, wässrige* Suppe
ein dickes Auto, ein dicker Scheck	ein *kleines* Auto, ein *kleiner* Scheck
dick auftragen (angeben, wichtig tun)	*sich zurückhalten*
dickfellig	*dünnhäutig*

Bei den Adjektiven **hoch, tief** und **groß** und ihren Antonymen hat man manchmal **mehrere Möglichkeiten** zur Auswahl, aber nicht immer sind alle richtig:

eine **hohe / große** Zahl von Einbrüchen	eine **niedrige / geringe** (**nicht:** ~~tiefe~~) Zahl von Verbrechen
eine **hohe / große** Anzahl von Besuchern	eine **kleine / geringe** (**nicht:** ~~niedrige~~) Anzahl von Gästen
1000 ist eine **höhere / größere** Zahl als 999.	999 ist eine **niedrigere / kleinere** Zahl als 1000.
Aber nur: 1001 ist **größer** als 1000.	**Aber nur:** 1000 ist **kleiner** als 1001.

WORTBILDUNG UND WORTBEDEUTUNG
Wörter, die das Gegenteil ausdrücken: Antonyme

ein **hoher** Preis, ein **Höchst**preis	ein **niedriger** (**nicht:** ~~tiefer~~) Preis, **aber:** ein **Tiefst**preis
Altbauten mit **hohen** Räumen / Decken	Neubauten mit **niedriger / geringer** (**nicht:** ~~niedere, tiefen~~) Raumhöhe Wohnungen mit **niedrigen** (**nicht:** ~~niedere, tiefen~~) Decken
ein **hoher** Wasserstand	ein **niedriger** (**nicht:** ~~tiefer~~) Wasserstand
ein **hohes** Niveau	ein **niedriges** (**nicht:** ~~flaches~~) Niveau
eine **hohe** (**nicht:** ~~heiße~~) Temperatur	bei **niedrigen / tiefen** (**nicht:** ~~kalten~~) Temperaturen
ein **hoher / großer** Anteil	ein **geringer / kleiner** (**nicht:** ~~niedriger~~) Anteil
ein **hoher** (**nicht:** ~~größer~~) (Geld-)Einsatz beim Pokern, **aber:** ein **Groß**einsatz der Feuerwehr	ein **niedriger / geringer** (Geld-)Einsatz beim Pokern, **aber:** ein **Klein**einsatz der Polizei
flaches (**nicht:** ~~niedriges~~) Wasser eine **flache** Diskussion	**tiefes** Wasser eine **tiefgehende / intensive** (**nicht:** ~~tiefe~~) Diskussion
ein **großer** (**nicht:** ~~hoher~~) Erfolg	ein **kleiner** Erfolg, **aber:** mit **geringem** Erfolg

(!) Verwechseln Sie nicht **die beiden Adjektive *niedrig* und *niedere(r)*.**

Das Adjektiv ***niedere(r)*** wird im Sinne von *sozial benachteiligt* oder *ethisch verwerflich* benutzt, z. B.:

Ernährungsprobleme treten in sozial **niederen** Schichten häufiger auf.
Er handelte aus **niederen** Motiven.

WORTBILDUNG UND WORTBEDEUTUNG
Wörter, die das Gegenteil ausdrücken: Antonyme

Halb leer oder *halb voll*? – Verschiedene Arten von Antonymen

Man unterscheidet bei Antonymen drei verschiedene Arten:

Graduelle Antonymie:

Dabei handelt es sich um **Gegensatzpaare, die Abstufungen zulassen**, z. B. das Paar laut und leise. Abstufungen wären hier *geräuschvoll* und *gedämpft*. Man kann diese Wörter durch verneinende Präfixe **nicht in ihr Gegenteil verkehren**: *unlaut* und *unleise* sind nicht üblich. Weitere Beispiele:

Gegensatzpaare	Abstufungen
Hitze – Kälte	Wärme, Kühle
Helligkeit – Dunkelheit	Dämmerung, Finsternis
stark – schwach	kräftig, matt
schnell – langsam	rasant, zügig, gemächlich
Absicht – Versehen	Unachtsamkeit, Gedankenlosigkeit

Inkompatibilität (Unvereinbarkeit):

Begriffe, die **gleichrangig** einem Oberbegriff untergeordnet sind, **schließen sich gegenseitig aus**. Eiche, Buche, Linde, Erle gehören unter den Oberbegriff Baum und sind deshalb antonym. Eine *Eiche* kann eben keine *Buche* sein.

Konverse (umgekehrte) und reverse (gegenläufige) Relation:

Konverse Wörter meinen ein und denselben Ablauf, betrachten diesen aber **aus verschiedenen Perspektiven**. Z. B. bezeichnen Import und Export beide den Transfer von Gütern von einem Land in ein anderes, betrachten den Vorgang aber aus verschiedenen Blickwinkeln.

Ebenso:
Eingang – Ausgang,

WORTBILDUNG UND WORTBEDEUTUNG
Wörter, die das Gegenteil ausdrücken: Antonyme

Enklave (fremdstaatliches Gebiet im eigenen Land) – Exklave (heimatstaatliches Gebiet in einem fremden Land),
hineingehen – herauskommen,
halb leer – halb voll ...

Revers ist ein Wortpaar, wenn die genannten **Vorgänge gegenläufig** sind: einatmen – ausatmen.

Ebenso:
ankleiden – auskleiden
beachten – verachten
sichern – entsichern ...

245 un-, miss-, anti-, in- / im-, gegen-, ent-: Präfixe schaffen Antonyme

Die meisten Antonyme werden im Deutschen durch **verneinende Präfixe** gebildet. Aus Frieden wird **Un**frieden, aus Klang wird **Miss**klang, aus These wird **Anti**these, aus human wird **in**human, aus Wind wird **Gegen**wind und aus erben wird **ent**erben. Weitere Beispiele:

Präfix	Begriff	Antonym
un-	gerecht, Art, fähig, dicht, Geist, Tiefe	ungerecht, Unart, unfähig, undicht, Ungeist, Untiefe (→ Tipp in R 213)
miss-	handeln, Griff, Erfolg, Täter, Management	misshandeln, Missgriff, Misserfolg, Missetäter, Missmanagement
anti-	Körper, Held, kritisch	Antikörper, Antiheld, antikritisch
in-, im-	direkt, mobil, Perfekt	indirekt, immobil, Imperfekt
gegen-	Angriff, rechnen, Wirkung, lesen	Gegenangriff, gegenrechnen, Gegenwirkung, gegenlesen
ent-	ehren, gehen, sagen	entehren, entgehen, entsagen

WORTBILDUNG UND WORTBEDEUTUNG
Wörter, die das Gegenteil ausdrücken: Antonyme

→ siehe auch R 212 (Partizip Perfekt)

> **(!)** Das **Präfix ent-** drückt **nicht immer das Gegenteil** des Basiswortes aus:
>
> - ent- als Verstärkung des Basiswortes: entleeren, entblößen, entfernen ...
> - ent- als Ausdruck der Entfernung von etwas: enteilen, entlaufen, entschweben ...
> - ent- als Ausdruck der Herauslösung aus etwas: entnehmen, entreißen ...
> - ent- als Befreiung von etwas: entgräten, entlausen, entfärben, entfallen ...
>
> → vgl. R 208 (Präfixe bei Verben)

Manchmal wird bei einem Wort das Präfix **gegen ein negierendes** (verneinendes, hier: gegensätzliches) **Präfix ausgetauscht**:

Gefallen	↔ Missfallen	Sympathie	↔ Antipathie
Vertrauen	↔ Misstrauen	Beachtung	↔ Missachtung
beseelt	↔ entseelt	exhalieren	↔ inhalieren
sich verloben	↔ sich entloben		

Schwierige Antonympaare (246)

Einzelnen Wörtern ein eindeutiges Antonym zuzuordnen ist nicht immer möglich, weil Bedeutungsvarianten andere Antonyme erfordern (→ vgl. R 243). Besonders bei **Fremdwörtern** ergeben sich Schwierigkeiten. Die folgende Übersicht versucht, ein wenig Licht ins Dunkel zu bringen.

WORTBILDUNG UND WORTBEDEUTUNG
Wörter, die das Gegenteil ausdrücken: Antonyme

Begriff	Bedeutung	Antonym
absolut	völlig, unbedingt	bedingt, relativ
emotional	gefühlsbetont, gefühlsmäßig	rational, objektiv
explizit	ausdrücklich, entschieden	implizit, einschließlich
fundiert	begründet, kundig	grundlos, oberflächlich
heterogen	nicht gleichartig	homogen, übereinstimmend
ideal	allen Vorstellungen entsprechend	real, tatsächlich
ideell	geistig, nicht materiell	materiell, stofflich
kompatibel	miteinander vereinbar	inkompatibel, unvereinbar
kompetent	maßgebend, befugt, fähig	inkompetent, nicht zuständig, unfähig
methodisch	durchdacht, planvoll	chaotisch, planlos
morbid	brüchig, morsch, krank	gesund, intakt, stabil
optional	fakultativ, nicht zwingend	zwingend
partiell	teilweise, nicht ganz	völlig, lückenlos, total
permanent	andauernd, unentwegt	gelegentlich, zeitweilig, mit Unterbrechung, sporadisch
profan	irdisch, weltlich, alltäglich	religiös, kirchlich; bemerkenswert
profund	erschöpfend, umfassend	oberflächlich, unbedeutend
reaktionär	fortschrittsfeindlich	aufgeschlossen, modern
real	wirklich, an der Wirklichkeit orientiert	irreal, unwirklich
relevant	wesentlich, wichtig	irrelevant, bedeutungslos
renitent	trotzig, widerspenstig	brav, schüchtern
tendenziös	befangen, unsachlich, parteiisch	objektiv, unvoreingenommen
trivial	alltäglich, gewöhnlich	ausgefallen, tiefgründig

→ vgl. R 247 und 248

WORTBILDUNG UND WORTBEDEUTUNG
Die häufigsten Stolperfallen bei der Wortwahl

° Die häufigsten Stolperfallen bei der Wortwahl

TESTEN SIE IHR WISSEN

1 Wenn die Apparatur aus der Rüschenbluse raus ist …   ⋮ (247)

… dann sind Sie – in eine Stolperfalle geraten. Richtig heißt es nämlich „Appretur". Stolpern Sie jetzt nicht bei folgenden Beispielen und unterstreichen Sie das richtige Wort.

a) Er hat zum Thema Sex vor der Ehe eine sehr *dedizierte / dezidierte* Meinung.
b) Sie zeigt ihrem Freund gegenüber ein ziemlich *inkonsistentes / inkontinentes* Verhalten.
c) Die Professorin ist eine *Konifere / Koryphäe* auf dem Gebiet der Fehlerlinguistik.
d) Rübezahl ist eine *mystische / mythische / mysteriöse* Gestalt des Riesengebirges.

2 Abrufbare Fähigkeiten   ⋮ (249)

Unterstreichen Sie die richtige Wortform.

a) Sie war in ihrer Meinung nicht *beeinflussfähig / beeinflussbar*.
b) Er stieß einen kaum *zitierfähigen / zitierbaren* Fluch aus.
c) Das Tiefenruder war ausgefallen und somit das U-Boot nicht mehr *steuerfähig / steuerbar*.

3 Erscheinungen   ⋮ (252)

Unterstreichen Sie die richtige Verbform.

a) Seine Situation *erschien / schien* hoffnungslos zu sein.
b) Es *erscheint / scheint* notwendig, dass hier Korrekturen vorgenommen werden.
c) Seine Situation *erschien / schien* hoffnungslos.

WORTBILDUNG UND WORTBEDEUTUNG
Die häufigsten Stolperfallen bei der Wortwahl

4 Gewohnheitssache ⇝ 254
Unterstreichen Sie die richtige Wortform.

a) Er ist das Treppensteigen nicht *gewohnt / gewöhnt*.
b) Wir sind schon daran *gewohnt / gewöhnt*, dass er immer zu spät kommt.
c) Sie ist als Mutter von drei Kindern *gewohnt / gewöhnt*, Stress zu haben.

5 Bares in Scheinen ⇝ 255
Unterstreichen Sie in diesen Zusammensetzungen die richtige Wortform.

a) Sie wohnt noch nicht lange hier und hat *anscheinend / scheinbar* auch keine Verwandten in der Stadt.
b) Der verdeckte Ermittler ging *anscheinend / scheinbar* auf das Angebot des Dealers ein.
c) Die Sonne dreht sich *anscheinend / scheinbar* um die Erde

6 Das war schon immer so ⇝ 256
Unterstreichen Sie die falschen Wörter bzw. Wortfügungen. Wie muss es richtig heißen?

a) Meines Erachtens nach ist es dafür noch nicht zu spät.
b) Nachts, insbesonders wenn es regnet, fahre ich nicht gern Auto.
c) Seit alters her findet an diesem Tag ein Festumzug statt.

LÖSUNGEN:

1 a) dezidierte **b)** inkonsistentes, **c)** Koryphäe, **d)** mythische • **2 a)** beeinflussbar, **b)** zitierfähigen / zitierbaren, **c)** steuerbar • **3 a)** schien, **b)** erscheint / scheint, **c)** erschien / schien • **4 a)** gewohnt, **b)** gewöhnt, **c)** gewohnt • **5 a)** anscheinend, **b)** scheinbar, **c)** scheinbar • **6 a)** Meines Erachtens ~~nach~~ / Meiner Meinung nach, **b)** ~~insbesonders~~ insbesondere / besonders, **c)** Seit alters ~~her~~ / Von alters her

WORTBILDUNG UND WORTBEDEUTUNG
Die häufigsten Stolperfallen bei der Wortwahl

247 Ein *Restaurator* beim *Restaurateur* – Wörter mit ähnlichem Aussehen, aber unterschiedlicher Bedeutung

Viele Wörter sehen sich sehr ähnlich und werden deshalb leicht verwechselt. In der folgenden Übersicht finden Sie die häufigsten „Stolperpaare".

abstrus – *verworren, absonderlich* ein abstruser Gedanke	**absurd** – *widersinnig, abwegig* absurdes Theater
dediziert – *gewidmet, geweiht* ein dediziertes Buch	**dezidiert** – *entschieden, entschlossen* eine dezidierte Meinung
effektiv – *tatsächlich; wirksam* effektiver Zins; eine effektive Trainingsmethode	**effizient** – *erfolgreich im Verhältnis zu den eingesetzten Mitteln, wirtschaftlich, leistungsfähig* eine effiziente Arbeitsweise
ethnisch – *die Sprache und Kultur eines Volkes betreffend* verschiedene ethnische Gruppen	**ethisch** – *sittlich, moralisch* hohe ethische Ansprüche
der Fond – *Rücksitz im Auto; Bratensaft* im Fond des Taxis ein würziger Rinderfond	**der Fonds** – *Geldreserve, Vermögensanlage* ein Fonds zur Schuldentilgung
formal – *äußerlich, die Form betreffend* ein formal korrektes Schreiben	**formell** – *förmlich, der Form entsprechend* eine formelle Entschuldigung
die Geisel – *Gefangene/-r* fünf wohlbehaltene Geiseln	**die Geißel** – *Peitsche, Plage* die Geißel der Armut
der / das Grad – *Maßeinheit* fünf Grad Celsius	**der Grat** – *scharfer Bergrücken* der verschneite Südwestgrat

WORTBILDUNG UND WORTBEDEUTUNG
Die häufigsten Stolperfallen bei der Wortwahl

Hypertonie – *erhöhter Druck*
unter Hypertonie (Bluthochdruck) leiden

Hypotonie – *verringerter Druck*
unter Hypotonie (niedrigem Blutdruck) leiden
→ R 215

ideal – *bestmöglich*
Der Zeitpunkt ist ideal für den Umzug.

ideell – *gedanklich, geistig*
Die Vase hat nur noch ideellen Wert.

real – *wirklich vorhanden*
ein Versuch unter realen Bedingungen

reell – *ehrlich, echt*
Unser Chef ist ein reeller Mensch.

Koryphäe – *Könner in seinem Fach*
Er ist eine Koryphäe auf seinem Gebiet.

Konifere – *Nadelholzgewächs*
Die Weißtanne gehört zu den Koniferen.

legal – *dem Gesetz gemäß*
legale Steuertricks

legitim – *vertretbar, berechtigt*
ein legitimer Anspruch

materiell – *an Dingen und Gütern orientiert*
der materielle Wert von Gütern

materialistisch – *auf materiellen Vorteil bedacht*
eine materialistische Einstellung

mystisch – *geheimnisvoll*
eine mystische Geschichte

mysteriös – *rätselhaft, dunkel*
ein mysteriöser Vorfall

mythisch – *zur Sagenwelt gehörend*
die mythische Dichtung

Mistel – *Schmarotzerpflanze an Bäumen*

Mispel – *Kernobstgehölz*

Myrre / Myrrhe – *Baumharz, das als Räuchermittel verwendet wird*

Myrte – *immergrüner Strauch*

WORTBILDUNG UND WORTBEDEUTUNG
Die häufigsten Stolperfallen bei der Wortwahl

niedrig – *klein, flach; in geringer Höhe; zahlenmäßig gering, wenig*

niedrige Schuhabsätze

nieder – *von geringem Rang; wenig entwickelt*

niedere Gesinnung

→ Tipp in R 243

original – *echt, ursprünglich*

original irischer Whisky

(*original* wird nicht dekliniert.)

originell – *einzigartig; schöpferisch*

ein origineller Einfall

Präsens – *eine Zeitform*

Präsenz – *Anwesenheit*

rational – *vernunftgemäß, vernünftig*

ein rational handelnder Mensch

rationell – *wirtschaftlich, zweckmäßig*

eine rationelle Arbeitsmethode

Referenz – *Empfehlung, Bezugnahme*

gute Referenzen vorweisen können

Reverenz – *Ehrerbietung*

seine Reverenz erweisen

Restaurator – *stellt alte Kunstwerke wieder her*

Restaurateur – (veraltet:) *Besitzer eines Restaurants*

spezial – *veraltet für „speziell"*

(*spezial* wird nicht dekliniert)

speziell – *von besonderer Art*

Wir alle haben unsere speziellen Interessen.

das Teil – *Stück eines Ganzen mit einer gewissen Selbstständigkeit*

ein fehlendes Maschinenteil

der Teil – *Teil eines Ganzen*

der vordere Teil des Hauses

→ R 103

tendenziell – *der Tendenz nach*

eine tendenzielle Verbesserung

tendenziös – *befangen, einseitig*

eine tendenziöse Berichterstattung

wohlgesinnt – *entgegenkommend, freundlich gesinnt*

ein wohlgesinnter Mensch

wohlgesonnen – *umgangssprachlich für wohlgesinnt; ursprünglich gab es dieses Wort nicht. Die Bedeutung ist dieselbe.*

WORTBILDUNG UND WORTBEDEUTUNG
Die häufigsten Stolperfallen bei der Wortwahl

Wörter – *einzelne Wörter* ein Satz mit fünf Wörtern	**Worte** – *gehobener Ausdruck für ganze Sätze* deutliche Worte sprechen

→ vgl. auch R 198

(!) Wenn Sie die Wörter **Sprichwort** und **Stichwort** in den **Plural setzen**, müssen Sie aufpassen:

Es gibt Sprich**wörter**, die man nicht befolgen sollte. (Nur eine Pluralform!)

Er schaute kurz auf seine Stich**worte** und hielt dann seine Rede. (Diese Pluralform können Sie verwenden, wenn sie einen größeren Zusammenhang repräsentiert.)

Das Verzeichnis der Stich**wörter** befindet sich am Ende des Buches. (Diese Form des Plurals verwenden Sie am besten, wenn es sich um eine alphabetische Anordnung ohne inneren Zusammenhang handelt.)

Profan, aber nicht *banal* – Wörter, die Ähnliches, aber nicht dasselbe bedeuten (248)

Manche Wörter sehen völlig unterschiedlich aus, aber sie haben ähnliche Bedeutung. Dennoch sollte man sie, eben weil sie nicht ganz dasselbe bedeuten, gut unterscheiden, damit man sie richtig einsetzt:

> **Antitranspirant** – hemmt oder verhindert die Schweißbildung
> **Deodorant** – wirkt gegen Körpergeruch

WORTBILDUNG UND WORTBEDEUTUNG
Die häufigsten Stolperfallen bei der Wortwahl

autark – wirtschaftlich unabhängig: ein autarker Staat

autonom – selbstständig, politisch unabhängig, nach eigenen Gesetzen lebend: eine autonome Gruppe von Menschen

konsequent – folgerichtig, logisch; entschlossen, beharrlich: eine konsequente Erziehung

logisch – folgerichtig: ein logischer Gedanke

stringent – zwingend: ein stringentes Verhalten

banal – inhaltslos, alltäglich: eine banale Angelegenheit

profan – alltäglich; weltlich (nicht religiös): profane Architektur (↔ sakrale Architektur)

trivial – oberflächlich, anspruchslos, seicht: triviale Unterhaltung

ironisch – leicht spöttisch

sarkastisch – mit beißendem Spott

zynisch – verächtlich, verletzend spöttisch

der gleiche – identisch in der Art: das gleiche Auto fahren wie der Nachbar

derselbe – identisch: dasselbe Auto, das neulich vor der Einfahrt stand
→ R 257

verständig – klug, einsichtig: sich verständig zeigen

verständlich – akustisch oder inhaltlich verstehbar: in verständlichen Worten schreiben

verstehbar – verstandesmäßig erfassbar: eine nur schwer verstehbare Erklärung

WORTBILDUNG UND WORTBEDEUTUNG
Die häufigsten Stolperfallen bei der Wortwahl

Kleckern in feinen Abstufungen

Eine Frau, ihr ehemaliger und ihr aktueller Lebenspartner sitzen gemeinsam im Restaurant. Beim Essen bekleckert sich die Frau mit Soße. Der aktuelle Lebenspartner kommentiert diesen Vorfall ironisch: „Die Farbe der Soße passt beinahe zur Farbe deiner Bluse." Der ehemalige Lebenspartner fügt sarkastisch hinzu: „Du hast schon immer akribisch dein Essen nach der Farbe deiner Bluse gewählt." Und die Frau entgegnet beiden zynisch: „Die motorischen Fähigkeiten des Mannes reichen oft nicht einmal zu sabberfreiem Bierverzehr. Aber zum Glück lassen sich die Bierflecken auf euren Unterhemden immer restlos entfernen."

Nicht der Gleitschirm ist *lenkfähig*, sein Lenker muss es sein! – Bedenkliche Adjektivbildungen mit *-fähig*

(249)

Eine Brücke kann tragfähig, ein Insekt schwimmfähig, ein Beschluss mehrheitsfähig und eine Truppe kampffähig, eine Arbeitnehmerin wieder arbeitsfähig, ein Politiker manchmal lernfähig sein. Das Adjektiv **fähig** bedeutet nämlich, dass jemand oder etwas in der Lage ist, etwas zu tun oder die Voraussetzungen für etwas erfüllt. Dementsprechend haben Zusammensetzungen mit *-fähig* aktivischen Sinn. Erstglieder solcher Zusammensetzungen sind Verbstämme.

Dieser Stoff ist sehr strapazierfähig.
Margarine bleibt auch gekühlt streichfähig.

Ebenfalls aktivische Bedeutung haben mit *-fähig* gebildete Adjektive, deren erster Bestandteil ein Verbalsubstantiv (= ein Nomen, das von einem Verb abgeleitet wurde) ist. Sie drücken aus, dass jemand oder etwas für etwas geeignet ist oder sich in einem Zustand befindet, der etwas Bestimmtes gestattet:

Die Patientin ist nicht transportfähig.
Die Zeugin liegt im Krankenhaus und ist noch nicht vernehmungsfähig.

WORTBILDUNG UND WORTBEDEUTUNG
Die häufigsten Stolperfallen bei der Wortwahl

Der Schneepflug steht einsatzfähig im Hof.
Diese Sonderausgaben erkennt das Finanzamt als abzugsfähig an.

In diesen Fällen hat -*fähig* seine Bedeutung als eigenständiges Adjektiv verloren und hat die Rolle eines Suffixes angenommen, es wird als **Suffixoid** (oder: **Affixoid**) verwendet. Manchmal tritt es dann auch in Konkurrenz zum **Suffix -*bar***:

ein strapazierfähiger / strapazierbarer Stoff
ein nicht zitierbarer / zitierfähiger Fluch

Bei manchen Zusammensetzungen mit -*fähig* liegt aber eine Verwechslung von Aktiv und Passiv vor: ein lenkfähiger Gleitschirm kann nicht selbst lenken, sondern kann gelenkt werden, ist also lenkbar. Hier darf die dem Suffix -*bar* innewohnende passivische Bedeutung nicht mit dem Suffixoid (= ein Wort, das wie ein Suffix benutzt wird) -*fähig* ausgedrückt werden. Dies gilt auch z. B. für beeinflussbar (nicht: ~~beeinflussfähig~~), lieferbar (nicht: ~~lieferfähig~~) oder verwechselbar (nicht: ~~verwechslungsfähig~~).
In vielen Fällen ist es stilistisch besser, statt der möglichen Bildungen mit -*fähig* Adjektive auf -*bar* oder Alternativen zu verwenden.

💡 Seien Sie vorsichtig, wenn Sie **Zusammensetzungen mit -*fähig*** verwenden. Prüfen Sie, ob sich nicht ein anderes Wort oder eine Umschreibung finden lässt, die besser ausdrückt, was Sie meinen. Es lohnt sich in den meisten Fällen.

Zusammensetzung mit -fähig	bessere Alternative
abzugs**fähig**	absetzbar, abziehbar
beihilfe**fähig**	anrechenbar
einsatz**fähig**	einsatzbereit
genehmigungs**fähig**	kann genehmigt werden
publikations**fähig**	publizierbar

WORTBILDUNG UND WORTBEDEUTUNG
Die häufigsten Stolperfallen bei der Wortwahl

transfer**fähig**	verkäuflich, transferierbar
vernehmungs**fähig**	kann vernommen werden (vernehmungsfähig sollte der Beamte sein.)
zitier**fähig**	zitierbar

→ siehe auch R 221 (Suffixe für Adjektive)

Was für einen Wein möchten Sie trinken? – *Einen guten!* – Problemfall *was für ein / welcher*

250

Der Frager hat mit Sicherheit etwas anderes hören wollen, aber die Antwort auf die Frage „Was für einen Wein möchten Sie trinken?" lautet eben „Einen guten" oder „Einen preiswerten". Man könnte natürlich auch antworten „Einen französischen", „Einen trockenen Weißwein", „Einen leichten Rotwein" oder „Einen aus der Pfalz". Mit der Fügung *was für ein* wird nämlich nach **der Art oder der Beschaffenheit** einer Sache oder auch eines Wesens gefragt. Man erwartet als Antwort also **eine Auswahl aus der jeweiligen Art oder Gattung**:

Was für einen Wein möchten Sie trinken? – Einen halbtrockenen Weißwein.
Was für ein Kleid möchtest du dir kaufen? – Ein Abendkleid.
Was für eine Partei wählt er wohl? – So wie ich ihn einschätze, eine konservative.
Was für ein Modell würden Sie mir empfehlen? – Das mit der höheren Umdrehungszahl.
Was für eine Lehrerin ist das? – Eine strenge.
In was für Filmen hat sie mitgespielt? – Meistens in Krimis.

Wenn man nach einer ganz bestimmten Sache oder nach einem ganz bestimmten Wesen fragt, also die Antwort **eine konkrete Auswahl aus einer bestimmten Art oder Menge** darstellt, wird das Fragepronomen *welcher, welche, welches* benutzt:

WORTBILDUNG UND WORTBEDEUTUNG
Die häufigsten Stolperfallen bei der Wortwahl

Welches Kleid (= welches von diesen Kleidern hier) soll ich anziehen? – Das bunte, das macht dich jünger.
Welche Partei wählt er wohl? – So wie ich ihn einschätze, die „Alternative Liste".
Welches Modell würden Sie mir empfehlen? – Den stufenlos verstellbaren TX 200.
Welche Lehrerin ist das? – Unsere Lateinlehrerin.
In welchem Film hat sie mitgespielt? – In „Ein Quantum Trost".

Die Fügung **was für ein** steht vor einem Nomen, das Pronomen *was* bleibt stets unverändert, dekliniert wird nur *ein-*, und zwar wie der unbestimmte Artikel. Steht die Fügung allein, wird der Bestandteil *ein-* wie das Indefinitpronomen *einer, eine eines* dekliniert:

vor einem Nomen (Artikelwort)	alleinstehend (Pronomen)
Was für **ein** Mensch ist das nur?	Was für **einer** ist das nur?
Was für **ein** Buch liest sie?	Was für **ein(e)s** liest sie?
Plural: *was für*	**Plural:** *welche*
Was für Menschen sind das?	Was für **welche** sind das?
Was für Bücher liest sie?	Was für **welche** liest sie?

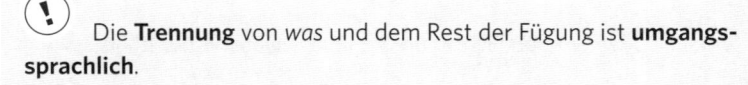

(!) Die **Trennung** von *was* und dem Rest der Fügung ist **umgangssprachlich**.

Nicht: ~~Was macht sie denn heute für ein Gesicht?~~
Sondern: Was für ein Gesicht macht sie denn heute?

Nicht: ~~Was erzählst du denn da wieder für Schauermärchen?~~
Sondern: Was für Schauermärchen erzählst du denn da wieder?

Ebenfalls umgangssprachlich ist die Verwendung von *was für welch-* anstelle von *was für ein*:

WORTBILDUNG UND WORTBEDEUTUNG
Die häufigsten Stolperfallen bei der Wortwahl

Nicht: Sie trinkt gern Rotwein. – ~~Was für welchen?~~ – Spätburgunder.
Sondern: Sie trinkt gern Rotwein. – Was für einen? – Spätburgunder.

Lange gewartet, weil die Schlange *lang* war – Adjektive mit und ohne e-Auslaut

251

Einige Adjektive werden heute mit oder ohne **-e im Auslaut** gebraucht (blöd - blöde; fad - fade; feig - feige ...).

Bei manchen dieser Adjektive ist die Form **mit dem auslautenden -e** die allgemein übliche (feige), sie ist im Allgemeinen **stilistisch neutral**.

Die Form **ohne -e** hingegen enthält oft eine stilistische Nuance. Sie wird besonders dann verwendet, wenn eine persönliche Anteilnahme ausgedrückt werden soll, wenn die Ausdrucksweise also von **Emotionalität** geprägt ist. Es kann aber auch eine **Bedeutungsdifferenzierung** vorliegen wie z. B. bei los = abgelöst, abgetrennt und lose = nicht mehr fest, locker.
Beispiele:

Adjektiv	Form mit -e	Form ohne -e
blöd - blöde	standardsprachlich	standardsprachlich; umgangssprachlich im Sinne von „dumm, töricht"
bös - böse	standardsprachlich	süddeutsch, umgangssprachlich
fad - fade	standardsprachlich	besonders süddeutsch und österreichisch ohne -e
feig - feige	standardsprachlich	standardsprachlich seltener
irr - irre	standardsprachlich und umgangssprachlich üblich	seltener

WORTBILDUNG UND WORTBEDEUTUNG
Die häufigsten Stolperfallen bei der Wortwahl

leis - leise	standardsprachlich	veraltet; noch in regionaler Umgangssprache
mild - milde	standardsprachlich; eher norddeutsch	standardsprachlich; eher süddeutsch
träg - träge	standardsprachlich	standardsprachlich etwas seltener
trüb - trübe	standardsprachlich	standardsprachlich seltener
zäh - zähe	standardsprachlich	standardsprachlich selten

(!) Die unterschiedlichen Formen *lang* und *lange* sind allerdings keine Schreibvarianten. Hier muss beim Gebrauch zwischen *lang* als der ungebeugten Grundform des Adjektivs und *lange* als **Adverb** unterschieden werden.

Adjektiv (*lang, langer, lange, langes*):

Sie hat **langes** schwarzes Haar.
Die Hose ist **zu lang**.
Die Warteschlange vor dem Stadioneingang schien endlos **lang** (nicht: ~~lange~~).

Adverb (nur: *lange*):

Sie hatte **lange** warten müssen.
Er war **lange** krank.
Seine Rede hat einfach **zu lange** gedauert.

Besonders in der süddeutschen Umgangssprache wird häufig die Adjektivform *lang* anstatt der Adverbform *lange* verwendet. Das ist standardsprachlich nicht korrekt:

Sie hat ~~lang~~ (korrekt: lange) warten müssen.
Er war ~~lang~~ (korrekt: lange) krank.

WORTBILDUNG UND WORTBEDEUTUNG
Die häufigsten Stolperfallen bei der Wortwahl

Dieser Weg *erschien* oder *schien* mir der richtige – Wann gebraucht man *erscheinen*, wann *scheinen*?

252

Das Verb **erscheinen** bedeutet zum einen *sichtbar werden; auftreten; sich zeigen*, zum anderen verwendet man es in der Bedeutung *sich in bestimmter Weise darstellen; (bei jemandem) einen bestimmten Eindruck hervorrufen*. Nur in diesem Sinne stimmt es mit dem Verb **scheinen** inhaltlich überein, beide Verben können somit synonym (bedeutungsgleich) verwendet werden. Beide Verben dürfen jedoch in diesem Sinnbereich nur ausgetauscht werden, wenn eine **Adjektivgruppe, ein einfaches Satzglied, ein Nebensatz oder ein selbstständiger Teilsatz folgen**:

Dieser Weg erschien / schien ihr der richtige.
Seine Situation erschien / schien hoffnungslos.
Es erscheint / scheint notwendig, dass hier Korrekturen vorgenommen werden.
Dieser Hinweis erscheint / scheint überflüssig, denn der Text ist auch so verständlich.

Wird der Satz jedoch mit einem **Infinitiv mit *zu*** weitergeführt, ist nur die Verwendung von *scheinen* standardsprachlich korrekt:

Dieser Weg schien (nicht korrekt: ~~erschien~~) ihr der richtige zu sein.
Seine Lage schien (nicht korrekt: ~~erschien~~) hoffnungslos zu sein.
Dieser Hinweis scheint (nicht korrekt: ~~erscheint~~) überflüssig zu sein, denn der Text ist auch so verständlich.

Sind Sie sich nicht sicher, ob in einem Satz *erscheinen* oder *scheinen* zu verwenden ist, können Sie keinen Fehler machen, wenn Sie das einfache *scheinen* verwenden.

WORTBILDUNG UND WORTBEDEUTUNG
Die häufigsten Stolperfallen bei der Wortwahl

253. *Trauen* Sie sich ruhig ins kalte Wasser, oder *getrauen* Sie sich nicht? – Wann gebraucht man *sich getrauen*, wann *sich trauen*?

Im Sinne von „genug Mut besitzen, etwas tun" kann man sowohl **sich getrauen** als auch **sich trauen** verwenden. Beide Verben sind im Wesentlichen synonym. Einige Besonderheiten sollten aber beachtet werden.

Das **reflexive *sich getrauen*** wird in der heutigen Standardsprache überwiegend mit dem **Reflexivpronomen im Akkusativ** gebraucht:

Ich getraue mich nicht zu fragen.

Der Dativ ist selten, aber durchaus korrekt:

Ich getraue mir nicht zu fragen.

Hängt von *sich getrauen* ein Akkusativ der Sache ab, setzt man das Reflexivpronomen jedoch besser in den **Dativ**:

Ich würde mir (besser als: ~~mich~~) die Reparatur des Geräts schon getrauen / zutrauen.

Wird *sich getrauen* ohne Akkusativ der Sache gebraucht, steht es nur mit dem **Akkusativ**, nicht mit dem Dativ:

Frag ihn doch, ob er dir das Geld leiht. – Ich getraue mich (nicht: ~~mir~~) nicht.

Wo *sich getrauen* mit dem **Reflexivpronomen im Akkusativ** verbunden wird, kann es auch **durch *sich trauen* ersetzt** werden:

Ich getraue (ebenfalls korrekt: traue) mich nicht zu fragen.
Frag ihn doch, ob er dir das Geld leiht. – Ich getraue mich (ebenfalls korrekt: traue mich) nicht.

WORTBILDUNG UND WORTBEDEUTUNG
Die häufigsten Stolperfallen bei der Wortwahl

💡 Liegt die Bedeutung „sich an eine bestimmte Stelle / von einer bestimmten Stelle wagen" vor, sollte man nur *sich trauen* verwenden:
Ich traue mich nicht (nicht: ~~getraue mich nicht~~) ins Wasser / aus dem Haus.

Das reflexive ***sich (etwas) zutrauen*** wird nur mit dem **Dativ** der Person verbunden:
Ich würde (es) mir schon zutrauen, das Gerät selbst zu reparieren.

In diesen Fällen ist *sich (etwas) zutrauen* auch mit *sich getrauen* + Akkusativ der Person und *sich trauen* + Akkusativ der Person austauschbar:
Ich würde mir schon zutrauen, das Gerät selbst zu reparieren.
Oder: Ich würde mich (nicht: ~~mir~~) schon getrauen, das Gerät selbst zu reparieren.
Oder: Ich würde mich (nicht: ~~mir~~) schon trauen, das Gerät selbst zu reparieren.

gewöhnt oder *gewohnt* – Gewöhnen Sie sich an den richtigen Gebrauch 〔254〕

Das Partizip ***gewöhnt*** (vgl. *Gewöhnung*) **drückt einen Vorgang aus**. Man findet sich in einer Situation allmählich zurecht. Standardsprachlich korrekt wird gewöhnt **immer mit der Präposition *an*** verbunden:
Sie hat sich **gewöhnt an** frühes Aufstehen (Oder: Sie ist an frühes Aufstehen gewöhnt).
Du bist noch nicht **an** seine Art **gewöhnt**.

Wird ein Pronominaladverb verwendet, kann dementsprechend nur ***daran*** oder auch ***woran*** stehen:

WORTBILDUNG UND WORTBEDEUTUNG
Die häufigsten Stolperfallen bei der Wortwahl

Sie ist **daran gewöhnt**, früh aufzustehen.
Sie hat sich längst eine stilistisch gute Schreibweise angeeignet, **woran** du noch immer nicht **gewöhnt** bist.

Das Partizip *gewohnt* (vgl. *Gewohnheit*) **drückt einen Zustand aus**. Wenn man etwas *gewohnt* ist, hat man sich längst darauf eingestellt; man hat sich längst daran *gewöhnt*. Korrekterweise wird *gewohnt* **immer mit dem Akkusativ** verbunden:

Sie ist als Krankenschwester anstrengenden Dienst **gewohnt**.
Er ist diesen rauen Umgangston am Arbeitsplatz nicht **gewohnt**.

Häufig wird *gewohnt* auch **mit *zu* + Infinitiv** verwendet:

Sie ist es als Krankenschwester **gewohnt**, anstrengenden Dienst **zu haben**.
Er ist es nicht **gewohnt**, so respektlos **angeredet zu werden**.

255 Hat sie *anscheinend* oder *scheinbar* recht? – Achten Sie auf den Unterschied

Wer *anscheinend* und *scheinbar* unterschiedslos verwendet, begeht leicht einen Fehler.

Mit **anscheinend** wird die **Vermutung** zum Ausdruck gebracht, dass etwas so ist, wie es erscheint. Man glaubt, dass etwas aufgrund des Anscheins auch wirklich ist. Beispiele:

Die Vorhänge sind zugezogen, man sieht kein Licht. **Anscheinend** ist niemand zu Hause.

Sie hat eine heiße Stirn, ihre Wangen sind ganz rot. Sie hat **anscheinend** Fieber.

Sie wohnt noch nicht lange hier und hat **anscheinend** auch keine Verwandten in der Stadt.

Gestern hat er noch erklärt, er wolle sie nie mehr sehen. Heute Morgen hat er schon wieder mit ihr telefoniert. Er hat seine Meinung **anscheinend** über Nacht geändert.

WORTBILDUNG UND WORTBEDEUTUNG
Die häufigsten Stolperfallen bei der Wortwahl

Das Wort **scheinbar** besagt, dass etwas nur **dem Schein nach**, aber nicht in Wirklichkeit so ist, wie es sich darstellt. Was nur scheinbar ist, ist eine – oft bewusste – Täuschung, verhält sich in der Realität anders. Beispiele:

Wir sehen die Sonne im Osten aufgehen und im Westen wieder untergehen. Die Sonne dreht sich **scheinbar** um die Erde.
(Aber wir wissen es besser: Die Erde dreht sich um die Sonne!)

Der verdeckte Ermittler ging **scheinbar** auf das Angebot des Dealers ein.
(Der Ermittler tat nur so, als ob er einen Handel abschließen wolle. In Wirklichkeit wollte er den Dealer auf frischer Tat ertappen.)

Sie hörte ihm mit **scheinbarer** Anteilnahme zu.
(In Wirklichkeit interessierte sie nicht, was er ihr erzählte.)

Merken Sie sich also folgende Regel:

anscheinend = wie es den Anschein hat; vermutlich, offenbar

scheinbar = nur dem äußeren Schein nach; in Wirklichkeit anders; nur vorgetäuscht, nicht echt

> (!) Auch wenn die Umgangssprache zwischen den beiden Wörtern oft nicht mehr unterscheidet, muss man stilistisch korrekt in jedem Fall dort unterscheiden, wo Missverständnisse entstehen können:
>
> Will man eine **Vermutung** ausdrücken, also sagen, was man selbst glaubt, kann es nur heißen: Es macht ihr anscheinend nichts aus.
>
> Hat man selbst den Eindruck, dass sich jemand **nur äußerlich** gelassen zeigt, darf man nur sagen: Es macht ihr scheinbar nichts aus.

WORTBILDUNG UND WORTBEDEUTUNG
Die häufigsten Stolperfallen bei der Wortwahl

256 Du hättest *zumindestens* oder *zumindest* anrufen können – Stolperfalle Wortkreuzungen (Kontaminationen)

Selbst stilistisch erfahrene Vielschreiber geraten leicht ins Strauchein bei den so genannten **Wortkreuzungen** (Kontaminationen). Dies sind falsch zusammengesetzte Wörter oder Wortfügungen, die sowohl hinsichtlich ihrer Form als auch inhaltlich verwandt sind. Ein beliebtes Beispiel dafür ist das im Süddeutschen und Schweizerischen gern verwendete Wort Gebäulichkeiten als Mischung aus *Gebäude* und *Baulichkeiten*.

Oftmals entstehen bei der Bildung dieser Wortkreuzungen auch Begriffe oder Wendungen, bei denen ein Teil redundant, also überflüssig ist. Hier eine Auswahl solcher stilistischer Fußangeln:

Nicht so:	Sondern so:
~~Seit alters her~~ findet an diesem Tag ein Festumzug statt.	**Seit alters / Von alters her** findet an diesem Tag ein Festumzug statt.
Die alte Fabrikhalle wurde gesprengt und das Gelände ~~einplaniert~~.	Die alte Fabrikhalle wurde gesprengt und das Gelände **planiert / eingeebnet**.
Die neu gewählte Präsidentin ~~entstammt aus~~ einer Arbeiterfamilie.	Die neu gewählte Präsidentin **stammt aus** einer Arbeiterfamilie. / **entstammt** einer Arbeiterfamilie.
~~Meines Erachtens nach~~ ist es dafür noch nicht zu spät.	**Meines Erachtens / Meiner Meinung nach** ist es dafür noch nicht zu spät.
~~Unseres Ermessens nach~~ solltet ihr sein Angebot annehmen.	**Nach unserem Ermessen / Unserer Einschätzung nach** solltet ihr sein Angebot annehmen.
Nachts, ~~insbesonders~~ wenn es regnet, fahre ich nicht gern Auto.	Nachts, **insbesondere / besonders** wenn es regnet, fahre ich nicht gern Auto.

WORTBILDUNG UND WORTBEDEUTUNG
Die häufigsten Stolperfallen bei der Wortwahl

Du hättest ~~zumindestens~~ anrufen können.	Du hättest **zumindest** (oder: **zum Mindesten**) anrufen können.
Ihm wurde das Projekt ~~aufoktroyiert~~.	Ihm wurde das Projekt **aufgezwungen / oktroyiert**.
Wir müssen das Problem ~~auseinanderteilen~~.	Wir müssen das Problem **in mehrere kleinere teilen / auseinandernehmen**.
Die ~~anlässlich zu unserem Firmenjubiläum~~ erschienene Broschüre kann man aus dem Internet herunterladen.	Die **anlässlich unseres Firmenjubiläums / zu unserem Firmenjubiläum** erschienene Broschüre kann man aus dem Internet herunterladen.

Das gleiche Auto ist noch lange nicht *dasselbe* – Achten Sie auf den feinen Unterschied   (257)

Gleichheit – nicht immer für alle(s)!

Da hängen sie in der Boutique nebeneinander auf der Stange, zum Verwechseln ähnlich: zwei hinreißende Sommerkleider, dieselbe Farbe, derselbe figurbetonte Schnitt, sogar dieselbe Größe. Die beiden Freundinnen sehen die guten Stücke, sind begeistert, kaufen sie sofort, behalten sie gleich an. Bezaubernd sehen sie aus, wenn sie jetzt im selben Kleid durch die Fußgängerzone bummeln. Optisch ist das mit Sicherheit ganz toll, nur stilistisch ist es falsch. Denn schließlich stecken beide Damen nicht gemeinsam in derselben Hülle, jede trägt ihr eigenes Kleid! Es handelt sich zwar um dasselbe Modell, aber um zwei Dinge. Folglich tragen die beiden Freundinnen das gleiche Kleid (nicht dasselbe!).

Die Demonstrativbegleiter bzw. Demonstrativpronomen **(der)selbe, (die)selbe, (das)selbe** bezeichnen die **Identität** einer einzelnen Sache:

WORTBILDUNG UND WORTBEDEUTUNG
Die häufigsten Stolperfallen bei der Wortwahl

Die beiden Schreibkräfte arbeiten am **selben** Computer (= sie teilen sich einen Computer).

Im Unterschied dazu bezieht sich *der gleiche, die gleiche, das gleiche* auf zwei oder mehrere Sachen, also **die Identität einer Art oder Gattung**:

Ich habe den **gleichen** Computer wie mein Freund (= ich habe einen Computer desselben Fabrikats).

In der Umgangssprache nimmt man es hier allerdings nicht so genau. Denn im Allgemeinen ergibt sich aus dem Zusammenhang, was gemeint ist. So kann eine der Damen aus dem Beispiel oben sagen: „Meine Freundin hat dasselbe Kleid" (verstärkt auch: *genau dasselbe Kleid*), und wir verstehen es richtig: Sie meint ein Kleid in derselben Farbe, mit demselben Schnitt, vielleicht sogar in derselben Größe (wie das Kleid der Freundin).

(!) Wenn Sie von Personen oder Tieren sprechen, die es nur einmal gibt auf der Welt, sollten Sie nur der-/die-/dasselbe benutzen:

Es war **dieselbe** Frau, die mich neulich am Bahnhof ansprach.
Das ist **dieselbe** Katze, die neulich von uns Milch bekam.

258 *Madrilene trifft Jenenserin* – schwierige Einwohnerbezeichnungen

Die Mehrzahl der Einwohnerbezeichnungen von Städten wird gebildet, indem an den (unveränderten oder umgelauteten) Städtenamen das **Suffix -er(in)** angehängt wird:

Amsterdam	→ Amsterdam**er(in)**	New York	→ New York**er(in)**
Berlin	→ Berlin**er(in)**	Rom	→ Röm**er(in)**
Darmstadt	→ Darmstädt**er(in)**	Stuttgart	→ Stuttgart**er(in)**
Gotha	→ Gotha**er(in)**		

WORTBILDUNG UND WORTBEDEUTUNG
Die häufigsten Stolperfallen bei der Wortwahl

Einige Einwohnerbezeichnungen weichen aber von diesem Bildungsmuster ab und haben **besondere Endungen**, und zwar abhängig von der jeweiligen Endung des Ortsnamens. Hier eine Auswahl der auftretenden Besonderheiten:

Ortsname endet auf unbetontes *-er* → Einwohnerbezeichnung auf *-aner(in)*:

Hannover	→ Hannover**aner(in)**
Jever	→ Jever**aner(in)**
Münster	→ Münster**aner(in)**
Salzgitter	→ Salzgitter**aner(in)**, auch: Salzgitter**er(in)**

Ortsname endet auf *-e / -a* → Einwohnerbezeichnung auf *-enser(in)*:

Jena	→ Jen**enser(in)**, häufiger: Jena**er(in)**
Halle (Sachsen)	→ Hallen**ser(in)** (auch zur Unterscheidung von Haller(in) = Einwohner(in) von Halle / Westfalen)

Insbesondere bei **ausländischen Städten** wird neben den deutschen Einwohnerbezeichnungen auf *-er* (Neapel → Neap(e)ler) auch die Bezeichnung der fremden Sprache – oft in eingedeutschter Form – verwendet. Beispiele:

Buenos Aires	→ Buenaerenser(in)
Bologna	→ Bologneser(in)
Bordeaux	→ Bordeleser(in)
Lugano	→ Luganeser(in), neben: Luganer(in)
Madrid	→ Madrilene / Madrilenin, neben: Madrider(in)
Monaco	→ Monegasse / Monegassin
Neapel	→ Neapolitaner(in), neben: Neap(e)ler(in)
Orléans	→ Orleaner(in)
San Marino	→ San-Marinese / San-Marinesin
Tokio	→ Tokioter(in), neben: Tokioer(in)
Venedig	→ Venezianer(in)

WORTBILDUNG UND WORTBEDEUTUNG
Selten gewordene Wörter – und was sie bedeuten

° Selten gewordene Wörter – und was sie bedeuten

TESTEN SIE IHR WISSEN

1 Es war einmal ∶ (259)
Ordnen Sie den Wörtern den Grund zu, der dazu geführt hat, dass sie (fast) nicht mehr verwendet werden.

1) Volkskammer, Reichspräsident a) technische Veränderungen
2) Aufprallkissen, Wasserglätte b) politische Veränderungen
3) Blaustrumpf, Kranzgeld c) Ersatz durch Anglizismen
4) Griffel, Schürhaken d) gesellschaftliche Veränderungen

2 Andere Zeiten, andere Wörter ∶ (260)
Ordnen Sie die richtigen Bedeutungen zu.

1. delikat   a) kleines Geschenk
2. ehern   b) schnell, flink, rasch
3. hold   c) Sofa, Couch
4. hurtig   d) zart, heikel
5. saumselig   e) Kaffee-Ersatz
6. Muckefuck   f) lieb, wert, teuer
7. Schifferklavier   g) nachlässig
8. Angebinde   h) hart, eisern
9. Lotterbett   i) Akkordeon
10. kujonieren   j) verfluchen
11. verderbt   k) schikanieren
12. vermaledeien   l) verdorben

3 Als der Großvater die Großmutter gefreit ∶ (260)
Ordnen Sie diese veralteten Verwandtschaftsbezeichnungen ihren Bedeutungen zu.

1. Eidam   a) Tante   3. Base   c) Cousine
2. Muhme   b) Onkel   4. Oheim   d) Schwiegersohn

WORTBILDUNG UND WORTBEDEUTUNG
Selten gewordene Wörter – und was sie bedeuten

4 Besuch der alten Dame :⟨260⟩
„Übersetzen" Sie die kursiven Wörter in modernes Deutsch.

Mit der *ordinären Post* von Gotha trafen … drei *Frauenzimmer* vor dem renommierten Hause am Markte ein … es waren Mutter, Tochter und *Zofe* … „Guten Tag …", sagte die mütterliche der beiden Damen … „*Logis* für dreie brauchen wir also, ein *zweischläfrig Zimmer* für mich und mein Kind … und eine *Kammer* für meine *Jungfer*." (Thomas Mann, Lotte in Weimar).

5 Oh, wie wird mir! :⟨260⟩
Wenn jemand sagt: „Mir ist so blümerant.", dann meint er damit, dass …

a) er glücklich ist.   b) ihm schwindlig ist.   c) er Blumen pflücken möchte.

6 Die Wut über den verlorenen Groschen :⟨260⟩
Ein Groschengrab ist ein altes Wort für …

a) Finanzamt   b) Sparschwein   c) Parkuhr oder Spielautomat

7 Was weiland gang und gäbe war :⟨261⟩
Die Adverbien *allenthalben, allzumal, dereinst, ehedem* und *indes* sind selten geworden. Können Sie sie trotzdem richtig verwenden?

a) Es hatte _____ begonnen zu regnen.
b) _____ werden Wälder Städten weichen.
c) _____, getreu und fleißig, tat er manchen tiefen Zug … (Wilhelm Busch)
d) Man sah _____ blühende Wiesen.
e) Wir kamen _____ zur selben Zeit an.

LÖSUNGEN

1 1 b), 2 c), 3 d), 4 a) • **2** 1 d), 2 h), 3 f), 4 b), 5 g), 6 e), 7 i), 8 a), 9 c), 10 k), 11 l), 12 j) • **3** 1 d), 2 a), 3 c), 4 b) • **4** normalen Postkutsche, Frauen / weibliche Personen, Dienerin / Hausangestellte, Unterkunft, Doppelzimmer, kleinerer, einfach ausgestatteter Raum zum Schlafen, Dienerin / Hausangestellte • **5** b) • **6** c) • **7** a) indes, b) Dereinst, c) Ehedem, d) allenthalben, e) allzumal

WORTBILDUNG UND WORTBEDEUTUNG
Selten gewordene Wörter – und was sie bedeuten

259 Warum verändert sich der Wortschatz?

Da eine Sprache so etwas wie ein lebendes Wesen ist, unterliegt sie auch der Veränderung. So wie sie neue Wörter aufnimmt, verlieren sich auch Begriffe, die nicht mehr benötigt werden. Das kann mit dem technischen Fortschritt zusammenhängen. Ein Zündverteiler ist in modernen Autos durch Elektronik ersetzt, also braucht man ihn nicht mehr und der Begriff verschwindet. Auch Zwischengas, Wählscheibe, Direktübertragung, Sendeschluss und Phonotruhe erleiden ein ähnliches Schicksal.

Bei Verben und Adjektiven ist der Verlust an Wörtern erheblich geringer als bei Nomen. Das liegt vielleicht daran, dass Tätigkeiten und Eigenschaften sich doch länger erhalten als Bezeichnungen für mehr oder weniger kurzlebige Gegenstände, Begriffe oder Sachverhalte.

Über den technischen Fortschritt hinaus gibt es noch andere Ursachen für den Verlust von Wörtern:

Gesellschaftliche Veränderungen:
Hagestolz, Blaustrumpf, Eheversprechen, Sommerfrische, Taugenichts …

Politische Veränderungen:
Zonengrenze, Apartheid, Beitrittsgebiet, Trümmerfrau …

Ersatz durch Anglizismen:
kujonieren → mobben, Gabelfrühstück → Brunch, Bankier → Banker, Verkaufsschlager → Bestseller, Dauerlauf → Jogging …

260 Animiert vom *Bandsalat* – ABC selten gewordener Wörter

Die Liste der immer seltener werdenden Wörter ist so lang, dass sie hier nicht abgedruckt werden kann. Die folgende Auswahl gibt nur einen kleinen Ausschnitt. Vielleicht findet das eine oder andere darin enthaltene klangvolle oder bildhafte Wort wieder den Weg zurück in den aktuellen Sprachgebrauch?

WORTBILDUNG UND WORTBEDEUTUNG
Selten gewordene Wörter – und was sie bedeuten

Angebinde	– kleines Geschenk, Aufmerksamkeit
angelegentlich	– nachdrücklich, eingehend
sich anheischig machen	– anbieten, eine Aufgabe zu übernehmen
anrainen	– angrenzen
Augenstern	– das Liebste
Aussteuer	– Mitgift, Güter, die eine Ehefrau in die Ehe mitbringt
Backfisch	– weiblicher Teenager
Bandsalat	– verheddertes Magnetband
Barbier	– Friseur und Bartschneider
Base	– Cousine
bauchpinseln	– loben, schmeicheln
Behuf	– Zweck
blümerant	– schwindelig
Chaiselongue	– verlängerter Sessel, Liege mit erhöhtem Kopfteil
changieren	– schillern bei Stoffen
das Einjährige	– mittlerer Schulabschluss
delikat	– zart, heikel
dünken	– scheinen (mir / mich dünkt)
Durchlaucht	– Adelsprädikat für Fürsten
ehern	– hart, eisern
Eidam	– Schwiegersohn
feilbieten	– günstig zum Verkauf anbieten, anpreisen
Felleisen	– Reiserucksack wandernder Handwerker
fernmündlich	– telefonisch
Fersengeld geben	– fliehen
Fisimatenten	– Ausflüchte
Flegeljahre	– Pubertät
Fräulein	– unverheiratete Frau
frohlocken	– jauchzen, jubeln
Gabelfrühstück	– Brunch
genant	– gehemmt
gebärden, sich	– sich verhalten, sich benehmen
Gebaren	– Verhalten, Auftreten

WORTBILDUNG UND WORTBEDEUTUNG
Selten gewordene Wörter – und was sie bedeuten

geloben	– feierlich versprechen
Gemach	– schöner Wohnraum, Bedachtsamkeit
genehm	– willkommen, passend
Groschengrab	– Parkuhr
Heiermann	– 5-DM-Münze
hold	– lieb, wert, teuer
hudeln	– schlampig oder hektisch arbeiten
hurtig	– schnell, flink, rasch
Imponderabilien	– unkalkulierbare Faktoren
inbrünstig	– innig, leidenschaftlich
indignieren	– Unwillen hervorrufen
Ingrimm	– Zorn
Jungfer	– Jungfrau
Junggeselle	– Single
Kapaun	– kastrierter Masthahn
Kemenate	– (mit einem Kamin) beheizter Raum
Kleinod	– wertvolle Kleinigkeit, Schmuckstück
kommod	– bequem
kujonieren	– schikanieren, herumschubsen
Labsal	– Erfrischung, Wohltat, Annehmlichkeit
lavieren	– sich durchschlängeln, taktieren
Leibchen	– eine Art Unterhemd
Lichtspielhaus	– Kino
linnen	– aus Leinen
Lump	– Mensch von schlechtem Charakter
malträtieren	– schlecht behandeln
Maulschelle	– Schlag auf die Wange
meucheln	– hinterrücks ermorden
Muckefuck	– Kaffee-Ersatz
Muhme	– Tante
müßig sein	– faulenzen, nichts tun
naseweis	– vorlaut, besserwisserisch
neckisch	– flott, frech

WORTBILDUNG UND WORTBEDEUTUNG
Selten gewordene Wörter – und was sie bedeuten

neppen	– übervorteilen
Nietenhose	– Jeans
obliegen	– unterliegen, in die Zuständigkeit fallen
Oheim	– Onkel
opportun	– günstig, angebracht
Pedell	– Schulhausmeister
Persilschein	– entlastende Bescheinigung, Freibrief
poussieren	– flirten, den Hof machen, liebäugeln
querulieren	– nörgeln, meckern, sich beklagen
Rauke	– Rucola
raunzen	– murren
ruchbar werden	– bekannt werden, durchsickern
säumen	– zögern
saumselig	– nachlässig
Schifferklavier	– Akkordeon, Ziehharmonika
Schnurrpfeiferei	– verrückter Einfall
überständig	– längst überholt
umfloren	– umflorter Blick = mit Tränen in den Augen
unbedarft	– naiv, unerfahren
verderbt	– verdorben
vermaledeien	– verfluchen
vermeinen	– irrigerweise annehmen
wahnschaffen	– missgestaltet, hässlich
Wams	– Jacke
weiden, sich	– sich erfreuen
wohlfeil	– preiswert; im übertragenen Sinn: anbiedernd
Zähre	– Träne
zeihen	– beschuldigen
zetern	– schimpfen
Zofe	– Dienerin der Hausherrin
Zögling	– Schüler
zotig	– unanständig, derb, vulgär

WORTBILDUNG UND WORTBEDEUTUNG
Selten gewordene Wörter – und was sie bedeuten

261 Selten gewordene Adverbien, Konjunktionen und Präpositionen

Die genaue Bedeutung mancher Adverbien, Konjunktionen und Präpositionen ist oftmals nicht mehr bekannt. Hier eine Auswahl mit Anwendungsbeispielen:

Beispiel	Wortart	Bedeutung und Anwendungsbeispiel
allenthalben	Adverb	überall: Man sah allenthalben blühende Wiesen.
alldieweil	Konjunktion	weil: Wir brachen auf, alldieweil es schon spät geworden war.
allzumal	Adverb	alle zusammen: Wir kamen allzumal zur selben Zeit an. immer: Diese Regel gilt allzumal.
behufs	Präposition	zum Zwecke: Das Gerät wurde gekippt behufs seiner vollständigen Entleerung.
dereinst	Adverb	irgendwann in der Zukunft: Dereinst werden Städte Wäldern weichen.
ehedem	Adverb	früher: Ehedem, getreu und fleißig, tat er manchen tiefen Zug, … (Wilhelm Busch)
fürbass	Adverb	tatsächlich: Das ist fürbass eine Überraschung. vorwärts: Lustig schritt er fürbass weiter.
fürderhin	Adverb	in Zukunft: Sündigt fürderhin nicht mehr!
fürwahr	Adverb	in der Tat: Das ist fürwahr ein guter Wein.
gemach	Adverb	langsam: Gemach, gemach, nicht so schnell!
hienieden	Adverb	auf dieser Erde: Hienieden wandeln wir im Tal der Tränen.

WORTBILDUNG UND WORTBEDEUTUNG
Selten gewordene Wörter – und was sie bedeuten

indes(sen)	Konjunktion	während: Indes sie duschte, kochte ich.
	Adverb	inzwischen: Es hatte indes(sen) begonnen zu regnen.
	Adverb	jedoch: Indes(sen) hörte niemand ihm zu.
ingleichen	Adverb	ebenso: Der hat mich sehr enttäuscht, ingleichen du.
nachgerade	Adverb	geradezu, sehr: Die Bemerkung ist nachgerade unverschämt.
		allmählich: Es wird nachgerade Zeit, dass du dich bemühst.
posthum (auch postum)	Adverb	nach jmds. Tod: Er erhielt posthum den Orden.
spornstreichs	Adverb	unverzüglich: Er machte sich spornstreichs auf den Weg.
traun	Adverb	fürwahr, in der Tat: Traun, da müssen Herz und Kopf sich lange zanken, ob Menschenhass, ob Schwermut siegen soll (Lessing, Nathan der Weise).
vermöge	Präposition	aufgrund, mithilfe: Diese Stelle hat er nur vermöge seiner Beziehungen bekommen.
vordem	Adverb	damals: Wie war es doch in Köln vordem mit Heinzelmännchen so bequem … (A. Kopisch)
weiland	Adverb	einst: Im Schloss spukte weiland ein böser Geist.
wohlan	Adverb	nun gut, nun denn: Wohlan, lasst uns gehen.

WORTBILDUNG UND WORTBEDEUTUNG
Bedeutungswandel

Bedeutungswandel

TESTEN SIE IHR WISSEN

1 Der geile Mönch :· 263
Welche Bedeutung hatte das Wort *geil* zu althochdeutscher Zeit?

a) betrunken
b) fröhlich
c) lüstern

2 Bedeutungserweiterung :· 264
In welcher Hinsicht hat sich die Bedeutung der folgenden Wörter gegenüber früher erweitert?

a) billig = *günstig*, jetzt auch: → _____

b) nüchtern = *nichts gegessen*, jetzt auch: → _____

c) Strom = *großer Fluss*, jetzt auch: → _____

3 Bedeutungsverengung :· 265
In welcher Hinsicht hat sich die Bedeutung der folgenden Wörter gegenüber früher verengt?

a) Mut = *Gemütszustand*, jetzt nur noch: → _____

b) Hochzeit = *Feier*, jetzt nur noch: → _____

c) Dirne = *Mädchen*, jetzt nur noch: → _____

4 Bedeutungsverschiebung :· 266
Welche neueren Bedeutungen haben diese Wörter angenommen?

a) Maus → _____

b) Speicher → _____

WORTBILDUNG UND WORTBEDEUTUNG
Bedeutungswandel

c) navigieren → _____

d) Galerie → _____

5 Schön gesagt!
Was verbirgt sich hinter diesen Euphemismen?

a) freisetzen → _____

b) Rubensfigur → _____

c) Wertstoff → _____

d) Entsorgungspark → _____

LÖSUNGEN

1 b) • **2 a)** minderwertig, **b)** nichts getrunken, **c)** Elektrizität • **3 a)** Tapferkeit, **b)** Fest bei der Eheschließung, **c)** Prostituierte • **4 a)** Computermaus, **b)** Datenspeicher, **c)** durch ein bestimmtes Programm oder System steuern, **d)** Ausstellungsraum, Kunsthandlung • **5 a)** entlassen, **b)** Person mit Übergewicht, **c)** Müll, **d)** Mülldeponie

WORTBILDUNG UND WORTBEDEUTUNG
Bedeutungswandel

262 Was bedeutet eigentlich Bedeutungswandel?

Die inhaltliche Seite eines Wortes, die **Wortbedeutung,** setzt sich zusammen aus den Komponenten (Bedeutungs-)Inhalt und (Bedeutungs-)Umfang. Der **Bedeutungsinhalt** bezeichnet die Summe aller Eigenschaften und Merkmale, die dem Wort innewohnen. Nehmen wir als Beispiel das Wort „Tier":

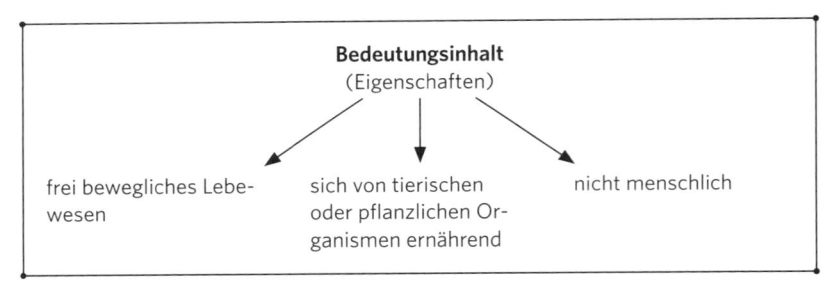

```
                    Bedeutungsinhalt
                     (Eigenschaften)
                    ↙      ↓      ↘
frei bewegliches Lebe-   sich von tierischen      nicht menschlich
wesen                    oder pflanzlichen Or-
                         ganismen ernährend
```

Der **Bedeutungsumfang** des Wortes „Tier" umfasst alle Einzelwesen, die mit diesem Wort bezeichnet werden können:

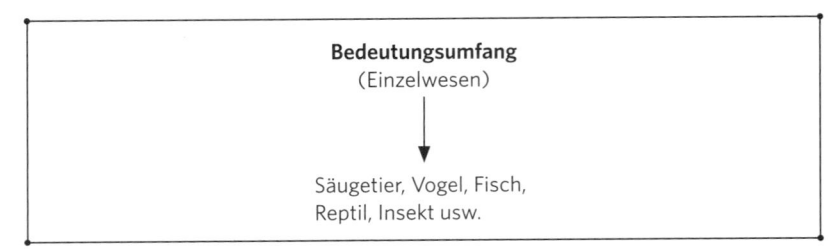

```
                    Bedeutungsumfang
                      (Einzelwesen)
                            ↓
                    Säugetier, Vogel, Fisch,
                    Reptil, Insekt usw.
```

Vergrößert man den Bedeutungsinhalt, wird der Bedeutungsumfang kleiner. Fügt man z. B. zum Inhalt von „Tier" als Eigenschaft noch hinzu „das seine Jungen säugt", verkleinert sich der Bedeutungsinhalt auf die Einzelwesen, auf die die Kennzeichnung *Säugetier* zutrifft.

Verkleinert man den Bedeutungsumfang, wird der Bedeutungsinhalt um eine oder meistens mehrere Eigenschaften erweitert: Bedeutungsumfang

WORTBILDUNG UND WORTBEDEUTUNG
Bedeutungswandel

wird verkleinert auf „Vogel" → Bedeutungsinhalt erhält die zusätzlichen Eigenschaften „zweibeinig, gefiedert, meistens flugfähig" usw.

Da Sprache eine soziale Erscheinung ist, spiegeln sich politische, soziale, wirtschaftliche und geistesgeschichtliche Verhältnisse darin wider. Dies gilt vor allem für den Wortschatz und damit für die Wortbedeutung und ihre Komponenten. Ein Wort unterliegt also nicht nur der Veränderung seiner äußeren Gestalt (**Ausdrucksseite**: mittelhochdeutsch *arebeit* – neuhochdeutsch *Arbeit*), sondern oft auch der Veränderung seiner Bedeutung (**Inhaltsseite**: mittelhochdeutsch *arebeit* = Mühsal, neuhochdeutsch *Arbeit* = Tätigkeit).

Manchmal erweitern Wörter ihren Bedeutungsumfang, manchmal verringern sie ihn. Oder Wörter erhalten Bedeutungen, die in ganz anderen Bereichen liegen. Einige Wörter dienen der beschönigenden Umschreibung drastischer Vorgänge; oder der Teil eines Gegenstandes dient zur Bezeichnung des ganzen. Eine Veränderung der Wortbedeutung wird als **Bedeutungswandel** bezeichnet. Die Erscheinungsformen des Bedeutungswandels sind vielschichtig. Einige sind im Folgenden aufgeführt.

Karriere ist *geil* – Der Bedeutungswandel eines Adjektivs   (263)

Wörter verändern im Laufe der Zeit ihre Bedeutung, es vollzieht sich ein **Bedeutungswandel**. Die Gründe liegen in der Weiterentwicklung aller Lebensbereiche und der dadurch notwendig werdenden **Anpassung der sprachlichen Bezeichnungen**.

Ein Beispiel dafür ist das Wort **geil**.

In **althochdeutscher** Zeit bedeutete das Wort *üppig, fröhlich, lustig*.
Im **neuhochdeutschen** Sprachgebrauch bedeutet es *lüstern, geschlechtlich erregt*, meist abwertend.
Die **moderne Umgangssprache** hat das Wort aus der Jugendsprache übernommen und meint damit *aufregend schön, gut, großartig*:

WORTBILDUNG UND WORTBEDEUTUNG
Bedeutungswandel

Die Musik ist geil.

Die Phrase **auf etwas geil sein** bedeutet *etwas unbedingt haben wollen, versessen sein auf etwas*:

Sie ist geil auf Geld.

In diesen Zusammenhang gehören auch die Zusammensetzungen karrieregeil, machtgeil, sensationsgeil.

264 Zum Arzt *gehen geht* nicht – Wie erweitert sich eine Wortbedeutung?

Der Bedeutungsumfang eines Wortes vergrößert sich, indem die ursprüngliche Bedeutung in den Hintergrund tritt und eine Entwicklung zu übertragenen Bedeutungsvarianten eintritt. Das Wort erhält eine **Bedeutungserweiterung**. Beispiel:

gehen: ursprünglich: sich zu Fuß fortbewegen

einkaufen / schwimmen / zum Arzt gehen: die Art der Fortbewegung bleibt offen.

zum Theater / Fernsehen gehen: in einem Bereich tätig werden

Der Minister muss gehen: sein Amt aufgeben

Die Bahn geht alle zehn Minuten: eine Strecke befahren

das geht (nicht), das geht wie geplant: etwas ist möglich oder nicht, entwickelt sich gut

es geht um dich, es geht um alles: es handelt sich um etwas

Bedeutungserweiterung kann auch dazu führen, dass sich die ursprüngliche **Bedeutung verbessert**, das Wort also „aufgewertet" wird. So bedeutete Kanzler ursprünglich nur „Vorsteher einer Kanzlei", und ein Minister war ursprünglich nur ein „Diener" (vgl. das Fremdwort *Ministrant* = *Messdiener* in der katholischen Kirche).

WORTBILDUNG UND WORTBEDEUTUNG
Bedeutungswandel

Weitere Beispiele:

Begriff	ursprüngliche Bedeutung	erweitert um
Absage	Ablehnung	Bemerkung am Ende einer Sendung
billig	angemessen, richtig; dann: günstig im Preis	minderwertig; niveaulos, unbefriedigend
fertig	reisefertig	bereit, beendet
nüchtern	ohne zu essen	kahl, sachlich, nicht betrunken
Strom	großer Fluss	fließende Elektrizität
toll	übermütig, verwirrt	begeisternd, aufregend
Zoll	Grenzgebühr auf Waren	Zollbehörde
Zug	Menge wandernder Menschen	Eisenbahnzug, Luftzug, Vogelzug

Mit *Witz* und *Verstand* – Wie verengt sich eine Wortbedeutung? 265

Bei einer **Bedeutungsverengung** verringert sich der ursprünglich weit gefasste Bedeutungsumfang zugunsten eines einzelnen Gegenstandes oder Vorgangs.

Beispiel **fahren**:

Wir fahren übers Land.

Die ursprüngliche Bedeutung von *fahren* war ganz allgemein *sich fortbewegen*. Im modernen Sprachgebrauch ist mit *fahren* meistens gemeint, dass man sich auf Rädern fortbewegt:

Er fährt mit dem Rad zur Schule.

Weitere Beispiele:

WORTBILDUNG UND WORTBEDEUTUNG
Bedeutungswandel

Begriff	urspr. Bedeutung	eingeengt auf
gerben	gar (= fertig) machen	zu Leder verarbeiten
Mut	Gemütszustand (vgl. engl. *mood*)	Tapferkeit
Salon	repräsentativer Empfangsraum	Modegeschäft, Friseurladen
Hochzeit	im Mittelalter Bezeichnung für jedes große kirchliche und weltliche Fest	Feier bei der Eheschließung
Witz	Intellekt, Verstand, Scherz	scherzhafte Geschichte

Eine Bedeutungsverengung kann auch zu einer **Bedeutungsverschlechterung** führen. Die ursprünglich positive Bedeutung eines Wortes wandelt sich ins Negative. Beispiele:

Begriff	urspr. Bedeutung	verschlechtert zu
Dirne	Frau, Mädchen; dann: Dienerin, Magd norddeutsch noch „Deern"	Prostituierte
Gift	Gabe, Geschenk (so noch heute englisch *gift*)	schädlicher oder tödlicher Stoff
Mähre	Stute	schlechtes Pferd
überflüssig	mehr als genug	überzählig, unnütz
Weib	Frau, Hausfrau	Schimpfwort; aber auch: Klasseweib

266 Mit dem *Rechner* auf den *Speicher* – Wie verschiebt sich die Bedeutung eines Wortes?

Bei einer **Bedeutungsverschiebung** verlagert sich die ursprüngliche Wortbedeutung in einen anderen Bereich.

Beispiel **Rechner**:

In der Ausgangsbedeutung handelt es sich um eine Person, die rechnet.

Er ist ein kühler Rechner.

In der neuen Bedeutung bezeichnet man mit *Rechner* einen Computer, also eine Maschine.

Die Firma leistet sich einen neuen Großrechner.

Weitere Beispiele:

Begriff	herkömmliche Bedeutung	neuere Bedeutung
Galerie	Säulengang	Ausstellungsraum, Kunsthandlung
Maus	kleines Nagetier	Computermaus
operieren	chirurgisch behandeln	militärisch oder geheimdienstlich vorgehen
Speicher	Lager, Dachboden	Datenspeicher

Freigesetzt und *sanft entschlafen* – Wie eine Bedeutung beschönigt werden kann

(267)

Manche Sprecher oder Sprechergruppen haben ein Interesse daran, drastische oder dramatische Ausdrücke in sanftere Worte zu kleiden, um eine **Aussage in ihrer Härte abzumildern**. Diese Art der Beschönigung nennt man auch **Euphemismus** (→ R 195).

Als Beispiel diene das „Unwort des Jahres 1998" sozialverträgliches Frühableben. Damit ist der vorzeitige Tod älterer Menschen gemeint, der für die Sozialsysteme kostengünstiger wäre.

Weitere Beispiele:

WORTBILDUNG UND WORTBEDEUTUNG
Bedeutungswandel

beschönigender Begriff	gemeint ist
Beitragsanpassung	Beitragserhöhung
entschlafen, dahinscheiden	sterben
freisetzen	entlassen
Kollateralschaden	nicht beabsichtigte zivile Kriegsopfer
Schwangerschaftsunterbrechung	Abtreibung
Seniorenresidenz	Altersheim
vollschlank	füllig, rundlich

(!) Beschönigende Ausdrucksformen sollten Sie nach Möglichkeit in Ihren Texten **vermeiden**, denn sie sind manchmal an Zynismus kaum zu übertreffen. Nennen Sie lieber die Dinge bei ihrem wirklichen Namen, Ihre Zuhörer / Leser werden es Ihnen danken.

ANHANG

1

Grammatische Fachbegriffe

2

Sach- und Stichwortverzeichnis

Grammatische Fachbegriffe
A

In dieser Übersicht finden Sie Definitionen und Erläuterungen zu zahlreichen grammatischen Fachbegriffen. Nicht alle werden in diesem Buch behandelt, aber vielleicht begegnen Sie ihnen in anderen Büchern. Oftmals werden auch Beispiele angegeben.

A

abänderndes Verb
→ modifizierendes Verb

Abkürzung
Kurzform, die nur in der Schriftsprache verwendet und in der mündlichen Rede vollständig ausgesprochen wird. sog., usw., z. B.

Ablaut
Wechsel des Vokals in einem Wortstamm. b**i**nden, b**a**nd, geb**u**nden; der B**au**m, die B**äu**me

ableiten, Ableitung
Bildung von Wörtern durch Anhängen von Präfixen und Suffixen und anderen Wortendungen an einen Wortstamm. **leit** ab**leit**en, Um**leit**ung
→ siehe auch Stammprinzip

Ableitungspräfix
Präfixe, mit dem neue Wörter gebildet werden können. be-, ver-, zer-

Ableitungssuffix
Suffix, mit dem neue Wörter gebildet werden können. -heit, -lich, -ieren

Absichtssatz
→ Finalsatz

Abstrakta (Singular: Abstraktum)
Nomen für gedachte Dinge, die wir nicht mit den Sinnen begreifen können. Freude, Stille, Weisheit

additive Konjunktion
Konjunktion, die Aufzählungen und Reihungen ermöglicht. und, sowie

Adjektiv (Eigenschaftswort, Wiewort)
beschreibt, wie etwas beschaffen ist. schön, klein, bunt

Adjektivadverb
Adjektiv, das undekliniert als Adverb benutzt wird. Er lügt **schlecht**.

Adjektivattribut
Adjektiv, das als Attribut zu einem Nomen benutzt wird. der **neue** Mitarbeiter

Adverb (Umstandswort)
nicht flektierbare Wortart. Adverbien beschreiben die Umstände einer Handlung oder eines Geschehens. schon, hier, gern, deshalb

Adverbial (Adverbiale, adverbiale Bestimmung, Umstandsbestimmung)
ein Satzglied, das die Umstände (örtlich, zeitlich, Art und Weise, Ursache) beschreibt, unter denen eine Handlung geschieht. **Unter diesen Umständen** stimme ich zu.

Adverbialattribut (Umstandsbeifügung)
Attribut, das aus Adverbien besteht. das Auto **auf der Straße**

adverbiale Bestimmung
→ Adverbial

Adverbialsatz
steht für das Satzglied *Adverbial* des Hauptsatzes. Sie ging fort, **als es noch dunkel war**.

adversativ
einen Gegensatz ausdrückend. Es ist nicht sonnig, **sondern** regnerisch.

Adversativsatz
Nebensatz, der einen Gegensatz zur Handlung des Hauptsatzes ausdrückt; wird eingeleitet durch die Konjunktionen *während, wohingegen*. Ich arbeite Tag und Nacht, **wohingegen du immer nur herumsitzt**.

Affix
Oberbegriff für Infix, Präfix, Suffix und Zirkumfix

Akkusativ
4. Fall, Wen-Fall. **den** Baum, mich

Akkusativobjekt (direktes Objekt, Satzergänzung im 4. Fall)
ein Satzglied. Ich nehme den **roten Mantel**.

Aktiv
Tatform bei Verben. er **läuft**

Alliteration
gleicher Anfangslaut der Stammsilben aufeinanderfolgender Wörter. mit **M**ann und **M**aus, **n**ie und **n**immer, **l**ieber **l**eben **l**assen

Allophon
lautliche Varianten eines Phonems. i**ch**, wa**ch**

Alphabet
Zeichen, mit denen Wörter einer Sprache schriftlich dargestellt werden können. a, b, c, d

Alternativfrage
Frage mit zwei vorgegebenen Antwortmöglichkeiten. Möchtest du Kaffee oder Tee?

Amtsdeutsch
formelhafte, umständliche Ausdrucksweise, wie sie oft von Behörden gebraucht wird.

Anführungszeichen " "
umschließen wörtliche Rede und Zitate. Er sagte: „Ich freue mich."

Anglizismus
Einführung und Benutzung englischer Wörter in der deutschen Sprache. sich outen, der Event

Anlaut
erster Laut eines Wortes

Anrede
Liebe Tina, sehr geehrte Damen und Herren,
höfliche Anrede Sie, Ihnen

Antonym
Wort, das das Gegenteil zu einem anderen ausdrückt. heiß - kalt; früher - später; kommen - gehen

Apostroph '
Auslassungszeichen. Mir macht's nichts aus.

Appellativ
Gattungsname. Nomen, das eine Klasse von Lebewesen oder Gegenständen bezeichnet. Mensch, Fahrzeug, Hund

Apposition
besondere Form des Attributs. Frau Meyer, **die neue Nachbarin**, hat einen Goldfisch.

Artikel (Geschlechtswort)
ein Begleiter
bestimmter Artikel (Definitartikel) der, die, das
unbestimmter Artikel (Indefinitartikel) ein, eine
verneinender Artikel (Negationsartikel) kein, keine

Artikulation
Bildung der Laute und ihre Aussprache

Attribut (Beifügung)
Satzgliedteil; ergänzt Satzglieder. Du

Grammatische Fachbegriffe

A – D

kaufst sofort ein **neues** Auto.
Attributsatz
Nebensatz, der ein Attribut ersetzt.
Der Zug, **der jetzt fahren müsste**, kommt nicht.
Aufforderungssatz
Befehlssatz, mit dem Befehle, Bitten, Vorschläge oder Forderungen formuliert werden. Geh weg! Gehen Sie bitte nach Hause.
Aufforderungssatz in der indirekten Rede: Sie verlangte, **er solle bleiben**.
Ausklammerung
Auflösung einer Satzklammer
Auslassungspunkte ...
zeigen an, dass Text ausgelassen wurde.
Auslassungssatz
→ Satzellipse
Auslassungszeichen
→ Apostroph
Auslaut
letzter Laut eines Wortes
Auslautverhärtung
Stimmloswerden von [b], [d], [g] am Ende einer Silbe oder eines Wortstammes.
Ausrufesatz
Das ist aber schön! Wie geistreich!
Ausrufezeichen !
Schlusszeichen bei Befehls- und Ausrufesätzen. Geh jetzt!
Aussagesatz
einfacher Satz, mit dem Feststellungen, Mitteilungen oder Sachverhalte formuliert werden. Roland lacht.
Aussageweise
→ Modus

B
Basiswort
Wort, dem Präfixe und/oder Suffixe angehängt werden können.
freundlich, ur**alt**
Bedingungssatz
→ Konditionalsatz
Befehlsform
→ Imperativ
Befehlssatz
→ Aufforderungssatz
Begleiter
zusammenfassender Begriff für Wortarten, die ein Nomen begleiten können. **das/ein/dieses/kein/mein/jedes** ... Haus
Begriffswort
→ Abstrakta
Begründungssatz
→ Kausalsatz
Beifügung
→ Attribut
Beistrich
→ Komma
besitzanzeigendes Fürwort
→ Possessivpronomen
Besitzverhältnis
kann ausgedrückt werden durch Possessivpronomen (mein, dein), Genitivattribute (das Haus des Nachbarn),
Dativ + *von* (die Brücken von Amsterdam)
Bestätigungsfrage
Du fährst erst morgen zurück?
bestimmter Artikel
→ Artikel
bestimmtes Geschlechtswort
→ Artikel

Bestimmungswort
erster Bestandteil eines zusammengesetzten Wortes, bestimmt das Grundwort näher. **Hand**schuh, **Blumen**topf, **sonnen**gebräunt

Betonung
Bei mehrsilbigen Wörtern wird immer eine Silbe besonders betont. **heu**te. Bei Sätzen werden einzelne Wörter besonders betont. Er geht morgen **fort**. Er geht **morgen** fort.

Betonungsregel
bei Wortverbindungen. Betonung auf dem ersten Wortteil → Zusammenschreibung; Betonung verteilt auf die Wortteile → Getrenntschreibung

Beugung
→ Flexion, Deklination, Konjugation

bezügliches Adverb
→ Relativadverb

bezügliches Fürwort
→ Relativpronomen

bezügliches Umstandswort
→ Relativadverb

Bezugssatz
→ Relativsatz

Bezugswort
Wort, auf das sich ein anderes Wort bezieht; z. B. haben alle Begleiter, Adjektive, Präpositionen und Relativpronomen Bezugswörter. auf **dem Tisch**; **die Frau**, die ich sah

Bindestrich -
wird als Trennstrich verwendet

Bindewort
→ Konjunktion

Bindewortsatz
→ Konjunktionalsatz

Bruchzahl
Zahlwort. ein Viertel, zwei Drittel

Buchstabe
kleinste Einheit der geschriebenen Sprache

Buchstabenwort
→ Initialwort

D

Dativ
3. Fall, Wem-Fall. dem Nachbarn; mir

Dativendung
-e bei Nomen. im Jahr**e**, bei Tag**e**

Dativobjekt (indirektes Objekt, Satzergänzung im 3. Fall)
ein Satzglied. Ich helfe **meinem Chef**.

Definitartikel
→ Artikel

Deklination (Beugung, Flexion)
Veränderung von deklinierbaren Wörtern durch Anhängen von Endungen, um verschiedene Kasus- und Numerusformen zu bilden

Demonstrativpronomen (hinweisendes Fürwort)
dieser, jenes

Derivation
→ Ableitung

Dialekt
Mundart. Badisch, Berlinerisch, Sächsisch

Diathese
Oberbegriff für Aktiv und Passiv bei Verben

Diminutiv
Verkleinerungsform bei Nomen, die durch Anhängen bestimmter Suffixe entstehen. Däum**ling**, Schät**zchen**, Spätz**lein**

Grammatische Fachbegriffe
D – F

Diphthong (Zwielaut)
Doppellaut. äu, eu, ai
direkte Rede (wörtliche Rede)
Er sagte: **„Ich gehe jetzt."**
direktes Objekt
→ Akkusativobjekt
disjunktiv
trennend. Disjunktive Konjunktionen trennen Inhalte voneinander.
Doppelperfekt
falsche Zeitformbindung, die in der Umgangssprache statt des Plusquamperfekts benutzt wird. Gebildet aus Perfekt + Anhängen von *gehabt* bzw. *gewesen*. ~~Als sie kam, hat er schon gegessen gehabt.~~
Doppelpunkt :
steht vor wörtlicher Rede
Drehprobe
Hilfsmittel zur Prüfung der Gleichrangigkeit aufgezählter Adjektive
dreiwertiges Verb
Verb, das neben dem Subjekt noch zwei Objekte fordert, damit der Satz vollständig wird. geben, gestehen, schicken. Er gibt ihr einen Kuss.

....

E
Eigenname
Name für Personen, Tiere, Gebäude, Städte, Flüsse, Länder
Eigenschaftswort
→ Adjektiv
einfache Zeit
Präsens und Präteritum sind einfache Zeiten → zusammengesetzte Zeiten
Einräumungssatz
→ Konzessivsatz

Einschub
→ Parenthese
einwertiges Verb
Verb, das keine Objekte zulässt.
niesen, faulen, sich ereignen
Einzahl
→ Singular
Elativ
Superlativform eines Adjektivs zum Ausdruck einer sehr ausgeprägten Eigenschaft. etwas mit **höchster** Sorgfalt behandeln
Ellipse
bewusste Auslassung von Satzteilen oder -gliedern
Empfindungswort
→ Interjektion
Entscheidungsfrage
kann mit *Ja* oder *Nein* beantwortet werden
Entlehnung
Übernahme eines Wortes aus einer Sprache in eine andere Sprache. Sauna, Schamane
Ergänzungsfrage
W-Frage, Satzgliedfrage, fragt nach einem Satzglied
Ersatzprobe
Hilfsmittel zur Bestimmung der Satzglieder, bei der jedes Satzglied durch ein einziges Wort ersetzt wird.
erweiterte Grundformgruppe
→ Infinitivgruppe
erweiterte Infinitivgruppe
→ Infinitivgruppe
erweiterte Mittelwortgruppe
→ Partizipialgruppe
erweiterte Partizipialgruppe
→ Partizipialgruppe

F

Fall
→ Kasus

falscher Freund
Begriff für ein fremdsprachliches Wort, das einem deutschen sehr ähnlich sieht, aber eine völlig andere Bedeutung hat. sensible (engl) - vernünftig; chef (engl) - Küchenchef, Chefkoch

Farbadjektiv
rot, beige, blau

feminin (weiblich)
ein Genus. die Tanne

final
einen Zweck, eine Absicht kennzeichnend → Finalsatz

Finalsatz (Absichtssatz, Zwecksatz)
Nebensatz, der angibt, für welchen Zweck bzw. mit welcher Absicht die Handlung des Hauptsatzes erfolgt; wird eingeleitet durch die Konjunktionen *damit, auf dass, um ... zu*. Wir gehen zur Schule, **damit wir etwas lernen**.

finite Form
konjugierte (gebeugte) Form bei Verben ich gehe, du spielst

flektiert (gebeugt)
zusammenfassender Begriff für *dekliniert* (bei Nomen und Adjektiven) und *konjugiert* (bei Verben). Gegensatz: *unflektiert*

Flexion (Beugung)
zusammenfassender Begriff für Deklination und Konjugation. Veränderung von Nomen, Pronomen, Adjektiven (Deklination) und Verben (Konjugation) durch Anhängen verschiedener Endungen. → Deklination, Konjugation

Flexionsendung
→ Flexionssuffix

Flexionssuffix
Suffix, das zur Bildung der Wortformen dient. Frau**en**, komm**e**, gebau**t**

Folgesatz
→ Konsekutivsatz

Frageadverb
→ Interrogativadverb

Fragebegleiter
Interrogativpronomen, das als Begleiter benutzt wird. **Welchen** Stuhl möchtest du?

Fragefürwort
→ Interrogativpronomen

Fragepronomen
→ Interrogativpronomen

Fragesatz
Wer bist du?

Fragewort
leitet Fragesätze ein. Hierzu gehören Interrogativpronomen und -adverbien. wer? was? wo?

Fragezeichen ?
schließt Fragesätze ab

Fremdwort
Wort, das aus einer anderen Sprache ins Deutsche übernommen wurde und dessen Schreibung und Aussprache weitgehend erhalten sind. Computer, Facette, Visite

Füllwort
→ Partikel

Fürwort
→ Pronomen

Fugenelement/-laut
eingeschobener Hilfslaut. sehens**t**wert, versehen**t**lich, werb**e**wirksam

Grammatische Fachbegriffe

F – H

Funktionsverb (Steckform des Verbs)
Verb, das in festen Gefügen mit Nomen nur eine grammatische Funktion übernimmt. zum Ausdruck **bringen** statt ausdrücken; zur Entfaltung **kommen** statt sich entfalten.

Funktionsverbgefüge
Gefüge aus bestimmten Verben mit Nomen, bei denen das Verb seine ursprüngliche Bedeutung verliert. zur Verfügung stellen, zur Sprache bringen, in Gang kommen, Anwendung finden

Futur I (Zukunft)
eine der sechs Zeiten. ich werde gehen, ich werde spielen

Futur II (vollendete Zukunft)
eine der sechs Zeiten. ich werde gegangen sein, ich werde gespielt haben

....

G

Gattungszahlwort
dreierlei

Gedankenstrich –
gliedert einen Satz

Gegensatz
→ adversativ, Adversativsatz

Gegenwart
→ Präsens

Gegenstandswort
→ Nomen

gemischte Deklination
Deklination von Nomen und Adjektiven, die Merkmale der starken und der schwachen Deklination besitzt

gemischte Konjugation (unregelmäßige Konjugation)
Konjugation von Verben, die Merkmale der regelmäßigen und der unregelmäßigen Konjugation besitzt

generisches Maskulinum
maskuline Wörter, die sowohl männliche wie weibliche Personen bezeichnen. niemand, die Teilnehmer

Genitiv
2. Fall, Wessen-Fall, **des** Bruders, meiner

Genitivattribut (Beifügung im 2. Fall)
die Frau des **Bäckers**

Genitivobjekt (Satzergänzung im 2. Fall)
ein Satzglied. Ich bin mir **der Sache** bewusst.

Genus (Geschlecht)
grammatisches Geschlecht, das Dingen, Personen, Tieren und Pflanzen in der Grammatik zugewiesen wird. Maskulin (männlich): der Garten; feminin (weiblich): die Blume; neutral (sächlich): das Haus

Genus verbi
Verwendungsweise eines Verbs: aktiv oder passiv. tragen – getragen werden

Gerundiv
von transitiven Verben gebildete Form aus zu + Partizip Präsens. der **zu zahlende** Betrag, die **zu lösenden** Aufgaben

Geschlecht
→ Genus

Geschlechtswort
→ Artikel

gleichrangig
grammatische Formen auf gleicher sprachlicher Ebene (z. B. gleichrangige Sätze, gleichrangige Adjektive)

Gleichsetzung
→ Prädikativ, Prädikatsnomen, Prädikatsadjektiv

Gleichsetzungsnominativ
 → Prädikativ, Prädikatsnomen
Gleichzeitigkeit
 ein zeitliches Verhältnis der Handlungen in Haupt- und Nebensatz
Gliedsatz
 Nebensatz, der ein Satzglied ersetzt
Grammatik
 Lehre von der Sprache
grammatisches Geschlecht
 → Genus
Graphem
 kleinste geschriebene Einheit, die die Bedeutung eines Wortes verändert (entspricht meist einem Buchstaben). le**b**en – le**g**en – Leb**e**r
Grundform
 → Infinitiv
Grundformgruppe
 → Infinitivgruppe
Grundstufe
 → Positiv
Grundwort
 letzter Bestandteil eines zusammengesetzten Wortes, der die Wortart, bei Nomen auch das Geschlecht und den Numerus des zusammengesetzten Wortes (Kompositums) bestimmt. die Haus**tür**, der Auto**reifen**, sonnen**gebräunt**
Grundzahl
 → Kardinalzahl

....

H
Hauptsatz
 Aussagesatz. Ich lese ein Buch.
Hauptwort
 → Nomen
Hendiadyoin
 eine Form der Tautologie – eine feste Verbindung zweier meist synonymer Wörter, die gemeinsam einen neuen Begriff ergeben. Kind und Kegel, mit Fug und Recht
Hilfsverb (Hilfszeitwort)
 sein, haben, werden
Hilfszeitwort
 → Hilfsverb
hinweisendes Fürwort
 → Demonstrativpronomen
historisches Präsens
 wird aus stilistischen Gründen in literarischen Texten verwendet, um Spannung bei der Erzählung einer Handlung in der Vergangenheit zu erzeugen. Wir saßen gemütlich am Tisch und unterhielten uns. – Plötzlich **geht** das Licht aus.
Hochdeutsch
 Standardsprache des Deutschen, wie sie auch an Schulen gelehrt wird
Höchststufe
 → Superlativ
höfliche Anrede
 höfliche Anrede in der 3. Person. Sie, Ihr
Homonyme
 Wörter mit identischer Schreibung, aber unterschiedlicher Bedeutung. das Band – der Band
Homophone
 Wörter, die gleich klingen, aber unterschiedlich geschrieben werden. läute – Leute
Hypotaxe
 Anordnung von über- und untergeordneten Sätzen. Satzgefüge aus Haupt- und Nebensatz. Er fuhr los, als es hell wurde.

Grammatische Fachbegriffe

I – K

I

Imperativ (Befehlsform)
ein Modus des Verbs. Geh heim!
Imperativsatz
→ Befehlssatz, Aufforderungssatz
Imperfekt
→ Präteritum
Indefinitartikel
→ Artikel
Indefinitpronomen (unbestimmtes Fürwort)
alle, jeder
Indikativ (Wirklichkeitsform)
eine Aussageweise des Verbs. sie fährt heute
indirekte Rede
Er sagte, sie sei gekommen.
indirekter Fragesatz
Sie fragt sich, **wann er kommt**.
indirektes Objekt
→ Dativobjekt
Infinitiv (Grundform)
unkonjugierte/unflektierte Form des Verbs. schreiben, laufen
Infinitivgruppe (Grundformgruppe)
zu + Infinitiv + Objekt oder Adverbial als Ersatz für einen Nebensatz
Infinitiv Perfekt (Infinitiv II)
Verbindung aus Partizip II und Infinitiv des Hilfsverbs *haben, sein* (Aktiv, Zustandspassiv) und *werden* (Vorgangspassiv). geschlafen haben, geblieben sein, gekauft worden sein, geschlossen gewesen sein
Infinitivprobe
Hilfsmittel zur Unterscheidung zwischen Subjekt und Prädikatsnomen
Infix
Morphem/Wortbildungselement, das keine lexikalische, sondern nur eine grammatische Bedeutung hat und im Innern eines (zusammengesetzten) Wortes vorkommt. In der deutschen Sprache gibt es nur wenige echte Infixe. ver**un**sichern (*un* ist hier Infix, kann jedoch als Präfix zum Wort *sicher* gesehen werden), Heirat**s**antrag (Fugenelement)
Initialwort
Kurzwort, das aus Initialen, d. h. Anfangsbuchstaben einer Wortform oder einer Wortgruppe besteht. CD, PKW, USA
Inlaut
Laut im Innern eines Wortes
Instrumentalsatz
Nebensatz, der das Mittel angibt, mit dem das Ziel der Handlung im Hauptsatz erreicht wird. Wird durch die Konjunktionen *indem* und *dadurch, dass* eingeleitet. Er stimmte zu, **indem er mit dem Kopf nickte**.
Interjektion (Empfindungswort)
unflektierbares Wort, das Empfindungen oder Geräusche beschreibt. Ach! Aua! Oh! Buh! Jippie! Platsch! Boing! He! Heul! Stöhn! Miau! Auch Begrüßungswörter gehören dazu. Hallo! Hi! Ciao!
Interpunktion
Zeichensetzung
Interrogativadverb
Frageadverb zur Einleitung einer Ergänzungsfrage. Wann? Wie? Wo?
Interrogativpronomen (Fragefürwort)
welcher, wer, was?
Intonation
Betonung. Das Heben und Senken der Stimme, vor allem bei Sätzen, z. B.: Entscheidungsfrage: Stimme hebt

sich zum Satzende. Gehst du heute mit? Aussagesatz: Stimme senkt sich. Er geht heute mit.
intransitiv (nicht zielend)
ein Verb, das kein Akkusativobjekt bei sich haben kann. husten, helfen
Inversion
Positionierung des Subjekts direkt hinter die Personalform des Prädikats. Heute **schlafe ich** aus.
IPA (Internationales Phonetisches Alphabet)
Lautschriftalphabet [ʤ], [ɐ], [ə]
Irrealis
Konjunktiv II, Modus der Unwirklichkeit → Konjunktiv
Iterativzahlen
→ Wiederholungszahlen

....

K

Kardinalzahl (Grundzahl)
eins, zwei, drei
Kasus (Fall)
Deklinationsform, die Nomen, Adjektive, Pronomen, Artikel und Zahlwörter für die Übernahme einer Aufgabe im Satz annehmen
Nominativ (1. Fall) - Wer-Fall: der Mann
Genitiv (1. Fall) - Wessen-Fall: des Mannes
Dativ (1. Fall) - Wem-Fall: dem Mann
Akkusativ (1. Fall) - Wen-Fall: den Mann
Kausaladverbial
adverbiale Bestimmung des Grundes
Kausalsatz (Begründungssatz)
Nebensatz, der die Begründung für die Handlung des Hauptsatzes liefert; wird eingeleitet durch die Konjunktionen *weil, da*. Sie hat Stress, **da sie bald in Urlaub gehen will**.
Klammern ( )
ein Satzzeichenpaar
Komma
gliederndes Satzzeichen
Komparation
→ Steigerung
Komparativ (Steigerungsstufe)
zweite Stufe der Steigerung des Adjektivs. größer, weiter, kleiner
Komparativsatz (Vergleichssatz)
Nebensatz, der einen Vergleich zum Inhalt des Hauptsatzes bietet; eingeleitet durch die Konjunktionen *als, als ob, je, desto*. Es kam, **wie ich es mir gedacht hatte**.
Komposition (Zusammensetzung)
(selbstständig) vorkommender Wörter zu einem neuen Wort. Fingernagel, Telefonnummernliste
Kompositum (zusammengesetztes Wort)
Wort, das aus zwei oder noch mehr Wörtern zusammengesetzt ist. Glückwunschkarte, Parkhaus, langlebig, untergehen
konditional
bedingend
Konditionalsatz (Bedingungssatz, Wenn-Satz)
Nebensatz, der eine Bedingung für die Handlung des Hauptsatzes stellt; wird eingeleitet durch die Konjunktionen *wenn, falls*. **Falls du heute nicht kommen kannst**, treffen wir uns morgen.
Konfix
Wortelement, das nicht als selbstständiges Wort vorkommt, aber eine

Grammatische Fachbegriffe

K - M

lexikalische Bedeutung hat. Brombeere, **Schorn**stein

Kongruenz (Übereinstimmung)
Anpassung der Flexionsendungen bei Verb, Adjektiv, Pronomen nach dem Genus, Numerus, Kasus und/oder der Person des Subjekts bzw. Bezugsworts. gut**en** Mut**es**, schön**en** Ding**en**, ich fahr**e**, **ihre** Mutter

Kongruenzprobe
Hilfsmittel zur Unterscheidung von Subjekt und Prädikatsnomen

Konjugation (Beugung des Verbs)
Veränderung des Verbs durch Anhängen verschiedener Endungen, um das Genus verbi (Aktiv oder Passiv), den Modus, die Person, den Numerus und die Zeit (Tempus) festzulegen.

Konjunktion (Bindewort)
verbindet Satzglieder, Satzgliedteile und Sätze. und, oder, weil, wenn

Konjunktionaladverb
Adverb, das Hauptsätze verbindet. daher, zuvor, dennoch

Konjunktionalsatz (Bindewortsatz)
wird durch unterordnende Konjunktionen eingeleitet. Ich weiß, **dass** ich nichts weiß.

Konjunktiv (Möglichkeitsform)
ein Modus des Verbs. Er sagt, er **sei** krank.

Konkreta (Gegenstandswort)
(Singular: Konkretum) Nomen für Dinge, die man mit seinen Sinnen wahrnehmen kann. Stuhl, Zange, Metall

konsekutiv
eine Folge beschreibend

Konsekutivsatz (Folgesatz)
Nebensatz, der eine Folge der Handlung des Hauptsatzes beschreibt. Er sang so laut, **dass sich alle die Ohren zuhielten.**

Konsonant (Mitlaut)
b, c, d, f, g ...

Kontamination (Wortkreuzung)
Zusammenziehung von Wörtern oder von bestimmten Fügungen, die sowohl von der Form her als auch inhaltlich verwandt sind. nichtsdestotrotz aus **nichtsdesto**weniger und **trotz**dem

Kontext
Textzusammenhang

Kontraktion
Verschmelzung von Präposition und Artikel. bei + dem → **beim**, für + das → **fürs**

Konversion
eines der Prinzipien der Wortbildung. Übertragung eines Wortes ohne Veränderung seiner Form in eine neue Wortart. ernst → Ernst, suchen → Suche

Konzessivsatz (Einräumungssatz)
Nebensatz, der eine Handlung ausdrückt, die im Widerspruch zur Handlung des Hauptsatzes steht; wird eingeleitet durch die Konjunktionen *obwohl, obgleich, wenn auch*. Es regnet, **obwohl schönes Wetter vorausgesagt worden ist.**

Kopfwort
Kurzwort, bei dessen Bildung der hintere Teil des ursprünglichen Wortes entfällt. Abo, Navi

Korrelat
Wort in einem übergeordneten Satz (meistens Hauptsatz), das auf den folgenden Nebensatz hinweist, ihn

ankündigt. Mir gefällt **es**, dass du nicht mehr rauchst. Ich danke dir **dafür**, dass du mir geholfen hast.

Kürzung
eines der Prinzipien der Wortbildung – Verkürzung von Wörtern. Europäische Union → EU

Kurzwort
Ergebnis einer Kürzung – eine Kurzform, die neben seiner Langform als eigenständiges Wort existiert. Prof, CDU, Bus

L

Laut
Grundbaustein der gesprochenen Sprache

lautmalendes Element
→ Onomatopoetikum

Lehnübersetzung
Glied für Glied aus einer fremden Sprache übersetztes Wort. Gehirnwäsche (aus engl. *brainwashing*); im gleichen Boot sitzen (aus engl. *to be in the same boat*)

Lehnübertragung
nicht ganz wörtlich vorgenommene Übersetzung aus einer fremden Sprache. Wolkenkratzer (aus engl. *skyscraper*)

Lehnwendung
→ Lehnübersetzung

Lehnwort
ein Wort, das aus einer Sprache in eine andere Sprache auf dem Weg der Entlehnung übernommen wird. Assassin, Wodka

Leideform
→ Passiv

Lexem
Wortbaustein, der auch für sich schon ein selbstständiges Wort ist. Bild, lieb

linke Einheit
→ Bestimmungswort

lokal
Ort oder Richtung betreffend

Lokaladverb
Adverb, das einen Ort oder eine Richtung angibt. dort, hier, links, rückwärts

Lokaladverbial
adverbiale Bestimmung des Ortes

Lokalsatz
Nebensatz, der einen Ort oder eine Richtung angibt; wird eingeleitet durch *wo, wohin, woher*. Ich weiß nicht, **wo dein Schlüssel liegt**.

M

männlich
→ maskulin

maskulin (männlich)
ein Genus. der Jäger

Mehrzahl
→ Plural

Mitlaut
→ Konsonant

Mittelwort der Gegenwart
→ Partizip Präsens

Mittelwort der Vergangenheit
→ Partizip Perfekt

Mittelwortgruppe
→ Partizipialgruppe

Modaladverbial
adverbiale Bestimmung der Art und Weise

Grammatische Fachbegriffe

M – P

modales Verb
→ Modalverb

Modalsatz
Nebensatz, der die Art und Weise der Handlung des Hauptsatzes erläutert; wird eingeleitet durch die Konjunktionen *indem, wobei*. Du kannst mir helfen, **indem du die Spülmaschine ausräumst.**

Modalverb (modales Zeitwort)
Verb, das die Art und Weise eines anderen Verbs oder einer Handlung näher bestimmt. dürfen, müssen, können

Modalwort
Kommentaradverb. Adverb, das die Aussage eines Satzes moduliert. vielleicht, sicherlich

modifizierendes Verb (abänderndes Verb)
werden zusammen mit *zu* + Infinitiv eines Verbs benutzt und wandeln dessen Bedeutung ab. Er **pflegt zu** lesen. Sie **versucht zu** lesen. Du **brauchst** es nur (zu) lesen.

Modus (Aussageweise)
Es gibt drei Aussageweisen des Verbs: Indikativ (Wirklichkeitsform), Konjunktiv (Möglichkeitsform), Imperativ (Befehlsform)

Möglichkeitsform
→ Konjunktiv

Morphem
kleinster bedeutungstragender Wortbaustein. bau, -lich, vor-

Morphologie
Lehre von den kleinsten bedeutungs- oder funktionstragenden Elementen einer Sprache – den Morphemen.

Multiplikativzahl
→ Vervielfältigungszahl

....

N

Nachfrage
Du hast **wen** getroffen?

Nachsilbe
→ Suffix

Nachzeitigkeit
ein zeitliches Verhältnis der Handlungen in Haupt- und Nebensatz

Namenwort
→ Nomen

natürliches Geschlecht
→ Sexus

nebenordnende Konjunktion
Konjunktion, die gleichrangige Wörter, Wortgruppen und Sätze miteinander verbindet. und, oder, aber

Nebensatz
inhaltlich vom Hauptsatz abhängiger Satz

Negation
→ Verneinung

negieren
verneinen → Verneinung

neutral (Neutrum, sächlich)
ein Genus. das Schiff

Neutrum
→ neutral

nicht notwendiger Relativsatz
Nebensatz, der sich auf ein Satzglied des übergeordneten Hauptsatzes bezieht und dieses näher erläutert. Ich mag Kuchen, **der viel Schokolade enthält.**

nicht zielend
→ intransitiv

Nomen (Hauptwort, Substantiv)
Wort, das Lebewesen, Pflanzen, Gegenstände und nicht mit den Sinnen wahrnehmbare Dinge benennt. *das Haus, die Sonne*
Nominalgruppe
eine Gruppe zusammengehöriger Wörter, deren Kern ein Nomen (Substantiv) ist. *ein bekannter Dichter, auf wundersame Weise*
Nominalisierung (Substantivierung)
Gebrauch eines Wortes als Nomen *das Lesen, etwas Schönes, das Für und Wider*
Nominalphrase
→ Nominalgruppe
Nominativ
1. Fall, Wer-Fall *der Löwe, ich, mein*
notwendiger Relativsatz
Nebensatz, der ein für den Satzbau erforderliches Satzglied ersetzt und kann deshalb nicht weggelassen werden kann. *Ich lese, was mir gefällt.*
Numerale (Zahlwort; Plural: Numeralien/Numeralia)
zwei, dritter, fünfmal
Numerus (Zahl)
Singular (Einzahl) und Plural (Mehrzahl). *der Baum, die Bäume, ich, wir*

....

O
Objekt (Satzergänzung)
ein Satzglied. → Akkusativobjekt, Dativobjekt, Genitivobjekt
Objektsatz
Nebensatz, der die Satzergänzung (das Objekt) des Hauptsatzes ersetzt.

Onomatopoetikum
(Plural: -poetika); Wort, mit dem man Geräusche und Tierlaute nachahmt, lautmalendes Element. *miau, wuff, peng*
Ordinalzahl (Ordnungszahl)
der erste, zweite, dritte
Ordnungszahl
→ Ordinalzahl
Orthoepie/Orthophonie
Regeln zur Aussprache der Laute
Orthografie/Orthographie
Regeln zur Rechtschreibung

....

P
Parataxe
Gleichrangigkeit, Nebenordnung von Sätzen oder Satzgliedern, Satzreihung. *Ich gehe zur Arbeit und du bleibst hier.*
Parenthese (Einschub)
Satz oder Teilsatz, der in einen anderen Satz eingeschoben wird und dessen Struktur unterbricht
partielles Kurzwort
entsteht, wenn bei der Kürzung nur ein Teil des Wortes gekürzt wird und der Rest erhalten bleibt. *U-Bahn, O-Saft*
Partikeln
eine Gruppe nicht flektierbarer Wörter, die einen Teil des Satzes näher bestimmen bzw. hervorheben oder die innere Einstellung des Sprechers signalisieren, z. B. Verwunderung. *doch, bloß, wohl. Du gehst **doch** nicht etwa? Kannst du **denn** schon lesen?*
Partikelverb
Verb, dem ein trennbarer Verbzu-

Grammatische Fachbegriffe

P

satz vorangestellt ist. **ab**schlagen, **unter**kommen, **dazwischen**schieben, **fest**stellen, **teil**nehmen

Partizip (Mittelwort)
kann dekliniert als Adjektiv (das **spielende** Kind, der **gewachste** Tisch) und als Nomen (**Folgendes, die Gezeichneten**) benutzt werden.

Partizip I
→ Partizip Präsens

Partizip II
→ Partizip Perfekt

Partizip Perfekt (Partizip II, Mittelwort der Vergangenheit)
wird zur Bildung der zusammengesetzten Zeiten (Perfekt, Plusquamperfekt) und beim Passiv benötigt. Kann dekliniert und wie ein Adjektiv benutzt werden. Bildung: Bei schwachen Verben ge- + Verbstamm + -t, bei starken Verben ge- + Perfektstamm + -en. ge**gang**en, ge**spiel**t

Partizip Präsens (Partizip I, Mittelwort der Gegenwart)
beschreibt einen Vorgang oder eine Handlung, die gleichzeitig mit der Handlung des Satzes stattfindet. Wird wie ein Adjektiv oder Adverb benutzt. Das **weinende** Kind ruft nach seiner Mutter. Das Kind lief **weinend** nach Hause.
Bildung: Infinitiv + d. gehen**d**, sprechen**d**

Partizipialgruppe (Mittelwortgruppe)
Partizip + Objekt oder Adverbial als Ersatz für einen Nebensatz

Passiv
Leideform. er **wird geschlagen**

Perfekt (vollendete Gegenwart)
eine der sechs Zeiten. ich bin gegangen, ich habe gespielt

persönliches Fürwort
→ Personalpronomen

persönliches Passiv
kann mit transitiven Verben gebildet werden. Die von der Handlung betroffene Person oder Sache ist Subjekt des Satzes. Martha wurde entlassen. Das Haus ist frisch verputzt.

Person
Es gibt drei grammatische Personen, und zwar jeweils im Singular (Einzahl) und im Plural (Mehrzahl).

Personalform
Verbstamm + Personenendung, konjugierte/finite Verbform; Gegensatz: infinite Form

Personalpronomen (persönliches Fürwort)
ich, er, wir

Phonem
kleinste lautliche Unterscheidung. **b**iegen – **s**iegen

Phonetik
Teil der Lautlehre, der beschreibt, wie die Laute der gesprochenen Sprache gebildet werden.

Pleonasmus
inhaltlich überflüssige Wiederholung. nochmals wiederholen, ebenso auch

Plural (Mehrzahl)
die Häuser, die Pferde

Plusquamperfekt (vollendete Vergangenheit)
eine der sechs Zeiten. ich war gegangen, ich hatte gespielt

Polyseme
gleich lautende Nomen, die unterschiedliche Bedeutungen haben, die aber auf eine gemeinsame (sprachhis-

torische) Wurzel zurückgeführt werden können. der Schild – das Schild.
Positiv (Grundstufe)
erste, ungesteigerte Stufe bei der Steigerung des Adjektivs. schön, gut, klein
Possessivbegleiter
Possessivpronomen, das als Begleiter benutzt wird
Possessivpronomen (besitzanzeigendes Fürwort)
mein, dein, sein, unser, euer, Ihr
Postposition
Präposition, die ihrem Bezugswort nachgestellt ist. mir zuliebe, dem Bericht zufolge
Prädikat (Satzaussage)
ein Satzglied, das die finite (= die Konjugationsendung tragende) Verbform eines Satzes enthält. Es **regnet**. Mehrteilige Prädikate kommen bei zusammengesetzten Zeiten, mit Modalverben und im Passiv vor. ich **habe gelernt**, ich **wurde vertrieben**, ich **konnte singen**, ich **hätte** es **tun sollen**.
prädikativ (zum Prädikat gehörend)
Nomen oder Adjektiv als Teil des Prädikats. → Prädikatsnomen, Prädikatsadjektiv
Prädikatsadjektiv
Gleichsetzung eines Adjektivs mit dem Subjekt oder Akkusativobjekt; Teil des Prädikats. Sie ist **stark**. Ich finde dich **super**.
Prädikatsnomen/Prädikativer Nominativ
Gleichsetzung eines Nomens mit dem Subjekt oder Akkusativobjekt; Teil des Prädikats. Frau Mai ist unsere **Nachbarin**.
präfigiert
mit einem Präfix versehen. **Ver**schlag, **ver**suchen, **un**schön
Präfix (Vorsilbe)
nicht trennbarer Wortteil, der einem anderen Wort vorangestellt wird und mit diesem ein neues Wort bildet. **An**schaffung, **be**gleiten, **er**klären, **zer**teilen, **voll**enden
Präposition (Verhältniswort)
mit, von, gegen, in
Präpositionaladverb
→ Pronominaladverb
Präpositionalgruppe
Wortgruppe mit einer Präposition; meist ist der Kern der Gruppe ein Nomen. Die Kinder spielen **auf der Straße**.
Präpositionalobjekt (Satzergänzung mit Verhältniswort)
Ich warte **auf deinen Anruf**.
Präsens (Gegenwart)
eine der sechs Zeiten. ich gehe, ich spiele
Präteritum (Imperfekt, Vergangenheit)
eine der sechs Zeiten. ich ging, ich spielte
Pronomen (Fürwort)
Stellvertreter von Nomen. ich, du, dieser, jeder, alle
Pronominaladverb
Adverb, das aus den Umstandswörtern *da, hier* oder *wo* + Präposition besteht und eine Verbindung aus Präposition + *das* oder *was* ersetzt. **Worüber** (aus: *über was*) freust du dich? **Darüber** (aus: *über das*).
Punkt .
ein Satzzeichen

Grammatische Fachbegriffe
R – S

R
Reduplikation
Verdopplung meist einer Silbe, manchmal mit leichten Veränderungen zur Bildung von Wörtern. zickzack, klippklapp, Mau-Mau
rechte Einheit
→ Grundwort
reflexiv
rückbezüglich
Reflexivpronomen (rückbezügliches Fürwort)
mich, dich, uns, euch, sich
Reflexivverb (rückbezügliches Verb)
sich wundern
regelmäßige Konjugation (Beugung)
Konjugation der Verben ohne Änderung des Stammvokals oder der Stammform. ich arbeite, ich arbeitete
regelmäßiges Verb
schwaches Verb → Konjugation
Rektion (Verb: regieren)
Fähigkeit der Verben, Adjektive und Präpositionen, den grammatischen Kasus von Nomen und Pronomen festzulegen. Er **vertraut ihm**. Ich lege es **auf den Tisch**. Ich bin mir **dieser Sache bewusst**.
Relativadverb (bezügliches Adverb)
leitet einen Relativsatz ein. womit, wovon, wodurch
Relativpronomen (bezügliches Fürwort)
leitet einen Relativsatz ein. Die Geschäftspartnerin, **die/welche** ich gestern traf, ist heute wieder abgereist.
Relativsatz (Bezugssatz)
Nebensatz, der sich auf das Subjekt, ein Objekt oder ein Adverbial im Hauptsatz bezieht; wird durch ein Relativpronomen oder Relativadverb eingeleitet. Ich lese ein Buch, **das immer spannender wird**.
Restriktivsatz
Nebensatz, der die Gültigkeit der Handlung des Hauptsatzes einschränkt. Wird eingeleitet durch die Konjunktionen *soviel*, *soweit*. **Soweit ich informiert bin**, ist heute Markttag.
reziprok
wechselseitig
Reziprozität
wechselseitige Beziehung Sie begrüßten sich (gegenseitig).
rhetorische Frage
Frage, auf die keine Antwort erwartet wird. Hab' ich's nicht gesagt?
rückbezügliches Fürwort
→ Reflexivpronomen
rückbezügliches Verb
→ Reflexivverb

S
sächlich
→ neutral
Satzäquivalent
nicht flektierbares Wort, das für einen vollständigen Satz steht. Ja. Danke. Stop!
Satzaussage
→ Prädikat
Satzbau
Zusammensetzung der Satzglieder
Satzbauplan
Satzmuster. Darstellung der Möglichkeiten, wie Sätze aus verschiedenen Satzgliedern gebildet werden können.
Satzellipse
grammatisch unvollständiger, aber

trotzdem verständlicher Kurzsatz. Glück gehabt!
Satzergänzung
→ Objekt
Satzgefüge
Gefüge aus Haupt- und Nebensatz
Satzgegenstand
→ Subjekt
Satzglied
ein oder mehrere Wörter, die eine bestimmte Aufgabe im Satz erfüllen
Satzgliedteil
→ Attribut
Satzklammer
mehrteilige Satzaussage (Prädikat), die andere Satzglieder umschließt. Der Bus **fährt** später **ab**.
Satznegation
Verneinung des ganzen Satzes durch die Negationspartikel *nicht*. Das weiß ich **nicht**.
Satzreihe
Aneinanderreihung von gleichrangigen Hauptsätzen
satzwertiger Infinitiv
zu + Infinitiv + Objekt oder Adverbial als Ersatz für einen Nebensatz. Er gestand, **die Tasche gestohlen zu haben**.
satzwertige Infinitivgruppe
→ Infinitivgruppe
satzwertige Partizipialgruppe
→ Partizipialgruppe
Satzzeichen
gliedern Sätze
Schachtelsatz
Satzgefüge aus einem oder mehreren Hauptsätzen und Nebensätzen
Scheinanglizismus
Wort, das aus dem Englischen stammt, aber in einer anderen Bedeutung als seiner ursprünglichen benutzt wird, oder ein Wort, das so im Englischen nicht existiert. Handy, Body, Talkmaster
Schlusszeichen
schließen einen Satz ab
Schrägstrich /
ein Satzzeichen
Schriftsprache
→ Hochdeutsch
schwache Deklination
Deklination von Nomen und Adjektiven ohne besondere Merkmale
schwache Konjugation (Beugung)
→ regelmäßige Konjugation
Selbstlaut
→ Vokal
Semantik
Lehre von der Bedeutung eines Wortes oder Ausdrucks
Semikolon (Strichpunkt) **;**
ein Satzzeichen
Sexus (natürliches Geschlecht)
biologisches Geschlecht von Menschen, Tieren und Pflanzen
Silbe
Sprecheinheit in Wörtern. re-den
Silbenkurzwort
Kurzwort, das aus den Anfangsbuchstaben zusammengesetzter Nomen zu neuen Silben und Wörtern geformt wird. Kripo, Kita
Silbentrennung
→ Worttrennung
Singular (Einzahl)
das Haus, ein Pferd, ich
Sondernegation
Verneinung eines Satzgliedes durch die Negationspartikel *nicht*. Er spielt

Grammatische Fachbegriffe

S – U

nicht gut.
Sprachsilbe
Morphem, bedeutungstragender Wortbestandteil. trag-en, Um-geb-ung
Sprechsilbe
lautliche Einteilung eines Wortes. tra-gen, Um-ge-bung
Stamm des Verbs
→ Verbstamm
Stammformen
die drei Formen eines Verbs, die erkennbar machen, ob das Verb regelmäßig oder unregelmäßig konjugiert wird
Stammprinzip
eine wichtige Regel für die Rechtschreibung
Stammvokal
Vokal im Verbstamm, der bei unregelmäßigen Verben wechselt. ich b**ie**te, ich b**o**t, ich b**ö**te, geb**o**ten; ich f**a**hre, ich f**u**hr, ich f**ü**hre, gef**a**hren; ich spr**e**che, ich spr**a**ch, ich spr**ä**che, gespr**o**chen
Standardsprache
Hochdeutsch
starke Deklination
Deklination mit besonderen Merkmalen bei Nomen, Adjektiven und manchen Pronomen
starkes Verb
unregelmäßiges Verb → Konjugation
starke Konjugation
→ unregelmäßige Konjugation
Steigerung (Komparation)
des Adjektivs. laut - lauter - am lautesten
Steigerungsstufe
→ Komparativ

Stellvertreter
Pronomen, das ein Nomen ersetzt
→ Pronomen
stimmhafte Laute
Laute, bei deren Bildung die Stimmlippen (Stimmbänder) durch die Luft aus der Lunge in Schwingung versetzt werden. a, o, l, n
stimmlose Laute
Laute, bei deren Bildung die Stimmlippen nicht in Schwingung versetzt werden. f, h, k, z
Streckform des Verbs
→ Funktionsverbgefüge
Strichpunkt
→ Semikolon
Subjekt (Satzgegenstand)
ein Satzglied. **Das Unwetter** zieht vorbei.
Subjektteil
Manchmal besteht ein Subjekt aus mehreren Subjektteilen. **Das Haus**, **der Garten** und **das Auto** gehören mir.
Subjektsatz
Nebensatz, der das Subjekt des Hauptsatzes ersetzt
Subjunktion
unterordnende Konjunktion, die einen Nebensatz einleitet. indem, wenn, weil
Substantiv
→ Nomen
Substantivierung
→ Nominalisierung
Substitutivsatz
Nebensatz, der eine Möglichkeit ausdrückt, die nicht wahrgenommen wird. Wird mit den Konjunktionen *anstatt dass* und *statt dass* eingeleitet.

Statt dass er aß, trank er nur.
Suffix (Nachsilbe, Anhängsel)
Wortteil, das nicht als selbstständiges Wort vorkommt; wird an ein Wort (Mitglied**schaft**) oder einen Wortstamm (laun**isch**) angehängt und bildet so ein neues Wort.
Superlativ (Höchststufe)
dritte, höchste Stufe der Steigerung des Adjektivs. am schnellsten; der schnellste Zug
Syntax
Lehre vom Satzbau

....

T
Tatform
→ Aktiv
Tätigkeitswort
→ Verb
Tautologie
Wiederholung eines Wortes zur Ausdrucks- oder Bedeutungsverstärkung. nach und nach, wieder und wieder
Teilsatz
Satz, der Teil einer Satzreihe oder eines Satzgefüges ist.
Temporaladverbial
adverbiale Bestimmung der Zeit
Temporalsatz (Zeitsatz)
Nebensatz, der eine Handlung in ein zeitliches Verhältnis zum Hauptsatz setzt; wird z. B. durch die Konjunktionen *als, nachdem, während, bevor* eingeleitet. Sie schlief schon, **als du kamst**.
Tempus (Plural: Tempora)
Zeit, Zeitform. Vergangenheit, Zukunft

transitiv (zielend)
ist ein Verb, das Akkusativobjekte bei sich haben kann. Ich lese **diese Liste**.
transponieren
in eine andere Wortart überführen. Suffixe können Wörter in ein andere Wortart überführen Leser (Nomen) – leserlich (Adjektiv)
trennbare Verbpartikel
(unechtes Präfix) dem Verb vorangestellter Zusatz (Adverb, Präposition, seltener Nomen oder Adjektiv), der vom Verb trennbar ist. **ab**fahren: ich fahre **ab**; **vor**ziehen: er zog es **vor** ...; **fest**stellen: wir stellen **fest**
trennbares Verb
Verb mit abtrennbarem Verbzusatz **hier**bleiben - Bleib **hier**!
trennbarer Verbzusatz
→ trennbare Verbpartikel
Tunwort
→ Verb

....

U
Übereinstimmung
→ Kongruenz
Umgangssprache
Sprache, die im Alltag benutzt wird, aber nicht im Schriftlichen
Umlaut
ä, ö, ü. M**ö**hre, V**ä**ter, tr**ü**b
Umstandsbestimmung
→ Adverbial
Umstandswort
→ Adverb
unbestimmter Artikel
→ Artikel
unbestimmtes Fürwort
→ Indefinitpronomen

GRAMMATISCHE FACHBEGRIFFE

Grammatische Fachbegriffe
U – W

unbestimmtes Geschlechtswort
→ Artikel
unbestimmtes Pronomen
→ Indefinitpronomen
unbestimmtes Zahlwort
einige, manche, viele
unflektiert
in Kasus, Genus, Numerus nicht verändert (ungebeugt). Gegensatz: *flektiert* → Flexion
unikale Einheit
Wort, das heute nicht mehr selbständig, sondern nur noch als Bestandteil eines zusammengesetzten Wortes vorkommt. **Brom**beere, **Schorn**stein
unpersönliches es
ist Subjekt in Sätzen mit unpersönlichen Verben oder mit unpersönlichem Passiv. **Es** regnet nicht mehr. **Es** wurde viel gelacht.
unpersönliches Passiv
wird mit es gebildet. Derjenige, der von der Handlung betroffen ist, wird nicht genannt. Es wurde viel getrunken.
unpersönliches Verb
Verb, das nur unpersönlich mit es benutzt werden kann. es regnet
unregelmäßige Konjugation
Konjugation der Verben mit Wechsel des Stammvokals st**e**chen, st**a**ch, gest**o**chen
unterordnende Konjunktion
Konjunktion, die Nebensätze einleitet. weil, als, dass
untrennbares Verb
Verb mit Präfix, dessen Formen immer ungetrennt bleiben. Ich **verliere** immer. Er **vollendete** sein Werk.

V
Valenz
Fähigkeit des Verbs (Prädikats), die Zahl der Satzglieder in einem Satz zu bestimmen → Wertigkeit
Verb (Zeitwort, Tätigkeitswort, Tunwort)
spielen, sein
Verbalabstraktum, Verbalsubstantiv
von einem Verb abgeleitetes Substantiv. schlafen - Schlaf; ernennen - Ernennung; warten - das Warten
Verbstamm (Stamm des Zeitworts)
ergibt sich, wenn man am Ende des Infinitivs -en/-ern/-eln wegstreicht. spiel~~en~~, wander~~n~~, klingel~~n~~
Verbzusatz
Oberbegriff für Adverbien, Nomen, Präpositionen oder Adjektive, die einem Verb vorangestellt werden und mit ihm eine trennbare Zusammensetzung bilden. **hier**bleiben, **vor**gehen, **statt**finden, **warm**halten
Vergangenheit
→ Präteritum
Vergleichsformen
→ Steigerung
Vergleichspartikel
Partikel, die benutzt wird, um zwei Dinge oder Personen miteinander in einen Vergleich zu setzen. wie, als
Vergleichssatz
→ Komparativsatz
Verhältniswort
→ Präposition
Verkleinerungsform
→ Diminutiv
verkürzter Satz (Satzellipse)
grammatisch unvollständiger, aber verständlicher Kurzsatz. Glück gehabt!

Verneinung (Negation)
einzelner Wörter oder ganzer Sätze
→ Satznegation, Sondernegation
Verschiebeprobe
Hilfsmittel zur Bestimmung der Satzglieder, bei dem die Reihenfolge der Satzglieder umgestellt wird.
Verschmelzung
→ Kontraktion
Vervielfältigungszahl (Multiplikativzahl)
mehrfach, zweifach
Vokal (Selbstlaut)
a, e, i, o, u
vollendete Gegenwart
→ Perfekt
vollendete Vergangenheit
→ Plusquamperfekt
vollendete Zukunft
→ Futur II
Vollverb (vollwertiges Zeitwort)
fahren, helfen
vollwertiges Zeitwort
→ Vollverb
Vorgangspassiv
Passivform, die einen Vorgang beschreibt. Das Licht **wird ausgemacht**.
Vorsilbe
→ Präfix
Vorzeitigkeit
ein zeitliches Verhältnis der Handlungen in Haupt- und Nebensatz

....

W

w-Wort
Fragewort, das mit dem Buchstaben *w* beginnt. wer, warum, wo
Wahlfrage
→ Alternativfrage

wechselseitige Beziehung (Reziprozität)
Sie begrüßten sich (gegenseitig).
weiblich
→ feminin
weiterführender Nebensatz
Nebensatz, der sich auf lockere Art auf den gesamten Hauptsatz bezieht, meistens kommentierend. Er hat zugesagt, **was mich freut**.
Wem-Fall
→ Dativ
Wen-Fall
→ Akkusativ
Wenn-Satz
→ Konditionalsatz
Wer-Fall
→ Nominativ
Wertigkeit (Valenz)
Fähigkeit der Verben, die Zahl der Satzglieder in einem Satz zu bestimmen.
Wessen-Fall
→ Genitiv
Wiewort
→ Adjektiv
Wiederholungszahlen (Iterativzahlen)
dreimal, x-mal
Wirklichkeitsform
→ Indikativ
wörtliche Rede
→ direkte Rede
Wortbaustein
Wörter bestehen aus Wortbausteinen.
Wortbildung
Bildung neuer Wörter duch Abwandlung (Zusammensetzung, Ableitung, Kürzung oder Konversion) bestehender Wörter.

Grammatische Fachbegriffe
W - Z

Wortfamilie
Wörter, die alle vom selben Wortstamm abgeleitet sind. send → senden, **Send**eschluss, Ver**sand**
Wortfuge
Stelle, an der bei zusammengesetzten Wörtern das eine Wort endet und das nächste beginnt. Ton|leiter, fort|gehen
Wortgruppe
aus mehreren Wörtern bestehende Sinneinheit. drei Jahre alt, schrecklich laut
Wortkreuzung
→ Kontamination
Wortstamm
Baustein für Wörter. wort, hand, viel, fahr, leit
Wortstellung
Anordnung der Wörter bzw. Satzglieder in einem Satz
Worttrennung (Silbentrennung)
Trennung von Wörtern im Schriftlichen nach Spracheinheiten. Mo-ni-tor, Spal-tung
Wunschsatz
Wäre ich nur ein wenig reicher!

....

Z
Zählprobe
Hilfsmittel zur Prüfung der Gleichrangigkeit aufgezählter Adjektive
Zahl
→ Numerus
Zahladjektiv
Zahlwort, das ein Adjektiv ist oder adjektivisch benutzt werden kann. **zwei** Fliegen, zum **dritten** Mal,

Zahlwort
→ Numerale
Zeit (Tempus)
Es gibt im Deutschen sechs Zeiten (Tempora): Präsens, Präteritum, Perfekt, Plusquamperfekt, Futur I, Futur II
Zeitenfolge
Reihenfolge der Handlungen in Haupt- und Nebensatz
Zeitsatz
→ Temporalsatz
Zeitstrahl
bildliche Darstellung der sechs Zeiten
Zeitwort
→ Verb
zielend
→ transitiv
Zirkumfix
ein Affix, das aus zwei Teilen besteht und ein Wortelement/einen Wortstamm umschließt und neue Wörter oder Verbformen bildet. **Ge**rede, **ge**schmeidig, **be**herzigen
Zitat, zitieren
eine Textstelle wörtlich wiedergeben
Zukunft
→ Futur I
zusammengesetztes Wort
→ Kompositum
zusammengesetzte Zeit
Zeit, die aus Hilfsverb + Vollverb gebildet wird. er hat gegessen, er wird essen
Zusammensetzung
→ Komposition, Kompositum
Zusatz
Zusätzliche Information in einem Satz, die durch Komma abgetrennt ist. Ich habe, **ohne die Zusatzkosten**, genau 30 Euro bezahlt.

Zustandspassiv
  Passivform, die einen Zustand beschreibt. Das Licht ist gelöscht.
Zwecksatz
  → Finalsatz
zweiwertiges Verb
  Verb, das neben dem Subjekt noch ein Objekt fordert, damit der Satz vollständig wird. lieben, brauchen, helfen
Zwielaut
  → Diphthong

Sach- und Stichwortverzeichnis

0 - A

Sach- und Stichwortverzeichnis

In der folgenden Liste finden Sie zahlreiche Sach- und Stichwörter, die in diesem Buch im Rahmen einer oder mehreren Regeln behandelt werden. Dahinter wird auf die entsprechende Seite verwiesen. Stichwörter sind kursiv gesetzt.

Falls Sie ein gesuchtes Sach- oder Stichwort in dieser Liste nicht finden, orientieren Sie sich bitte im Inhaltsverzeichnis auf den Seiten 6 bis 25.

0 - 9
10-jährig 105
11-mal 106
2-tägig 105
3-geschossig 106
3-stöckig 106
3-teilig 106
4-fach / 4fach 106
80er-Jahre / 80er Jahre 106
8-prozentig / 8%ig 106

A
a. A. 112
a. m. / am 112
ab 357
ab- 52, 448
-abel 468
Abend 100
abendlich 86
abends 100, 127
aber 131
aberkennen 59, 441
abhandenkommen 49
Abkürzungen 110ff, 174
  lateinisch 112
  Schreibung 111ff
Ableitungssuffix 427

abraten 345
Absage 549
Absatz 177, 328
Abschnitt 177
absolut 356, 512
absprechen 346
abstrus 516
absurd 516
abzüglich 263
abzugsfähig 522
Accessoire 92
achtgeben / Acht geben 55
achthaben / Acht haben 55
achtprozentig 106
achtzig 87
achtziger Jahre / Achtzigerjahre 106
ächzen und stöhnen 383
ad- 448
Adjektiv 200ff
  adverbialer Gebrauch 258
  als Präfix 58, 439, 443
  Bindestrich 487
  e-Laut 525
  gemischte Deklination 200ff

  gleichrangig 134
  nicht deklinierbar 203
  nicht gleichrangig 134
  nominalisiert 29f, 207f
  parallele Deklination 203
  schwache Deklination 200ff
  starte Deklination 200ff
  Steigerung 206f
  Vergleichsformen 205f
  Verstärkung 399
  zusammengesetzt 46
  Zusammenschreibung 487
Adjektiv + Adjektiv 47
Adjektiv + Verb 50ff
Adjektiv + Verb mit Präfix 52
Adjektivgruppe 144
Admiral 194
Adverb 71, 258ff, 486
  Deklination 356ff
  seltene Adverbien 542f
  Vergleichsformen 260
Adverb + Verb 48
Adverbiale 147f, 306
adverbiale Fügungen 68

Affe 164
Ahn 166
ähnlichsehen / ähnlich sehen 51
Airbag 496
airbrushen 253
Akkusativobjekt 241
Aktiv 335
aktuell 403
akut 403
all day 501
alldieweil 398, 542
alle 222
Allegorie 395
allein erziehend 64
allenthalben 542
alles 30, 34
alles beim Alten lassen 31
Alliteration 382, 395
allzu 73
allzumal 542
Alphabet 84
als 136f, 141, 285f, 298
als ob 137
als wenn 137
alt 206
altbekannt 47
altern 241
Althochdeutsch 491
am (Superlativ) 31
am enttäuschendsten 87
am Fuße 164
am Nötigsten sparen 31
Amsterdamer(in) 534
an- 52
an privat 36
ana- 450
Anapher 395
-and 469
anderer 220

ändern 230
andro- 450
aneinander denken 63
anerkennen 59, 441
anfangen 241
Anführungszeichen 155ff, 159
  wörtliche Rede 155
  zitieren 156
Angebinde 539
angelegentlich 539
angenommen(,) dass 140
Anglizismen 400ff, 494ff, 500ff
  Bindestrich 496
  falsche Freunde 501
  Genitiv-s 495
  Groß- und Kleinschreibung 495
  Pluralbildung 495
  Scheinanglizismen 498ff
Angst / angst 40
angst und bange / Angst und Bange 383
anhand 65, 263
anheimstellen 49
anlässlich 397
anlässlich zu 533
Anmut 484
anmutig 484
anno dazumal 73
Annonce 190
anrainen 539
Anrede 38, 145f, 318, 412, 415, 417
anrufen 243
ans Letzte denken 31
anschauen 388
anscheinend 530

Anschrift 410ff
ansehen, sich 298
ansonsten 398
anstatt 65, 141, 263
anstelle / an Stelle 65, 263
-ant 189, 469
anthropo- 450
anti- 450, 510
antiquarisch 404
antiquiert 404
Antitranspirant 519
Antonyme 506ff
  Abstufungen 509
  Fremdwörter 511f
  graduelle Antonymie 509
  Inkompatibilität 509
  konverse Relation 509
  reverse Relation 509f
  schwierige Antonympaare 511f
anvertrauen 59, 441
anverwandeln, sich 59
Anwendung finden 339
-anz 86
Aperitif 196
apo- 450
Apostroph 122ff
  Eigennamen 170
  Genitiv 122f, 126
  Städte- und Straßennamen 122
Apposition 144
  als Attribut 298
  Datumsangaben 299
-ar 468
-archie 471
arg 206
ärgern 230, 388

Sach- und Stichwortverzeichnis
A – B

arm 206
Arm(e) und Reich(e) 36
Art und Weise 383
Artikel 72
  bestimmt 214
  unbestimmt 214
  verneinend 214
Artikelwörter 214
Asphalt 84
astro- 450
-at 468
-ation 470
Atlas 193
atmen 125
atto- 453
attributiver Genitiv 171
aubergine 352
auch und gerade 398
-auf 486
auf- 52
auf 357
auf dem Lande 164
auf Grün schalten 35
auf immer und ewig 383
auf Nummer sicher gehen 36
auf stur schalten 35
Aufforderung 342
aufgrund / auf Grund 65, 263
aufmerksam 388
aufoktroyieren 533
aufs Ganze gehen 31
aufschreiben 388
aufseiten / auf Seiten 65
aufwändig / aufwendig 80
Augenstern 539
aus- 52
aus Schwarz Weiß (ma-

chen) 35
ausbedingen, sich 59
ausbleiben 346
Ausdrucksverstärkung 379, 382
auseinanderteilen 533
Ausführungen machen 339
ausgenommen(,) wenn 140
Auslassungspunkte 157f
Auslassungssatz 138f, 384
Ausrufe 146
Ausrufezeichen 317, 319
ausschließlich 264
außer 141, 264, 361f, 362
außer dass 363
außer wenn 285, 361
außerhalb 264
außerstande / außer Stande 66
Aussparung 301f, 386
  Präpositionen 301f
  Verben 302
Aussteuer 539
autark 520
auto- 450
Auto fahren 53
autonom 520
Autor 166, 196

....

B

Baby 194
backen 234
Backfisch 539
Baguette 190
Bahngleis 491
bald 258, 260

baldmöglichst 397
Ballon 193
banal 520
Band 182
Bändel 80
Bandsalat 539
bang 205
Bange / bange 40
Bank 180
-bar 466f, 522
Bär 165
Barbier 539
Barock 190
Base 539
Basiswort 428, 447, 457, 476, 490
Bau 181
bäu(e)risch 464
bauchpinseln 59, 539
Bauer 166, 182
bäuerlich 464
be- 52, 435, 447
Beachtung finden 339
Beamer 498
Becher 176
bedauern 125, 230
bedeutungsähnlich 387
Bedeutungsinhalt 546
Bedeutungsumfang 546
Bedeutungsvarianten 506
Bedeutungsverstärkung 379, 382
Bedeutungswandel 546ff
  Anpassung 547f
  Erweiterung 548f
  Verbesserung 548
  Verengung 549f
  Verschiebung 550f
  Verschlechterung 550

bedienen, sich 245
bedürfen 245
beendigen 85
befehlen 239, 251
Befindlichkeit 398
befleißigen, sich 245
befragen 388
beginnen 251
Begleiter 28ff, 102, 105, 214
Behälterbezeichnung 175f
behände 80
beharren auf 243
beherrschen 88
beherrschst 88
Behuf 539
behufs 542
-bei 486
bei- 52
bei Tage 164
bei Weitem / weitem 35
beide 34, 220
beige 352
beihilfefähig 522
beisetzen 485
beißen 88
beißt 88
Beitragsanpassung 552
belämmert 80
bemächtigen, sich 245
bemerken 388
berauben 245
Bereich 184
bergen 239
bergsteigen 54, 59, 442f
berichten 388
Berliner(in) 534
Berücksichtigung finden 339

beschädigen 388
bescheren 243
Beschönigung 551f
beschuldigen 246, 388
Besitzverhältnis 360
bestbezahlt 207
bestehen auf 243
Bestimmungswort 428, 476f
bestmöglich 207
bestreiten 346
beteuern 230
betrachten, sich 298
betragen 250
betreffs 398
Betreffzeile 412, 415, 417
bevor 347
bewahren 346
bewegen 230, 234
bezichtigen 246
beziehungsweise (bzw.) 131f, 398
bezweifeln 346
bieten 250
Bildbruch 397
billig 549
Billion 377
Bindestrich 118ff
  Adjektive 487
  Anglizismen 95, 496
  Ergänzungszeichen 119
  Infinitive als Nomen 67
  Kurzwörter 111
  Personenbezeichnungen 119
  Straßenbezeichnungen 120
  Zusammensetzungen 118, 481
Bingo! 398

binnen Kurzem / kurzem 36
Biotop 190
bis 264, 347
bis auf Weiteres / weiteres 35
Bitte 317
bitte 343
bitten und flehen 383
bitterböse 47
bittersüß 47
blanko 203
blankputzen / blank putzen 51
blass 205
blauäugig 47
Blaubart 482
blaugrau 47
blaumachen 50
bleiben 56, 248
bleu 352
Block 181
Blocksatz 327f
blöd / blöde 525
bloggen 253
Blouson 190
blümerant 539
Bluse 190
blutarm 485
blutrünstig 47
Boden 179
Body 194, 498
Bodyguard 496
Bogen 179
Bologneser(in) 535
Bonbon 190
Bonboniere 94
Boom 496
bordeaux 352
Bordeleser(in) 535

Sach- und Stichwortverzeichnis
B - D

bös / böse 525
böswillig 485
Bote 165
brainstormen 57, 59, 253, 444
brand 502
brandmarken 54, 57, 59, 443
brandneu 47
brauchen 141, 251f, 281, 334
Bräutigam 491
Brief 410ff
  Anrede 39, 145, 318, 412, 415
  Anschrift 410ff
  Betreffzeile 412, 415
  Briefkopf 410, 415
  Datum 413
  Empfänger 175
  Gestaltung 414
  Grußformel 146, 319, 413, 415
  Musterbrief 415
  Schriftart 414
  Schriftgröße 414
  Seitenränder 414
  Unterschrift 413
briefcase 502
briefen 253, 402
Briefkopf 410, 415
bringen 248
Brite 165
Brombeere 491
Brot 180
Bruch 184
Bruchzahlen 105
brustschwimmen / Brust schwimmen 55
Buchstabe 178

Buchungsstelle 87
Buenaerenser(in) 535
Büfett 94
Bukett 94
Buklee 94
bummeln 241
Bund 176, 182
Bush Administration 502

....

C
c. t. 112
canceln 253, 496
Cannelloni 93
Cartoon 190
Catwalk 188
CD 96
CEO 96
Chaiselongue 539
chamois 352
changieren 539
Chanson 190
charakteristisch 464
charakterlich 464
chatten 253
checken 402, 496, 499, 502
Chef 502
-chen 459f
chillen 95, 253
Chinese 165
Choral 194
CityNightLine 499
Cluster 322
Co. / Co 113
Coach 496
cognac 352
committen 254, 402
Congress 502
Controller 497

cool 402
Cornflakes 502
Cover 497
Cream 497
creme 352
Cup 497
Curry 190

....

D
d. h. 111
da 368
da- 260
daher 262, 314
dahin 262
dahinscheiden 552
dank 264
Dank / dank 39
danksagen / Dank sagen 55, 59f, 443
darlegen 49
Darmstädter(in) 534
das 81, 217, 262
das gleiche 534
das heißt (d. h.) 140
Das macht keinen Unterschied. 402
das Versprechen geben 340
dasjenige 72
dass 81, 137, 286f
dasselbe 72, 533
Date 402
Datenkorruption 501
Datenverarbeitung 501
Dativ-e 164
Datum 101, 147, 299, 413
de- 449
dediziert 516
Dehnungs-h 78

deinetwegen 71
deka- 453
Dekalog 453
Dekameron 453
Dekan 453
Deklination 162ff
  Adjektive 200ff
  Genitivendung 167
  Kurzwörter 114
  mehrteilige Eigennamen 168
  rechte Einheit 478
  schwach 163
  stark 162
Dekolletee 94
delikat 539
dem- 71
dementsprechend 72, 87
demgegenüber 72
demgemäß 72
demnach 72
Demonstrativpronomen 214f, 533f
Demut 484
demütig 484
demzufolge 72
denn 314
Deodorant 519
der- 71
der gleiche 520, 534
Der Punkt ist ... 500
derart 72
dereinst 542
deren 215, 369f
derenthalben 72
derentwegen 71f
derentwillen 72
derer 215f
deretwegen 71f
deretwillen 72

dergestalt 72
dergleichen 72
derjenige(n) 72, 216
derlei 30, 72
dermaßen 72
derselbe 72, 520, 533
derzeit 72
des- 71, 449
des Abends 127
des Mittags 127
des Morgens 127
des Nachts 127
des ungeachtet 72
des Weiteren 35, 72
desgleichen 72
deshalb 314
desselben 72
dessen 369f
dessen ungeachtet 72
dessentwegen 71f
dessentwillen 72
deswegen 72, 314
deutsche Sprache 491
dezi- 453
dezidiert 516
dickflüssig 485
dickhäutig 47
die gleiche 534
diejenige 72
dieselbe 72, 533
dieser 218
dieserhalb 398
Differenz 86
Differenzial / Differential 86
differenziell / differentiell 86
differenzieren 404
differieren 404
Direktor 196

Dirne 550
dis- 449
Diskus 193
doch 131
dome 502
Doppelaussage 378
Doppelperfekt 348
Doppelpunkt 154f, 315
Dopplung 378
Dorn 181
Dotter 184
down 402
downloaden 57, 60, 95, 254, 444
Dr. 111
Drache(n) 178
Dragee 94
Dränage 94
drechseln 229
dreifach 356
dreigeschossig 106
dreistöckig 106
dreiteilig 106
dreschen 234
Drink 497
Druck 181
dumm 206
dummdreist 47
dünken 539
durch- 439
durch dick und dünn 36
durchgehen 241
Durchlaucht 539
durchweg 259
dürfen 252, 283, 316
Dutzend 103, 176
DVD 96
dys- 451

Sach- und Stichwortverzeichnis
E - F

E
- *-e* 459
- *e-* 449
- *e. G. / eG* 113
- *earmarken* 254, 444
- *easy* 402
- *ebenda* 73
- *ebendaher* 73
- *ebendahin* 73
- *ebendann* 73
- *ebendarum* 73
- *ebendaselbst* 73
- *ebender, -die, -das* 73
- *ebenderselbe, -dieselbe, -dasselbe* 73
- *ebendeshalb, ebendeswegen* 73
- *ebendiese(r,s)* 73
- *ebendort* 73
- *ebenso* 69
- *ebenso gut / oft / sehr / viel ...* 73
- *ebensolch* 73
- *ebensovielmal / ebenso viel Mal* 73
- *echt* 399
- *Edelmut* 484
- *edelmütig* 484
- *effektiv* 404, 516
- *effizient* 404, 516
- *egal(,)* 140
- *ehe* 347
- *ehedem* 542
- *ehemalig* 356
- *ehern* 539
- *ehrlich* 399
- *Eidam* 539
- *Eiffelturm* 190
- **Eigennamen** 360
  - Genitiv 169
  - mehrteilig 168
- *eigentlich* 86
- *ein-* 52
- *-ein* 459
- *ein jeder/es* 29, 34, 220
- *ein paar / ein Paar* 37
- *ein solcher* 221
- *ein Stück weit* 398
- *ein wenig* 30
- *-einander* 48
- *einander* 370
- *eine Art* 300
- *eine jede* 29, 34
- *eine Sorte* 300
- *einfach* 399
- *eingehen* 241
- *einhergehen* 49
- *einige* 223
- *Einjähriges* 539
- *einlasern* 57
- *einmal mehr* 402
- *einmütig* 484
- *einplanieren* 532
- *einsatzfähig* 522
- *einscannen* 57, 444
- *einschließlich* 264
- **Einschub** 146
- **Einwohnerbezeichnungen** 534
- *einzig* 355f
- *einzig und allein* 383
- *eislaufen* 54, 63, 438, 485
- *ekeln* 244
- *Ekstase* 89
- *e-Laut* 525
- *Elefant* 165, 195
- *elfmal* 106
- *Ellipse* 384
- *-eln* 125, 459
- *-em* 472
- *E-Mail* 92, 188f
- **E-Mail** 416ff
  - Anrede 417
  - Betreffzeile 417
  - Muster 419
  - Signatur 418f
- **Emoticon** 417f
- *emotional* 512
- **Empfänger (Brief)** 175
- *empfehlen* 239, 252
- *-en* 463
- *-end* 469
- *end-* 85
- *Endbahnhof* 85
- *Enderfolg* 85
- *endgültig* 85, 356
- *Endlagerung* 85
- *Endlauf* 85
- *endlich* 85
- *endo-* 450
- *engaged* 502
- **englische Verben** 95f
  - Infinitiv mit *zu* 57
  - Konjugation 253ff
  - mit Präfix 444
- *-ent* 469
- *ent-* 85, 435, 447, 510f
- *entbehren* 246
- *entfernen* 85
- *entflammbar* 85
- *entgegen* 85
- *entgegenkommen* 485
- *Entgelt* 85
- *enthalten, sich* 246, 346
- *entheben* 246
- *entlang* 265
- *Entlassung* 85
- *entlaufen* 85
- *entledigen* 491

entledigen, sich 246
entschlafen 552
Entsorgungsfachkraft 390
entsprechend 265
entstammen aus 532
entweder ... oder 131f, 294
-enz 86
epi- 451
-er 189, 459
er- 52, 436, 447
Erbe 182
Erbteil 184
Ergebnisprotokoll 420f
ergo- 451
erhältst 87
erhieltst 87
erinnern 244, 500
-erl 461
erläutern 230
-erlei 463
erleichtern 230
-ermaßen 259
-ern 125, 458, 463
ernst nehmen 63
ernsthaft bestreiten 398
ero- 451
erscheinen 527
erschrecken 231, 239, 241, 343
ersinnen 252
erwägen und bedenken 383
Erwähnung finden 339
-erweise 66, 259
erweisen, sich 298
Erz- / erz- 446
es gibt 141
Es macht keinen Unterschied. 402
Espresso 193

essen 239
Essenz 86
essenziell / essentiell 86
etc. 112
ethisch 516
ethnisch 516
etliche 223
etwaig 398
etwas 30, 34, 218
Euphemismus 389, 395, 551
EUR 113
euretwegen 71
Euro 176
Event 189, 402
ex- 449
exa- 452
Examen 193
existential / existenzial 86
Existenz 86
existenziell / existentiell 86
exo- 451
explizit 512
Exposee 94
extra 203f
extradick 47

....

F
f- 83
-fach 463
fad / fade 525
-fähig 463, 521f
fahren 241, 549
Faksimile 89
falls 139, 279
falsche Freunde 501
Falschschreibung 87

falschspielen / falsch spielen 50
FAQ 96
Farbabstufungen 486
Farbadjektive 204, 352
zusammengesetzt 486
Zusammenschreibung 486
farbig 464
farblich 464
Fass 177
fassen 88
Fassette 94
fasst 88
fechten 234
fehlgehen 49
feiern 230
feig / feige 525
feilbieten 49, 63, 539
Felleisen 539
feminin 290
femto- 453
fer- 83
Ferien 83
Ferkel 83
fern 83
ferner 259
fernmündlich 539
fernsehen 439, 443
Ferse 83
Fersengeld geben 539
fertig 52, 83, 549
feststehende Ausdrücke 35
figures 502
-fikation 469
Filter 190
Fisimatenten 539
-fizieren 469
flattern 242

Sach- und Stichwortverzeichnis
F - H

Flattersatz 327
f-Laut 83
flechten 87, 234
Flegeljahre 539
Flexionsendung 177
Flexionssuffix 427
flichtst 87
fliegen 242
Flipper 499
flochtest 87
Flop 497
Floskel 398
flunkern 230
Flur 182
Flutlicht 501
Flyer 497
Folge leisten 339
folgend 210
-fon 472
Fond 516
Fonds 516
formal 404, 516
formell 404, 516
Fotograf 195
Fotograf / Photograph 83
Fotoshooting 499
Fragepronomen 214, 225, 523
Fragesatz 140, 316
   Konjunktiv 316
   Modalverben 316
Fragezeichen 319
Fraiplay 188
frank und frei 383
Franzose 165
Fräulein 539
Feind / feind 41
freisetzen 390, 552
freisprechen / frei sprechen 51

Fremdwörter 92ff, 188ff, 403ff
Adjektiv + Nomen 95
Antonyme 511f
auf -y 194
eingedeutscht 57, 93ff, 96, 444
Englisch 189, 400
Französisch 189f
Genitiv 92, 195f
Griechisch 83
Nomen 92
Nomen + Nomen 94f
Plural 93, 192ff
Präposition + Nomen 95
Freund / freund 41
Friede(n) 178
Frisör 94
frohlocken 539
Frohmut 484
fromm 205
Frottee 94
Fugenelement 429, 488
Fugen-r 260
Fugen-s 489
Fugen-t 86
fühlen 284
fundiert 512
Funktionsverbgefüge 339f
Funsport 499
für den Moment 401
fürbass 542
fürderhin 542
füreinander 73
fürliebnehmen 49
fürs Erste genug haben 31
Fürst 165
fürwahr 542

Fuß / Fuss 83

....

G
g (für Gramm) 113
G.m.b.H. / GmbH 113
Gabelfrühstück 539
Galerie 551
Gämse 80
ganz 356
gar kein 68
gar nicht 68
gar nichts 68
gären 234
garstig 539
GbR 113
ge- 436
Ge...(e) 446
geb. 144
gebärden, sich 539
Gebaren 539
gebären 234
geben 239, 248
gebrauchen 334
gebrauchsfertig 47
gedenken 246
gefeuert 499
geflissentlich 86
gegebenenfalls 398
-gegen 486
gegen- 510
gegen bar 36
Gegensatzpaare 506ff
gegenseitig 370
gehabt 349
Gehalt 182
gehen 78, 248, 548
gehen + Verb 56
geil 547f
Geisel 516

Geißel 516
Gelee 191
geloben 540
gelten 252
Gemach 540
gemach 542
gemäß 265
-gen 471
genant 539
genauso 69
genauso gut / viel ... 73
genausovielmal / genauso viel Mal 73
genehm 540
genehmigungsfähig 522
General 194
-genese 471
Genitiv 162f, 167, 171ff
  Apostroph 122
  Eigennamen 168f
  Fremdwörter 92, 126, 195, 495
  geografische Namen 170
  Kurzwörter 96, 114, 174
  mit welches 225
  Nomen auf -or 166
  Präpositionen 262ff
  Verben mit Genitiv 245f
Genitivattribut 171f, 360
geo- 451
geografische Namen 169f
geradeso 69
gerben 550
gerne 260
gernhaben 485
Geschlecht 290ff
Geschmack 180
Geschwulst 185

gesund 205
getrauen, sich 528
Getrennt- und Zusammenschreibung 46ff
gewährleisten / Gewähr leisten 55, 60, 443
gewesen 349
gewinnen 252
gewohnt 530
gewöhnt 529
gift 502
Gift 550
giga- 452
Glas 176f
glatt 205, 388
Gleichmut 484
gleichmütig 484
gleichviel / gleich viel 73
gleichwie 74
gleichwohl 74
gleichziehen 50
Gliederungsschema 325
glimmen 235
Globus 193
-gnose 471
golden 356
googeln 254
Gothaer(in) 534
Grad 516
Graf 165
-graf 471
-grafie 471
Grafiker / Graphiker 83
Gram / gram 40
Grammofon / Grammophon 83
-graph 471
-graphie 471
Grat 516
gratis 204

grau in grau 35
Gräuel 80
gräulich 80
griechische Präfixe 450ff, 452f
griechische Suffixe 471ff
grob 206
grob gewürfelt 64
groggy 203
groovy 402
Groschengrab 540
groß 206, 507
Groß- und Kleinschreibung 28ff
Groß(e) und Klein(e) 36
Großmut 484
großmütig 484
großschreiben 485
großschreiben / groß schreiben 51
größtmöglich 207
grundfalsch 47
Grußformel 319, 413, 415
Gulasch 191
Gültigkeit besitzen 339
Gummi 191
gutschreiben / gut schreiben 51
gym(nasium) 502

. . . .

H
haben 241, 248, 386
Habseligkeiten 462
-haft 463
halb 356
halbbitter 47
Hallenser(in) 535
Haller(in) 535
halten 87

Sach- und Stichwortverzeichnis
H - J

haltmachen / Halt machen 55
hältst 87
handeln 229
handhaben 54, 60, 443
Hendiadyoin 383
händisch 399
Handy / handy 499, 503
hängen 231, 242
hängenlassen / hängen lassen 56
Hannoveraner(in) 535
hart 206
Hase 165
hauen 235
Hauptsatz 313
Haus und Hof 383
Headphones 497
Hearing 497
heben 252
Heide 182
Heiermann 540
heimgegangen 390
heimisch 464
heimlich 464
heimsuchen 49
heißen 284
-heit 457f, 459
hekto- 453
hektografieren 453
Held 165
helfen 239, 244, 252, 284
Herr 165
Herz 165
Herztod 84
heterogen 512
hieltst 87
hienieden 542
hier- 260f
hiermit 398

hierzulande / hier zu Lande 74, 164
High School 503
Highlight 402
Hightech 497
Hilfe leisten 340
Hilfe und Beistand 383
hin- 52
hinfallen 388
hinken 242
hintanstellen 49
hinter- 437
hintergründig 47
hinterhältig 485
Hinweiswörter (auf Textstellen) 177
Hirntod / hirntot 85
Hobby 194
hoch 206, 507
Hochmut 484
hochmütig 484
hochpreisig 390
hochrechnen 439
Hochzeit 550
hocken 242
hoffentlich 86
hoffnungsfroh 47
hold 540
hölzern 356
Hometrainer 499
Homonyme 180
hören 284
hudeln 540
Hüllwort 389
human 404
humanitär 405
Humanressourcen 390
Hundert / hundert 102f
hurtig 540
hybrid- 451

hydro- 451
hyper- 451
Hyperbel 396
Hypertonie 517
hypno- 451
hypo- 451
Hypotonie 517

....
I
i. d. R. 111
-ia 471
-ibel 468
ich denke 401
Ich sehe dich später. 402
ich würde sagen 341
ideal 355f, 405, 512, 517
idealistisch 405
ideell 405, 512, 517
-ie 471
-ieren 469
-ierung 470
-ig 463, 467
ihretwegen 71
-ik 472
im- 510
im Allgemeinen 31
im Argen liegen 31
im Besonderen 31
im Dunkeln tappen 31
im Endeffekt 399
im Falle 164
im Geheimen 31
im Großen und Ganzen 31, 383
im Grunde 164
im Hier und Jetzt 31
im Jahr(e) 164
im Laufe 164
im Manne 164

im Mindesten 31
im Sand(e) 164
im Sinne 164
im Stand(e) / imstand(e) 66, 164
im Stillen bedenken 31
im Trüben fischen 31
im Vorfeld 399
immergrün 485
Imperativ 237ff, 343
Imponderabilien 540
-in 291, 459
in- 448, 510
in (2008) 401, 500
in Abrede stellen 339
in Anrechnung bringen 339
in Anspruch nehmen 339
in Bälde 398
in bar 36
in Bausch und Bogen 383
in Blau 36
in Erwägung ziehen 339
in etwa 399
in Folge 399
in Hülle und Fülle 384
in Rechnung stellen 340
in Saus und Braus 384
in Verwahrung nehmen 340
in Vorschlag bringen 340
in Wegfall kommen 340
in Zweifel ziehen 340
inbrünstig 540
Indefinitpronomen 34, 214, 218, 221
indes(sen) 543
Index 193, 196
indignieren 540
Indikativ 279f

indirekte Rede 274ff
   Aufforderungssätze 275
   Aussagesätze 274
   Fragesätze 274f
   Protokoll 423
   Zeitenfolge 278
Infinitiv 32
   mit *zu* 57, 141
   nominalisiert 32, 293
Infix 427
infolge 65, 265
infolgedessen 74
informieren 261
infrage / in Frage 66
-ing 189
ingleichen 543
Ingrimm 540
inhaltliche Modifizierung 459
Initialwörter 174
inklusive 265
inmitten 65, 265
innehalten 49
-innen 119, 291
innerhalb 266
insbesonders 532
insofern 287
insoweit 287
instand / in Stand 66
integer 203
inter- 449
interessant 388
Interesse 388
Interim 196
Interjektion 146
intransitive Verben 240f
-ion 189, 468
irgend so (et)was 74
irgend so ein 74

irgendein(er) 34, 74
irgendetwas 74
irgendjemand 74
irgendwas 74
irgendwer 74
ironisch 520
irr / irre 399, 525
irreführen 49
irrsinnig 399
-isch 463
-isieren 469
-ismus 472
iso- 451
-ist 472
-istisch 463
-itis 472
-ium 468

J
ja und amen / Ja und Amen 383
jammern und klagen 383
je nachdem(,) (ob) / wie 140
jeder 34, 219, 220, 293
jedoch 131
jemand 34, 221
jemand anders 222
Jenenser(in) 535
jener 218
jenseits von Gut und Böse 36
Jeveraner(in) 535
jobben 254
joggen 242, 254
Joghurt / Jogurt 94, 191
jung 206
Jung(e) und Alt(e) 36
Junge 165

Sach- und Stichwortverzeichnis
J – L

Jungfer 540
Junggeselle 540
Jurist 165

K
kalt 206
kaltstellen 50, 439
Känguru 81
Kapaun 540
Kapitel 177
kaputt 205
Karamell 80
Kardinalzahlen 102f
karg 205
Karten spielen 53
Kasten 179
Katachrese 397
katzbuckeln 485
kauern 242
kein 293, 355
kein Thema 399
-keit 459
Keks 191
Kemenate 540
kennen 252
Kennenlernen 485
kennenlernen / kennen lernen 56
Ketschup 94
kidnappen 57, 60, 254, 444
Kids 402
Kiefer 183
Kilo 176
kilo- 453
Kind und Kegel 384
Kindersprache 487
kindisch 464
kindlich 464

klasse 203
Kleinmut 484
kleinmütig 484
Kleinod 181, 540
kleinreden 443
kleinschneiden / klein schneiden 51
Klima 193
klipp und klar 383
klug 206, 388
km 113
Knabe 165
knallrot 47
Knäuel 184
Knie 79
knien 79, 242
ko- 449
Kollateralschaden 390, 552
kolossal 399
Komma 130ff, 193
  Adjektive 134
  Adjektivgruppe 144
  Adverbiale 147
  Anrede 145f
  Apposition 144
  Aufzählung 130ff
  Datum 147
  Grußformel 146
  Infinitiv(gruppe) 140ff
  Namen 144
  Nebensätze 133, 135, 137
  Ortsangaben 147
  Parenthese (Einschub) 146
  Partizipgruppe 144
  Satzteile 130
  Teilsätze 131
kommen 248

kommod 540
Kommunikee 94
kommunizieren 399, 501
kompatibel 512
kompetent 512
Komposition 476ff
  Adverb 486
  Hilfsverben 483
  Nomen + Adjektiv 482
  passiver Vorgang 483
  Verb + Nomen 483
  Wiederholung 487
  zusammengesetzte Nomen 478ff
Kompositum 428, 476
  Basis-/Grundwort 428, 476
  Bestimmungswort 428, 476f
  linke Einheit 477
  rechte Einheit 478
  rechtsverzweigt 480
  übertragene Bedeutung 482
  Verzweigung 479
kon- 449
Konditionalsatz 251, 279f
  irreal 279
  real 279
Konfix 428, 476
Kongruenz 290ff
  Fall (Kasus) 298
  Genus 290
  Mengenangaben 296
  Numerus 292
  Person 294
  Relativsatz 299
Konifere 517
Konjugation 228ff

Bedeutung 230
englische Verben 253ff
gemischt 229ff, 234ff
schwach 228ff
stark 229ff
Konjunktion 68, 361f
seltene Konjunktionen 542f
Konjunktionaladverb 314
Konjunktionalsatz 285ff
Konjunktiv 196
Konjunktiv 246ff, 275, 278ff, 341
Modalverben 252
Konkurrent 195
können 248, 252, 283f, 316
konsequent 520
Konsonant 78ff, 165
Konsonantenhäufung 86
Konsument 165
Kontamination 532f
Konto 193
Kontrahent 165
kopfstehen 54, 60, 438, 443
Kopfwörter 175
Korrespondenz 327
Koryphäe 517
Kotelett 181
Kraft / kraft 39
Kragen 179
Kran 179
krank 206
krankschreiben 50, 63
kratzen 88
kratzt 88
kreischen 235
Krimskrams 488
Kristall 183

Kroate 165
krumm 205
ks-Laut 88f
kujonieren 540
kundtun 49
küren 235
kurz 206
kurz und knapp 383
Kürze 374
Kurzprotokoll 420f
Kurzwörter 110ff, 174
Deklination 114
Eigennamen 110
englisch 96, 195
Genitiv 174
Plural 114
Schreibung 113f

....

L
Labsal 540
lächeln 229
laden 87
Laden 179
lädst 87
Lady 194
Lager 179
Laie 165
Länderkunde 479
Landeskunde 479
Landmann 479
Landsmann 479
lang 206
lang / lange 526
Langfinger 482
Langmut 484
langmütig 484
Laptop 189
lassen 56, 284
lassen, sich + **Infinitiv** 336

lateinische Präfixe 447f
lateinische Suffixe 468ff
laufruhig 485
laut 266
Laut / laut 39
lautmalende Elemente 488
lavieren 540
-le 459, 461
lebendig 356
lebhaft 388
leblos 356
ledig 356
leer 356
leerräumen / leer räumen 51
legal 405, 517
legitim 405, 517
Lehnübersetzung 400, 494, 499
Lehnübertragung 494, 500
Lehnwendung 400
lehren 244, 284
Leibchen 540
leicht verwechselbare Wörter 516ff, 519ff
leichtgläubig 47
Leid / leid 41
leidtun 54, 438
-lein / -(e)lein 460
leis / leise 526
Leiter 183
-ler 459
lerneifrig 485
lernen 56, 244, 248
lesefaul 47
lesen 239
Leserfreundlichkeit 374
letztmalig 47

Sach- und Stichwortverzeichnis

L - N

leugnen 346
Lexem 426
-lexie 472
Lexikon 193
-li 459, 461
-lich 86, 457, 463
Licht 180
Lichtspielhaus 540
liebäugeln 51, 60
Liebe machen 390
liebedienern 60, 443
liebkosen 60
liegen 242
liegenlassen / liegen
   lassen 56
Lift 193
lila 352f
Limonade 190
-ling 458f
linke Einheit 477, 489
linksrheinisch 87
linnen 540
Liter 191
Literat 165
Litotes 396
live 497
Lkw / LKW 110
lobpreisen 54, 60, 442
lobsingen 60, 442
-loge 472
-logie 472
-login 472
logisch 520
-los 463
lösbar 465f
löslich 465f
Löwe 165
ludst 87
Luganer(in) 535
Luganeser(in) 535

lügen 388
Lump 540
Lust und Laune 384

....

M
-ma 472
machen 284
Madrider(in) 535
Madrilene / Madrile-
   nin 535
Magen 180
Magnet 193, 195
mahlen 235
Mähre 550
mailen 254
Majonäse 94
Major 196
makaber 203
Make-up 92
makro- 451
Mal 181
malträtieren 540
man 336
manch 220
manche(r,s) 220, 34
mancherlei 30
Mangel 183
mangels 266
marathonlaufen / Mara-
   thon laufen 55
Marsch 183
maskulin 290
Maß / Maas 177
Maß halten 60
Maß nehmen 53, 60
Maßangaben 297
Maßbezeichnungen 176
-maßen 259
maßhalten / Maß hal-

ten 55, 60
-mäßig 353, 463
maßregeln 54, 57, 61, 443
Mast 183
Master 497
-mata 472
Matador 167
materialistisch 517
materiell 517
Maulschelle 540
Maus 551
mausetot 84
mauve 352
maximal 356
-me 472
Meeting 403, 497
mega- 453
Megafon 453
Megahit 453
Megastar 453
meines Erachtens
   nach 532
meines Ermessens
   nach 532
meinetwegen 71
meistverkauft 207
melken 235
-men 125, 472
Mengenangaben 296,
   452
Mengenbezeichnun-
   gen 176
Mensch 165
messen 239
Metapher 392
methodisch 512
Metonymie 394
meucheln 540
MHz 113
mikro- 452f

Mikrochirurgie 453
Mikroskop 453
mild / milde 526
milli- 453
Milliarde 377
Million 102f, 377
Millionär 453
Mindmap 403
Mind-Mapping 322
Mineral 193
minimal 356
mint 352
Mischmasch 488
Mispel 517
miss- 437, 447, 510
Missmut 484
missmutig 484
Mistel 517
mit Ach und Krach 383
mit etwas vorliebnehmen 49
mit Fug und Recht 383
mit Hangen und Bangen 383
mit Mann und Maus 384
mit oder ohne 302
mit Schimpf und Schande 384
mit Weh und Ach 384
mit Zittern und Zagen 384
mithilfe / mit Hilfe 65, 266
Mittag 100
mittags 100, 127
Mitteilung machen 340
Mittelhochdeutsch 467, 491
mittels 266
mittlere 356
Mix 497

mobben 497
möchte 253, 343
Modalverb 280ff
  Zusammensetzung 483
Model 497
mögen 252f, 343
Mohär 94
Moment 183
-monatig 464
monatlich 464
Monegasse / Monegassin 535, 165
mono- 452
Monster 497
morbid 512
Morgen 100
morgendlich 86
morgens 100, 127
Morphem 426
Motor 194
Muckefuck 540
Mühewaltung 398
Muhme 540
mündlich 356
mundtot 84
Münsteraner(in) 535
Musikant 165
müssen 252, 283
müßig sein 540
Musterbrief 415
-mut 484
Mut 550
-mutig 484
-mütig 484
Mutter 181
Myrre / Myrrhe 517
Myrte 517
mysteriös 517
mystisch 517

mythisch 517

....

N
nach- 52
nach Hause 164
nach und nach 382
Nachbar 166
nachgerade 543
nachhaltig 399
nachhause / nach Hause 66
Nachlass 180
Nachmittag 100
Nachsilbe 427
nächstliegend 207
Nacht- 100
Nachtigall 491
nachts 127
nachtwandeln 54, 61, 443
nachversteuern 61
nachvollziehen können 399
nackt 356
nackt und bloß 384
nackte Wahrheit 399
nah 206
namentlich 86
nämlich 314
nano- 453
Nanosomie 453
Nanotechnologie 453
Narr 165
naseweis 540
nass 205
nasskalt 47
-nd 469
Neap(e)ler(in) 535
Neapolitaner(in) 535
Nebensatz 313

Sach- und Stichwortverzeichnis

N – P

Ausklammerung 311
eingeschoben 135
nicht eingeleitet 136
unvollständig 139
nebst 398
neckisch 540
Neffe 165
nennen 252
neppen 541
-ner 459
nervig 465
nervlich 465
nervös 465
netsurfen 254, 444
Netzwerk 401
Neuhochdeutsch 491
neutral 290
New Yorker(in) 535
News 403
nicht im Entferntesten 31
nicht notwendigerweise 401
nicht umhinkönnen 49
nicht wirklich 402, 500
nicht 67, 334
 mit Adjektiv 67
 mit Infinitiv 67
 mit Nomen 67
nichts 30, 34
nie und nimmer 383
nieder- 52
nieder(er) 508, 518
niedrig 508, 518
niemand 34, 221
niemand anders 222
niesen 233
Nietenhose 541
nimmersatt 485
-nis 459, 462
noch und noch 382

Nomen 28f
 als Präfix 57f, 438, 442f
 auf -*or* 166
 eingedeutscht 93f, 193
 Genus 182, 184
 mit Präfix 447
 Plural 179, 182, 447
 Verkleinerungsform 460
 zusammengesetzt 478ff
Nomen + Adjektiv 46, 482
Nomen + Verb 53f
-nomie 472
Nominalisierung 338, 485
Nominalstil 337
nordisch 465
nördlich 465
nötig 465
notlanden 54, 61, 442
nottun 54, 438
notwendig 465
-nt 469
nüchtern 549
Nullwachstum 390
nummerieren 81

....

O

obig 398
Objekt 306
obliegen 541
obwohl 285
ocker 352
-ode 472
oder 130, 132, 294
oft 260

öfter 259
Oheim 541
ohne 141
ohne oder mit 302
ohne Weiteres / weiteres 35
ohneeinander 74
öko- 452
old-timer 503
oliv 352
-om 472
operieren 551
opportun 405, 541
opportunistisch 405
optimal 355
optional 512
-or 189, 468
orange 352
Ordinalzahlen 104
Ordnungszahlen 104
 Eigennamen 104
 feststehende Begriffe 104
original 204, 518
originell 518
Orleaner(in) 535
ortho- 452
Ortsangaben 147, 367
-ose 472
Outdoor 497
Oxymoron 396

....

P

p. m. / pm 112
päd- 452
Pädagoge 165
paläo- 452
Papagei 194f
Paparazzi 93, 193

Papierwort 397
Paradoxon 396
Paragraf 177
Parenthese 146
partiell 512
Partikel 183
Partikelverb 435
Partizip 208
 adjektivische Verwendung 208
 nominalisiert 29f
 Partizip Perfekt 441ff
 reflexive Verben 209
 Steigerung 206f
 zusammengesetzt 63, 206f
Partizip + Adjektiv 47
Partizipgruppe 144
Party 194, 497
Passiv 196
Passiv 335
 Sach- und Fachtexte 337
 Umwandlung 336
Pedell 541
pensee 352
per- 449
permanent 512
Persilschein 541
Personennamen 36
Personifikation 396
peta- 452
petrol 352
pflegen 141, 235
Pflichtteil 184
ph- 83
Phantasie / Fantasie 84
phil- 452
-phil(ie) 472
Philosoph 84

-phob(ie) 472
-phon 472
Phonem 426
Phosphor 84
physio- 452
Pianist 165
piko- 453
pink 352
Pirouette 92
Pizza 92f, 194
Pkw / PKW 110
pl. / Pl. / Plur. 110
Planet 195
platzieren 81
Pleite / pleite 41
pleitegehen 41
Plenum 194
Pleonasmus 378f
plitschplatsch 488
Plural(formen) 179, 182
poli- 452
Polizist 165
Polonäse 94
Pony 194
Portion 176
Portmonee 94
Possessivpronomen 214
post- 449
posten 254
posthum / postum 543
Potenz 86
Potenzial / Potential 86
potenziell / potentiell 86
poussieren 541
prä- 449
Prädikat 282, 306
 mehrteilig 208
Prädikatsnomen 297
Präferenz 86
präferenziell / präferenti-

ell 86
Präfix 426, 432ff
 Adverb 48
 bei Nomen 433
 bei Verben 434
 echt 434ff, 442, 447
 echt und unecht 439
 griechisch 450ff, 452f
 lateinisch 447f
 Mengenangaben 452
 unecht 434, 438
Präposition 262ff
 als Präfix 437ff
 seltene Präpositionen 542f
Präposition + Nomen 65
Präsens 518
Präsenz 518
Präsident 195
Preisanpassung 390
preisgeben 54, 61, 438, 443
prima 203
pro- 449
profan 512, 520
profund 512
Pronomen 71, 194
Pronomen + Präposition 70
Pronominaladverb 260ff
Proporz 196
Protokoll 420ff
Protokollkopf 421
pseudo- 452
psych- 452
psychisch 405
psychologisch 405
publikationsfähig 522
Pullunder 499
Punkt 111, 113, 318

Sach- und Stichwortverzeichnis
Q – S

puschen/ pushen 96, 254

Q
Quäntchen 81
Quantum 194
quellen 239
querulieren 541

R
Rabe 165
Radar 191
Radio hören 53
Rambazamba 488
ran 126
ranggleich 87
rank und schlank 384
Räson 94
Rat suchen 53
Rat suchend 64
rational 405, 518
rationell 405, 518
rau 81
räubern 230
rauf 126
Rauke 541
Räumlichkeiten 399
raunzen 541
räuspern, sich 230
Razzia 93
re- 449
reaktionär 512
real 406, 512, 517
realisieren 401
realistisch 406
Rechner 551
Recht / recht 41f
Recht sprechen 63
recht und billig 384

rechte Einheit 478
Rechtspflege 87
recyclen / recyceln 61, 254
Reduplikation 487
reell 406, 517
Referenz 518
Reflexivpronomen 295
regeln 229
rein 126
reiner Zufall 399
Reis 183
reisen 88
reist 88
Relativadverb 368
Relativpronomen 215, 217, 299, 366f
Relativsatz 299
relaxed 403
relaxen 255, 403
relevant 512
renitent 512
reseda 352
Restaurateur 518
Restaurator 518
Resumee 94
Revanche 190
Reverenz 518
Rhythmus 194
Riese 165
riesig 399
-rig 466
rinnen 252
Risiko 194
Ritscheratsche 488
Rohheit 81
Rollschuh laufen 53
Römer(in) 535
rosa 352
rot 205

rot kariert 64
Rotschwanz 482
rüber 126
ruchbar werden 541
ruckzuck 488
rufen 245
rund 356
runter 126

S
s. o. 112
s. t. 112
säen 78
Safe 497
sagen 388
sagenhaft 399
Sakko 191
Salon 550
salzen 235
Salzgitteraner(in) 535
Salzgitterer(in) 535
-sam 463
sammeln 125
samt 267
samt und sonders 384
sämtliche 223
Sanftmut 484
sanftmütig 484
San-Marinese / San-Marinesin 535
Saphir 84
sarkastisch 520
Satz 306ff
  Hauptsatz 313
  kurze Sätze 308
  Nebensatz 313
Satz(auf)bau 274ff, 305ff
Satzellipse 138
Satzgefüge 312, 315

Satzklammer 310f
Sau 180
sauer 203
säuern 230
saugen 235
säumen 541
saumselig 541
schaffen 232, 235
-schaft 459
schallen 235
schalten und walten 383
Schänke 81
schauspielern 61
Scheinanglizismen 498ff
scheinbar 531
scheinen 141, 527
Scheintod 85
scheintot 85
Schema 194
Schenke 81
schicken 388
Schickimicki 488
Schifferklavier 541
Schikoree 94
Schild 183
schinden 235
schlafwandeln 54, 57, 61, 443
Schlammmasse 87
Schlaukopf 482
schlechtmachen / schlecht machen 51
schleifen 232
schlendern 230, 242
schlicht und ergreifend 399
schlingern 242
Schlüsselbund 184
schlussfolgern 54, 57, 61, 443

schmal 205
schmelzen 235f, 242
schmerzen 245
schnauben 235
schnäuzen, sich 81
schnell 388
schnell tickend 64
Schnipsel 184
Schnurrpfeiferei 541
Schöffe 165
schönfärben 439
schönreden 485
Schornstein 491
schrecken 344
schrecklich 399
schreien 78f
Schriftart 326
Schriftgrad 326
Schriftgröße 326
schrittweise 259
Schrot 184
Schuld / schuld 41
Schutz und Schirm 384
schwach 206
schwanger 356
Schwangerschaftsunterbrechung 552
schwarz 206
schwarz auf weiß 35
Schwarz mit Weiß 35
Schwarzmarkt 482
Schwermut 484
schwermütig 484
schwerstbehindert 47
schwerwiegender / schwerer wiegend 207
schwieger- 476
schwimmen 242, 252
schwingen 242
schwingschleifen 485

schwören 252
Sciencefiction / Science-Fiction 94f
See 183
seelisch 465
sehen 239, 284
sehr 260
seid 85
sein 52, 240f, 248, 386
sein + zu + Infinitiv 336
seinerzeit 74
seinerzeitig 74
seinetwegen 71
seit 85
seit alters her 532
seit Kurzem / kurzem 36
seit Langem / langem 36
seit Längerem / längerem 36
Seite 178
seitens 398
-sel 459
selbe(r,s) 533
selber 359
selbst 359
selig 465
semi- 449
Semikolon 149
senden 232, 235
Seniorenresidenz 552
sensible 503
Serbe 165
Service 497
Service Point 499
Set 498
sexy 203
Shop 92, 498
Show 188
Showmaster 499
sich anheischig ma-

Sach- und Stichwortverzeichnis
S - T

chen 539
sich in *Schwarz* kleiden 35
sich zu eigen machen 35
sich zum Guten wenden 31
sich zur Wehr setzen 340
sichern 230
sieden 235
Signatur 418f
Silbenende 84
silicon 503
Silo 191
Sims 184
Singhalese 165
sinister 203
Sinn machen 401, 500
sinnen 236, 252
Sinnen und Trachten 384
Sintflut 491
sitzen 88, 242
sitzenbleiben / sitzen bleiben 56
sitzt 88
-skop(ie) 472
s-Laut 81f
SMS 96
snowboarden 57, 61, 255, 444
so 68, 136
so etwas 74
so was 74
sobald / so bald 68
sodass / so dass 70, 137
sofern 279
sofern / so fern 68
sogenannt / so genannt 70
solange / so lange 68, 74
solch 221
solcher 219, 221
sollen 284

Solo 194
sondern 131
Song 498
Sonne tanken 53
sonnenwarm 47
sooft / so oft 69
-soph(ie) 472
sosehr / so sehr 69
soviel / so viel 69, 74
soweit / so weit 69, 74
sowenig / so wenig 69, 75
sowie 130, 132, 293
sowie / so wie 69
sowieso 75
sowohl ... als auch 131, 293f
sozial schwach 390
Spaghetti 93f, 193
spalten 235
Speicher 551
speien 78
spezial 518
speziell 406, 518
spezifisch 406
spinnen 252
spitze 203
Spleen 499
Spoiler 498
sponsern 498
Sponsor 196
spornstreichs 543
Sprachbild 390ff
Sprachentwicklung 491
Sprachhülse 398
-sprachig 464
sprachlich 464
sprechen 240
Sprichwort 519
Stabreim 382
stadium 503

stahlhart 47
stahlst 88
Stammform 228
Stammvokal 247f, 458, 460
standhalten 485
Stängel 81
stark 206
Statement 403
statt 141, 267
stattdessen / statt dessen 75
stattfinden 54, 438
stattgeben 54, 438
statthaben 54, 438
staubsaugen / Staub saugen 53, 61, 443
stecken 235
steckenbleiben / stecken bleiben 56
stehen 242, 252
stehlen 88, 252
sterben 240, 252
sterblich 356
Steuer 183
StGB 113
Stichwort 519
stieben 235
stief- 476
stiehlst 88
Stift 183
still 356, 388
still und leise 384
Stoffsammlung 322
Stopp 81
Story 92, 188
strampeln 229
Straße / Strasse 83
Straßennamen 36
Strauß 181

Strichpunkt 149
stringent 520
Strom 549
Strophe 84, 178
Stück 176
Stuckateur 81
stückweise 259
stumm 356
Stundenkilometer 477
Stunt 498
Stuttgarter(in) 535
StVO 113
stylish 403
sub- 449
Subjekt 294f, 296, 306
Subjektteil 292
Substanz 86
substanziell / substantiell 86
Suffix 427, 456ff
   Ableitungssuffix 427
   Basiswort 476
   bei Adjektiven 463f
   bei Nomen 459ff
   bei Verben 458f
   Flexionssuffix 427
   Genus 457, 462
   griechisch 471ff
   inhaltliche Modifizierung 459
   lateinisch 468ff
   Verkleinerungsform 460
   Vorgang 463
super 203f, 399
super- 449
Superlativ 355
superschlau 47
supra- 449
surfen 255

Süßholz 482
Swimmingpool 92
Synekdoche 395
Synonym 387

....

T
Tafel 176
Tageszeit 100
-tägig 465
täglich 465
Talkmaster 499
tanzen 242
Tasse 176
-tät 469
Tau 183
taupe 352
tausend 103
Tautologie 382
-technisch 353
Tee trinken 53
Teil 184, 518
teilhaben 54, 438
teilnehmen 54, 439
teilweise 259
tele- 452
Telefon 84
Tempo 194
Tendenz 86
tendenziell / tendentiell 86, 518
tendenziös 512, 518
Tenor 167
tera- 452
teuer 203
Textaufbau 329
Textformatierung 326ff
Textgliederung 322ff, 325
   Form 323
   Logik 323

Überschriften 323
Textüberprüfung 374ff, 376
-thek 472
Thema 194
Thematik 399
thematisieren 399
-tial 86
Ticket 498
tief 507
tiefblau 47
tiefgefrieren 51
tiefkühlen 51
tiefstapeln 51
tiefststehend 207
-tiell 86
tierisch 399
Tipp 81
tod- 84
todbleich 84
todernst 84
Todesangst 84
todesmutig 84
Todfeind 84
todgeweiht 84
tödlich 84
todschick 84
todsicher 84
Tokioer(in) 535
Tokioter(in) 535
toll 549
Tollpatsch 81
top 203f
topfit 499
toppen 255
Tor 165, 183
Torero 92
tot 356
tot- 84
total 399

Sach- und Stichwortverzeichnis

T - V

totenbleich 84
totenstill 84
totfahren 84
Totgeburt 84
totgesagt 84
totlaufen 84
Totschlag 84
Tour de France 190
träg / träge 526
trans- 449, 490
transferfähig 523
transitive Verben 240f
transponieren 457
trauen, sich 528
traumwandeln 61, 443
traun 543
Trend 498
trendy 203, 403
triefen 236
trivial 512, 520
trotz 267
Trotz / trotz 39
trotzdem 285
trüb / trübe 526
Trübsal blasen 53
T-Shirt 188
Tuch 181
-tum 459
Tür und Tor 384
Türke 165
türkis 352
-typ(ie) 472

U

u. a. 112
u. A. w. g. 112
-über 486
über- 52, 439
über kurz oder lang 36
überarbeitet 388
überbeanspruchen 62
überbelasten 62
überbetonen 62
überbewerten 62
übererfüllen 62
überflüssig 550
überhandnehmen 49
Übermut 484
übermütig 484
überreif 485
Überschriften 323
überschwänglich 81
überständig 541
Uhrzeit 101
Uhrzeit 446
ultimativ 356
um 141
-um 468
um- 52, 440
um ... willen 269f
um deinetwillen 71
um derentwillen 71
um deretwillen 71
um dessentwillen 71
um eu(e)retwillen 71
um ihretwillen 71
um meinetwillen 71
um seinetwillen 71
um uns(e)retwillen 71
umfloren 541
Umlaut 78
Umlautung 458
ums nackte Überleben
   gehen 31
umso 70
Un- / un- 444f, 510
unbedarft 541
unbestimmte Zahlwörter 34
und 130, 132, 294
und auch 380, 382
und zwar 140
Undertaker 503
unentgeltlich 85
Unfalltod 85
Unfalltote 85
-ung 459
ungeheuer 203
Ungewitter 445
unheimlich 399
unikale Einheit 429
Unkosten 445
Unmasse 445
Unmenge 445
Unmut 484
unmutig 484
Unrecht / unrecht 41
unseretwegen 71
Unsummen 445
unter 268
-unter 486
unter- 52, 439
unter Beweis stellen 339
unter der Hand 66
unterbewerten 62
unterbezahlen 62
Unterschrift 413
Unterstützung finden 340
untertreiben 485
unterversichern 62
unterversorgen 62
Untiefe 445
Untier 445
updaten 62, 96
upgraden 57, 62, 96, 255, 444
Ur- / ur- 446f, 488
ureigenes Interesse 399
Urzeit 446

-us 469
USD 113
User 403
usw. 112

V
Varietee 94
Venezianer(in) 535
ver- 52, 83, 436, 447
Veränderungen erfahren 340
Verb 228ff
  Akkusativ / Dativ 243ff
  Betonung 48
  eingedeutscht 57, 95f, 444
  -eln 229, 238
  englisch 253ff
  -ern 229, 238
  Genitiv 245f
  intransitiv 240f
  Konjugation 228ff
  mit mehreren Präfixen 58, 440
  Nominalisierung 338
  Partikelverb 435
  schwach 228
  schwierige Konjunktivformen 251f
  stark 228, 237
  trennbar 435, 440
  untrennbar 440
  Verstärkung 399
  Wortbedeutung 50
  zusammengesetzt 485
Verb + Nomen 483
Verb + Verb 56
Verbalkomplex 33
verbergen 240

verbessern 389
Verbesserungen erfahren 340
verbläuen 81
Verbstamm 46, 228
Verbstamm + Adjektiv 46
Verbzusatz 435
verderben 240, 252
verderbt 541
Verdienst 183f
vergessen 240
vergewissern, sich 246
Vergleich 136
Vergleich: schiefer Vergleich 397
Vergleichsformen 205f
Vergleichspartikel 298
verhindern 346
Verkleinerungsform 78, 460
Verkürzung 46
Verlaufsprotokoll 420ff
verletzen 389
vermaledeien 541
vermeiden 346, 541
Vermenschlichung 396
vermöge 543
Vermutung 530f
vernehmungsfähig 523
verneinen 346f
Verneinung 345ff
Vers 178
versagen, sich 346
Verschlussschraube 87
Verschmelzung (Präposition + Artikel) 31f
versehentlich 86
versichern 245
verständig 465, 520

verständlich 465, 520
verstehbar 520
Vertrauen erweckend 64
Verwandschaftsbezeichnungen 488
verweigern 346
Verzweigung 479ff
Video 189
viel 30
viel(e) 224
viereckig 356
vierfach 106
vierteilen 485
viertelvoll 485
VIP 96
Virus 194, 191
Visum 194
Vokale 78ff
Vokalverdopplung 78
voll 356
voll und ganz 384
vollendet 355
vollinhaltlich 399
vollschlank 47, 390, 552
von 173
von Hand 66
von klein auf 35
von nah und fern 36
von Nahem / nahem 36
von Neuem / neuem 36
von privat 36
von Weitem / weitem 35
vor- 52
vor allem(,) wenn 140
vor Kurzem / kurzem 36
vorbehalten, sich 62
vordem 543
vorenthalten 62
Vorfahr 165
vorherbestimmen 62

Sach- und Stichwortverzeichnis
V - Z

W

vorhersagen 62
vorhersehen 62
vorliebnehmen 62
Vormittag 100
Vornamen 360
Vorsilbe 426
vorverurteilen 63
vorwärtsfahren 63

W
Wagemut 484
wagemutig 484
Wagen 180
wägen 236
wahnschaffen 541
wahnsinnig 399
während 268
wallfahren 54, 63
Wams 541
wandern 230, 242
Wankelmut 484
wankelmütig 484
ward 85
Warehouse 503
Warehousing 503
warm 206
warmmachen / warm machen 51
warnen 345
wart 85
-wärts 48
warum 140
was 140, 217, 262
was für ein 523f
waschen 88
wäschst 88
Wasser 181
weben 236
Website 503

weder ... noch 131f, 293f
weg- 52
wegen 71, 268, 270
weh und ach schreien 36
Wehmut 484
Wehr 184
Weib 550
weiden, sich 541
weil 285
weiland 543
-weise 66, 259, 357f
Weißbuch 482
weit reichend 64
weiter 259
welche(r,s) 225, 366, 523
welches 225
wenden 233, 236
wenig(e) 224
wenn 139, 279
werben 252
werbewirksam 47
werden 248, 335, 386
werfen 240, 252
Werkstoffforschung 87
wertschätzen 63, 443
wetteifern 57, 63, 443
wetterleuchten 63, 443
wider- 79, 437, 447
widerborstig 80
widereinander 80
widerfahren 80
Widerhaken 80
Widerlager 80
widerlegen 80
widerlich 80, 465
widerrechtlich 80
Widerrede 80
widerrufen 80
Widerschein 80
widerspenstig 80

widerspiegeln 80
widersprechen 80
widrig 465
wie 136ff, 148, 285f, 293, 298
wie viel(e) 297
wieder- 79, 440
wieder tun 80
wieder und wieder 382
Wiederaufbau 80
wiederaufbereiten 80
wiederaufladbar 80
Wiederaufnahme 80
wiederbeschaffen 80
wiedererkennen 80
wiederfinden 80
wiedergutmachen 80
wiederum 80
wiegen 233, 236
willkommen zurück 402
Wind und Wetter 384
windsurfen 57, 63, 255, 444
winken 236
wir Deutsch(e) 208
Wirrwarr 488
wissen 248
wissentlich 86
Witz 550
wo 139f, 367f
wo- 260
wo der Kaiser zu Fuß hingeht 390
wöchentlich 464
-wöchig 464
woher 262
wohin 140, 262
wohl 260
wohlan 543
wohlfeil 541

wohlgesinnt 518
wohlgesonnen 518
Wolkenkratzer 500
wollen 342
Wortstellung: Hervorhebung 306
Wort 181, 183
Wortbedeutung 50
Worte 519
Wörter 519
Wortkreuzung 532f
wörtlich 356
wörtliche Rede 155
Wortschatz 538
   selten gewordene Wörter 538ff
   Synonyme 387
   Veränderung 538
Wortstamm 80, 467
Wortstellung 306f
Wortwahl 389, 516ff
   leicht verwechselbare Wörter 516ff, 519ff
Wulst 180
wunderlich 466
wundern 230
wundernehmen 54, 439
wundersam 466
Wunsch 343
würde 246ff, 275, 317, 341
würfeln 229
würzen 88
würzt 88
wuschst 88

....

X
x, X 88

....

Z
z. B. 111, 148
zäh / zähe 526
Zähheit 81
Zahl + Wort 105f
Zahlen 376
   in Buchstaben 376
   in Ziffern 376
Zahlwörter 214, 377
   unbestimmt 34
Zähre 541
zehnjährig 105
zehnteilig 356
zeigen, sich 298
zeihen 541
Zeilenabstand 327
Zeit / zeit 39
Zeiten 280ff
   Doppelperfekt 348
   Modalverben 280ff
zenti- 453
zer- 52, 437, 447
zetern 541
Zeuge 165
Zeugma 386
-zial 86
zickzack 488
-zid 469
ziehen 78
-ziell 86
Zierrat 81
zig 103
Zilpzalp 488
zimper- 476
Zirkumfix 427
Zitat 156ff
zitierfähig 523
Zofe 541
Zögling 541
Zölibat 191

Zoll 549
zotig 541
zu 357
zu- 52
zu Anfang 66
zu Berg(e) 164
zu Buche 164
zu Ende 66
zu Fuß 66
zu Hilfe 66
zu Kreuze 164
zu Lande / zu Wasser 66
zu Rate / zurate 164
zu Schaden kommen 66
zu viel(e) 75
zu wenig(e) 75
zuallererst 75
zuallerletzt 75
Zubehör 184
Zucchini 93, 193
zuckersüß 485
zufolge 65, 269
Zug 549
zugrunde / zu Grunde 66
zugunsten / zu Gunsten 65, 269
zuhause / zu Hause 66
zulasten / zu Lasten 65, 269
zuleid(e) / zu Leid(e) 164
zuliebe 65
zum Abschluss gelangen 339
zum Ausdruck bringen 339
zum Beispiel 148
zum Besten geben 31
zum Ersten, zum Zweiten, ... 31
zum Halten bringen 339

Sach- und Stichwortverzeichnis

Z

zum Heulen sein 31
zum Versand kommen 340
zumindestens 533
zunehmend 380
zur Ausführung gelangen 339
zur Auszahlung kommen 339
zur Bedingung machen 59
zur Entfaltung kommen 339
zur Sprache bringen 340
zur Verteilung gelangen 340
zurande / zu Rande 66
zurate / zu Rate 66
zurecht- 42
zurechtkommen 49
zurzeit 65
Zusammenschreibung 46ff
Zusammensetzung 476ff
  Adverb 486
  Hilfsverben 483
  Nomen + Adjektiv 482
  passiver Vorgang 483
  Pronomen + Präposition 70
  Steigerung 64
  unikale Einheiten 490f
  Verb + Nomen 483
  Wiederholung 487
  Nomen 478ff
zuschanden / zu Schanden 66
zuschulden / zu Schulden 66
zustande / zu Stande 66
zutage / zu Tage 66, 164

zuteilwerden 49
zutrauen, sich 529
zuungunsten / zu Ungunsten 65, 269
zuwege / zu Wege 66
zuzeiten 65
zwecks 269, 398
zweifeln 346
zweitägig 105
Zwieback 180
Zwillingsformel 383
zwischenzeitlich 399
zynisch 520

Noch mehr Deutsch ...

DIE DEUTSCHE RECHTSCHREIBUNG

- rund 140.000 Stichwörter – unter Berücksichtigung von Fachsprachen, Fremdwörtern und Anglizismen
- 500.000 Informationen zu Aussprache, Bedeutung, Silbentrennungen, Stilebenen und Schreibvarianten
- zahlreiche Infokästen und ein ausführlicher Regelteil führen zu allen gültigen Schreibweisen
- mit Zusatzkapiteln zu Grammatik und Textgestaltung

Format 13,5 x 19 cm
1.200 Seiten
ohne CD-ROM
ISBN 978-3-12-517084-1
mit CD-ROM
ISBN 978-3-12-517085-8

DIE GROSSE GRAMMATIK DEUTSCH

- alle grammatischen Themen der deutschen Sprache
- inklusive aller wichtigen Regeln zu Rechtschreibung und Zeichensetzung
- besonders benutzerfreundlich durch klar strukturierten Kapitelaufbau und einfach formulierten Erläuterungen
- Übersichtsseiten mit den wichtigsten Informationen zu jedem Thema
- Erklärung aller wichtigen Fachbegriffe und stilistischen Fragen im Anhang

Format 13,5 x 19 cm
672 Seiten
ISBN 978-3-12-561561-8

PONS
www.pons.de